王国平 主编

南宋史研究丛书

何忠礼 著

南宋科举制度史

人民出版社

国家"十一五"重点图书出版规划项目

杭州市社会科学院重大课题

浙江文化研究工程成果文库总序

　　有人将文化比作一条来自老祖宗而又流向未来的河,这是说文化的传统,通过纵向传承和横向传递,生生不息地影响和引领着人们的生存与发展;有人说文化是人类的思想、智慧、信仰、情感和生活的载体、方式和方法,这是将文化作为人们代代相传的生活方式的整体。我们说,文化为群体生活提供规范、方式与环境,文化通过传承为社会进步发挥基础作用,文化会促进或制约经济乃至整个社会的发展。文化的力量,已经深深熔铸在民族的生命力、创造力和凝聚力之中。

　　在人类文化演化的进程中,各种文化都在其内部生成众多的元素、层次与类型,由此决定了文化的多样性与复杂性。

　　中国文化的博大精深,来源于其内部生成的多姿多彩;中国文化的历久弥新,取决于其变迁过程中各种元素、层次、类型在内容和结构上通过碰撞、解构、融合而产生的革故鼎新的强大动力。

　　中国土地广袤、疆域辽阔,不同区域间因自然环境、经济环境、社会环境等诸多方面的差异,建构了不同的区域文化。区域文化如同百川归海,共同汇聚成中国文化的大传统,这种大传统如同春风化雨,渗透于各种区域文化之中。在这个过程中,区域文化如同清溪山泉潺潺不息,在中国文化的共同价值取向下,以自己的独特个性支撑着、引领着本地经济社会的发展。

　　从区域文化入手,对一地文化的历史与现状展开全面、系统、扎实、有序的研究,一方面可以藉此梳理和弘扬当地的历史传统和文化资源,繁荣和丰富当代的先进文化建设活动,规划和指导未来的文化发展蓝图,增强文化软实力,为全面建设小康社会、加快推进社会主义现代化提供思想保证、精神动力、智力支持和舆论力量;另一方面,这也是深入了解中国文化、研究中国文化、发展中国文化、创新中国文化的重要途径之一。如今,区域文化研究日益受到各地重视,成为我国文化研究走向深入的一个重要标志。我们今天实施浙江文化研究工程,其目的和意义也在于此。

　　千百年来,浙江人民积淀和传承了一个底蕴深厚的文化传统。这种文化传统的独特性,正在于它令人惊叹的富于创造力的智慧和力量。

　　浙江文化中富于创造力的基因,早早地出现在其历史的源头。在浙江新石器时代最为著名的跨湖桥、河姆渡、马家浜和良渚的考古文化中,浙江先民们都以不同凡响的作为,在中华民族的文明之源留下了创造和进步的印记。

　　浙江人民在与时俱进的历史轨迹上一路走来,秉承富于创造力的文化传统,这深深地融汇在一代代浙江人民的血液中,体现在浙江人民的行为上,也在浙江历史上众多杰出人物身上得到充分展示。从大禹的因势利导、敬业治水,到勾践的卧薪尝胆、励精图治;从钱氏的保境安民、纳土归宋,到胡则的为官一任、造福一方;从岳飞、于谦的精忠报国、清白一生,到方孝孺、张苍水的刚正不阿、以身殉国;从沈括的博学多识、精研深究,到竺可桢的科学救国、求是一生;无论是陈亮、叶适的经世致用,还是黄宗羲的工商皆本;无论是王充、王阳明的批判、自觉,还是龚自珍、蔡元培的开明、开放,等等,都展示了浙江深厚的文化底蕴,凝聚了浙江人民求真务实的创造精神。

　　代代相传的文化创造的作为和精神,从观念、态度、行为方式和价值取向上,孕育、形成和发展了渊源有自的浙江地域文化传统和与时俱进的浙江文化精神,她滋育着浙江的生命力、催生着浙江的凝聚力、激发着浙江的创造力、培植着浙江的竞争力,激励着浙江人民永不自满、永不停息,在各个不同的历史时期不断地超越自我、创业奋进。

悠久深厚、意韵丰富的浙江文化传统，是历史赐予我们的宝贵财富，也是我们开拓未来的丰富资源和不竭动力。党的十六大以来推进浙江新发展的实践，使我们越来越深刻地认识到，与国家实施改革开放大政方针相伴随的浙江经济社会持续快速健康发展的深层原因，就在于浙江深厚的文化底蕴和文化传统与当今时代精神的有机结合，就在于发展先进生产力与发展先进文化的有机结合。今后一个时期浙江能否在全面建设小康社会、加快社会主义现代化建设进程中继续走在前列，很大程度上取决于我们对文化力量的深刻认识、对发展先进文化的高度自觉和对加快建设文化大省的工作力度。我们应该看到，文化的力量最终可以转化为物质的力量，文化的软实力最终可以转化为经济的硬实力。文化要素是综合竞争力的核心要素，文化资源是经济社会发展的重要资源，文化素质是领导者和劳动者的首要素质。因此，研究浙江文化的历史与现状，增强文化软实力，为浙江的现代化建设服务，是浙江人民的共同事业，也是浙江各级党委、政府的重要使命和责任。

2005年7月召开的中共浙江省委十一届八次全会，作出《关于加快建设文化大省的决定》，提出要从增强先进文化凝聚力、解放和发展生产力、增强社会公共服务能力入手，大力实施文明素质工程、文化精品工程、文化研究工程、文化保护工程、文化产业促进工程、文化阵地工程、文化传播工程、文化人才工程等"八项工程"，实施科教兴国和人才强国战略，加快建设教育、科技、卫生、体育等"四个强省"。作为文化建设"八项工程"之一的文化研究工程，其任务就是系统研究浙江文化的历史成就和当代发展，深入挖掘浙江文化底蕴、研究浙江现象、总结浙江经验、指导浙江未来的发展。

浙江文化研究工程将重点研究"今、古、人、文"四个方面，即围绕浙江当代发展问题研究、浙江历史文化专题研究、浙江名人研究、浙江历史文献整理四大板块，开展系统研究，出版系列丛书。在研究内容上，深入挖掘浙江文化底蕴，系统梳理和分析浙江历史文化的内部结构、变化规律和地域特色,坚持和发展浙江精神;研究浙江文化与其他地域文化的异同,厘清浙江文化在中国文化中的地位和相互影响的关系;围绕浙江生动的当代实践,深入解读浙江现象,总结浙江经验,指导浙江发展。在研究力量上,通过课题组织、出版资助、重点研究基地建设、加强省内外大院名校合作、整合各地各部门力量等途径,形成上下联动、学界互动的整体合力。在成果运用上,注重研究成果的学术价值和应用价值,充分发挥其认识世界、传承文明、创新理论、咨政育人、服务社会的重要作用。

我们希望通过实施浙江文化研究工程,努力用浙江历史教育浙江人民,用浙江文化熏陶浙江人民,用浙江精神鼓舞浙江人民,用浙江经验引领浙江人民,进一步激发浙江人民的无穷智慧和伟大创造能力,推动浙江实现又快又好发展。

今天,我们踏着来自历史的河流,受着一方百姓的期许,理应负起使命,至诚奉献,让我们的文化绵延不绝,让我们的创造生生不息。

2006 年 5 月 30 日于杭州

以杭州（临安）为例　还原一个真实的南宋
——从"南海一号"沉船发现引发的思考
（代　序）

王国平

　　2007 年 12 月 22 日，举世瞩目的我国南宋商船"南海一号"在广东阳江海域打捞出水。根据探测情况估计，整船金、银、铜、铁、瓷器等文物可能达到 6 万—8 万件，据说皆为稀世珍宝。迄今为止，全世界范围内都未曾发现过如此巨大的千年古船。"南海一号"的发现，在世界航海史上堪称一大奇迹，也填补与复原了南宋海上"丝绸之路"历史的一些空白①。不少专家认为"南海一号"的价值和影响力将不亚于西安秦始皇兵马俑。这艘沉船虽然出现在广东海域，但反映了整个南宋经济、文化的繁荣，标志着南宋社会的开放，也表明当时南宋引领着世界的发展。作为南宋政治、经济、文化、科技中心的都城临安（浙江杭州），则是南宋社会繁华与开放的代表。从某种意义上讲，没有以临安为代表的南宋的繁荣与开放，就不会有今日"南海一号"的发现；而"南海一号"的发现，也为我们重新审视与评价南宋，带来了最好的注解、最硬的实证。

　　提起南宋，往往众说纷纭，莫衷一是。长期以来，不少人把"山外青山楼外楼，西湖歌舞几时休？暖风熏得游人醉，直把杭州作汴州"②这首曾写在临

---

① 参见《"南海一号"成功出水》一文，载《人民日报》2007 年 12 月 23 日。
② 林升：《题临安邸》，转引自田汝成《西湖游览志余》卷二《帝王都会》，上海古籍出版社 1980 年版，第 14 页。

安城一家旅店墙上的诗,当作是当时南宋王朝的真实写照。虽然近现代已有海内外学者开始重新认识南宋,但相当一部分人仍认为南宋军事上妥协投降、苟且偷安,政治上腐败成风、奸相专权,经济上积贫积弱、民不聊生,生活上纸醉金迷、纵情声色。总之,南宋王朝是一个只图享受、不思进取的偏安小朝廷。导致这种历史误解的原因,在很大程度上是出于人们对患有"恐金病"的宋高宗和权相秦桧一伙倒行逆施的义愤,这是可以理解的。但是,我们决不能坐在历史的成见之上人云亦云。只要我们以对历史负责、对时代负责、对未来负责的精神和科学求实的态度,以科学发展观为指导,对南宋进行全面、深入、系统的研究,将南宋放到当时特定的历史发展阶段中、放到中国社会发展的历史长河中、放到整个世界的文明进程中进行考察,就不难发现南宋时期在社会经济、思想文化、科学技术、国计民生等方面所取得的成就,就不难发现南宋对中华文明所产生的巨大影响,以此对南宋作出科学、客观、公正的评价,"还原一个真实的南宋"。

宋钦宗靖康元年(1126)闰十一月,金军攻陷北宋京城开封。次年三月,俘徽、钦二帝北去,北宋灭亡。同年五月,宋徽宗第九子、钦宗之弟赵构,在应天府(河南商丘)即位,是为高宗,改元建炎,重建赵宋王朝。建炎三年(1129)二月,高宗来到杭州,改州治为行宫,七月升杭州为临安府,此时起,杭州实际上已成为南宋的都城。绍兴八年(1138),南宋宣布临安府为"行在所",正式定都临安。自建炎元年(1127)赵构重建宋室,至祥兴二年(1279)帝昺蹈海灭亡,历时153年,史称"南宋"。

我们认为,研究与评价南宋,不应当仅仅以王朝政权的强弱为依据,而应当坚持"以人为本"的理念,以人们生存与生活状态的改善作为社会进步的根本标准。许多人评价南宋,往往把南宋王朝作为对象,我们认为所谓"南宋",不仅仅是一个历史王朝的称谓,而主要是指一个特定的历史阶段和历史时期。在马克思主义看来,历史的进步是社会发展和人的发展相统一的过程,"人们的社会历史始终只是他们的个体发展的历史"①,未来理想社

---

① 《马克思恩格斯选集》第4卷,人民出版社1972年版,第321页。

会"以每个人的全面而自由的发展为基本原则"①。人是社会发展的主体,人的自由与全面发展是社会进步的最高目标。这就要坚持"以人为本"的科学发展观,将人的生存与全面发展作为评价一个历史阶段的根本依据。南宋时期,虽说尚处在封建社会的中期,人的自由与发展受到封建集权思想与皇权统治的严重束缚,但南宋与宋代以前漫长的封建历史时期相比,这一时期所出现的对人的生存与生活的关注度以及南宋人的生活质量和创造活力所达到的高度都是前所未有的。

研究与评价南宋,不应当仅仅以军事力量的大小作为评价依据,而应当以其社会经济、文化整体状况与发展水平的高低作为重要标准。我们评判一个朝代,不但要考察其军事力量的大小,更要看其在经济、文化、科技、社会等各方面所取得的成就。两宋立国 320 年,虽不及汉、唐、明、清国土辽阔,却以在封建社会中无可比拟的繁荣和社会发展的高度,跻身于中国古代最辉煌的历史时期之列。无论是文化教育的普及、文学艺术的繁荣、学术思想的活跃、科学技术的进步,还是社会生活的丰富多彩,南宋都达到了前所未有的程度,在当时世界上也都处于领先地位。著名史学家邓广铭认为"宋代的文化,在中国封建社会历史时期之内,截至明清之际西学东渐的时期为止,可以说,已经达到了登峰造极的高度"。②

研究与评价南宋,不能仅仅以某些研究的成果或所谓的"历史定论"为依据,而应当以其在人类文明进步中所扮演的角色,以及对后世产生的影响作为重要标准。宋朝是中国封建社会里国祚最长的朝代,也是封建文化发展最为辉煌的时期。南宋虽然国土面积只有北宋的五分之三左右,却维持了长达 153 年(1127—1279)的统治。南宋不但对中国境内同时代的少数民族政权和周边国家产生了积极影响,而且对后世中华文化的形成产生了巨大影响。近代著名思想家严复认为:"中国所以成于今日现象者,为善为恶,姑不具论,而为宋人所造就,什八九可断言也。"③近代史学大师陈寅恪先生

---

① 《马克思恩格斯全集》第 23 卷,人民出版社 1972 年版,第 649 页。
② 邓广铭:《宋代文化的高度发展与宋王朝的文化政策》,载《历史研究》1990 年第 1 期。
③ 严复:《严几道与熊纯如书札节钞》,载《学衡》第 13 期,江苏古籍出版社 1999 年影印本。

也曾经指出:"华夏民族之文化,历数千载之演进,造极于赵宋之世。"①因此,我们既要看到南宋王朝负面的影响,更要充分肯定南宋的历史地位与历史影响,只有这样,才能"还原一个真实的南宋"。

一、在政治上,不但要看到南宋王朝外患深重、苟且偷安的一面,更要看到爱国志士精忠报国、南宋政权注重内治的一面

南宋时期民族矛盾异常尖锐,外患严重之至,前期受到北方金朝的军事讹诈和骚扰掠夺,后期又受到蒙元的野蛮侵略,长期威胁着南宋政权的生存与发展。在此情形下,南宋初期朝廷中以宋高宗为首的主和派,积极议和,向女真贵族纳贡称臣,南宋王朝确实存在消极抗战、苟且偷安的一面。但也要承认南宋王朝大多君王也怀有收复中原的愿望。南宋将杭州作为"行在所",视作"临安"而非"长安",也表现出了南宋统治集团不忘收复中原的意图。我们更应该看到南宋时期,在153年中,涌现了以岳飞、文天祥两位彪炳青史的民族英雄为代表的一大批爱国将领,众多的爱国仁人志士,这是中国古代任何一个朝代都难以比拟的。

同时,南宋政权也十分注重内治,在加强中央集权制度、推行"崇尚文治"政策、倡导科举不分门第等方面均有重大建树。其主要表现在:

1. 从军事斗争上看,南宋是造就爱国志士、民族英雄的时代

南宋王朝长期处于外族入侵的严重威胁之下,为此南宋军民进行了一百多年艰苦卓绝的抵抗斗争,涌现了无数气壮山河、可歌可泣的爱国事迹和民族英雄。因而,我们认为:南宋时代是面对强敌、英勇抗争的时代。众所周知,金朝是中国历史上继匈奴、突厥、契丹以后一个十分强大的少数民族政权,并非昔日汉唐时期的匈奴、突厥与明清时期的蒙古可比。金军先后灭亡了辽朝和北宋,南侵之势简直锐不可当,但由于南宋军民的浴血奋战,虽屡经挫折,终于抵挡住了南侵金军一次又一次的进攻,在外患深重的困境中站稳了脚跟。在持久的宋金战争中,南宋的军事力量不但没有削

---

① 《陈寅恪先生文集》第2卷,上海古籍出版社1980年版,第245页。

弱,反而逐渐壮大起来。南宋后期的蒙元军队则更为强大,竟然以 20 年左右的时间横扫欧亚大陆,使全世界都为之谈"蒙"色变。南宋的军事力量尽管相对弱小,又面对当时世界上最为强大的蒙元军队,但广大军民同仇敌忾,顽强抵抗了整整 45 年之久,这不能不说是世界抗击蒙元战争史上的一个奇迹。①

南宋是呼唤英雄、造就英雄的时代。在旷日持久的宋金战争中,造就了以宗泽、韩世忠、岳飞、刘锜、吴玠吴璘兄弟为代表的一批南宋爱国将领。特别是民族英雄岳飞率领的岳家军,更是使金军闻风丧胆。在南宋抗击蒙元的悲壮战争中,前有孟珙、王坚等杰出爱国将领,后有文天祥、谢枋得、陆秀夫、张世杰等抗元英雄,其中民族英雄文天祥领导的抗元斗争,更是可歌可泣,彪炳史册。

南宋是激发爱国热忱、孕育仁人志士的时代。仅《宋史·忠义列传》,就收录有爱国志士 277 人,其中大部分是南宋人②。南宋初期,宗泽力主抗金,并屡败金兵,因不能收复北宋失地而死不瞑目,临终时连呼三次"过河";洪皓出使金朝,被流放冷山,历尽艰辛,终不屈服,被比作宋代的苏武;陆游"死去元知万事空,但悲不见九州同"的诗句,表达了他渴望祖国统一的遗愿;辛弃疾的词则抒发了盼望祖国统一和反对主和误国的激情。因此,我们认为,南宋不但是造就民族英雄的时代,也是孕育爱国政治家、军事家、文学家和思想家的沃土。

2. 从政治制度上看,两宋时期是加强中央集权、"干强枝弱"的时期

宋朝在建国之初,鉴于前朝藩镇割据、皇权削弱的历史教训,通过采取"强干弱枝"政策,不断加强中央集权统治,南宋时得到了进一步强化。在中央权力上,实行军政、民政、财政"三权分立",削弱宰相的权力与地位;在地方权力上,中央派遣知州、知县等地方官,将原节度使兼领的"支郡"收归中央直接管辖;在官僚机构上,实行官(官品)、职(头衔)、差遣(实权)三者分离制度;在财权上,设置转运使掌管各路财赋,将原藩镇把持的地方财权收

---

① 参见何忠礼《论南宋在中国历史上的地位和影响》,载《杭州研究》2007 年第 2 期。
② 参见俞兆鹏《南宋人才之盛及其原因》,载《杭州日报》2005 年 11 月 14 日。

归中央;在司法权上,设置提点刑狱一职,将方镇节度使掌握的地方司法权收归中央;在军权上,实行禁军"三衙分掌",使握兵权与调兵权分离、兵与将分离,将各州军权牢牢地控制在中央手里,从而加强了中央对政权、财权、军权等方面的全面控制。南宋继承了北宋加强中央集权的这一系列措施,为维护国家内部统一、社会稳定和经济发展提供了良好的国内环境。尽管多次出现权相政治,但皇权仍旧稳定如故。

3. 从用人制度上看,南宋是所谓"皇帝与士大夫共治天下"的时代

两宋统治集团始终崇尚文治,尊重知识分子,重用文臣,提倡教育和养士,优待知识分子。与秦代"焚书坑儒"、汉代"罢黜百家"、明清"文字狱"相比,两宋时期可谓是封建社会思想文化环境最为宽松的时期,客观上对经济、社会、文化发展起到了积极的促进作用①。其政策措施表现在:

推行"崇尚文治"政策。宋王朝对文人士大夫采取了较为宽松宽容的态度,"欲以文化成天下",对士大夫待之以礼、"不得杀士大夫及上书言事人"②,确立了"兴文教,抑武事"③的"崇文抑武"大政方针。两宋政权将"右文"定为国策,在这种政治氛围下,知识分子的思想十分活跃,参政议政的热情空前高涨,在一定程度上出现了"皇帝与士大夫共治天下"的局面,从而有力地推动了宋代思想、学术、文化的大发展。正由于两宋重用文士、优待文士,不杀文臣,因而南宋时常有正直大臣敢于上书直谏,甚至批评朝政乃至皇帝的缺点,这与隋、唐、明、清时期的动辄诛杀士大夫的政治状况大不相同。

采取"寒门入仕"政策。为了吸收不同阶层的知识分子参加政权,两宋对选才用人的科举制度进行了改革,消除了魏晋以来士族门阀造成的影响。两宋科举取士几乎面向社会各个阶层,再加上科举取士的名额不断增加,在社会各阶层中形成了"学而优则仕"之风。南宋时期,取士更不受出身门第的限制,只要不是重刑罪犯,即使是工商、杂类、僧道、农民,甚至是杀猪宰牛

① 参见郭学信《试论两宋文化发展的历史特色》,载《江西社会科学》2003 年第 5 期。
② 陶宗仪:《说郛》卷三九上,台北商务印书馆 1986 年影印文渊阁《四库全书》本。
③ 李焘:《续资治通鉴长编》卷一八,太平兴国二年正月丙寅条,中华书局 2004 年版,第 392 页。

的屠户，都可以应试授官。南宋的科举登第者多数为平民，如在宝祐四年（1256）登科的601名进士中，平民出身者就占了70%。①

二、在经济上，不但要看到南宋连年岁贡不断、赋税沉重的状况，更要看到整个南宋生产发展、经济繁荣的一面

人们历来有一种误解，认为南宋从立国之日起，就存在着从北宋带来的"积贫积弱"老毛病。确实，南宋王朝由于长期处于前金后蒙的威胁之下，迫使其不得不以加强皇权统治作为核心利益，在对外关系上，以牺牲本国的经济利益为代价，采取称臣、割地、赔款等手段来换取王朝政权的安定。正因为庞大的兵力和连年向金朝贡，加重了南宋王朝财政负担和民众经济负担，也一定程度上影响了南宋的经济发展。但在另一方面，我们更应当看到，南宋时期，由于北方人口的大量南下，给南宋的经济发展带来了充足的劳动力、先进的生产技术和丰富的生产经验，再加上统治者出台的一些积极措施，南宋在农业、手工业、商业、外贸等方面都取得了突出成就。南宋经济繁荣主要体现在：

1. 从农业生产看，南宋出现了古代中国南粮北调的新格局

由于南宋政府十分注重水利的兴修，并采取鼓励垦荒的措施，加上北方人口的大量南移和广大农民的辛勤劳动，促进了流民复业和荒地开垦。人稠地少的两浙等平原地带，垦辟了众多的水田、圩田、梯田。曾经"几无人迹"的淮南地区也出现了"田野加辟"、"阡陌相望"的繁荣景象。南宋时期，农作物单位面积产量比唐代提高了两三倍，总体发展水平大大超过了唐代，有学者甚至将宋代农作物单位面积产量的大幅提高称为"农业革命"②。"苏湖熟，天下足"的谚语就出现在南宋③。元初，江浙行省虽然只是元十个行省中的一个，岁粮收入却占了全国的37.10%④，江浙地区成了中国农业最为发达的地区，并出现了中国南粮北调的新格局。

---

① 参见俞兆鹏《南宋人才之盛及其原因》，载《杭州日报》2005年11月14日。
② 张邦炜：《瞻前顾后看宋代》，载《河北学刊》2006年第5期。
③ 范成大：《吴郡志》卷五〇《杂志》，中华书局1990年《宋元方志丛刊》本。
④ 脱脱：《元史》卷九三《食货一·税粮》，中华书局2005年版，第2361页。

2. 从手工业生产看,南宋达到了中国古代手工业发展的新高峰

南宋时期,随着北方手工业者的大批南下和先进生产技术的传入,使南方的手工业生产上了一个新的台阶。一是纺织业规模和技术都大大超过了同时代的金朝,南方自此成为了中国丝织业最发达的地区。二是瓷器制造业中心从北方移至江南地区。景德镇生产的青白瓷造型优美,有"饶玉"之称;临安官窑所造青瓷极其精美,为此杭州在官窑原址建立了官窑博物馆,将这些精美的青瓷展现给世人;龙泉青瓷达到了烧制技术的新高峰,并大量出口。三是造船业空前发展。漕船、商船、游船、渔船,数量庞大,打造奇巧,富有创造性;海船所采用的多根桅杆,为前代所无;战船种类众多,功用齐全,在抗金和抗蒙元的战争中发挥了重要作用。

3. 从商业发展看,南宋开创了古代中国商品经济发展的新时代

虽然宋代主导性的经济仍然是自然经济,但由于两宋时期冲破了历朝统治者奉行"重农抑商"观念的束缚,确立了"农商并重"的国策,采取了惠商、恤商政策措施,使社会各阶层纷纷从事商业经营,商品经济呈现出划时代的发展变化,进入了一个新的历史发展阶段。一是四通八达的商业网络。随着商品贸易的发展,出现了临安、建康(江苏南京)、成都等全国性的著名商业大都市,当时的临安已达 16 万户,人口最多时有 150 万—160 万人①,同时,还出现了 50 多个 10 万户以上的商业大城市,并涌现出一大批草市、墟市等定期集市和商业集镇,形成了"中心城市—市镇集市—边境贸易—海外市场"的通达商业网络②。二是"市坊合一"的商业格局。两宋时期由于城市商业繁荣,冲破了长期以来作为商业贸易区的"市"与作为居民住宅区的"坊"分离的封闭式坊市制度,出现了住宅与店肆混合的"市坊合一"商业格局,街坊商家店铺林立,酒肆茶楼面街而立。从《梦粱录》和《武林旧事》的记载来

---

① 杨宽先生在《中国古代都城制度史》一书中认为,南宋末年咸淳年间,临安府所属九县,按户籍,主客户共三十九万一千多户,一百二十四万多口;附郭的钱塘、仁和两县主客户共十八万六千多户,四十三万二千多口,占全府人口的三分之一。宋朝的"口"是男丁数,每户平均以五人计,约九十多万人。所驻屯的军队及其家属,估计有二十万人以上,总人口当在一百二十万人左右,包括城外郊区十万人和乡村十万人。

② 参见陈杰林《南宋商业发展:特点与成因》,载《安庆师范学院学报》2003 年第 4 期。

看,南宋临安城内商业繁荣,甚至出现了夜市刚刚结束,早市又告兴起的繁荣景象。三是规模庞大的商品交易。南宋商品的交易量虽难考证,但从商税收入可窥见一斑。淳熙(1174—1189)末全国正赋收入 6530 万缗,占全国总收入 30% 以上,据此推测,南宋商品交易额在 20000 万缗以上,可见商品交易量之巨大①。南宋商税加专卖收益超过农业税的收入,改变了宋以前历代王朝农业税赋占主要地位的局面。

4. 从海外贸易看,南宋开辟了古代中国东西方交流的新纪元

两宋期间,由于陆上"丝绸之路"隔断,东南方向海路成为对外贸易的唯一通道,海外贸易成为中外经济文化交流的主要通道。南宋海外贸易繁荣表现在:一是对外贸易港口众多。广州、泉州、临安、明州(浙江宁波)等大型海港相继兴起,与外洋通商的港口已近 20 个,还兴起了一大批港口城镇,形成了北起淮南/东海,中经杭州湾和福、漳、泉金三角,南到广州湾和琼州海峡的南宋万余里海岸线上全面开放的新格局,这种盛况不仅唐代未见,就是明清亦未能再现②。二是贸易范围大为扩展。宋前,与我国通商的海外国家和地区约 20 处,主要集中在中南半岛和印尼群岛,而与南宋有外贸关系的国家和地区增至 60 个以上,范围从南洋(南海)、西洋(印度洋)直至波斯湾、地中海和东非海岸。三是出口商品附加值高。宋代不但外贸范围扩大、出口商品数量增加,而且进口商品以原材料与初级制品为主,而出口商品则以手工业制成品为主,附加值高。用附加值高的制成品交换附加值低的初级产品,表明宋代外向型经济在发展程度上高于其外贸伙伴。③

三、在文化上,不但要看到封闭保守、颓废安逸的一面,更要看到南宋"百家争鸣、百花齐放"的繁荣局面

由于以宋高宗为首的妥协派大多患有"恐金病",加之南宋要想收复北

---

① 参见陈杰林《南宋商业发展:特点与成因》,载《安庆师范学院学报》2003 年第 4 期。
② 参见葛金芳《南宋:走向开放型市场的重大转折》,载《杭州研究》2007 年第 2 期。
③ 参见葛金芳《南宋:走向开放型市场的重大转折》,载《杭州研究》2007 年第 2 期。

方失地在军事上和经济上确实存在着许多困难,收复中原失地的战争,也几度受到挫折,因此在南宋统治集团中,往往笼罩着悲观失望、颓废偷安的情绪。一些皇亲贵族,只要不是兵荒马乱,就热衷于享受山水之乐和口腹之欲,出现了软弱不争、贪图享受、胸无大志、意志消沉的"颓唐之风"。反映在一些文人士大夫的文化生活中,就是"一勺西湖水。渡江来、百年歌舞,百年酣醉"的华丽浮靡之风。但是,这并不能掩盖两宋文化的历史地位与影响。宋代是中国古代文化最为光辉灿烂的时期之一。近代的中国文化,其实皆脱胎于两宋文化。著名史学家邓广铭认为:"宋代文化发展所能达到的高度,在从十世纪后半期到十三世纪中叶这一历史时期内,是居于全世界的领先地位的。"①日本学者则将宋代称为"东方的文艺复兴时代"②。著名华裔学者刘子健认为:"此后中国近八百年来的文化,是以南宋文化为模式,以江浙一带为重点,形成了更加富有中国气派、中国风格的文化。"③这主要体现在:

1. 南宋是古代中国学术思想的巅峰时期

王国维指出:"宋代学术,方面最多,进步亦最著","近世学术多发端于宋人"。宋学作为宋型文化的精神内核,是中国古代学术思想的新巅峰。宋学流派纷呈,各臻其妙,大师迭出,群星璀璨,尤其到南宋前期,思想文化呈现出一派勃勃生机和前所未有的活跃局面。

理学思想的形成。两宋统治者以文治国、以名利劝学的政策,对当时的思想、学术及教育产生了重要影响,最明显的一个标志是新儒学——理学思想的诞生。南宋是儒学各派互争雄长的时期,各学派互相论辩、互相补充,共同构筑起中国儒学发展史上一个新的阶段。作为程朱理学集大成者的朱熹,是继孔孟以来最杰出的儒家学者。理学思想中倡导的国家至上、百姓至上的精神,与孟子的"君轻民贵"思想是一脉相承的。同时,两宋还倡导在儒

---

① 邓广铭:《国际宋史研讨会开幕词》,载《国际宋史研讨论文选集》,河北大学出版社 1992 年版,第 1 页。

② 宫崎市定:《宫崎市定论文选集》下册,商务印书馆 1963 年版。

③ 刘子健:《代序——略论南宋的重要性》,载黄宽重主编《南宋史研究集》,台湾新文丰出版公司 1985 年版。

家思想主导下的"儒佛道三教同设并行",就是在"尊孔崇儒"的同时,对佛、道两教也持尊奉的态度。理学各家出入佛老;佛门也在学理上融合儒道;道教则从佛教中汲取养分,将其融入自身的养生思想,并吸纳佛教"因果轮回"思想与儒家"纲常伦理"学说。普通百姓"读儒书、拜佛祖、做斋醮"更是习以为常。两宋"三教合流"的文化策略迎合了时代的需要,使宋代儒生不同于以往之"终信一家、死守一经",从而使得南宋在思想、文化领域均有重大突破与重大建树。

思想学术界学派林立。学派林立是南宋学术思想发展的突出表现,也是当时学术界新流派勃兴的标志。在儒学复兴的思潮激荡下,尤其是在鼓励直言、自由议论的政策下,先后形成了以朱熹为代表的道学,以陆九渊为代表的心学,以叶适为代表的永嘉事功之学,以吕祖谦为代表的婺学,以陈亮为代表的永康之学等主要学派,开创了浙东学派的先河。南宋时期学派间互争雄长和欣欣向荣的景象,维持了近百年之久,形成了继春秋战国之后中国历史上第二次"百家争鸣"的盛况,为推动南宋经济文化的发展起到了积极作用。尤其是浙东事功学派极力推崇义利统一,强调"商藉农而立,农赖商而行",认为只有农商并重,才能民富国强,实现国家中兴统一的目的。这种功利主义思想,反映了当时人们希望发展南宋经济和收复北方失地的强烈愿望。

2. 南宋是古代中国文学艺术的鼎盛时期

近代国学大师王国维认为:"天水一朝人智之活动与文化之多方面,前之汉唐、后之元明皆所不逮也。"①南宋文学艺术的繁荣主要表现在:一是宋词的兴盛。宋代创造性地发展了"词"这一富有时代特征的文学形式。词的繁荣起始于北宋,鼎盛于南宋。南宋词不仅在内容上有所开拓,而且艺术上更趋于成熟。辛弃疾是南宋最伟大的爱国词人,豪放词派的最高代表,也是南宋词坛第一人,与北宋词人苏轼一样,同为宋词最为杰出的代表。李清照是婉约词派的代表人物,形成了别具一格的"易安体",对后世影响很大。陆

---

① 王国维:《静庵文集续编·宋代之金石学》,载《王国维遗书》第5册,上海古籍出版社1983年版。

游既是著名的爱国诗人,也是南宋词坛的巨匠,他的词充满了奔放激昂的爱国主义感情,与辛弃疾一起把宋词推向了艺术高峰。二是宋诗的繁荣。宋诗在唐诗之后另辟蹊径,开拓了宋诗新境界,其影响直到清末民初。宋诗完全有资格在中国诗史上与唐诗双峰并峙,两水并流。三是话本的兴起。南宋话本小说的出现,在中国文学史上是一件极有意义的大事,它标志着中国小说的发展已进入到了一个新的阶段。宋代话本为中国小说的发展注入了新鲜的活力,迎来了明清小说的繁荣局面。南宋还出现了以《沧浪诗话》为代表的具有现代审美特征的开创性的文学理论著作。四是南戏的出现。南宋初年,出现了具有很强的现实性和感染力的"戏文",统称"南戏"。南宋戏文是元代杂剧的先驱,它的出现标志着中国古代戏曲艺术的成熟,为我国戏剧的发展奠定了雄厚基础①。五是绘画的高峰。宋代是中国绘画史上的鼎盛时期,标志我国中古时期绘画高峰的出现。有研究者认为:"吾国画法,至宋而始全。"②宋代画家多达千人左右,以李唐、刘松年、马远、夏圭等人为代表的南宋著名画家,他们的作品在画坛至今仍享有十分崇高的地位。此外,南宋的多位皇帝和后妃也都是绘画高手。南宋绘画形式多样,山水、人物、花鸟等并盛于世,其中尤以山水画最为突出,它们对后世的影响极大。南宋画家称西湖景色最奇者有十,这就是著名的"西湖十景"的由来。宋代工艺美术造型、装饰与总体效果堪称中国工艺史上的典范,为明清工艺争相效仿的对象。此外,南宋的书法、雕塑、音乐、歌舞等也都有长足的发展。

3. 南宋是古代中国文化教育的兴盛时期

宋代统治者大力倡导学校教育,将"崇经办学"作为立国之本,使宋代的教育体制较之汉唐更加完备和发达。南宋官学、私学皆盛,彻底打破了长期以来士族地主垄断教育的局面,使文化教育下移,教育更加大众化,适应了平民百姓对文化教育的需求,推动了文化的大普及,提高了全社会的文化素质,促进了南宋社会文化事业的进步和发展。在科举考试的推动下,南宋的中央官学、地方官学、书院和私塾村校并存,各类学校都获得了蓬勃的发展。

---

① 参见何忠礼、徐吉军《南宋史稿》,杭州大学出版社 1999 年版,第 657 页。
② 潘天寿:《中国绘画史》,上海人民美术出版社 1983 年版,第 158 页。

南宋各州县普遍设立了公立学校,其学校规模、学校条件、办学水平,较之北宋有了更大发展。由于理学家的竭力提倡和科举考试的需要,南宋地方书院得到了大发展,宋代共有书院 397 所,其中南宋占 310 所①。南宋私塾村校遍及全国各地,学校教育由城镇延伸到了乡村,南宋教育达到了前所未有的普及程度。

4. 南宋是古代中国史学的繁荣时期

南宋以"尊重和提倡"的形式,鼓励知识分子重视历史,研究历史,"思考历代治乱之迹"。陈寅恪先生指出:"中国史学莫盛于宋。"②南宋史学家袁枢的《通鉴纪事本末》,创立了以重大历史事件为主体,分别立目,完整地记载历史事件的纪事本末体;朱熹的《资治通鉴纲目》创立了纲目体;朱熹的《伊洛渊源录》则开启了记述学术宗派史的学案体之先河。南宋在历史上第一次提出了"经世致用"的修史思想。南宋史学家不仅重视当代史的研究,而且力主把历史与现实结合起来,从历史上寻找兴衰之源,以史培养爱国、有用的人才。这些都对后代的史学家有很大的启迪和教益。

四、在科技上,既要看到整个宋代在中国古代科技史上的地位,又要看到南宋对古代中国科学技术的杰出贡献

宋代统治集团对在科学技术上有重要发明及创造、创新之人给予物质和精神奖励,为宋代科技发展与进步注入了前所未有的强大动力。宋朝是当时世界上发明创造最多的国家,也是中国为世界科技发展贡献最大的时期。英国学者李约瑟说:"每当人们在中国的文献中查找一种具体的科技史料时,往往会发现它的焦点在宋代,不管在应用科学方面或纯粹科学方面都是如此。"③中国历史上的重要发明,一半以上都出现在宋朝,宋代的不少科技发明不仅在中国科技史上,而且在世界科技史上也号称第一。《梦溪笔

① 参见何忠礼《论南宋在中国历史上的地位和影响》,载《杭州研究》2007 年第 2 期。
② 陈寅恪:《陈垣明季滇黔佛教考序》、《陈垣元西域人华化考序》,载《金明馆丛稿二编》,上海古籍出版社 1980 年版,第 240、238 页。
③ 李约瑟:《李约瑟文集》,辽宁科技出版社 1986 年版,第 115 页。

谈》的作者北宋沈括、活字印刷术的发明者毕昇这两位钱塘(浙江杭州)人,都是中外公认的中国古代伟大科学巨匠。南宋的科技在北宋基础上进一步得到发展,其科技成就在很多方面居于世界领先地位。这主要表现在:

1. 南宋对中国古代"三大发明"的贡献

活字印刷术、指南针与火药三大发明,在南宋时期获得进一步的完善和发展,并开始了大规模的实际应用。指南针在航海上的应用,始见于北宋末期,南宋时的指南针已从简单的指针,发展成为比较简易的罗盘针,并将它应用于航海上,这是一项具有世界意义的重大发明。李约瑟指出:指南针在航海中的应用,是"航海技艺方面的巨大改革","预示计量航海时代的来临"。中国古代火药和火药武器的大规模使用和推广也始自南宋。南宋出现的管形火器,是世界兵器史上十分重要的大事,近代的枪炮就是在这种原始的管形火器基础上发展起来的。此外,南宋还广泛使用威力巨大的火炮作战,充分反映了南宋火器制造技术的巨大进步。南宋开始推广使用活字印刷术,出现了目前世界上第一部活字印本。此外,南宋的造纸技术也更为发达,生产规模大为扩展,品种繁多,质量之高,近代也多不及。

2. 南宋在农业技术理论上的重大突破

南宋陈旉所著的《农书》是我国现存最早的有关南方农业生产技术与经营的农学著作,他是中国农学史上第一个提出土地利用规划技术的人。陈旉在《农书》中首先提出了土壤肥力论等多种土地的利用和改造之法,并对搞好农业经营管理提出了卓越的见解。稻麦两熟制、水旱轮作制、"耕耙秒"耕作制,在南宋境内都得到了较好的推广。植物谱录在南宋也大量涌现。《橘录》是我国最早的柑橘专著;《菌谱》是世界历史上最早的菌类专著;《全芳备祖》是世界上最早的植物学辞典,比欧洲要早 300 多年;《梅谱》是世界上最早的有关梅花的专著。

3. 南宋在制造技术上的高度成就

宋代冶金技术居世界最高水平,南宋对此作出了卓越的贡献。在有色金属的开采与冶炼方面,南宋发明了"冶银吹灰法"和"铜合金铁"冶炼法;在煤炭的开发利用上,南宋开始使用焦煤炼铁(而欧洲人是在 18 世纪时才发明了焦煤炼铁),是我国冶金史上具有重大意义的里程碑。南宋是我国纺织技术高度发展时期,特别是蚕桑丝绸生产,已形成了一整套从栽桑到成衣的过程,生产工具丰富,为明清的丝绸生产技术奠定了基础。南宋的丝纺织品、织造和染色技术在前代的基础上达到了一个新水平。南宋瓷器无论在胎质、釉料,还是在制作技术上,都达到了新的高度。同时,南宋的造船、建筑、酿酒、地学、水利、天文历法、军器制造等方面的技术水平,也都比过去有很大的进步。如现保存于杭州碑林的石刻《天文图》,是迄今为止所能见到的最早的全天星图;绘于南宋绍定二年(1229)的石刻《平江图》,是我国现存最完整的城市规划图,至今仍完好地保存在苏州市博物馆。

4. 南宋在数学领域的巨大贡献

南宋数学不仅在中国数学史上,而且在世界数学史上取得了极为辉煌的成就。南宋杰出的数学家秦九韶撰写的《数学九章》提出的"正负开方术",与现代求数学方程正根的方法基本一致,比西方早 500 多年。另一位杰出的数学家杨辉,编撰有《详解九章算法》、《日用算法》、《乘除通变本末》、《田亩比类乘除捷法》、《续古摘奇算法》、《杨辉算法》等十余种数学著作,收录了不少我国现已失传的数学著作中的算题和算法。杨辉对级数求和的论述,使之成为继沈括之后世界上最早研究高阶等差级数的人。杨辉发明的"九归口诀",不仅提高了运算速度和精确度,而且还对明代珠算的发明起到了重要作用。因此,李约瑟把宋代称为"伟大的代数学家的时代",认为"中国的代数学在宋代达到最高峰"。①

5. 南宋在医药领域的重要贡献

南宋是中国法医学正式形成的时期。宋慈《洗冤集录》是世界上第一部法医学专著,比西方早 350 余年。它不仅奠定了我国古代法医学的基础,而且被奉为我国古代"官司检验"的"金科玉律",并对世界法医学产生了广泛影响。南宋是中国针灸医学的极盛时期。王执中《针灸资生经》和闻人耆年

---

① 参见《中国科学技术史》第 1 卷第 1 册,科学出版社 1975 年版,第 273、284、287、292 页。

《备急灸法》两书,皆集历代针灸学知识之大全,反映了当时针灸学的最高水平。南宋腧穴针灸铜人是针灸学上第一具教学、临床用的实物模型。陈自明所著《外科精要》一书对指导外科的临床应用具有重要意义。陈自明《妇人大全良方》是著名的妇产科著作,直到明清时期仍被妇科医生奉为经典。朱瑞章的《卫生家宝产科方》,被称为"产科之荟萃,医家之指南"。无名氏的《小儿卫生总微论方》和刘昉的《幼幼新书》,汇集了宋以前在儿科学方面所取得的成就,是我国历史上较早的一部比较系统、全面的儿科学著作。许叔微《普济本事方》是中国古代一部比较完备的方剂专书。

五、在社会生活上,不但看到南宋一些富豪官绅生活奢华、挥霍淫乐的一面,更要看到南宋政府关注民生、注重民生保障的一面

南宋社会生活的奢侈之风,既是南宋官僚地主腐朽的集中反映,也是南宋经济文化空前繁荣的缩影。我们不但看到南宋一些富豪官绅纵情声色、恣意挥霍的社会现象,更要看到南宋政府倡导善举、关注民生、同情民苦的客观事实。两宋社会保障制度,在中国古代救助史上占有重要地位,并为宋后社会保障制度的建立奠定了基础。有学者认为,中国古代真正意义上的社会保障事业是从两宋开始的。同时,两宋时期随着土地依附关系的逐步解除和门阀制度的崩溃,逐渐冲破了以前士族地主一统天下的局面。两宋社会结构开始调整重组,出现了各阶层之间经济地位升降更替、社会等级界限松动的现象,各阶层的价值取向趋近,促进社会各阶层的融合,平民化、世俗化、人文化趋势明显①。两宋社会的平民化,不仅体现在科举取士面向社会各个阶层,不受出身门第的限制,而且体现在官民之间身份可以相互转化,既可以由贵而贱,也可以由贱而贵;贫富之间既可以由富而贫,也可以由贫而富②。其具体表现在:

1. 南宋农民获得了更多的人身自由

两宋时期,租佃制普遍发展,这是古代专制社会中生产关系的一次重大

---

① 参见邓小南《宋代历史再认识》,载《河北学刊》2006 年第 5 期。
② 参见郭学信《宋代俗文化发展探源》,载《西北师大学报》2005 年第 3 期。

调整。在租佃制下,地主招募客户耕种土地,客户只向地主交纳地租,而不必承担其他义务。在大部分地区,客户契约期满后有退佃起移的权利,且受到政府的保护,人身依附关系大为减弱。按照宋朝的户籍制度,客户直接编入国家户籍,成为国家的正式编户,并承担国家某些赋役,而不再是地主的"私属",因而获得了一定的人身自由。两宋农民在法律上可以自由迁徙,这是历史的一大进步①。南宋随着商品经济的发展,农民获得了更多的人身自由,他们可以比较自由地离土离乡,转向城市从事手工业或商业活动。

2. 南宋商人社会地位得到了提高

宋前历朝一直奉行"重农轻商"政策,士、农、工、商,商人居"四民"之末,受到社会的歧视。宋代商业已被视同农业,均为创造社会财富的源泉,"士、农、工、商,皆百姓之本业"②成为社会共识,使两宋商人的社会地位得到前所未有的提高。随着工商业的发展,在南宋手工业作坊中,工匠主和工匠之间形成了雇佣与被雇佣关系。南宋官营手工业作坊中的雇佣制度,代替了原来带有强制性的指派和差人应役招募制度,雇佣劳动与强制性的劳役比较,工匠所受的人身束缚大为松弛,新的经济关系推动了南宋手工业经济的发展,又促进了资本主义生产关系的萌芽。

3. 南宋市民阶层登上了历史舞台

"坊郭户"是城市中的非农业人口。随着工商业的日益发展,宋政府将"坊郭户"单独"列籍定等"。"坊郭户"作为法定户名在两宋时期出现,标志着城市"市民阶层"的形成,市民阶层开始作为一个独立的群体正式登上了历史舞台,成为不可忽视的社会力量③。南宋时期,还实行了募兵制,人们服役大多出自自愿,从而有效保障了城乡劳力稳定和社会安定,与唐代苛重的兵役相比,显然是一个进步。

---

① 参见郭学信、张素音《宋代商品经济发展特征及原因析论》,载《聊城大学学报》2006年第5期。
② 陈耆卿:《嘉定赤城志》卷三七《风土》,中华书局1990年《宋元方志丛刊》本。
③ 参见郭学信《宋代俗文化发展探源》,载《西北师大学报》2005年第3期。

4. 南宋社会保障制度更为完善

南宋的社会保障体系主要表现在：一是"荒政"制度。就是由政府无偿向灾民提供钱粮和衣物，或由政府将钱粮贷给灾民，或由政府将灾民暂时迁移到丰收区，或将粮食调拨到灾区，或动员富豪平价售粮，并在各州县较普遍地设置了"义仓"，以解决暂时的粮食短缺问题。同时，遇丰收之年，政府酌量提高谷价，大量收籴，以避免谷贱伤农；遇荒饥之年，政府低价将存粮大量粜出，以照顾灾民。二是"养恤"制度。在临安等城市中，南宋政府针对不同的对象设立了不同的养恤机构。有赈济流落街头的老弱病残或贫穷潦倒乞丐的福田院，有收养孤寡等贫穷不能自存者的居养院，有收养并医治鳏寡孤独贫病不能自存之人的安济院，有收养社会弃子弃婴的慈幼局，等等。三是"义庄"制度。义庄主要由一些科举入仕的士大夫用其秩禄买田置办，义田一般出租，租金则用于赈养族人的生活。虽然义庄设置的最初动机在于为本宗族之私，但义庄的设置在一定范围内保障了族人的经济生活，对南宋官方的社会保障起到了重要的辅助作用。南宋的社会保障政策与措施对倡导善举、缓和社会矛盾、维护社会稳定等发挥了积极作用。①

六、在历史地位上，既要看到南宋在当时国际国内的地位，又要看到南宋对后世中国和世界的影响

1. 南宋对东亚"儒学文化圈"和世界文明进程之影响

两宋的成就居于当时世界发展的顶峰，对周边国家和世界均产生了巨大影响。

南宋对东亚"儒学文化圈"的影响。南宋朱子学对东亚"儒学文化圈"各国文化的作用不容低估，对东亚各民族产生了广泛而深刻的影响，至今仍然积淀在东亚各民族的文化心理中，对东亚现代化起着重要作用。在文化输入上，这些周边邻国对唐代文化主要是制度文化的模仿，而对两宋文化则侧

---

① 参见杜伟《略述两宋社会保障制度》，载《沙洋师范高等专科学校学报》2004 年第 1 期；陈国灿《南宋江南城市的公共事业与社会保障》，载《学术月刊》2002 年第 6 期。

重于精神文化的摄取,尤其是对南宋儒学、宗教、文学、艺术、政治制度的借鉴。南宋儒学文化传至东亚各国,与各国的学术思想和民族文化相融合,产生了朝鲜儒学、日本儒学、越南儒学等东亚儒学,形成了东亚"儒学文化圈"。这表明南宋儒学文化在东亚民族之间的文化交流和传播中,对高丽、日本、越南等国学术文化与东亚文明的形成和发展的历史产生了重大影响,这可以说是东亚文明发展中的一大奇观。同时,南宋儒学文化中的优秀成分和合理精神,在现代东亚社会的政治、经济、思想文化、社会生活、家庭关系等方面仍然发挥着重要影响和作用。如南宋儒学中的"信义"、"忠诚"、"中庸"、"和"、"义利并取"等价值观念,在现代东亚经济社会中的积极作用也显而易见。

南宋对世界经济发展的影响。随着南宋海外贸易的发展,与我国通商的海外国家与地区从宋前的 20 余个增至 60 个以上。海外贸易范围从宋前中南半岛和印尼群岛,扩大到西洋(印度洋至红海)、波斯湾、地中海和东非海岸,使雄踞于太平洋西岸的南宋帝国与印度洋北岸的阿拉伯帝国一起,构成了当时世界贸易圈的两大轴心。海上"丝绸之路"取代了陆上"丝绸之路",成为中外经济文化交流的主要通道。鉴于此,美籍学者马润潮把宋代视为"世界伟大海洋贸易史上的第一个时期"①。同时,随着商品经济的发展,北宋出现了世界上最早的纸币——交子,至南宋时,纸币开始在全国普遍使用。有学者将纸币的产生与大规模的流通称为"金融革命"②。纸币流通的意义远在金属铸币之上,表明我国在货币领域的发展已走在世界前列。

南宋对世界文明进程的影响。宋代文化对世界文化的影响,主要表现在两宋的活字印刷术、火药、指南针"三大发明"的西传上。培根指出:"这三种发明已经在世界范围内把事物的全部面貌和情况都改变了:第一种是在学术方面,第二种是在战事方面,第三种在航行方面;由此产生了无数的变化,这种变化是如此巨大,以至没有一个帝国,没有一个教派,没有一个赫赫

---

① 转引自葛金芳《南宋:走向开放型市场的重大转折》,载《杭州研究》2007 年第 2 期。

② 参见张邦炜《瞻前顾后看宋代》,载《河北学刊》2006 年第 5 期。

有名的人物,能比得上这三种机械发明。"①马克思的评价则更高:"火药、指南针、印刷术——这是预告资产阶级到来的三大发明。火药把骑士阶层炸得粉碎,指南针打开了世界市场并建立了殖民地,而印刷术则变成了新教的工具和科学复兴的手段,变成对精神发展创造必要前提的强大杠杆。"②两宋"三大发明"对世界文明的决定性作用是毋庸赘言的。两宋科举考试制度也对法、美、英等西方国家选拔官吏的政治制度产生了直接作用和重要影响,被人誉为"中国的第五大发明"。

2. 南宋对中国古代与近代历史发展之影响

中外学者普遍认为:"这时的文化直至 20 世纪初都是中国的典型文化。其中许多东西在以后的一千年中是中国最典型的东西,至少在唐代后期开始萌芽,而在宋代开始繁荣。"③

南宋促进了中国市民社会的形成。随着商品经济的繁荣,两宋时期不仅出现了一大批大、中、小商业城市与集镇,而且形成了杭州、开封、成都等全国著名商业大都市,第一次出现了城市平民阶层,呈现了中国古代社会前所未有的时代开放性。到了南宋,市民阶层更加壮大,世俗文化与世俗经济更加繁荣,意味着中国市民社会开始形成,开启了中国社会的平民化进程。正由于南宋时期出现了欧洲近代前夜的一些特征,如大城市兴起、市民阶层形成、手工业发展、商业经济繁荣、对外贸易发达、流通纸币出现、文官制度成熟等现象,美国、日本学者普遍把宋代中国称为"近代初期"。④

南宋促成了中国经济重心的南移。由于南宋商品经济的空前发展,有些学者甚至断言,宋代已经产生了资本主义萌芽。西方有学者认为南宋已处在"经济革命时代"。随着宋室南下,南宋经济的发展与繁荣,使江南成为全国经济最为发达的地区。南宋时期,全国经济重心完成了由黄河流域向

---

① 培根:《新工具》,商务印书馆 1984 年版,第 103 页。
② 马克思:《机械、自然力和科学应用》,人民出版社 1978 年版,第 67 页。
③ 费正清、赖肖尔:《中国:传统与变革》,江苏人民出版社 1995 年版,第 118—119 页。
④ 张晓淮:《两宋文化转型的新诠释》,载《学海》2002 年第 4 期。

长江流域的历史性转移,我国经济形态自此逐渐从自然经济转向商品经济,从封闭经济走向开放经济,从内陆型经济转向海陆型经济,这是中国传统社会发展中具有路标性意义的重大转折①。如果没有明清的海禁和极端专制的封建统治,中国的近代化社会也许会更早地到来。

南宋推进了中华民族的大融合。南宋时期,中国社会出现了第三次民族大融合。宋王朝虽然先后被同时代的女真、蒙古等少数民族所征服,但无论是前金还是后蒙,在其思想文化上,都被南宋所代表的先进文化所征服,融入中华民族的大家庭之中。10—13世纪,中原王朝与北方游牧民族的时战时和、时分时合,使以农耕文化为载体的两宋文化迅速向北扩散播迁,女真、蒙古等少数民族政权深受南宋所代表的先进的政治制度、社会经济和思想文化的影响,表现出对南宋文化的认同、追随、仿效与移植,自觉不自觉地接受了先进的南宋文化,使其从文字到思想、从典章制度到风俗习惯均呈现出汉化趋势②。南宋文化改变了这些民族的文化构成,提高了文化层位,加速了这些民族由落后走向文明、走向进步的进程,从而在整体上提高了中国北部地区少数民族的文化水平。

南宋奠定了理学在封建正统思想中的主导地位。理学的形成与发展,是南宋文化对中国古代思想文化的重大贡献。南宋理宗朝时,理学被钦定为封建正统思想和官方哲学,确立了程朱理学的独尊地位,并一直垄断元、明、清三代的思想和学术领域长达700余年,其影响之深广,在古代中国没有其他思想可以与之匹敌③。同时,两宋时期开创了中国古代儒、佛、道"三教合流"的文化格局。与汉武帝"罢黜百家、独尊儒术"不同,南宋在大兴儒学的前提下,加大了对佛、道两教的扶持,出现了"以佛修心,以道养生,以儒治世"的"三教合一"的格局。自宋后,在古代中国社会中基本延续了以儒学为主体,以佛、道为辅翼的文化格局。

两宋对中国后世王朝政权稳定的影响。两宋王朝虽然国土面积前不及

---

① 参见葛金芳《南宋:走向开放型市场的重大转折》,载《杭州研究》2007年第2期。
② 参见虞云国《略论宋代文化的时代特点与历史地位》,载《浙江社会科学》2006年第3期。
③ 参见何忠礼《论南宋在中国历史上的地位和影响》,载《杭州研究》2007年第2期。

汉唐,后不如元明清,却是中国封建史上立国时间最长的王朝。两宋王朝之所以在外患深重的威胁下保持长治久安的局面,很大程度上取决于两宋精于内治,形成了一系列的中央集权制度和民族认同感,因此,自宋朝后,中华民族"大一统"的思想深入人心,中国历史上再也没有出现过地方严重分裂割据的局面。

3. 南宋对杭州城市发展之影响

正是南宋经济、文化、社会各方面的高度发展,促成了京城临安的极度繁荣,使其成为12—13世纪最为繁华的世界大都会;也正是南宋带来的民族文化的大交流、生活方式的大融合、思想观念的大碰撞,形成了京城临安市民独特的生活观念、生活方式、性格特征、语言习惯。直到今天,杭州人所独有的文化特质、社会习俗、生活理念,都深深地烙上了南宋社会的历史印迹。

京城临安,一座巍峨壮丽的世界级的"华贵之城"。南宋朝廷以临安为行都,使杭州的城市性质与等级发生了根本性的巨大变化,从州府上升为国都,这是杭州城市发展的里程碑,杭州由此进入了历史上最辉煌的时期。南宋统治者对临安城的建设倾注了大量的心血,并倾全国之人力、物力、财力加以精心营造。经过南宋诸帝持续的扩建和改建,南宋皇城布满了金碧辉煌、巍峨壮丽的宫殿,与昔日的州治相比已不可同日而语。同时,南宋对临安府也进行了大规模的改造和扩建,南宋御街便是其中的杰出代表。南宋都城临安,经过100多年的精心营建,已发展成为百万人口以上的大城市,成为当时亚洲各国经济文化的交流中心,城市规模已名列十二三世纪时世界的首位。当时的杭州被意大利著名旅行家马可·波罗称赞为"世界上最美丽华贵之天城"。与此同时,12世纪的美洲和澳洲尚未被外部世界所发现,非洲处于自生自灭的状态,欧洲现有的主要国家尚未完全形成,北欧各地海盗肆虐,基辅大公国(俄罗斯)刚刚形成①。到了南宋后期(即13世纪中叶)临安人口曾达到150万—160万人,此时,西方最大最繁华的城市威尼斯也

---

① 参见何亮亮《从"南海一号"看中华复兴》,载《文汇报》2008年1月6日。

只有 10 万人口,作为世界最著名的大都会伦敦、巴黎,直至 14 世纪的文艺复兴时期,其人口也不过 4 万—6 万人①。仅从城市人口规模看,800 年前的杭州就已遥遥领先于世界各大城市。

京城临安,一座繁荣繁华的"地上天宫"。临安是全国最大的手工业生产中心。南宋临安工商业发达,手工业门类齐、制作精、分工细、规模大、档次高,造船、陶瓷、纺织、印刷、造纸等行业都建有大规模的手工业作坊,并有"四百一十四行"之说。临安是全国商业最为繁华的城市。城内城外集市与商行遍布,天街两侧商铺林立,早市夜市通宵达旦;城北运河樯橹相接、昼夜不歇;城南钱江两岸各地商贾海舶云集、桅杆林立。临安是璀璨夺目的文化名城。京城内先后集聚了李清照、朱熹、尤袤、陆游、杨万里、范成大、辛弃疾、陈起等一批南宋著名的文化人。临安雕版印刷为全国之冠,杭刻书籍为我国宋版书之精华。城内设有全国最高的学府——太学,规模最为宏阔,与武学、宗学合称"三学",临安的教育事业空前繁荣。城内文化娱乐业发达,瓦子数量、百戏名目、艺人人数、娱乐项目和场所设施等方面,也都是其他城市所无法比拟的。临安不但是全国政治中心,也是全国经济中心和文化中心。今日杭州之所以能成为"人间天堂",成为全国历史文化名城,成为我国七大古都之一,很大程度上就是得益于南宋定都临安,得益于南宋经济文化的高度繁荣。

京城临安,一座南北荟萃、精致和谐的生活城市。北方人口的优势,使南下的中原文化全面渗透到本土的吴越文化之中,形成了临安独特的社会生活习俗,并影响至今。临安的社会是本地居民与外来人员和谐相处的社会,临安的文化是南北文化交融、中外文化交流的结晶,临安的生活是中原风俗与江南民俗相互融合的产物。总之,南宋临安是一座兼容并蓄、精致和谐的生活城市。其表现为:一是南北交融的语言。经过南宋 100 多年流行,北方话逐渐融合到吴越方言之中,形成了南北交融的"南宋官话"。有学者指出:"越中方言受了北方话的影响,明显地反映在今日带有'官话'色彩的

---

① 参见何忠礼《论南宋在中国历史上的地位和影响》,载《杭州研究》2007 年第 2 期。

杭州话里。"①二是南北荟萃的饮食。自南宋起,杭人饮食结构发生了变化,从以稻米为主,发展到米、面皆食。"南料北烹"美食佳肴,结合西湖文采,形成了具有鲜明特色的"杭帮菜系",而成为中国古代菜肴的一个新的高峰。丰富美味的饮食,致使临安人形成了追求美食美味的饮食之风。三是精致精美的物产。南宋时期,在临安无论是建筑寺观,还是园林别墅、亭台楼阁和小桥流水,无不体现了江南的精细精致,更有陶瓷、丝绸、扇子、剪刀、雨伞等工艺产品,做工讲究、小巧精致。四是休闲安逸的生活。城市的繁华与西湖的秀美,使大多临安人沉醉于歌舞升平与湖山之乐中,在辛劳之后讲究吃喝玩乐、神聊闲谈、琴棋书画、花鸟鱼虫,体现了临安人求精致、讲安逸、会休闲的生活特点,也反映了临安市民注重生活与劳作结合的城市生活特色,反映了临安文化的生活化与世俗化,并融入今日杭州人的生活观念中。

七、挖掘南宋古都遗产,丰富千年古都内涵,推进"生活品质之城"建设

今天的杭州之所以能将"生活品质之城"作为自己的城市品牌,就是因为今日杭州城市的产业形态、思想文化、城市格局、园林建筑、西湖景观等方面都烙下了南宋临安的印迹;今日杭州人的生活观念、生活内涵、生活方式、生活环境、生活习俗,乃至性格、语言等方面,都与南宋临安人有着千丝万缕的历史渊源。因此,我们在共建共享"生活品质之城"的同时,就必须传承南宋为我们留下的丰富的古都遗产,弘扬南宋的优秀文化,吸取南宋有益的精神元素,不断充实千年古都的内涵,以此全面提升杭州的经济生活品质、文化生活品质、政治生活品质、社会生活品质和环境生活品质,让今日的杭州人生活得更加和谐、更加美好、更加幸福。

1. 传承南宋"经世致用"的务实精神,引领"和谐创业",提升杭州经济生活品质

南宋经济之所以能达到历史上的较高水平,我们认为主要是南宋"富民"思想和"经世致用"务实精神所致。南宋经济是农商并重、求真务实的经

---

① 参见徐吉军《论南宋定都杭州对当地经济文化的重大影响》,载《杭州研究》2007 年第 2 期。

济。南宋浙东事功学派立足现实,注重实用,讲究履践,强调经世,打破"重农轻商"传统观念和"厚本抑末"国策,主张"农商并重",倡导轻徭薄赋、与民休息,实现藏富于民,最后达到民富国强。浙东事功学派的思想主张,为南宋经济尤其是商品经济的发展起到了推波助澜的作用,使南宋统治者逐步改变了"舍利取义"、"以农为本"的思想,确立了"义利并重"、"工商皆本"的观念,推动大批农村剩余劳动力不断涌入城市,从事商业、手工业、服务业等经济活动,促进了南宋经济的繁荣。同时,发达的南宋经济也是多元交融、开放兼容的经济,是士、农、工、商多种经济成分相互渗透的经济,是本地居民与外来人员多元创业的经济,是中原经济与江南经济相互融合的经济,是中外交流交换交融的经济。因此,南宋经济的繁荣,也是通过多元交流,在交融中创新、创造、创业的结果。

今日杭州,要保持城市综合实力在全国的领先优势,增强城市综合竞争力,不断提升城市经济生活品质,就应吸取南宋学者"富民"思想的合理内核,秉承南宋"经世致用"和"开放兼容"的精神,坚持"自主创新"与"对外开放"并重,推进"和谐创业",实现内生型经济与外源型经济的和谐发展。今天我们传承南宋"经世致用"的务实精神,就要以走在前列、干在实处的姿态,干实事、求实效,开拓创新,将儒商文化融入到经济建设中,放心、放手、放胆、放开发展民营经济,走出一条具有杭州特色的创新发展之路。同时,秉承南宋"开放兼容"的精神,就要以更加开阔的视野、更加宏大的气魄,顺应经济全球化趋势,在更大范围、更广领域、更高层次参与国际分工和国际合作,提高杭州经济国际化程度,把杭州建设成为 21 世纪国际性区域中心城市、享誉国际的历史文化名城、创业与生活完美结合的国际化"生活品质之城",不断提升杭州的经济生活品质。

2. 挖掘南宋"精致开放"的文化特色,弘扬"精致和谐、大气开放"的人文精神,提升杭州文化生活品质

"精致和谐、大气开放",是杭州城市文化的最大特色。人们可以追溯到距今 8000 年的"跨湖桥文化",从那里出土的一只陶器和一叶独木舟,去寻找杭州的"精致"与"开放";可以在"良渚文化"精美的玉琮和"人、禽、兽三

位一体"的图腾图案中,去品味杭州的"精致"与"大气";也可以在吴越的制瓷、酿酒工艺和"闽商海贾"的繁荣景象中,去领略杭州的"精致"与"开放"。但是,我们认为能最集中、最全面体现"精致和谐、大气开放"的杭州人文特色的是南宋文化。南宋时期,临安不但出现了吴越文化与中原文化的大融合,也出现了南宋文化与海外文化的大交流。多民族的开放融合、多元文化的和谐交融,不但使南宋经济呈现出高度繁荣繁华,而且使南宋文化深深融入临安人的生活之中,也使杭州城市呈现出精致精美的特色。农业生产更加追求精耕细作,手工业产品更加精致精细,工艺产品更加精美绝伦,饮食菜肴更加细腻味美,园林建筑更加巧夺天工,诗词书画更加异彩纷呈。正是因为南宋临安既具有"多元开放"的气魄,又具有"精致精美"的特色,两者的相互渗透与融合,使杭州的城市发展达到了极盛时期,从而成为当时世界上最繁华的大都会。今天我们能形成"精致和谐、大气开放"的杭州人文精神,确实有其深远的历史渊源。

今天,我们深入挖掘南宋沉淀的、至今仍在发挥重要影响的文化资源,就是"精致精美"、"多元开放"的南宋人文特色。杭州"精致和谐、大气开放"的人文精神,既是对杭州历史文化的高度提炼,是"精致精美"、"多元开放"的南宋人文特色的高度概括,也是市委、市政府在新世纪立足杭州发展现实,谋划杭州未来发展战略,解放思想、实事求是、与时俱进、创新思维的结果。在思想观念深刻变化,经济体制深刻变革,社会结构深刻变动,利益格局深刻调整,国内外各种思想文化相互激荡的今天,杭州不仅要挖掘、重振南宋"精致精美"、"多元开放"的人文特色,使传统特色与时代精神有机结合,而且要用"精致和谐、大气开放"的城市人文精神来增强杭州人的自豪感、自信心、进取心、凝聚力,以更高的标准和要求、更宽的胸怀和视野、更大的气魄和手笔、更强的决心和力度,再创历史的新辉煌。

3. 借鉴南宋"寒门入仕"的宽宏政策,推进"共建共享",提升杭州政治生活品质

宋代打破了以往只有官僚贵族阶层才可以入仕参政的身份性屏障,采取"崇尚文治"政策,制定保护文士措施,以宽松、宽容的态度对待文人士

大夫，尊重知识分子，重用文臣，提倡教育和养士，优待知识分子，为宋代文人士大夫提供了一个敢于说话、敢于思考、敢于创造的空间，使两宋成为封建社会中思想文化环境最为宽松的时期。同时，由于"寒门入仕"通道的开辟，使一大批中小地主、工商阶层、平民百姓出身的知识分子得以通过科举入仕参政，士农工商成为从上到下各级官僚的重要来源，使一大批有才华、有抱负、懂得政治得失、关心民生疾苦的社会有识之士登上了政治舞台。这种相对自由的政治环境和不拘一格选拔人才的政策，不但为两宋政权的巩固，而且为整个两宋经济、文化、社会的发展提供了人才支撑和知识支撑。

南宋"崇文优士"的国策和"寒门入仕"、网罗人才的做法，对于今天正在致力于建设"生活品质之城"的杭州，为不断巩固人民群众当家作主的政治地位，形成民主团结、生动活泼、有序参与、依法治市的政治局面，提高人民群众政治生活品质方面都有着现实的借鉴意义。我们应借鉴南宋"尊重文士、重用文臣"的做法，尊重知识、尊重人才。要营造"凭劳动赢得尊重、让知识成为财富、为人才搭建舞台、以创造带来辉煌"的氛围，以一流环境吸引一流人才，以一流人才创造一流业绩，鼓励成功、宽容失败，真正做到事业留人、感情留人、适当待遇留人，从政治上、工作上、生活上关心、爱护人才，并将政治、业务素质好，具有领导能力的复合型人才大胆提拔到各级领导岗位上来。我们应借鉴南宋"寒门入仕"、广开言路的做法，推进决策科学化、民主化。要坚持党务公开、政务公开，按照"问情于民"、"问需于民"、"问计于民"的要求，深入了解民情，充分反映民意，广泛集中民智，不断完善专家决策咨询制度，建立有关决策的论证制和责任制，真心实意地听取并吸收各方专家学者的真知灼见，切实落实人民群众的知情权、参与权、选择权、监督权，推进决策科学化、民主化。我们应围绕建设"生活品质之城"的目标，营造全民"共建共享"的社会氛围。要引导全市广大干部群众进一步解放思想、更新观念、开拓创新，自觉地把提高生活品质作为杭州未来发展的根本导向和总体目标，贯彻落实到经济、政治、文化、社会建设和党的建设各个方面，在全市上下形成共建"生活品质之城"、共享品质生活、合力打造"生活品质之城"城市品牌的浓厚氛围,推进杭州又好又快地发展。

4. 借鉴南宋"体恤民生"的仁义之举,建设全民共享的"生活品质之城",提升杭州社会生活品质

两宋统治集团倡导"儒术治国",信奉儒家的济世精神。南宋理学的发展和繁荣,使新儒家"仁义"学说得到了社会各阶层的认可与效行。在这种思想的影响和支配下,使两宋在社会领域里初步形成了"农商并重"的格局,"士农工商"的社会地位较以往相对平等;在思想学术领域,"不杀上书言事者",使士大夫的思想言论较以往相对自由;在人身依附关系上,农民与地主、雇工与手工业主都较宋代以前相对松弛;在社会保障制度上,针对不同人群采取不同的社会福利措施,各种不同人群较宋前有了更多的保障。两宋的社会福利已经初具现代社会福利的雏形,尽管不同时期名称不同,救助对象也有所差异,但一直发挥着救助"鳏寡孤独老幼病残"的作用;两宋所采取的施粥、赈谷、赈银、赈贷、安辑和募军等措施,对缓解灾荒所造成的严重困难发挥了积极作用。整个两宋时期,在长达320年的统治过程中,尽管面对着严重的民族矛盾,周边先后有契丹(辽)、西夏、吐蕃、金、蒙古等政权的威胁,百姓负担也比前代沉重得多,但宋代大规模的农民起义却少于前代,这与当时人们社会地位相对平等、社会保障受到重视、家庭问题处理妥当不无关系。

南宋社会"关注民生"、"同情民苦"的仁义之举,尤其是针对不同人群建立的较为完备的社会保障体系,在构建社会主义和谐社会,建设覆盖城乡、全民共享的"生活品质之城"的今天,有着特别重要的现实意义。建设覆盖城乡、全民共享的"生活品质之城",既是一项长期的历史任务,又是一个重大的现实课题。要使"发展为人民、发展靠人民、发展成果由人民共享、发展成效让人民检验"的理念落到实处,就必须把老百姓的小事当作党委、政府的大事,以群众呼声为第一信号,以群众利益为第一追求,以群众满意为第一标准,树立起"亲民党委"、"民本政府"的良好形象。要始终坚持以人为本、以民为先的理念,既要关注城市居民,又要关注农村居民;既要关注本地居民,又要关注外来创业务工人员;既要关注全体市民

生活品质的整体提高，又要特别关注困难群众、弱势群体、低收入阶层生活品质的明显改善。要始终关注老百姓的衣食住行、安危冷暖、生老病死，让老百姓能就业、有保障，行得便捷、住得宽畅，买得放心、用得舒心，办得了事、办得好事，拥有安全感、安居又乐业，让全体市民共创生活品质、共享品质生活。

5. 整合南宋"安逸闲适"的环境资源，打造"东方休闲之都"，提升杭州环境生活品质

杭州得天独厚的自然山水环境，经过南宋100多年来"固江堤、疏西湖、治内河、凿新井"、"建宫城、造御街、设瓦子、引百戏"等多方面的措施，形成都城"左江（钱塘江）右湖（西湖）、内河（市区河道）外河（京杭运河）"的格局，使杭州的生态环境、旅游环境、休闲环境大为改观，极大地丰富了杭州的旅游资源。南宋为我们留下的不但是一面"南宋古都"的"金字招牌"，还留下了"安逸闲适"的休闲环境和休闲氛围。在"三面云山一面城"的独特环境里，集中了江、河、湖、溪与西湖群山，出现了大批的观光游览景点，并形成了著名的"西湖十景"。沿湖、沿河、沿街的茶肆酒楼，鳞次栉比，生意兴隆；官私酒楼、大小餐馆充满着"南料北烹"的杭帮菜肴和各地名肴；大街小巷布满大小馆舍旅店，是外地游客与应考士子的休息场所。同时，临安娱乐活动丰富多彩，节庆活动繁多。独特的自然山水，休闲的环境氛围，使临安人注重生活环境，讲究生活质量，追求生活乐趣。不但皇亲国戚、达官贵人纵情山水，赏花品茗，过着"高贵奢华"的休闲生活；而且文人士大夫交接士朋，寄情适趣，热衷"高雅脱俗"的休闲生活；就是普通百姓也往往会带妻携子，泛舟游湖，享受"人伦亲情"的山水之乐。

今天的杭州人懂生活，会休闲，讲究生活质量，追求生活品质，都可以从南宋临安人闲情逸致的生活态度中找到印迹。今天的杭州正在推进新城建设、老城更新、环境保护、街区改善等工程，都可以从南宋临安对"左江右湖、内河外河"的治理和皇城街坊、园林建筑的建设中得到有益启示。杭州要打造"东方休闲之都"，共建、共享"生活品质之城"，建设国际旅游休闲中心，就必须重振"南宋古都"品牌，充分挖掘南宋文化遗产，珍惜杭州为数不多的地

上南宋遗迹。进一步实施好"西湖"、"西溪"、"运河"、"市区河道"等综合保护工程;推进"南宋御街"——中山路有机更新,以展示杭州自南宋以来的传统商业文化;加强对南宋"八卦田"景区的保护与利用,以展示南宋皇帝"与民同耕"的怀古场景;加强对南宋官窑遗址的保护与利用,以展示南宋杭州物产的精致与精美;加强对南宋皇城遗址和太庙遗址的保护利用,以展示昔日南宋京城的繁荣与辉煌。进入21世纪的杭州,不但要保护、利用好南宋留下的"三面云山一面城"的"西湖时代",更要以"大气开放"的宏大气魄,努力建设好"一主三副六组团六条生态带"的大都市空间格局,形成"一江春水穿城过"的"钱塘江时代",实现具有千年古都神韵的文化名城与具有大都市风采的现代化新城同城辉映。

序　言

徐　规

　　靖康之变,北宋灭亡。建炎元年(1127)五月初一日,宋徽宗第九子、钦宗之弟赵构在应天府(河南商丘)即帝位,重建宋政权。不久,宋高宗在金兵的追击下一路南逃,最终在杭州站稳了脚跟,并将此地称为行在所,成为实际上的南宋都城。

　　南宋自立国起,到最终为元朝灭亡(1279),国祚长达一百五十三年之久。对于南宋社会,历来评价甚低,以为它国力至弱,君臣腐败,偏安一隅,一无作为。近代以来,一些具有远见卓识的史学家却有不同看法,如著名史学大师陈寅恪先生在上个世纪四十年代初指出:

　　　　华夏民族之文化,历数千载之演进,造极于赵宋之世。①

著名宋史专家邓广铭先生更认为:

　　　　宋代是我国封建社会发展的最高阶段,两宋期内的物质文明和精神文明所达到的高度,在中国整个封建社会历史时期之内,可以说是空前绝后的。②

很显然,对宋代的这种高度评价,无论是陈寅恪还是邓广铭先生,都没

---

① 《金明馆丛稿二编》,三联书店 2001 年版。
② 《关于宋史研究的几个问题》,载《社会科学战线》1986 年第 2 期。

有将南宋社会排斥在外。我以为,一些人之所以对南宋贬抑至深,在很大程度上是出于对患有"恐金病"的宋高宗和权相秦桧一伙倒行逆施的义愤,同时从南宋对金人和蒙元步步妥协,国土日朘月削,直至灭亡的历史中,似乎也看到了它的懦弱和不振。当然,缺乏对南宋史的深入研究,恐怕也是其中的一个原因。

众所周知,南宋历史悠久,国土虽只及北宋的五分之三,但人口少说也有五千万人左右,经济之繁荣,文化之辉煌,人才之众多,政权之稳定,是历史上任何一个偏安政权所不能比拟的。因此,对南宋社会的认识,不仅要看到它的统治集团,更要看到它的广大人民群众;不仅要看到它的军事力量,更要看到它的经济、文化和科学技术等各个方面,看到它的人心之所向。特别是由于南宋的建立,才使汉唐以来的中华文明在这里得到较好的传承和发展,不至于产生大的倒退。对于这一点,人们更加不应该忽视。

北宋灭亡以后,由于在淮河、秦岭以南存在着南宋政权,才出现了北方人口的大量南移,再一次给中国南方带来了充足的劳动力、先进的技术和丰富的生产经验,从而推动了南宋农业、手工业、商业和海外贸易显著的进步。

与此同时,南宋又是中国古代文化最为光辉灿烂的时期。它具体表现为:

一是理学的形成和儒学各派的互争雄长。

南宋时候,程朱理学最终形成,出现了以朱熹为代表的主流派道学,以胡安国、胡宏、张栻为代表的湖湘学,以谯定、李焘、李石为代表的蜀学,以陆九渊为代表的心学。此外,浙东事功学派也在尖锐复杂的民族矛盾和阶级矛盾的形势下崛起,他们中有以陈傅良、叶适为代表的永嘉学派,以陈亮、唐仲友为代表的永康学派,以吕祖谦为代表的金华学派。理宗朝以前,各学派之间互争雄长,呈现出一派欣欣向荣的景象。

二是学校教育的大发展,推动了文化的普及。

南宋学校教育分中央官学、地方官学、书院和私塾村校,它们在南宋都获得了较大发展。如南宋嘉泰二年(1202),仅参加中央太学补试的士人就达三万七千余人,约为北宋熙宁(1068—1077)初的二百五十倍①。州县学在北宋虽多次获得倡导,但只有到南宋才真正得以普及。两宋共有书院三百九十七所,其中南宋占三百一十所②,比北宋的三倍还多,著名的白鹿洞、象山、丽泽等书院,都是各派学者讲学的重要场所。为了适应科举的需要,私塾村校更是遍及城乡。学校教育的大发展,有力地推动了南宋文化的普及,不仅应举的读书人较北宋为多,就是一般识字的人,其比例之大也达到了有史以来的高峰。

三是史学的空前繁荣。

通观整个南宋,除了权相秦桧执政时期,总的说来,文禁不密,士大夫熟识政治和本朝故事,对国家和民族有很强的责任感,不少人希望借助于史学研究,总结历史上的经验和教训,以供统治集团作为参考。另一方面,南宋重视文治,读书应举的人比以前任何时候都多,对史书的需要量极大,许多人通过著书立说来宣扬自己的政治主张,许多人将刻书卖书作为谋生的手段。这样就推动了南宋史学的空前繁荣,流传下来的史学著作,尤其是本朝史,大大超过了北宋一代。南宋史家辈出,他们治史态度之严肃,考辨之详赡,一直为后人所称道。四川路、两浙东路、江南西路和福建路都是重要的史学中心。四川路以李焘、李心传、王称等人为代表,浙东以陈傅良、王应麟、黄震、胡三省等人为代表,江南西路以徐梦莘、洪皓、洪迈、吴曾等人为代表,福建路以郑樵、陈均、熊克、袁枢等人为代表。他们既为后世留下了宝贵的史料,也创立了新的史学体例,史书中反映的爱国思想也对后世史家产生了重大影响。

四是公私藏书十分丰富。

南宋官方十分重视书籍的搜访整理,重建具有国家图书馆性质的秘书省,规模之宏大,藏书之丰富,远远超过以前各个朝代。私家藏书更是随着

---

① 《宋会要辑稿》崇儒一之三九。
② 参见曹松叶《宋元明清书院概况》,载《中山大学语言历史研究所周刊》第 10 集,第 111—115 期,1929 年 12 月至 1930 年版。

雕版印刷业的进步和重文精神的倡导而获得了空前发展。两宋时期,藏书数千卷且事迹可考的藏书家达到五百余人,生活于南宋的藏书家有近三百人①,又以浙江为最盛,其中最大的藏书家有郑樵、陆宰、叶梦得、晁公武、陈振孙、尤袤、周密等人,他们藏书的数量多达数万卷至十数万卷,有的甚至可与秘府、三馆等。

五是文学、艺术的繁荣。

南宋是中国古代文学、艺术繁荣昌盛的时代。词是两宋最具代表性的文学形式。据唐圭璋先生所辑《全宋词》统计,在所收作家籍贯和时代可考的八百七十三人中,北宋二百二十七人,占百分之二十六;南宋六百四十六人,占百分之七十四,李清照、辛弃疾、陆游、姜夔、刘克庄等都是南宋杰出词家。宋诗的地位虽不及唐代,但南宋诗就其数量和作者来说,大大超过了北宋。有北方南移的诗人曾几、陈与义,有"中兴四大诗人"之称的陆游、杨万里、范成大、尤袤,有同为永嘉(浙江温州)人的徐照、徐玑、翁卷、赵师秀,有作为江湖派代表的戴复古、刘克庄,有南宋灭亡后作"遗民诗"的代表文天祥、谢翱、方凤、林景熙、汪元量、谢枋得等人。此外,南宋的绘画、书法、雕塑、音乐、舞蹈以及戏曲等,都在中国文化史上占有一定的地位。

在日常生活中,南宋的民俗风情、宗教思想,乃至衣、食、住、行等方面,对今天的中国也有着深刻影响。

南宋亦是我国古代科学技术发展史上最为辉煌的时期,正如英国学者李约瑟所说:"对于科技史家来说,唐代不如宋代那样有意义,这两个朝代的气氛是不同的。唐代是人文主义的,而宋代较着重科学技术方面……每当人们在中国的文献中查找一种具体的科技史料时,往往会发现它的焦点在宋代,不管在应用科学方面或纯粹科学方面都是如此。"②此话当然一点不假,不过如果将南宋与北宋相比较,李约瑟上面所说的话,恐怕用在南宋会更加恰当一些。

---

① 参见《中国藏书通史》第五编第三章《宋代士大夫的私家藏书》,宁波出版社 2001 年版。

② 李约瑟:《中国科学技术史·导论》,中译本,北京科学出版社 1990 年版。

首先,中国古代四大发明中的三大发明,即就指南针、火药和印刷术而言,在南宋都获得了比北宋更大的进步和更广泛的应用。别的暂且不说,仅就将指南针应用于航海上,并制成为罗盘针使用这一点来看,它就为中国由陆上国家向海洋国家的转变创造了技术上的条件,意义十分巨大。再如,对人类文明作出重大贡献的活字印刷术虽然发明于北宋,但这项技术的成熟与正式运用是在南宋。其次,在农业、数学、医药、纺织、制瓷、造船、冶金、造纸、酿酒、地学、水利、天文历法、军器制造等方面的技术水平都比过去有很大进步。可以这样说,在西方自然科学没有东传之前,南宋的科学技术在很大程度上代表了中国封建社会科学技术的最高水平。

南宋军事力量虽然弱小,但军民的斗争意志异常强大。公元1234年,金朝为宋蒙联军灭亡以后,宋蒙战争随即展开。蒙古铁骑是当时世界上最为强大的军队,它通过短短的二十余年时间,就灭亡了西夏和金,在此前后又发动三次大规模的西征,横扫了中亚、西亚和俄罗斯等大片土地,前锋一直打到中欧的多瑙河流域。但面对如此劲敌,南宋竟顽强地抵抗了四十五年之久,这不能不说是世界战争史上的一个奇迹。从中涌现出了大量可歌可泣的英雄人物,反映了南宋军民不畏强暴的大无畏战斗精神,他们与前期的岳飞精神一样,成为中华民族宝贵的精神财富。

古人有言:"以古为镜,可以知兴替。"近人有言:"古为今用,推陈出新。"前者是说,认真研究历史,可为后人提供历史上的经验和教训,以少犯错误;后者是说,应该吸取历史上一切有益的东西,通过去粗取精,改造、发展,以造福人民。总之,认真研究历史,有利于加强精神文明的建设,也有利于将我国建设成为一个和谐、幸福的社会。

对于南宋史的研究,以往已经有不少学者作了辛勤的努力,获得了许多宝贵的成果,这是应该加以肯定的。但是,不可否认,与北宋史相比,对南宋史的研究还不够,需要进一步探讨的问题、需要填补的空白尚有很多。现在杭州市社会科学院南宋史研究中心在省市有关部门的大力支持下,在全国广大南宋史学者的积极支持和参与下,计划用五六年的时间,编纂出一套五十卷本的《南宋史研究丛书》,对南宋的政治、经济、军事、学术思想、文化艺术、科学技术、重要人物、民俗风情、宗教信仰、典章制度和故都历史进行全面的、系统的、深入的研究。这确实是一项有胆识、有魄力的大型文化工程，不仅有其重要的学术价值，更有其重要的现实意义。当然，这也是曾经作为南宋都城的杭州义不容辞的责任。我相信，随着这套丛书的编纂成功，将会极大地推动我国南宋史研究的深入开展，对杭州乃至全国的精神文明建设都有莫大的贡献，故乐为之序。

2006 年 8 月 8 日于杭州市道古桥寓所

目　　录

绪　　论

　　人类社会自产生以来,就一直过着群居的生活。人们为了组织生产,协调相互关系,抵御自然灾害,抗击外敌入侵;进入阶级社会以后,为了维护一家一族和统治集团的利益,甚至为了发动对外战争的需要,就会产生一种或数种选拔首领和官员的制度,人称选举制度。

　　《礼记·礼运》中说:"大道之行也,天下为公,选贤与能,讲信修睦。"于是后人据此认为,原始社会的选举制度是一种"选贤与能"的制度。殊不知《礼记》所云,在很大程度上是后儒对原始社会的有意美化,目的是为了借古讽今,以推行他们的"仁政"思想,与事实则有很大出入。

　　我国原始社会的开端,至少可以追溯到一百七十万年以前。刚刚从类人猿脱胎而出的原始人,尚存在着古猿的某些习性,他们不可能一开始就以"贤"、"能"为标准来自觉、主动地选拔自己的首领。因此,在原始社会早期,即漫长的原始人群时期,能够享受特权的首领基本上不是依靠选举,而是"强者为王"的结果。但是,这种产生首领的办法,极不利于本群体的发展和壮大,所以在经过了上百万年以后,随着以"强者为王"这一做法的社会群体不断衰落和灭亡,实行"选贤与能"的社会群体则日益兴旺和壮大,人们才自觉不自觉地以"选贤与能"来选举自己的首领。这时依靠选举产生的首领,是妇女而不是男子,原因主要有两个方面:其一,当时的妇女既从事采集,又要生儿育女和从事家务,她们的劳动在氏族中比仅仅从事渔猎的男子来说显得更为重要。其二,由于当时的婚姻关系尚处于只知有母而不知有父的时代(血缘群婚和群婚),老年妇女容易获得大家的尊重和拥护。于是原始社会进入到了母系氏族公社时期。这种社会的进步,在我国,大约开始于五万年以前。

人类社会总是在加速度地发展。到母系氏族公社末期,随着原始农业和原始畜牧业的产生,生产力水平得到显著提高,出现了剩余产品。此时,婚姻状况也由对偶婚逐渐进入一夫一妻制和一夫多妻制,财产的私人占有和传给子孙已经有了可能。由于男子在生产和对外战争中显得比妇女更为重要,首领就选举男子来担任,于是原始社会进入到了它的最后阶段——父系氏族公社时期。

人类社会进入父系氏族公社以后,传统的"选贤与能"制度还有一定的惯性力,因而在父系氏族公社开始阶段,首领仍然实行公选。但是,既然成为首领就意味着能占有更多的财富和享有更大的权威,那么,一些首领就凭借自己的经济和军事力量,凭借自己的特权,千方百计地破坏首领公选,而将它传授给自己的兄弟或子孙。于是,"选贤与能"制度在氏族、部落、部落联盟中先后不同程度地遭到破坏,世袭制度逐渐产生,以前部落联盟的首领,开始转化成了世袭君主(王),以前氏族和部落的各级首领,开始转化成了大小不等的贵族。这种家天下的局面,至迟到传说中的黄帝时代,就已经形成。至于后来出现的所谓尧、舜、禹"禅让",即使真有其事,也不过是"选贤与能"的回光返照,绝非是整个原始社会的普遍现象。① 何况它仅仅只是一种传说,更有史籍记载以为,尧、舜、禹的"禅让"只不过是一种在合法外衣掩盖下的攘夺而已。②

进入阶级社会以后,选举制度日益多样化,夏、商、西周三代,主要实行世卿世禄制,后来亦可能辅以"乡举里选"制。前者可以保证贵族们永远享

---

① 参见拙作《尧舜禅让是"选贤与能"制的回光返照》,收入《越文化研究文集》,中华书局 2001 年出版。

② 如《韩非子》卷一七《说疑篇》云:"舜偪尧,禹偪舜,汤放桀,武王伐纣,此四王者,人臣弑其君者也,而天下誉之。"又司马迁《史记》卷一《五帝本纪》正义引《竹书纪年》云:"尧德衰,为舜所囚也。"又云:"舜囚尧,复偃塞丹朱,使不与父相见也。"中华书局 1959 年点校本,第 31 页。

有做官的特权,后者则力图从平民和奴隶主出身的人群中选拔人才,为统治集团提供新鲜血液,以维持其统治。至于王位的继承,也经历了一些变化:夏、商时,王位既可传兄弟,亦可传诸子,但这样的传位方式容易引起诸弟之间、伯叔侄之间为争夺王位的内乱。到了西周武王以后,嫡长子的继承才正式得到确立,并成为整个中国封建社会里不可改变的成法(特殊情况或篡夺当属例外)。故王国维说:"舍弟传子之法,实自周始。当武王之崩,天下未定,国赖长君。周公既相武王,克殷胜纣,勋劳最高。以德以长,以历代之制,则继武王而自立,固其所矣。而周公乃立成王,而己摄之。后又反政焉……自是以后,子继之法,遂为百王不易之制矣。"①

春秋、战国时期,大国争霸,战争频繁,各国诸侯及卿大夫为了巩固和扩大自己的势力,迫切需要懂得军事和谋略的人才,于是世卿世禄制遭到破坏,军功制和养士制、客卿制开始盛行。秦国通过商鞅变法,客卿制和"奖励军功"执行得特别有成效,从而为秦的强大奠定了政治和军事基础。

秦统一六国后,选举制度面临了新的挑战:一是秦始皇和李斯提出的"以吏为师"的方针,不可能培养出高素质的人才;二是通过军功制选拔出来的官员,在军事上是内行,但行政却非其所长,不能适应和平时期的需要。当秦王朝尚未来得及解决这一选举制度上的矛盾时,它就被大规模的农民起义所推翻。

西汉建立后,人才匮乏更加严重,汉高祖十一年(前196)二月,遂下诏曰:

> 盖闻王者莫高于周文,伯者莫高于齐桓,皆待贤人而成名。今天下贤者智能岂特古之人乎?患在人主不交故也,士奚由进!今吾以天之灵,贤士大夫定有天下,以为一家,欲其长久,世世奉宗庙亡绝也。贤人已与我共平之矣,而不与吾共安利之,可乎?贤士大夫有肯从我游者,吾能尊显之。布告天下,使明知朕意。御史大夫昌下相国,相国酇侯下诸侯王,御史中执法下郡守,其有意称明德者,必身劝为之驾,遣诣相国

---

① 王国维:《观堂集林》卷一〇《殷周制度论》,上海书店1992年《民国丛书》本,第3页。

府,署行、义、年。有而弗言,觉,免。年老癃病,勿遣。①

这既是一道求贤诏,又是一道要求公卿大臣、地方长吏向朝廷推荐人才的命令,它表明以察举来选拔官员的做法已经露出了端倪。自惠帝到文、景之世,朝廷陆续颁布了"孝弟力田"和"贤良方正能直言极谏"等察举科目。对于前者,被察举者仅是"复其身"②,也就是免除本人徭役,或赐予绢帛,只是一种表彰和奖励的措施。对于后者,由于察举目的只是"以匡朕之不逮"③,被察举者基本上是现任官吏。此外,察举时间、科目和人数也无定制。说明在西汉早期,统治者虽然提出了察举人才的愿望,但作为一种制度,尚未真正形成。

汉武帝元光元年(前134)十一月,诏"令郡国举孝廉各一人",但这道诏书并未引起各地重视,从而出现了"或至阖郡而不荐一人"的情况。元朔元年(前128)十一月,为推行察举,诏依有司奏请,采取强硬措施:"不贡士,壹则黜爵,再则黜地,三而黜爵地毕矣。夫附下罔上者死,附上罔下者刑,与闻国政而无益于民者斥,在上位而不能进贤者退,此所以劝善黜恶也……令二千石举孝廉,所以化元元,移风易俗也。不举孝,不奉诏,当以不敬论。不察廉,不胜任也,当免。"④于是察举制开始获得大规模推行。元封四年(前107),又"令诸州岁各举秀才一人"⑤,举秀才成了常科。当时对策优秀的士人,多被授与郎。至此,察举制才正式形成。

西汉的选举制度,除察举外,尚有太学、任子、辟举、征召、赀选为郎、输财得官等选官途径,它们在整个选举制度中虽然不占主导地位,但对后世的影响却十分深远。

东汉也实行察举制,与西汉比较,所不同者有三:一是郡察孝廉每年都举行,成为常科,州举茂(秀)才及其他明经、贤良、方正等科却随诏而行,不

---

① 班固:《汉书》卷一下《高帝纪》,中华书局1962年点校本,第71页。
② 《汉书》卷二《惠帝纪》:"(四年)正月,举民孝弟力田者复其身。"第90页。
③ 《汉书》卷四《文帝纪》:"(二年十一月)诏……及举贤良方正能直言极谏者,以匡朕之不逮。"第116页。
④ 《汉书》卷六《武帝纪》,第160、167页。
⑤ 沈约:《宋书》卷四〇《百官志下》,中华书局1974年点校本,第1257页。

是每年都举行。二是改变以往不问郡之大小每年一律察举二人的规定,而按人口多少来决定察举人数。三是从顺帝阳嘉元年(132)起,孝廉年龄限制在四十岁以上,并且也需经过考试,这就是"诸生试家法(按:指一家之学),文吏课笺奏",乃得应选,"若有茂才异行,自可不拘年齿"①。这样,在各个察举科目中,都有了考试的要求。

与以往世卿世禄制和军功制等选举制度相比,察举制的积极作用可谓不言而喻。首先,它扩大了选举面,为平民参政提供了可能,有利于国家选拔更多的人才。其次,察举中的许多科目,如贤良方正、孝廉、秀才、明经、明法等,或注重德行,或注重文才和实学,这对保证官员素质起到一定作用,对改善社会风气和提高知识水平也不无益处。因此,某些察举科目,如秀才、明经、明法等,后来也为科举所采用。

但是,察举制的弊病显而易见,一是在剥削阶级和私有观念占统治地位的封建社会,能够出自公心推荐人才的人极少,而"亲其党类,用其私人"的人则比比皆是。至于或屈服于权势,或有碍于情面,或贪污受贿而荐举者则更多。二是一个人的道德品质,既不易看到也不易察觉,只有通过他的言行才能被知道。而人的言行却有真假之分,不是一下子就可以辨别出来的。有人为了获得察举,沽名钓誉,矫揉造作,拍马逢承,无所不用其极。因此,察举者即使出自公心,也可能上当受骗。三是以察举选拔人才,若非对他很了解,无法知道此人的贤能,但握有察举权的只是极少数公卿大臣和州郡长官,天下至广,人才至多,他不可能广泛得到了解。为此,只能从自己熟悉的人群中,或通过至爱亲朋的推荐加以物色,这样必然是"近水楼台先得月",关系密切和善于奔竞者得利,关系疏远和谦逊的人遭到摈弃。四是由于被察举者依靠举主的推荐才踏上仕途,他们对于举主怀有一种感恩戴德的感情,相互间容易形成宗派,结成朋党,对政治便会造成严重危害。五是少数人长期把持察举权以后,察举完全成了大官僚、大贵族维持自己特权的工具,到东汉后期终于形成了门阀士族。这样,反过来又使察举制遭到更大破

① 范晔:《后汉书》卷六一《左雄传》,中华书局1985年点校本,第2020页。

坏,时人遂有"举秀才,不知书;察孝行,父别居。寒清素白浊如泥,高第良将怯如鸡"①之讥。

三国前期,战乱频繁,各国为招揽人才,虽然仍保留着察举秀、孝的做法,但同时又不拘一格地选拔人才。在这方面,以曹操"唯才是举"的方针贯彻得最为出色,因此为曹魏收罗了大批能臣和猛将。

曹魏代汉以后,鉴于天下分裂日久、士人流散,州郡察举已有困难的现状,又为了照顾士族门阀的利益,魏文帝曹丕接受吏部尚书陈群的建议,立九品官人之法,即由中央政府选择"贤有识鉴"的现任中央机构的官员,兼任他们出生州、郡的大、小中正,负责考察散处在各地的本州、郡士人。主要是根据他们的家世(籍贯、父祖仕履),结合才、德,将人才品评为上上、上中、上下、中上、中中、中下、下上、下中、下下九等,称为品;同时根据才、德写成评语,称为状。然后将品和状上报中央政府,作为今后选拔和任用该士人的依据。九品官人法,又称九品中正制,虽说是魏文帝为换取士族门阀支持自己称帝的需要,但在其实行初期,尚比较注意"状",同时也改变了"位成乎私门,名定乎横巷"②和"州郡记,如霹雳,得诏书,但挂壁"③的不正常现象,将部分选举权集中到了中央,因而具有一定的积极意义。与曹操"唯才是举",只问能力,不问品行的选举方针相比,虽有退步之处,但也有它的长处。

实际上,九品中正制与当时整个选举制度的关系,要从两个方面来理解:一是吏部在用人和升迁官员时,以大小中正官所评品级来保证清浊分流,即高品才可以除高官,低品只能除小官④。二是当时士人即使被评上高品,仍必须通过察举、辟召、太学、任子、由小吏升迁等道路,被察举为秀、孝

① 葛洪:《抱朴子》外篇卷一五《审举》,中华书局 1991 年校笺本,第 393 页。
② 马总:《意林》卷五《典论五卷》,文渊阁《四库全书》本。
③ 《意林》卷三《正论五卷》。
④ 杜佑:《通典》卷一四《选举二·历代制中》谓:"州郡皆置中正,以定其选,择州郡之贤有识鉴者为之,区别人物,第其高下……晋依魏氏九品之制,内官吏部尚书、司徒、左长史,外官州有大中正,郡国有小中正,皆掌选举。若吏部选用,必下中正,征其人居及父祖官名。"中华书局 1988 年点校本,第 326 至 328 页。

者,还得经过考试①,方能入仕。只是品级高的人,容易获得察举和辟召,授官时官品可以授得较高而已。对此,宋元之际的学者马端临说得非常清楚,他说:"按魏晋以来,虽立九品中正之法,然仕进之门则与两汉一而已,或公府辟召,或郡国荐举,或由曹掾积累而升,或由世胄承袭而用,大率不外此三四途辙。"②因此,九品中正制决非当时选举制度的全部,而只是选举制度的一个重要补充。

两晋至南北朝,选举制度与曹魏时基本相同。但是,九品中正制行之不久,随着世家大族完全操纵大、小中正以后,立即就百弊丛生。西晋初年,尚书左仆射刘毅上疏说:

> 今立中正,定九品,高下任意,荣辱在手。操人主之威福,夺天朝之权势。爱憎决于心,情伪由于己。公无考校之负,私无告讦之忌。用心百态,求者万端。廉让之风灭,苟且之俗成。天下讻讻,但争品位,不闻推让……今之中正,不精才实,务依党利;不均称尺,务随爱憎。所欲与者,获虚以成誉;所欲下者,吹毛以求疵。高下逐强弱,是非由爱憎。随世兴衰,不顾才实。衰则削下,兴则扶上,一人之身,旬日异状。或以货赂自通,或以计协登进。附托者必达,守道者困悴。无报于身,必见割夺;有私于己,必得其欲。是以上品无寒门,下品无势族。暨时有之,皆曲有故。

不过,只要门阀势力严重存在,九品中正制不可能被废除,故晋武帝对刘毅的上疏,除了"优诏答之"③以外,只当作是一阵耳边风。

南北朝后期,政治形势发生了很大变化,一是士族门阀势力由于遭到各种战乱的打击而开始衰落。二是各国统治者或为自保,或为进行统一战争,

---

① 如西晋魏舒,郡以察孝廉,"宗党以舒无学业,劝令不就,可以为高耳。舒曰:'若试而不中,其负在我,安可虚窃不就之高以为己荣乎!'于是自课,百日习一经,因而对策升第,除浊池长。"(《晋书》卷四一《魏舒传》,中华书局1974年点校本,第1186页。)

② 马端临:《文献通考》卷二八《选举考一》,中华书局1986年据《万有文库》十通本影印本,第267页。

③ 房玄龄等:《晋书》卷四五《刘毅传》,中华书局1974年点校本,第1273至1274页。

迫切需要各种具有真才实学之人,而那些"肤脆骨柔,不堪行步,体羸气弱,不耐寒暑"①的士族子弟,既不会打仗,又不懂治理,实在不堪重用。于是单凭门第取人的选举制度开始发生变化。在北周,"惩魏、齐之失,罢门资之制,其所察举,颇加精慎"②,在选举中已打破全凭门第的做法。《周书·苏绰传》记载苏绰为朝廷所拟定的《六条诏书》,其中一条谓:

> 自昔以来,州郡大吏,但取门资,多不择贤良;末曹小吏,唯试刀笔,并不问志行……今之选举者,当不限资荫,唯在得人。苟得其人,自可起厮养而为卿相,伊尹、傅说是也,而况州郡之职乎。苟非其人,则丹朱、商均虽帝王之胤,不能守百里之封,而况于公卿之胄乎。③

当时实际掌握西魏政权的宇文泰,将六条诏书置于座右,并令百官学习,地方长官有不通六条者,不得居官。后来,北周所以能够迅速强大,与选举制度的改变有着一定关系。

在北齐,则加强了考试在录取中的重要性。"其课试之法,中书策秀才,集书策贡士,考功郎中策廉良……字有脱误者,呼起立席后;书有滥劣者,饮墨水一升;文理孟浪者,夺席脱容刀"④。换言之,单凭门第而无一定的知识才能,即使获得察举,也难以入仕。

在这种形势下,个别有才能的士人,大胆地走上了自荐的道路。《北齐书·儒林·马敬德传》载:"马敬德,河间人也。少好儒术……河间郡王每于教学追之,将举为孝廉,固辞不就。乃诣州求举秀才,举秀才例取文士,州将以其纯儒,无意推荐。敬德请试方略,乃策问之,所答五条,皆有文理。乃欣然举送至京。依秀才策问,唯得中第,乃请试经业,问十条并通,擢授国子助教,迁太学博士。"⑤不过,细检有关史籍记载,这类自荐的举动在当时尚属罕见,说明直至南北朝后期,科举制度虽然萌芽,但旧的选举制度远未发生根

---

① 颜之推:《颜氏家训》卷下《涉务篇》,天津古籍出版社 1995 年注释本,第 128 页。
② 《通典》卷一四《选举二·历代制中》,第 341 页。
③ 令狐德棻等:《周书》卷二三《苏绰传》,中华书局 1971 年点校本,第 386 页。
④ 《通典》卷一四《选举二·历代制中》,第 340 页。
⑤ 李百药:《北齐书》卷四四《儒林·马敬德传》,中华书局 1972 年点校本,第 590 页。

本性的变化。

隋朝建立后,隋文帝杨坚为加强中央集权,对选举制度作了一些调整:一是"选举先德行,次文才",除"工商不得入仕"以外,不再特别注重门第,这就意味着九品中正制的被废除和两汉察举制的重新恢复;二是废除征辟制,"尚书举其大者,侍郎铨其小者,则六品以下官吏,咸吏部所掌。自是,海内一命以上之官,州郡无复辟署矣"①,从而将官吏的任用权集中到中央。

后来有学者认为,隋朝废除九品中正制以后,便创立科举制度以取士,对此笔者不敢苟同,将在后面再作详细论述。

入唐,经过隋末农民大起义的扫荡,官吏或死或逃,一时出现"士不求禄,官不充员"②的状况。由于官员缺乏,不得不对有一技之长的士人,即使本人是"卜祝庸保",也"量能使用"③,于是选举制度再次发生重大变化,科举制度应运而生。

科举制度自唐代初创以后,通过北宋的一系列改革,才得以完全形成。自此以后,它一直是中国封建社会最主要的选举制度,历经南宋、元、明、清各代,直至清光绪三十一年(1905)九月下诏被废除止,历时近一千三百年,成为自秦汉以来中国古代实行时间最长、对后世影响最为深远的选举制度。

总结中国自秦汉至隋唐的各种选举制度,基本上可以归纳为以下三个特点:第一,作为政治制度重要组成部分的选举制度,其发展变化与当时政治斗争的形势和阶级力量的对比息息相关。就是说,有怎样的政治斗争,就可能产生怎样的选举制度;哪一个阶级力量占了主导地位,选举官员就可能向那一个阶级倾斜。第二,政治清明与否,极大地影响到选举制度执行的好坏。换言之,当政治比较清明时,统治者原来所设想的选举目的就容易达到;一旦政治腐败以后,选举制度纵有许多良法美意,也会被破坏殆尽,起不到应有的作用。第三,选举制度的好坏反过来又直接关系到一个政权的兴衰存亡。好的选举制度,可以选拔出好的人才,有利于政治的清明和社会的

---

① 《通典》卷一四《选举二·历代制中》,第342页。
② 《文献通考》卷三七《选举考十》,第347页。
③ 刘昫:《旧唐书》卷七五《张玄素传》,中华书局1975年点校本,第2643页。

治理;反之,就会造成政治的黑暗腐朽,社会矛盾的尖锐化,促使这个政权加速走向崩溃。因此,选举制度是一个政治上的"晴雨表",人们看某个政权是腐败还是清明,只要看它使用何种方法选拔官员,以及原来比较严密的一套选举办法是否遭到破坏,就可以知道其大概。

在众多的选举制度中,对科举制度的功过评价最具争议性。自清末民初到"文革"以前,人们说到科举,特别是说到明、清以八股文取士的科举,普遍地将它视为一种"束缚和摧残知识分子思想","实施愚民政策","维护和巩固封建统治"的罪恶制度,几乎与缠足和抽大烟等一类社会丑恶现象等量齐观,从而将其彻底否定。"文革"以后,随着实事求是学术风气的发扬,对科举制度开始有了科学的评价,人们一方面指出其存在的弊端,另一方面对其历史功绩作了充分的肯定,有学者甚至将它比之为与我国指南针、造纸术、火药、印刷术四大发明相提并论的"第五大发明"①。科举制度的历史功绩,也得到了外国学者的承认。如1983年,时任美国人事总署署长的艾伦·坎贝尔先生应邀到北京讲学时,曾这样说过:"当我被邀请来中国讲授文官制度时,感到非常惊讶,因为在我们的政治教科书中,当谈到文官制度的时候,都把文官制度的创始者归于中国。"②

对科举制度的重视程度,几十年来也发生了很大变化:"文革"以前,学术界对它一直十分冷漠,视之简直如敝屣、粪土一般,不屑一顾,很少有人加以认真的研究。即使偶有论及,要么是为了"揭露"和"批判"其"腐朽性"的需要;要么在名称上用考试制度来代替科举制度,玩弄文字游戏,以免有人指责他不适时宜地宣扬科举,造成"陈渣泛起"。但是,最近三十年来,随着禁锢人们头脑的形而上学思想被彻底打破,学术界很快掀起了一股研究科举制度的热潮,有关科举的论著纷纷问世,研究范围涉及科举制度史、科举与古代教育制度、科举与历史人物、科举与传统文化、科举与历代文学、科举与社会习俗、科举与妇女、科举与学校、科举与考试制度、科举与现代公务员制度、科举对周边国家的影响、科举与西方文官制度等。其研究方法也日渐

---

① 刘海峰:《科举制——中国的"第五大发明"》,载《探索与争鸣》1995年第8期。
② 参见桑玉成等编《当代公务员制度概论》,兰州大学出版社1988年出版,第17页。

突破历史学的范围,扩大到政治学、行政学、教育学、社会学、文献学、民俗学等各门学科,从而形成了一门新的学科——科举学。

当然,直至今天,人们对科举制度的研究并未穷尽,就内容来说,有关科举制度的前后演变过程,它对当时政治、文化、学术思想、学校教育、社会流动、生活习俗、士人心理、地域社会等方面的影响,尚有不少可供研究的空间和值得引起注意的地方;就时段而言,以往的研究多注重于唐代、北宋和明、清的科举,对南宋的研究则相对显得薄弱,不仅缺乏专著,就是论文也寥寥无几。

实际上,南宋科举乃是南宋政治的一个重要组成部分。绍熙四年(1193),光宗在给进士第一人陈亮的赐官诏书中说:"三岁大比,人徒知为布衣进身之途。艺祖皇帝有言曰:'国家设科取士,本欲求贤,以共治天下。'大哉王言,朕所当取法也。"①足见当时的统治者对科举取士的重视程度。

南宋科举更是中国科举制度的一个重要组成部分,它上承取士众多、制度趋向严密的北宋科举,下启以八股文取士的明、清科举(元朝科举尚处于过渡时期),认真研究南宋科举,有助于我们了解这项选举制度的利弊和从前期向后期的演变过程,对今天人才的选拔和改进各种考试制度,都有一定的借鉴意义。从另一个角度来说,南宋空前繁荣的学术文化与科举制度也有着密不可分的关系,值得我们加以探索和研究。这就是笔者所以不揣识昧,决定将南宋一朝的科举作为研究对象来撰写本书的原因。

---

① 楼钥:《攻媿集》卷三六《敕赐进士及第陈亮承事郎签书建康军节度判官厅公事》,文渊阁《四库全书》本。

第一章 唐代和北宋的科举

南宋科举比北宋更盛,尽管由于国内外形势的发展和变化,从科目设置、考试内容、行文格式、科场条制、防弊措施,直到分甲赐第等,与北宋相比都出现了新的变化,但两者仍然有着割不断的联系。因此,要全面地论述南宋科举,对北宋科举也必须有一个大致的了解。

科举制度出现于何时? 至今尚有西汉说、隋代说、唐代说等不同观点,其中又以隋代说最为流行,在各种教科书中,它几乎已经成为定论,笔者对此却不敢苟同。为此曾借各种不同的学术场合,阐明管见,认为科举制度初创于唐代,完全形成则在北宋。鉴于唐、宋科举的继承性和区别性,以及深入研究其特点和本质的重要意义,有必要对什么是科举制度和科举制度的起源问题简要作些论述。

第一节 唐代的科举

一、科举制度的创立

什么是科举制度,它创立于何时? 迄今为止,尚众说纷纭。

一种观点以为,科举制度"就是按照不同的科目来选举人才的选举制度"①,"是科目众多、分科举人的选举制度"②。隋炀帝于大业三年(607)和五年分别下诏以十科、四科举人③,实行的就是分科举人的办法,所以科举制度创立于隋朝。早在上个世纪三十年代,周谷城先生就持此观点,他说:"科举制,盖取分科目而举士人之义,这个制度创始于隋炀帝时代。"④

另一种观点以为,科举制度乃是"选拔官吏的一种考试制度"⑤。有学者还进一步说,"汉代实为科举的初创期",理由是:"在科目体系、组织步骤、考试环节三大要素上,汉代的察举与唐代的科举基本一致。故察举、科举,一也!皆朝廷统一部署下以按科举士、考试进用为特征的官僚选拔制度。"并最后下结论说:科举制度肇始于两汉,最后形成于隋朝。⑥

再一种观点以为,科举就是考进士科的制度,如范文澜先生说:"六〇七年,隋炀帝定十科举人,其中有'文才秀美'一科,当即进士科……这是科举(主要是进士科)制度的开始。"⑦这一说法,近年来又得到一些学者的支持,他们说:"狭义的、严格意义上的科举是以进士科出现作为起始标志的。进士科举在中国延绵了 1300 年,对中国历史上社会政治、文化教育等各方面均产生了重大而深远的影响。而进士科建立于隋代,因此在中国科举史上,隋代虽然短暂,但却占有特殊的地位。"⑧

对此,笔者认为,这些关于科举制度的定义,都值得商榷。⑨

首先,言科举制度"就是分科举人的制度",给人有一种望文生义的感觉,且并不符合历史事实。众所周知,早在西汉武帝时,已分秀才、孝廉、贤良、文学、方正等科目举人;王莽时,又以有德行、通政事、能言语、明文学四

① 参见韩国磐《关于科举制度创置的两点小考》,载《隋唐五代史论集》,北京三联书店 1979 年出版,第 295 页。
② 周东平:《关于科举制起源的几点意见》,载《历史研究》1986 年第 6 期。
③ 《隋书》卷三《炀帝上》,第 68、73 页。
④ 周谷城:《中国通史》上册,开明书店 1939 年出版,第 246 页。
⑤ 吴宗国:《唐代科举制度研究》,辽宁大学出版社 1992 年出版,第 1 页。
⑥ 徐连达、楼劲:《汉唐科举异同论》,载《历史研究》1990 年第 5 期。
⑦ 范文澜:《中国通史简编》(修订本)第三编第一册,人民出版社 1965 年出版,第 13 页。
⑧ 刘海峰等:《中国科举史》,东方出版中心 2004 年出版,第 57 页。
⑨ 参见拙作《科举制起源辨析——兼论进士科首创于唐》,载《科举与宋代社会》,商务印书馆 2006 年出版。

科举人①；东汉也有茂才、孝廉等科目。如若分科举人便是科举，岂非科举已滥觞于汉代乎？何况，北宋自熙宁变法后，取消了明经、诸科，仅以进士科取人，元、明、清三代因之，皆无分科举人之事，岂非科举从此不存在乎？由此可见，早期科举虽然分科取人，但不能说科举制度就是分科取人的制度。

其次，言科举制度就是考试制度，并认为它"肇始于两汉"，这是只看考试的形式而不顾考试的实质之论，否则哪里还有什么察举制、九品中正制和科举制的区别？实际上，科举制度下的考试与察举、九品中正制下的考试，无论"在科目体系、组织步骤、考试环节三大要素上"，特别是在关乎录取与否这一根本问题上，都有着重大差别，不能将它们混为一谈。

其三，诚然，唐宋以后，进士科已成为科举中最主要的取士科目，但是科目名称怎能决定选举性质？何况，进士科也不开始于隋而是唐。

那么，什么是科举制度？它又是如何形成的呢？笔者以为，科举制度是一种以"投牒自进"为基本特征，以考试成绩优劣为录取或黜落的主要标准（也就是所谓"一切以程文为去留"②），以进士科为主要取士科目，士人定期赴试的选举制度。虽然，人们可以将科举制的渊源追溯到两汉的策贤良、秀才（因为此时开始有了考试），甚至可以追溯到西周的"乡举里选"（因为"进士"之名出现于此时），但是科举制度的上述三个条件基本成熟，却是在唐代而不是隋代，更不是在两汉。故笔者以为：科举制度初创于唐代。当然，这里必须指出，唐代的科举还带有以往察举制的种种残余，北宋建立后，通过一系列科举改革，大约到北宋中期，这一制度才最终得以确立和完善。

请先言"投牒自进"这一最重要的特征。笔者认为，比较察举、九品中正制和科举制三者最根本的区别，关键在于士人能否允许主动向各级政府提出应举要求，并由此踏上仕途。在两汉察举制下，士人要成为秀才、孝廉或明经，都必须经过地方长吏或朝廷公卿大臣的特别推荐，绝对不允许士人报名自举。魏晋南北朝时期的九品中正制，举秀、孝同样不能由士人自举，反之，就会被认为是"自炫自媒"，遭人不齿。如在西汉，"虽以当时号为谄谀如

---

① 《汉书》卷九九中《王莽传》，第4125页。
② 陆游：《老学庵笔记》卷五，中华书局1979年点校本，第69页。

公孙弘者,犹是乡人劝勉而来,未尝自进"①。到了南北朝后期,随着阶级关系的变化,门阀士族势力的衰落,才偶尔出现"投牒自进",说明科举制度在当时尚处于萌芽状态。

进入隋代,隋文帝虽废除九品中正制,收回了地方辟举权,可是并没有创立新的选举制度,只是重新恢复了两汉以来的察举制而已。唐王朝建立后,门阀势力遭到重大打击,政治形势发生很大的变化,朝廷又急需用人,才于武德四年(621)和五年相继颁布诏书,允许士人"投牒自进"。其中武德四年四月一日的诏书曰:

> 诸州学士及早有明经及秀才、俊士、进士,明于理体,为乡里所称者,委本县考试,州长重复,取其合格,每年十月随物入贡。②

这道诏书行文虽不长,内容却颇为重要。首先,它在历史上第一次提出了进士科之名;其次,在岁贡前增加了县、州两级考试,说明在举士中尤其重视考试成绩的好坏;再次,应举的条件仅为"明于理体,为乡里所称者",已经隐约包含了不必由州县长吏特别推荐的意思。

武德五年三月的诏书说得尤为明白,其谓:

> 择善任能,救民之要术,推贤进士,奉上之良规。自古哲王。弘风阐化,设官分职,唯才是与。然而岩穴幽居,草莱僻陋,被褐怀珠,无因自达。实资选众之举,固藉左右之容⋯⋯末叶浇伪,名实相乖,举非其人,滥居班秩⋯⋯招选之道,宜革前弊,惩劝之方,式加恒典。苟有才艺,所贵适时,洁己登朝,无嫌自进。宜令京官五品以上及诸州总管、刺史各举一人。其有志行可录,才用未申,亦听自举。③

这里的"无嫌自进"和"亦听自举",表明朝廷已明文允许士人可以自己投递文牒,报考应举,故南宋学者吕祖谦说:"唐始令投牒自进。"④选举制度

---

① 《文献通考》卷三二《选举考五》,第304页。
② 王定保:《唐摭言》卷一《统序科第》,学津讨原本。
③ 宋敏求编:《唐大诏令集》卷一〇二《荐举上·京官及总管刺史举人诏》,中华书局2008年据商务印书馆排印本重印本,第518页。
④ 《文献通考》卷三二《选举考五》,第304页。

的这一重大变化,为庶族出身的士人跻身仕途,参与政治开辟了一条比较广阔的道路,也为后来以官僚政治代替门阀政治奠定了基础。科举制度的基本特征,至此才正式形成。

次言考试这一重要特点。科举离不开考试,而且从原则上来说,科举就是根据考试成绩的好坏以决定录取与否或科第高低,因此将考试作为科举的一个重要特点并无不妥。但是,同样名之谓考试,实质上在各种选举制度中有着很大不同:一是在人才选拔中,考试仅仅是一种形式,还是有一套严密的制度?两者颇不相同;二是有无黜落法,即举人经过考试以后,成绩合格者是否都能录取,还是有相当一部分人仍然要遭到黜落?

诚然,考试应用于人才选拔,早在两汉时已经出现,但当时的考试与唐代以后的科举考试,名称上似乎相同,实质上却有重大区别:一是两汉以降,在察举制和九品中正制下的考试,不仅很不严密,而且常常可有可无,对人才的选拔并没有起到决定性的作用。

据杜佑《通典·选举典一》载:

> (东汉章帝建初元年)始复用前汉丞相故事,以四科辟士。凡所举士,先试之以职,乃得充选。其德行尤异,不宜试职者,疏于他状。举非人,兼不举者,罪。

这是以试职、德行代替考试之一例。

《册府元龟》卷六五一《贡举》载:

> (晋惠帝永宁元年)四月,帝既复祚,以国有大庆,天下秀、孝一皆不试。

这是因"国有大庆"而免试之一例。

《通典·选举典二》载:

> (东晋元帝时)以天下丧乱,务有慰勉,远方孝、秀,不复策试,到即除署。

这是因"天下丧乱"而停试之一例。以上例子表明,考试在察举中并不十分重要。

即使到了隋代，情况也相类似。据《隋书·苏威传附子苏夔传》载：

> 仁寿末，诏天下举"达礼乐之源"者，晋王昭时为雍州牧，举夔应之。
> 与诸州所举五十余人谒见，高祖望夔谓侍臣："唯此一人，称吾所举。"于
> 是拜晋王友。

"礼乐之源"为特科，若在唐代，须由皇帝亲策，糊名考校，方能定取舍。
而苏夔等五十余人只经过一次谒见，就完成了全部考校过程。很显然，苏夔
所以获得文帝赏识，并非才能出众，而是因为推荐者为皇太子杨广之子——
晋王昭的缘故。

唐代科举制度，虽然不如宋代那样严密和完整，但基本上已经有了定
制。"每岁仲冬，州、县、馆、监举其成者送之尚书省；而举选不由馆、学者，谓
之乡贡，皆怀牒自列于州、县，试已，长吏以乡饮酒礼……既至省，皆疏名列
到，结款通保及所居，始由户部集阅，而关于考功员外郎试之"。唐、宋士人
赴省试仍称"举"，这只是一种相沿成习的称呼，已失去原来荐举的意义。礼
部试十分严格，为防止主考官徇私舞弊，一度对其子弟实行"别头试"①。贡
院"阅试之日，皆严设兵卫，荐棘围之，搜索衣服，讥诃出入，以防假滥焉"。
这种情况，为以前察举制下的考试所未见。

唐代举人在省试中能否登第，不仅凭成绩，更受录取人数的限制。"进
士大抵千人，得第者百一二；明经倍之，得第者十一二"②，这与隋以前取士
"未有黜落法，对策者皆被选，但有高下尔"③的情况大有区别。

由此可见，后人所谓的科举考试，与察举制和九品中正制下的考试有着
很大不同，而作为科举制度第二个重要特点的考试这种形式，到唐代才开始
形成。

再言进士科的创立。进士科自唐代起就是十分重要的取士科目，北宋

---

① 欧阳修、宋祁：《新唐书》卷四四《选举上》，中华书局1975年点校本，第1161、1165页。
② 《通典》卷一五《选举三·历代制下》，第357页。
③ 叶梦得：《石林燕语》卷九，中华书局1984年点校本，第133页。

熙宁变法时废除明经、诸科,从此以后,进士科基本上成了惟一的取士科目。因此,将进士科作为科举制度的特点和形成标志之一,也无不妥。不过,进士作为科目名称,也出现在唐而不是隋。

按"进士"之名,最早见于《礼记·王制篇》,其曰:

> (王)命乡论秀士,升之司徒,曰选士。司徒论进士之秀者,而升之学,曰俊士。升于司徒者不征于乡,升于学者不征于司徒,曰造士……大乐正论造士之秀者,以告于王,而升诸司马,曰进士。

可见,在周以前,进士是从秀士、选士、俊士、造士中逐级选拔、进贡王庭优秀士人的称号。后世虽亦有"进士"之说,但在唐代以前,多为进贡王庭之意,作动词使用,而并非取士科目。唐人以为,隋代始创进士科,其理由不外乎以下三个方面:

第一,有大量文献记载可作依据。如杜佑《通典》、王定保的《摭言》、《新唐书·选举志》、郑樵的《通志》、王应麟的《玉海》、马端临的《文献通考》等,都众口一词,言隋炀帝创立了进士科。

第二,有所以要创立进士科的原因作为佐证。其中,范文澜先生的说法最具代表性,他说:"六〇七年,隋炀帝定十科举人,其中有'文才秀美'一科,当即进士科。隋炀帝本人是个文学家,创立进士科,以考试诗赋为主,是不足为奇的。"①

第三,在一些史书中,发现多名隋代"进士",他们是房玄龄、侯君素、孙伏伽、杨纂、张损之、温彦博、杜正伦等七人。

但上述三个理由都值得商榷。

从第一个理由来看,虽有以上多种史籍记载,但实际上它们皆源于唐武后天授(690—691)间时任左补阙的薛登之言:"炀帝嗣兴,又变前法,置进士等科。"②按薛登上此疏的时间,距隋亡已有七十余年,如果他的话正确无讹,

---

① 范文澜:《中国通史》(三),人民出版社 2004 年出版,第 15 页。按:"文才秀美"当为"文才美秀"之误。

② 《旧唐书》卷一〇一《薛登传》,第 3138 页。

按理说在天授以前的史书中,不难找到有关隋设进士科的证据。可是,遍检自炀帝到薛登时的有关文献资料,并未发现有隋设进士科的记载。在炀帝创立的十几种荐举科目中,也没有所谓进士一科。因此,薛登之说完全是个孤证。何况,唐代也有人以为进士科始创于唐。①

第二个理由也难以成立。炀帝诚然爱好诗赋,本人又擅长文辞,但并不能据此得出是他首创以考诗赋为主的进士科的结论。因为进士科考试内容有一个演变过程,在初唐,它仅试策而已;唐高宗永隆二年(681),应考功员外郎刘思立奏请,加试杂文二篇,"通文律者然后试策"②。自武则天到唐玄宗这段时期,杂文题材逐渐被固定为诗赋。故进士科以试诗赋为主,是盛唐间的事,与隋炀帝毫不相干。对此,唐人早有定论。后人在追溯进士科试诗赋缘由时,由于缺乏细考,造成讹误。

第三,史籍记载隋代有房玄龄、侯君素、孙伏伽、温彦博、张损之、杨纂、杜正伦等七名进士,但经过笔者考证③,他们的进士身份,除部分属于史籍误载以外,不是唐以前人对被察举到朝廷中去的优秀士人的一种雅称④,就是对古今称谓借用而造成的误解。如范仲淹所撰《田锡墓志铭》云:"(锡)至桐庐郡,以吴越之邦,入朝廷未久,人阻礼教,遝如也。而公下车,建孔子庙,教人诗书,天子赐《九经》以佐之。自是睦人举孝、秀,登缙绅者比比焉。"⑤北宋前期,哪里还有举秀才和孝廉之事? 文中所谓秀、孝,明显就是对进士和

---

① 如唐德宗贞元十七年(801),校书郎赵儋在《登科记序》中说:"武德五年,诏有司特以进士为选士之目,仍古道也。"(转引自王应麟《玉海》卷一一五《唐进士举》)唐宣宗时,右补阙裴庭裕说:"大中十年,郑颢知举,后宣宗索《科名记》,颢表曰:自武德已后,便有进士诸科。"(裴庭裕:《东观奏记》上)

② 《新唐书》卷四四《选举上》,第 1163 页。

③ 参见拙作《科举制起源辨析——兼论进士科首创于唐》。按:《北史》卷二六《杜铨传》载,铨子有正玄、正藏、正仪、正伦四人,其中正藏、正伦、正仪三人在大业中分别被举为秀才和进士。然考之《隋书》、《旧唐书》,皆无正仪其人。又据《旧唐书》卷七〇《杜正伦传》载:正伦"隋仁寿中与兄正玄、正藏俱以秀士擢第。隋代举秀才止十余人,正伦一家有三秀才,甚为当时称美。"其得举时间及人名竟不同如此,因而《北史》载正仪"举进士"事,恐怕也不确。

④ 北魏察举虽无进士科之名,但在《北魏刘贤墓志》中却有"息多兴,进士、都督"的记载,此处之"进士",即是对被察举到朝廷中去的优秀士人的一种雅称,参见《北魏刘贤墓志》,载《考古》1984 年第 7 期。

⑤ 田锡:《咸平集》卷首《田司徒墓志铭》,文渊阁《四库全书》本。

诸科的借用。不过,前者是用今称借指古称,后者是用古称借指今称罢了。

综上所述,科举制度初创于唐代,它与以前的察举制和九品中正制在选拔人才的途径和方法上有着重大区别,不可混为一谈。

二、唐代科举制度的弊病

唐代是科举制度的初创时期,由于受到以往察举制和九品中正制的影响,加之士族势力尚未完全退出历史舞台,最高统治者并未完全掌握选举权等原因,故而不可避免地存在着众多弊病。主要表现在以下几个方面。

一是士人应举入仕,受到门第的严格限制。唐太宗曾下诏令,文武官限六百四十三员。他对宰相房玄龄说:"朕设此待天下贤士,工商、杂流假使技出等夷,正当厚给以财,不可假以官,与贤者比肩立,同坐食也。"①唐高宗时又规定:"凡官人身及同居大功以上亲,自执工商,家专其业,皆不得入仕。"②换言之,士人如果有大功(指堂兄弟一辈)以上亲从事工商者,或出身于奴婢、胥吏家庭,就不得应举。对于农家子弟,唐代虽然没有明文加以限制,但在史籍中找不到他们应举入仕的影子,因而农民子弟恐怕也被排斥在科举以外。唐代世家大族世代科举出身的人很多,如范阳卢氏,自德宗兴元元年(784),至僖宗乾符二年(875),凡九十二年,登进士者达一百十六人③。台湾学者毛汉光将新旧《唐书》所载八百三十名进士的社会成分加以统计,得出的结果是:"进士出身者,士族子弟尤多,高达百分之七十一,而小姓(普通官员)为百分之十三点一,寒素(庶族地主)中进士第者仅占进士总额的百分之十五点九。"从中可以了解,唐代大部分进士出身于占人口极少数的士族之家,多数读书人与科举无缘。

二是公卿大臣有权"公荐"举人,科场成绩优劣尚不能成为录取与否和甲第高低的唯一标准。唐代科举,既凭考试成绩,又"兼采时望"④,故举人在

---

① 《新唐书》卷一八一《曹确传》,第5352页。
② 长孙无忌等:《唐律疏义》卷二五《诈假官假与人官》,文渊阁《四库全书》本。
③ 钱易:《南部新书》卷六。
④ 《老学庵笔记》卷五,第69页。

省试前需要"行卷"或"求知己",以扩大自己的声誉。所谓行卷,就是将早先准备好的文字,如策、论、诗、赋乃至小说之类送给能替自己揄扬的显人,通过他们的延誉,提高社会知名度,乃至闻达于主司,以增加被录取的可能性。一次不问,就进行二次,谓之"温卷"。如是而又不问,"则有执贽于马前,自赞曰某人上谒者"①。而这些行卷的文字中,多有弄虚作假、投机取巧、抄袭剽窃的现象发生。一些公卿大臣向主司推荐举人,使其在发解试或省试中被录取,或给予靠前的名次,称为"公荐"。行卷和"公荐",从表面上看,存在着一定的合理性,实际执行起来却完全是两回事。到后来,成绩可以丢在一旁,举人非得通过"行卷"、"公荐"这一系列请托活动,方有被录取的可能。如著名诗人白居易,"幼聪慧绝人",十五六岁时,即向著作郎顾况行卷,顾况见到他的姓名后,不无调侃地说:"长安米贵,居大不易。"但当他读到白居易所进《芳草诗》中"野火烧不尽,春风吹又生"一句时,不禁拍案叫绝,叹曰:"吾谓斯文遂绝,今复得子矣,前言戏之耳。"②因为延誉,白居易声名大振,贞元十四年(798)遂以进士甲科登第。但在官场上像顾况这样爱才的人毕竟是少数,多的是因权势、亲故、钱财以行揄扬和"公荐"。历史上有"诗圣"之称的杜甫,因乏人"公荐",终身榜上无名。才思横溢、声名远播的中唐诗人孟郊,以同样原因,沉沦场屋二十余年,无奈发出"空有篇章传海内,更无亲贵在朝中"③的慨叹。晚唐诗人杜荀鹤,诗名甚高,亦屡试不第,至有"此生何路出尘埃,犹把中才谒上才。闭户十年专笔砚,仰天无处认梯媒"④的哀鸣。早在唐玄宗开元(713—741)年间,太子校书郎王泠为此上书宰相张说曰:"仆窃谓今之得举者,不以亲则以势,不以贿则以交……无媒无党,有行有才,处卑位之间,仄陋之下,吞声饮气,何足算哉。"⑤近有学者提出,既然唐代科举行公荐、采誉望,甚至还有"通榜",说明当时科举考试的成绩对录取与

① 《文献通考》卷二九《选举考二》,第274页。
② 《旧唐书》卷一六六《白居易传》,第4340页;祝穆:《古今事文类聚》别集卷二六《先慢后敬》,书目文献出版社1991年据元刻本影印本。
③ 孟郊:《唐风集》卷二《投从叔补阙》,文渊阁《四库全书》本。
④ 杜荀鹤:《唐风集》卷二《投江上崔尚书》,文渊阁《四库全书》本。
⑤ 《唐摭言》卷六《公荐》。

否尚无决定性的意义,故"一切以程文为去留"不应成为科举制度的一个特点①。笔者认为,科举行公荐、采誉望,不当为该制度本身所固有,恰恰是察举制残余在科举制的反映,只能说明唐代科举尚不够成熟和完善,因此在录取时还达不到"一切以程文为去留"的原则。

第三,取士之权操纵在知贡举和少数"公荐"者手中,举人登第后,容易与他们结成座主、门生之间的特殊关系,最终形成朋党,使政治更加黑暗腐败。唐代科举实行二级考试:先参加州郡发解试,合格后再解送尚书省,参加省试。举人省试中式后,列名发榜于尚书省,是为及第。省试主考官称知贡举,唐初由吏部考功郎中兼任,后改为吏部考功员外郎兼任。开元二十四年(736),发生知贡举李昂为举人李权所凌侮的事件,论者"以省郎位轻,不足以临多士,乃诏礼部侍郎专之"②。此后,由礼部侍郎出任知贡举基本上成为定制,若非礼部尚书或礼部侍郎兼领者,称权知贡举,这种称呼直到北宋亦然。知贡举从命题、考校到决定取舍和甲第高低,皆负全责。宪宗元和三年(808)正月,诏因礼部侍郎王起奏请,将当年进士及第者诗、赋,"送中书门下详覆……然后准旧例大字放榜",但到八年正月,又以"宰相先知取舍,事匪至公"③为由被奏罢,故唐人有"礼部侍郎重于宰相"④的说法。举人一旦及第,第一件事就是排着队一起赴主考官家中通姓名,行座主、门生之礼。座主视门生为"美庄良田"⑤,门生将座主当宗师,感恩戴德,胜过君父,即使座主后来遭贬黜,门生对他也照样恭敬不渝。于是,座主、门生、"公荐"者、同年在仕途上互相攀援勾结,很容易结成朋党。唐后期统治集团内部长时

---

① 参见祖慧等《关于科举制定义再商榷——兼重评科举制的起源》,载《历史研究》2003 年第 6 期。
② 《唐摭言》卷一《进士归礼部》。
③ 王溥:《唐会要》卷七六《贡举中·进士》,中华书局 1955 年据《国学丛书》本影印本,第 1381 页。
④ 《新唐书》卷一六九《韦贯之传》,第 5153 页。
⑤ 李昉:《太平广记》卷一八一《崔群》条载:"崔群元和自中书舍人知贡举,夫人李氏因暇尝劝树庄田以为子孙之业。笑曰:'予有三十所美庄良田,遍在天下,夫人何忧。'夫人曰:'不闻君有此业。'群曰:'吾前岁放春榜三十人,岂非良田邪?'"中华书局 1961 年点校本,第 1346 页。

间互相倾轧的"牛李党争",就是一场科举朋党与非科举朋党之间的斗争,成为当时政治不稳定的重要原因,连唐文宗也束手无策,无可奈何地发出"去河北贼非难,去此朋党实难"①的叹息。

第四,科举条制不密,考官徇私,权臣干预,所取往往非人。首先,由于主司皆有常人,加上任命后并未立即进入贡院,更不规定锁宿,"则既预知之矣;不惟预知也,亦可预谒之;不惟预谒之,亦可预托之"②,使他有充分时间接受请托和泄漏试题,至于在考校中搞点徇私活动,也易如反掌。其次,即使知贡举比较公正,宰相等朝中显贵也会横加干预,迫使他取其私人。如唐玄宗时,宰相杨国忠的儿子杨暄应明经举,"学业荒陋,不及格。礼部侍郎达奚珣畏国忠权势,遣其子昭应尉抚先白之"。杨国忠见达奚抚来,以为其子必中选,有喜色,当知道情由后,就勃然大怒,曰:"我子何患不富贵,乃令鼠辈相卖!"达奚抚惶遽万状,写信给其父云:"彼恃挟贵势,令人惨嗟,安可复与论曲直!"达奚珣只得将杨暄"置于上第"③。唐德宗时,礼部侍郎权德舆知贡举,宰相李实私下向他推荐了一些人,但权德舆在录取时没有完全满足他的要求,李实恼羞成怒,"遂大录二十人迫德舆曰:'可依此第之;不尔,必出外官,悔无及也。'"④徇私气焰之嚣张,竟全然不顾公道二字。

第二节 北宋的科举改革

一、科举条制的改革

宋代是中国封建社会科举制度的成熟时期,科举的一切条制至此才正式完备,以往察举制的残余至此才完全消失;宋代也是科举取士的黄金时

---

① 《旧唐书》卷一七六《李宗闵传》,第 4554 页。
② 章如愚:《群书考索》续集卷三八《选举·贡举》,文渊阁《四库全书》本。
③ 司马光:《资治通鉴》卷二一六,上海古籍出版社 1987 年据世界书局本重印本,第 1473 页。
④ 《旧唐书》卷一三五《李实传》,第 3731 至 3732 页。

期,大量人才通过科举被选拔上来,科举的优点在这个时期发挥得最为明显。当然,宋代科举的完善和作用的充分发挥,是依靠了一系列改革才得以成功。

那么,宋代最高统治者为什么要改革科举?为什么能够改革科举?这里有必要作些分析。

首先,经过唐末和五代时期的长期战乱,入宋以后,士族门阀势力已经完全退出了历史舞台,无论是大官僚还是大地主,依靠门第做官已不可能,只有通过科举才能延续其政治上和经济上的地位。而生产力水平的提高,商品经济的发展,社会贫富分化的加剧,那些占田不过百亩之家,在唐代还只能勉强维持温饱,到宋代已经够得上中等主户,他们或系物力较为雄厚的富裕农民,或已上升为中、小地主阶级,工商子弟则摆脱了门第的限制,社会地位大为提高,他们都具备了供子弟读书和参加科举的条件。对于最高统治者来说,迫切需要扩大统治基础,以防止世家大族的再起,所以也要尽可能地满足这些人科举入仕的愿望。此外,随着北宋统一事业的基本完成,"疆宇至远,吏员益众"①,对人才也有着迫切的需要。这样,唐代以来基本上仍然操纵在大官僚、大地主手中的科举制度,就有了改革的必要和可能。

其次,赵宋统治者吸取唐、五代以来武人专权,政权频繁更替的历史教训,为了巩固中央集权,采取了"兴文教,抑武事"②的政策,重视对知识分子的选拔和任用。所谓重文抑武,包含了两个方面的内容:一是重视知识分子的作用,委之以重任,寄之以大命,宋太祖本人就有"宰相须用读书人"③的感受;二是以文臣来抑制武将,以彻底结束武人专横跋扈的局面。开宝五年(972),太祖曾对宰臣说:"五代方镇残虐,民受其祸,朕今选儒臣干事者百

① 李焘:《续资治通鉴长编》(以下简称《长编》)卷一八,太平兴国二年正月丙寅条,中华书局 2004 年点校本,第 394 页。
② 《续资治通鉴长编》(以下简称《长编》)卷一八,太平兴国二年正月戊辰条,第 394 页。
③ 《长编》卷七,乾德四年五月乙亥条,第 171 页。

余,分治大藩,纵皆贪浊,亦未及武臣一人也。"①赵宋统治者既然要重用文臣,而文臣的最好来源便是科举出身者,因而他们就十分重视科举制度的公正性,重视如何克服唐代科举制度的流弊,也有必要对科举制度实施一番改革。

第三,赵宋统治者对"唐朝朋党甚盛,以至王室卑弱"②的历史教训记忆犹新,并始终保持着高度的警惕。对于唐朝世家大族垄断科举,造成孤寒下第,以王仙芝、黄巢为代表的一批失意士人,最后铤而走险,领导农民起义,使唐王朝走向崩溃的前车之鉴,更是不会忘怀。为了防止科举朋党的再现,也为了笼络士心,都有必要对原来的科举制度实行改革。

北宋对科举的改革,分两个阶段进行:第一阶段,自太祖朝起到真宗朝基本结束,重点是对科举条制实施改革,主要是清除以往察举制的残余,严格考校程序,提倡公平竞争,杜绝场屋弊端,保证取士权牢牢掌握在皇帝手中。第二阶段,自仁宗朝起到徽宗朝止,重点是改革考试内容和取士科目,并力图做到由学校升贡。

下面,请先言对科举条制的改革,大致可分八个方面。

一是禁止结成座主、门生关系。建隆三年(962)九月,太祖下诏曰:

> 国家悬科取士,为官择人,既擢第于公朝,宁谢恩于私室?将惩薄俗,宜举明文。今后及第举人,不得辄拜知举官子孙弟侄,如违,御史台弹奏……不得以只科为贵,兼不得呼春官为恩门、师门,亦不得自称门生。③

宋代取士人数多,动辄数百名,如果继续维持唐时恩门、师门那种关系,其后果简直不堪设想。这道诏书的认真执行,对于防止及第进士与知贡举

---

① 《长编》卷一三,开宝四年十二月末条,第293页。按:"今"原作"令",今据文渊阁《四库全书》本、《宋史全文》卷二、《太平治迹统类》卷二、《九朝编年备要》卷二、《历代名臣奏议》卷七〇,刘光祖奏议等改。
② 《长编》卷一一三,明道二年八月丁巳条,第2634页。
③ 《宋会要辑稿》选举三之一至二,中华书局1957年据前北平图书馆1935年影印本缩小重印本。

结下不解之缘,起到一定作用。后来宋代士大夫之间虽偶尔尚有恩师、门生之称,不过是作为一种礼貌用语而已,已失去了唐代的那种实际内容。终宋之世,没有出现因科举而结成的朋党,对政治的安定起到了一定作用。

二是严禁朝臣"公荐"举人。前面已经指出,"公荐"之名,虽然动听,实际上是利用权势窃取科名,这当然不能为宋初最高统治者所容忍。乾德元年(963)九月,太祖为此下诏道:

> 礼部贡举人,自今朝臣不得更发公荐,违者重置其罪。

李焘在这条诏令后面作按语曰:"故事,每岁知举官将赴贡院,台阁近臣得保荐抱文艺者,号曰'公荐',然去取不能无所私,至是禁止。"①不过,"公荐"者既是当朝权贵,他们与考官的关系一般都有深交,"违者重置其罪"显属空文,但它否定"公荐"的合法性,却有一定积极意义。后来,北宋统治者又几次下诏,重申该项禁令,并还"公荐"以本来面目,直指其为"嘱请"。如真宗景德元年(1004)九月的诏书道:

> 令御史台谕馆阁、台省官,有以简札贡举人姓名嘱请者,即密以闻,当加严断。其隐匿不言,因事彰露,亦当重行朝典。②

此类诏书虽然多为虚声恫吓,实际执行几乎没有看到一例,但宋代科举在此后确实已经没有了"公荐",这无疑是对察举制残余的进一步扫荡。

三是令食禄之家子弟覆试。"世禄之家,鲜克有礼"。历史上,凡是纨绔子弟,多无真才实学,他们却可倚仗父兄权势,攫取科名。为此,北宋统治者对食禄之家子弟在科举考试中的限制甚为严格。太祖开宝元年(968)三月,权知贡举王祐上礼部所取进士十人,礼部尚书、翰林承旨陶谷之子邴名列第六。次日,谷入朝谢恩,引起太祖怀疑,以为:"闻谷不能训子,邴安得登第?""遽命中书覆试"。按陶氏历仕北齐、隋、唐、五代,是国初仅存的少数望族之一,陶谷数掌贡举,门生、故吏遍天下,其另一子鄑曾在荫补试中有过舞弊行

---

① 《长编》卷四,乾德元年九月丙子条,第105页。
② 《宋会要辑稿》选举三之七。

为。所以太祖此次覆试,有防止门阀势力操纵科举之意。后来陶邴虽合格登第,太祖仍下诏将覆试作为定制,规定:"自今举人凡关食禄之家,委礼部具析以闻,当令覆试。"①几年后,由于设置殿试,形同覆试,这道诏书也就失去了实际意义。但是,朝廷对这些人仍然放心不下,于是又有真宗咸平三年(1000)的诏书,命"礼部所试合格举人有权要亲族者,具名以闻"②,以加强在殿试中对他们的防范。这些规定,对大臣子弟利用权势窃取科名的现象,的确起到了某种抑制作用。史载:"范杲,鲁公(宰相范质)之兄子,见知陶谷、窦仪,皆待以甲科。会有言'世禄之家,不当与寒畯争科名'者,遂不敢就试。"③雍熙二年(985)三月,太宗在崇政殿覆试进士,"宰相李昉之子宗谔、参知政事吕蒙正之从弟蒙亨、盐铁使王明之子扶、度支使许仲宣之子待问,举进士皆试入等",太宗以为:"此并势家,与孤寒竞进,纵以艺升,人亦谓朕为有私也!""皆罢之"④。因此,在北宋前期封弥制未推行以前,"执政子弟多以嫌不敢举进士,有过省而不敢就殿试者"。⑤

四是实行殿试。皇帝亲自主持礼部所取进士的考试,谓之科举殿试,亦称廷试、御试、覆试。它开始于何时?历史上颇有争议。唐载初元年(690)二月,武则天在洛城殿策问贡士,杜佑以为"殿前试人自此始"⑥。司马光亦说"贡士殿试自此始"⑦。后代因袭其说者颇不乏人。对此马端临考辨道:"武后所试诸路贡士,盖如后世之省试,非省试之外再有殿试也……武后自诡文墨,故于殿陛间下行[考功]员外郎之事。"⑧笔者以马氏之说为是。唐后期,虽然也偶尔举行过几次由皇帝亲自主持下的覆试,但并未形成定制,故殿试作为一种常制,实肇于北宋。

太祖初年,对内专注于加强中央集权,防止武人势力的再起;对外忙于

---

① 《长编》卷九,开宝元年三月癸巳条,第200页。
② 《长编》卷四六,咸平三年三月戊寅条,第996页。
③ 《石林燕语》卷五,第65页。
④ 《长编》卷二六,雍熙二年三月己未条,第595页。
⑤ 《石林燕语》卷八,第112页。
⑥ 《通典》卷一五《选举三·历代制下》,第354页。
⑦ 《资治通鉴》卷二〇四,第1376页。
⑧ 《文献通考》卷二九《选举考二》,第272页。

进行统一战争,力图恢复李唐旧疆,因而对取士权尚无暇顾及,除采取措施以防止知贡举与新进士结下不解之缘而形成朋党,防止大臣子弟利用特权窃取科名以外,一切权力仍归有司。太祖后期,随着国内外形势的日趋稳定,遂开始将目光转向取士权问题。开宝五年(972)闰二月,太祖亲自召对新进士于讲武殿,然后下诏发榜,此实为殿试之渐。翌年三月,太祖在召对新进士时,颇觉权知贡举李昉在录取中有私情。正当此时,落第进士徐士廉击登闻鼓,伏阙下求见。太祖当晚召见,士廉诉昉用情,取舍非当,建议举行殿试,其奏谓:

> 方今中外兵百万,提强黜弱,日决自上,前出无敢悖者。惟岁取儒为吏,官(不?)下百数,常常赘戾,以其授于人而不自致也。为国家天下,止文与武二柄耳,无为其下鬻恩也。①

太祖欣然听取士廉建议,不几天覆试已中、未中进士三百六十人,"得进士二十六人,士廉预焉"。②

太祖于开国不久,采纳赵普的建议,陆续收缴大将兵权,亲典禁军,解除了武人擅权跋扈的威胁,这次又用士廉之言,设置殿试,收回取士大权,使皇帝亲掌文、武两柄。此两项建议,对宋朝政治来说,具有同样重要的意义。雍熙二年(985),太宗又定殿前唱名、皇帝亲赐及第之制,使进士真正成了"天子门生",从而进一步摧毁了座主、门生关系的残余。③

五是对有官人和宗室子弟应举的限制。宋初统治者为不使衣冠与寒士争科第,对有官人应举限制甚严,既艰难其选举,考取后也不按常例给予科名。如普通士人可以"投牒自进",有官人必须"所属先以名闻,得旨而后

---

① 柳开:《河东先生集》卷八《与郑景宗书》,《四部丛刊》本。
② 《长编》卷一四,开宝六年三月辛酉条,第297页。
③ 王明清:《挥麈前录》卷三载:"刘器之(安世)晚居南京,马巨济涓作少尹。巨济廷试日,器之作详定官所取也,而巨济每见器之,未尝修门生之敬,器之不平,因以语客。客以讽巨济,巨济曰:'不然。凡省闻解送则有主文,故所取士得以称门生。殿试盖天子自为座主,岂可复称门生于他人?幸此以谢刘公也。'客以告器之,器之叹服其说,自是甚欢。"上海书店出版社2001年标点本,第19至20页。

解"①,非德才兼备者,就不能参加发解试。有官人考试,别设场屋进行,谓之
"锁厅试",以严防他们徇私舞弊。锁厅试不合格者要"赎铜,永不得应举"。
即使中格,"唱第日仍降甲"②。故真宗朝以前,应锁厅试的人甚少,偶有一人
赴试,便"以为奇异"③。自仁宗朝起,对有官人应举的限制才逐渐放宽,赴试
人数也随之增加。至于宗室子弟,北宋前期只根据服属远近,赐以亲王、团
练使、大小环卫官之类不莅职务的官职,使他们坐享厚禄,但不允许他们应
举。直到熙宁五年(1072),由于宗室繁衍,祖免(五世)以外亲已不能普遍赐
名授官,才允许他们参加锁厅试或别试,走科举入仕之路。

北宋不仅对有官人和宗室子弟参加科举有一系列限制,对考官子弟参
加发解试和省试也分别设置别头试加以防范,但这种别头试到南宋往往变
了味,具体情况待后面详述。

六是控制主考官的权力。首先是改变知贡举由礼部侍郎出任的规定,
成为皇帝临时任命相应官员兼任的一种差遣,称权知贡举,以防考前请托。
又增设权同知贡举一人或数人。后来,不仅权同知贡举有多名,权知贡举也
不止一人,目的无非是为了分散他们的权力,防止由少数人操纵科举。其
次,从太宗淳化三年(992)起,一经被任命为主考官以后,禁止与外界和家人
交往,必须立即入院锁宿,以避免请托。大中祥符七年(1014)八月,真宗下
诏对锁宿制度作出更加明确的规定,并将锁宿范围扩大到发解试考官:

> 自今差发解、知举等授敕讫,即令阁门祗候一人引送锁宿,无得与
> 僚友交言,违者阁门弹奏。如所乘马未至,即以厩马给之。④

这种做法,颇似后世的隔离制度。在一贯以礼待士大夫著称的北宋,对
考官防范之严,实属罕见。

七是实施封弥、誊录,一切以程文为去留。宋太祖及其继承人对科举制
作了上述改革后,在一定程度上改变了唐代取士不公的现象。但是,科场舞

---

① 脱脱等:《宋史》卷一五五《选举一》,中华书局 1977 年点校本,第 3605 页。
② 参见王栐《燕翼诒谋录》卷三《锁厅不合格》,中华书局 1981 年点校本,第 25 页。
③ 司马光:《涑水记闻》卷三,中华书局 1989 年点校本,第 50 页。
④ 《长编》卷八三,大中祥符七年八月丙子,第 1892 至 1893 页。

弊犹如水银泻地,可谓无孔不入。对应试士子尽管有继烛、挟带、传义、替身、冒籍等多种禁令,考试时仍不免花样百出,而考官厕身场屋,从中高下其手,更是防不胜防。所以,在封弥制尚未建立前,科举条制远不能说已经严密。

封弥,也称糊名或弥封,最早出现于唐代的制举中。① 武后时,又用于吏部试选人上。不久,"武后以为非委任之方,罢之"②。五代时,虽曾有官员将糊名应用于科举中,但遭到大官僚、大贵族的反对而被停废。宋代糊名,不仅要糊住(或截去)试卷上应试士人的姓名,也要糊住(或截去)写有乡贯、三代的卷首,这恐怕就是宋人称糊名为封弥的原因。北宋统治者为了彻底杜绝考官在考校和定等中的徇私行为,在各类科举考试中分四个阶段推行封弥制:始行于太宗淳化三年的殿试;再推行于真宗大中祥符元年(1008)的省试;又推行于仁宗明道二年(1033)的州郡发解试;最后到景祐四年(1037)推行于开封府、国子监试及别头试。③

科举实行封弥以后,考官虽不能从试卷中看到应试者的姓名,但还是可以根据笔迹及事先商定的密记,将其辨认出来,在评卷中仍可能发生徇私行为。如景德二年正月省试,权三司使刘师道弟几道预试,时知制诰陈尧咨为考官,教他在试卷中"刺针眼为识验"。几道擢第后事泄,"诏落几道名籍,永不得预举"④,并责授陈师道为忠武军节度行军司马,陈尧咨为单州团练使。为了纠正这类弊端,真宗大中祥符八年(1015),殿试置誊录院,考卷始行誊录,由于考官在定等时看到的已不是真卷,识笔之弊始绝。不久,誊录制也被陆续应用到省试和各类发解试中去。

八是严禁举子挟带书籍、代笔、举烛夜试等越规行为。

通过以上一系列改革,北宋最终形成了一套严密的科举制度,彻底铲除了以往察举制的残余,从理论上来说,真正实现了"一切以程文为去留"的取

---

① 《通典》卷一五《选举三·历代制下》,第364页;欧阳修、宋祁:《新唐书》卷四五《选举下》,中华书局1975年点校本,第1175页。
② 《新唐书》卷四五《选举下》,第1175页。
③ 参见笔者与徐规师合撰之《北宋的科举改革与弥封制》,载《杭州大学学报》1981年第1期。
④ 《宋会要辑稿》职官六四之一八。

士原则,至此科举制度才可以说完全形成。时人欧阳修对此也十分赞扬,他说:

> 窃以国家取士之制,比于前世,最号至公。盖累圣留心,讲求曲尽。以谓王者无外,天下一家,故不问东西南北之人,尽聚诸路贡士,混合为一,而惟才是择。各糊名、誊录而考之,使主司莫知为何方之人,谁氏之子,不得有所憎爱薄厚于其间。故议者谓国家科场之制,虽未复古法,而便于今世,其无情如造化,至公如权衡,祖宗以来不可易之制也。①

二、考试内容和科目、学校的改革

北宋到仁宗朝时,对科举条制的改革已基本结束,接着进入第二阶段,即对考试内容和科目的改革。但这一改革进行得并不顺利,且时有反复。

自唐至五代,科举考试的内容不仅随着科目的不同而不同,而且各个时期也常有变化,可谓更仆难数。大致说来,作为常科的进士科和明经科,省试不外乎帖经、诗赋、时务策、议、论、墨义(经文内容)中的二三种或三四种。一般来说,进士科以试帖经、诗赋为主,明经以试帖经、墨义为主。在这些考试内容中,进士科的重点是诗、赋,明经科的重点是帖经,故唐人有"进士以声律为学,多昧古今;明经以帖诵为功,罕穷旨趣……以此登科,非选士取贤之道"②的批评。

宋初科目,有进士、诸科和武举等科,但不设明经科,原来的明经科早在后周显德二年(955)已被当时的翰林学士、礼部侍郎、知贡举窦仪所奏罢,一直未恢复。③ 常选之外,尚有制科、童子举,但这些科目影响不大。

进士省试内容为诗、赋、论各一首,策五道,帖《论语》十帖,对《春秋》或《礼记》墨义十条。不过,不愿试帖经者,可以作一篇文或作一首赋代替,谓之"赎帖"④。诸科是诸经科、史科和明法等科的总称。诸经科的考试内容和

---

① 《欧阳修全集·奏议集》卷一一三《论逐路取人札子》,中华书局 2001 年点校本,第 1716 页。
② 《唐会要》卷七五《选部下·明经》,第 1377 页。
③ 参见拙文《略论宋代的明经科》,载《杭州大学学报》1992 年第 4 期。
④ 吕祖谦:《历代制度详说》卷一《科目详说》,文渊阁《四库全书》本。

难易,各不相同,其中《九经》最难,试帖书一百二十帖,对墨义六十条。学究最易,以《毛诗》学究而言,只试墨义五十条,《论语》十条,《尔雅》、《孝经》共十条,《周易》、《尚书》各二十五条①。太平兴国八年,诸科始增律义十道,以培养通法人才。

至仁宗朝,始有臣僚提议改革科举考试的内容。天圣八年(1030)八月,资政殿学士晏殊言:"唐明经并试策问,参其所习,以较才识短长。今诸科专取记诵,非取士之意也。请终场试策一篇。"但近臣以诸科试策,非其素习,"其议遂寝"。②

"庆历新政",百事更张,对科举内容的改革也就提到了日程。庆历四年(1044)三月,范仲淹等向宋仁宗提出"兴学校,本行实"的建议,仁宗诏近臣议,于是翰林学士宋祁、御史中丞王拱辰、知制诰欧阳修等九人合奏道:

> 伏以取士之方,必求其实;用人之术,当尽其才。今教不本于学校,士不察于乡里,则不能核名实。有司束以声病,学者专于记诵,则不足尽人才……莫若使士皆土著,而教之于学校,然后州县察其履行,则学者修饬矣……今先策、论,则文辞者留心于治乱矣;简其程序,则闳博者得以驰骋矣;问以大义,则执经者不专于记诵矣。故为先策、论过落,简诗、赋考式,问诸科大义之法,此数者其大要也。③

奏议的意思是要兴办学校,以核名实;要改变以往科举考试将诗、赋作得好坏、背诵儒家经典本领的大小作为录取的主要标准。朝廷接受了他们的建议,下诏建立州县学,士须在学三百日(旧得解人百日),方能参加科举。进士科考试分三场:第一场试策二道,一问经史,二问时务;第二场试论一首;第三场试诗、赋各一首,根据三场总成绩定去留。旧帖经、墨义皆罢。诸科举人,《九经》、《五经》罢填帖,皆问墨义,其余《三礼》、《三传》以下诸科,依旧法。"庆历新政"失败后,有人即以"诗、赋声病易考,而策、论汗漫难知"

---

① 《宋史》卷一五五《选举一》,第 3604 至 3605 页。
② 《长编》卷一〇九,天圣八年八月癸巳条,第 2542 页。
③ 《欧阳修全集·奏议集》一〇四《详定贡举条状》,第 1593 至 1594 页。按:考据史实,宋祁等九人同上此奏,而由欧阳修起草。

为由,反对考试内容的改革,于是庆历八年四月,朝廷下诏:"科场旧条皆先朝所定,宜一切无易。"①随着宋学的日趋繁荣,嘉祐二年(1057)十二月,朝廷下诏:"……别置明经科,其试法:凡明两经或三经、五经者,各问墨义、大义十条。"②从而恢复了废止多年的明经科,始试大义(经义要旨),并以对经文及注疏作"润色发明之者为上"③,这实肇此后进士科试经义之端。

神宗熙宁年间(1068—1077),王安石为了"一道德",并培养变法人才,也将兴建学校、改革科举作为变法的一项重要内容。熙宁四年二月,王安石向神宗提出"兴建学校以复古。其明经、诸科欲行废罢,取明经人数增进士额"的建议。但遭到直史馆苏轼的反对,苏轼认为:"时有可否,物有兴废,使三代圣人复生于今,其选举亦必有道,何必由学乎?且庆历间尝立学矣,天下以为太平可待,至于今惟空名仅存。"苏轼又说:"或曰专取策、论而罢诗、赋……或欲变经生帖、墨而考大义,此数者皆非也。"对于苏轼似是而非的议论,王安石反驳道:

> 今人才乏少,且其学术不一,异论纷然,不能一道德故也。一道德则修学校,欲修学校,则贡举法不可不变。若谓此科尝多得人,自缘仕进别无他路,其间不容无贤;若谓科法已善,则未也。今以少壮时,正当讲求天下正理,乃闭门学作诗赋,及其入官,世事皆所不习,此科法败坏人才,致不如古。④

神宗接受王安石的建议,下诏建立州、县学,推行三舍法。罢废明经、诸科,进士罢诗赋、帖经、墨义,各治《诗》、《书》、《易》、《周礼》、《礼记》一经,兼以《论语》、《孟子》。试四场:第一场,本经义;第二场,兼经并大义十道;第三场,论一首;第四场,时务策三道。"将来科场,诸科宜令依旧应举,候经一次科场,除旧人外,不得应诸科举"。⑤

---

① 《宋会要辑稿》选举三之二七至三一;《宋史》卷一五五,第3613页。
② 《长编》卷一八六,嘉祐二年十二月戊申条,第4496页。
③ 《宋会要辑稿》选举一二之三一。
④ 《宋史》卷一五五《选举一》,第3616至3618页。
⑤ 《长编》卷二二〇,熙宁四年二月丁巳条,第5335页。

熙宁变法失败后,保守派上台执政,其他变法措施全遭废除,但科举改革的内容,大部被保留下来,特别是进士科成为惟一的常科科目,不仅在整个宋代,就是在元、明、清三代再也没有变化。当然,在以苏轼为代表的一部分士大夫中,力主恢复诗、赋的呼声也很高,元祐四年(1089)四月,作为折中的办法,将进士科分为经义兼诗赋进士和经义进士两科:经义兼诗赋进士听习一经,第一场试本经义二道,《论语》或《孟子》义一道,第二场试赋及律诗一首,第三场试论一首,第四场试子史时务策二道。经义进士习两经,以《诗》、《礼记》、《周礼》、《左氏春秋》为大经,《书》、《周易》、《公羊》、《谷梁》、《仪礼》为中经。第一场试本经义三道、《论语》义一道,第二场试本经义三道、《孟子》义一道,第三四场同经义兼诗赋进士①。所谓"经义",就是从儒家经典中摘出一二句或一小段作为题目,要求应试者采用散文形式,加以论述,阐发其精神要义,以观察应试者对儒家经典的领悟能力,乃至对当前政治的指导意义。哲宗亲政以后,进士科的考试内容随着政治斗争形势的变化而再次发生变化,并逐渐带上了党争的色彩。绍圣元年(1094)五月,诏:"进士罢试诗赋,专治经术,各专大经一、中经一,愿专二大经者听。第一场试大经义三道、《论语》义一道,第二场试中经义三道、《孟子》义一道,第三场试论一首,第四场试子史时务策二道。"②这样,两科进士又合并为一科,这种情况直到南宋初年才再次发生变化。

自"庆历新政"以来,与科举制度息息相关的学校教学,也在发生变化。庆历四年(1044)三月,诏应翰林学士宋祁奏请,"诸路州府军监,除旧有学校外,其余并各令立学。如本处修学人及二百人已上处,许更置县学。若州县未能顿备,即且就文宣王庙,或系官屋宇为学舍。仍委本路转运司及本属长吏,于幕职、州县官内奏选充教授,以三年为一任,在任有人同罪保举者,得替日依例施行"。同时规定:"应取解逐处在学本贯人,并以入学听习,至秋赋投状日前及三百日以上,旧得解人百日以上,方许取应。"③从而掀起了有

---

① 《宋会要辑稿》选举三之五〇至五一。
② 《宋会要辑稿》选举三之五五。
③ 《宋会要辑稿》选举三之二四。

宋一代第一次兴学高潮。庆历君臣所以要兴学,是为了以学校升贡代替乡贡,"本学校以教之,然后可求其行实"①。实际上,早在唐玄宗天宝十二载(753),为了同样目的,就下过"罢乡贡,举人不由国子及郡、县学者,勿举送"②的诏书。但是,由于受经济和师资条件的限制,学校严重不足,玄宗的这道诏书只成具文。三百年后的庆历兴学,同样也遭到如此命运。

熙宁兴学实质上是庆历兴学的继续,但内容更加丰富,同时加上了"一道德"的目的。"熙宁变法"失败后,兴学也没有取得多大成效,三舍法虽遭王岩叟等人的激烈反对,还是被保留了下来。根据元丰二年(1079)所颁《学令》,三舍法的具体内容为:

> 太学置八十斋,斋各五楹,容三十人。外舍生二千人,内舍生三百人,上舍生百人。月一私试,岁一公试,补内舍生;间岁一舍试,补上舍生,弥封、誊录如贡举法;而上舍试则学官不预考校。公试,外舍生入第一、第二等,升内舍;内舍生试入优、平二等,升上舍,皆参考所书行艺乃升。上舍分三等,俱优为上,一优一平为中,俱平若一优一不为下。上等命以官,中等免礼部试,下等免解。③

根据上述《学令》,部分考入上舍优等的学生,已经可以直接升贡乃至命官,此为企图以学校升贡代替乡贡之渐。进入徽宗朝,蔡京当政,在"绍述"的名义下,三舍法获得了进一步发展,从而掀起了第三次兴学高潮。崇宁元年(1102),诏应宰臣之请:

> 天下州县并置学,州置教授二员,县亦置小学。县学生选考升诸州学,州学生每三年贡太学。至则附试,别立号。考分三等:入上等补上舍,入中等补下等上舍,入下等补内舍,余居外舍。诸州军解额,各以三分之一充贡士。开封府留五十五额,解士人之不入学者,余尽均给诸

州,以为贡额。

崇宁元年(1102),于开封城南建外学,称辟雍,以处外舍生。"于是,由州郡贡之辟雍,由辟雍升之太学",使州、县学的选考与中央太学相衔接,从而为最后废除乡贡创造条件。"自是,岁试上舍,悉差知举,如礼部试"①。不过,为了照顾部分入学有困难的贫困士子,在实行上舍升贡的同时,仍继续参用科举,故科举制度实际上并未真正被废除。北宋第三次兴学的力度尽管比前二次大,但仍有许多州县没有置学,即使有州县学的地区,士子受经济条件限制,也有相当多人不可能入学读书。因此,要取消乡贡,完全由三舍升贡的条件远未成熟。宣和三年(1121)二月,可能受方腊起义的影响,为安定士心,遂下诏"罢天下三舍法,开封府及诸路并以科举取士;惟太学仍存三舍,以甄序课试,遇科举仍自发解"②。学校与科举的这种关系,终宋之世再也没有发生改变。

第三节　北宋科举中的发解试、省试和殿试

一、发解试

北宋时,每值科举之年,皇帝先下一道科诏,时间在五月初一日,后来又提早到三月初一日。科诏颁布后,士人即可投牒申请参加发解试。

诸州发解试的时间,视距开封府的远近而定。大致说来,广南、四川等道途最远的地区在六月,较远的福建等路在七月,开封府、国子监及其他距离较近的州郡在八月。③ 士人得解后,有司必须将试卷、解牒(向上级呈报的文状)等在十一月底以前送交礼部,以便获解者参加来年春天的省试。

太祖时,取士很少,但与唐、五代时一样,几乎每年皆要举行。从太宗朝

---

① 《宋史》卷一五七《选举三》,第 3662 至 3664 页。
② 《宋史》卷二二《徽宗四》,第 407 页;《宋史》卷一五五《选举一》,第 3623 页。
③ 《宋会要辑稿》选举一六之六。

起,由于取士人数激增,科举往往需要间隔一年或数年举行一次。可是科举间隔时间过长或过短都不好:过长,士失其业,不符合宋代优待士大夫的一贯做法;过短,士人终年为赴考疲于奔命,不利于学业进修。英宗治平三年(1066)十月,诏令"礼部三岁一贡举"①。从此,三年大比成为制度,不仅终宋之世不变,亦为后来各代所仿效。

发解试是科举考试的第一级考试,它简称解试,有时亦称秋闱、乡试、乡举或大比。发解试滥觞于李唐,北宋因袭之。赵宋政权对士人应举虽无门第限制,但为了维护封建伦理道德,防止科场舞弊,保证正常的考试秩序和今后入仕的需要,自国初起,对应举士人的资格有种种限制,至宋仁宗庆历四年(1044)三月,又下诏具体规定,禁止七种人应举:一、隐忧匿服;二、尝犯刑责;三、行亏孝弟,有状可指;四、明触宪法,两经赎罚,或不经赎罚而为害乡党;五、籍非本土,假户冒名;六、父祖干(犯?)十恶四等以上罪;七、工商杂类,或尝为僧道。② 此外,身体废疾者和吏人也不能应举。不过,如工商杂类人内,"有奇才异行、卓然不群者,亦许解送"③。举人投牒后,经州郡长官审查合格,令每十人相保,若有不实,则连坐不得举。然后士人将父祖三代履历、乡贯、年龄、举数、场第、应试科目等内容写于试卷卷首,递交有司,以备应试。

北宋发解试分国子监发解试、开封府发解试、州郡发解试和各类别头试四种。国子监发解试的解试对象,据太祖开宝五年(972)十一月诏令谓:"应天下贡举人,自今并于本贯州府取解,不得更称寄应⋯⋯其国子监举人,须是元在监习业,方许校艺解送,不得妄称监生。仍并令礼部贡院分明勘会,违者具名以闻。"④可见全系国子监生和太学生。所谓开封府发解试,本当包含于州郡发解试之中,但因为开封府作为北宋都城,是权贵子弟充斥之地,

---

① 《长编》卷二〇八,治平三年十月丁亥条,第5064页。
② 《长编》卷一四七,仁宗庆历四年三月乙亥条,第3564至3565页;《宋会要辑稿》选举三之二五。
③ 《宋会要辑稿》选举一四之一五至一六;《长编》卷二〇二,治平元年六月癸卯条,第4890页。
④ 《宋会要辑稿》选举一四之一四。

举子来源比较特殊,因而北宋政府特别将这里的发解试和其他州郡的发解试加以区别。州郡发解试是指除开封府以外各府、州、军、监的发解试,当是发解举人的最大来源。各类别头试,包括国子监和开封府考官子弟的别试、有官人的锁厅试及转运司试三种。对于前二种别试,本书在前面已经作过论述,这里就不赘言。转运司试,南宋人常称为牒试或漕试,始于景祐四年(1037)二月,时诏应集贤院贾昌朝之奏:"诸州举人亲戚,守任在本贯、远地官僚子孙在任处、发解官亲戚三等举人,乞今后并申转运司类聚,别差官考试。"换言之,别头试的应试对象,除参加锁厅试的有官人以外,还有在当地做官的亲戚、随侍子弟和发解官亲戚这三种人。但如果"见守任处去本贯二千里内"的亲戚,"并归本贯取应",不得参加转运司试。对于赴试亲戚的范围,也作了规定,"须是五服内的亲戚,自余不在移送之限"。①

宋承唐制,同时又竭力改革唐代发解试的弊病,陆续建立起了一整套包括主考官、点检试卷官、封弥官、誊录官、对读官、监考官、监门官在内的考官体系。宋初,开封府发解试的主考官皆由本府官员出任,太宗端拱元年(988)秋,"以府事繁剧,始别敕朝臣主之","遂为永制"②。国子监发解试的主考官,宋初仍由国子监官员充任,自太宗淳化二年(991)以后,才"别敕差官主之"③,亦成定制。此后,开封府、国子监试的主考官,一般由直史馆、直秘阁、直集贤院、太常丞、殿中侍御史等官员充任,选差范围虽然较广,却主要集中在馆阁官员中,他们的官职不高,却是皇帝的初级文学侍臣。州郡发解试的主考官,宋初也与前朝一样,进士由判官、诸科由录事参军充任,但增加了通晓文章和经义的要求。随着参加发解试士人的增加,太宗至道三年(997)五月,又在主考官之外,增加监试一职,由知州、通判担任。与此同时,还将考官范围扩大到州内"清廉通本业官"④,从相关史籍的记载看,有县令(或知县)、县丞、府州学官,以及寄居、待阙之官等。转运司试的主考官,"选

---

① 《宋会要辑稿》选举一五之九至一〇。
② 《长编》卷二九,端拱元年闰五月丙申条,第654页。
③ 《长编》卷三二,淳化二年十二月癸亥条,第728页。
④ 《宋会要辑稿》选举一四之一六。

差本路官主文考校"①,路的官员比州的官员多得多,选差的余地就更大些。

至于发解试的封弥官、誊录官,往往专差幕职州县官各一员领其事。誊录试卷毕,为防止誊录中出现差错,还设置对读官一员,由"粗识文理者为之"②。监门官负责贡院大门的看守,一般由州县胥吏担任。宋初,监门官还要对应试士人进行搜身。大中祥符五年(1012),真宗"以诸科举人挟书为私,悉解衣阅视,失取士之体,亟令止之"。③

发解试的场次和考试内容,同省试,此处不赘述。

随着时间的推移,参加发解试的士人越来越多,于是便产生了解额的问题。

所谓解额,是指士人通过各类发解试,解送礼部参加省试的名额。如何制定解额,在北宋经过了一个较长时期的演变过程。宋初,天下兵革新定,参加科举的士人较少,凡发解试合格者均可解送礼部,因而并无解额问题。不久,由于统治者的多方招徕,应举士人大增,到淳化三年(992)科举,发解人数竟达到一万七千三百人。④ 但是,贡举人数太多,不仅使贡院人满为患,也给考校带来很大困难。至道三年(997),太宗应翰林学士承旨宋白等人奏请,朝廷颁布了一个新的发解条例:"每进士(按:指参加发解试士人)一百人,只解二十人;《九经》已下诸科共及一百人,只解二十人赴阙"。⑤ 殊不知原来解额虽无限制,却须精择,若举人省试成绩过差,不仅举人要殿举(停举),举送官也要受罚,故各地尚不至于滥送,现在非解十之二不可,使滥竽者也得以充数,结果,咸平元年(998)科举,解送名额不仅没有减少,反而猛增至近二万人。为了解决这一矛盾,大中祥符二年(1009),"因有司之上言,限岁贡之常数",改比例解额为固定解额,办法是:国子监、两京(开封府、洛阳府)及诸州府军监从咸平二年(999)、三年、五年、景德二年(1005)、大中祥

① 赵升:《朝野类要》卷二《漕试》,中华书局2007年点校本,第55页。
② 《宋会要辑稿》选举二二之一〇。
③ 《宋会要辑稿》选举一四之二二。
④ 《长编》卷三三,淳化三年正月丙申条,第733页。
⑤ 《宋会要辑稿》选举一四之一六。

符元年五次解额中,以解额最多一年为准,"特解及五分"①,从而确定了各地的固定解额数。虽然,由于朝廷在个别年份或在某些特殊情况下,会给全体或部分士人以免解恩例,或者给国子监、太学和某些州郡增减解额,因而固定解额并不完全固定,但在通常情况下,各地的固定解额还是获得了较好的执行,并一直沿用至南宋。

二、省试

发解试中获得发解资格的举人,被解送到尚书省礼部,参加由礼部主持的更高一级的科举考试,称为省试,又称礼部试、礼闱;又因其在春天举行,故又称春试、春闱。发解试虽因解额甚窄而竞争十分激烈,但士子得解后并不算有了功名,他们在省试中一旦被黜落,下次再想参加科举考试,原则上还得从发解试开始。在整个科举中,只有省试才是一场关键性的考试,特别是北宋元祐三年(1088)以后,凡省试录取者,在殿试中再不会遭到黜落,几乎人人都能获得出身,使省试显得尤为重要,故宋人有"贡举莫重于省试"②之说。

北宋省试时间,除太宗太平兴国三年(978)因攻打北汉而被推迟到秋季举行外,其余都在春季,至于是正月、二月、三月并无一定。自真宗大中祥符五年(1012)起,才规定为正月锁院,三月出榜。

北宋前期,省试无固定的贡院,多借旧尚书省和武成王庙、开宝寺等寺院为之,徽宗崇宁元年(1102),建立了规模宏大的太学外学——辟雍,从此以后,省试贡院才移置辟雍,直至北宋灭亡。

北宋省试考官,比发解试考官要复杂得多,主要有权知贡举和权同知贡举、监试、封弥官、誊录官、点检试卷官、参详官等,此外,还有监门官和纠察场屋违纪行为的巡铺官等。

为防止主司皆有常人所带来的弊病,并加强省试的权威性,北宋一般不再任命礼部侍郎出任知贡举,而由六部尚书、两制等文学侍从之臣为之,故称权知贡举。开宝八年(975),太祖除任命知制诰王祐为权知贡举外,又任

---

① 《宋会要辑稿》选举一四之一二〇。
② 《宋会要辑稿》选举六之三七。

命知制诰扈蒙等三人为权同知贡举,自后无论权知贡举或权同知贡举,不仅并设,有时还设数人。北宋末年,政治腐败加深,科场舞弊日益严重,为加强对主考官的监督,规定由台谏官一人出任权同知贡举。封弥官、誊录官、点检试卷官、参详官、监门官、巡铺官的设置和任务,容本书在论述南宋科举时再作介绍。

礼部贡院内,除上述各种名目的考官外,还有皇帝派去监督考试的内侍及大量供驱使奔走的仆役和人吏。科场条制愈趋严密,所需人员就愈多。据笔者粗略统计,自真宗朝起,礼部贡院内的考官和各类供职人员总计有数百名之多。

知举官入贡院后,最初六七天为出试题的时间,接着进行考试。待举人考毕,考校试卷、定等、核对字号,最后在内侍监督下拆封出榜,公布省试录取名单。锁院天数视考官人数特别是试卷多少而定,短的一月余,长的近两个月,考官在锁宿期间,除了"暴得疾",可"委监门使臣与无干碍官视其所苦,速令归第"①以外,其他不论发生何种情况,都严禁外出。

试题皆考试时临时公布,由举人自己抄录在试卷上,遇有疑问可以近帘上请。诗赋之作,贵在创新,非聪明博学之士难成佳篇,策、论则需通古今之变,除非宿构,很难剿袭。明经诸科既然考的是帖经、墨义,类似于今天的填空题和问答题(回答经文和注疏),两者皆以背诵为工,考试时夹带、传义都十分方便,故场屋中对应试明经诸科举人的挟带书册和场屋传义防范尤严,从而有"焚香待进士,彻幕待经生"②之说,直至熙宁变法以后,明经诸科被罢废,这种情况才告结束。

三、殿试

殿试是北宋科举考试中最高一级考试,北宋前期,大致在春、夏之间举行,早则二月,晚至六月。自真宗大中祥符五年(1012)起,基本上固定在三月举行,偶尔也举行于二月或四月,这当与省闱结束时间的早晚有关。考试

---

① 《长编》卷八四,大中祥符八年二月丁巳条,第1917页。
② 沈括:《梦溪笔谈》卷一《故事一》,文物出版社1975年据元大德九年刊本影印本,第17页。

场所,宋初设于讲武殿,太宗雍熙二年(985)始移于崇政殿,惟真宗大中祥符七年(1014)在景福殿。自神宗朝起,又改为集英殿。

殿试既称皇帝亲试,当然不设知贡举,所有参与考校的官员统称为殿试官或御试官,主要有编排官、封弥官、誊录官、初考官、覆考官、详定官、对读官等。① 庆历五年(1045),又应李淑奏请,"别置点检官三五人,令先点检,然后考校"②。御试官的设置,至此基本形成定制。起初,详定官只能在初、覆考官所定等第中决定取舍,嘉祐元年(1056),王安石为详定官,"以初、覆考所定第一人皆未允当,于行间别取一人为状首"③,开创了详定官得别自立等的先例。御试考官与省试考官一样,也实行锁宿考校,历时约十日至半个月不等。

关于殿试的全过程,据大中祥符四年(1011)所制定的《亲试进士条制》记载,大致为:

> 凡策士,即殿两庑张帟,列几席,标姓名其上。先一日表其次序,揭示阙外,翌旦拜阙下,乃入就席。试卷,内臣收之,付编排官,去其卷首乡贯状,别以字号第之;付封弥官誊写校勘,用御书院印,付[初]考官定等毕,复封弥送覆考官再定等。编排官阅其同异,未同者再考之;如复不同,即以相附近者为定。始取乡贯状字号合之,即第其姓名,差次,并试卷以闻。④

殿试只举行一场,当天即毕。考试内容,按传统说法称"策士",实际上进士试策乃后来之事。宋初进士,只试诗、赋二题,如太祖开宝六年(973)第一次亲试奏名进士,内出《未明求衣赋》、《悬爵待士诗》⑤,即为滥觞。至太宗太平兴国三年(978年)九月,"进士加论一首,自是常以三题为准"⑥。诸

---

① 参见《芦浦笔记》卷五《赵清献公充御试官日记》,第37至40页。
② 《宋会要辑稿》选举八之三三。
③ 《梦溪笔谈》卷一《故事一》,第18页;《宋史》卷一五六《选举二》,第3628页。
④ 《宋史》卷一五五《选举一》,第3610页。
⑤ 《宋会要辑稿》选举七之一。
⑥ 《长编》卷一九,太平兴国三年九月甲申条,第434页。

科则试墨义若干道。神宗熙宁三年(1070),王安石改革科举,进士殿试改试策一道,遂成永制,南宋也无变化。特奏名殿试内容十分简单,详待后述。

北宋于太祖开宝六年(973)殿试时,礼部奏名进士登第后,新进士名次一依奏名次序排列,自八年殿试起,"御试与省试名次,始有升降之别"①。后来,凡省试获第一名者(省元),在殿试中往往能得到升甲恩例。

宋初取士不多,进士、诸科皆不分甲。太宗即位以后,科举登第人数骤增,朝廷为对名次高低者在注拟、常调时有所区别,始有一、二等之分。五年,改称甲、乙二等。八年,又分三甲。以后甲等颇乱,有分三等、四等、五等乃至六等者。每等人数无定数,一等虽少,但不止三人。根据大中祥符四年所制定的《亲试进士条制》,进士、诸科定为五等,又称五甲:第一、二等赐及第,第三等赐出身,第四、五等赐同出身。可是令人感到不解的是,尽管有了这样的规定,此后却并不遵行,直到神宗元丰五年(1082)以后,才正式执行上述分等规定,终北宋之世没有变化。②

御试官定等讫,御药院揭榜告示合格人姓名。接着,唱名赐科第。"编排官以试卷列御座之西,对号以次拆封,转送中书侍郎,即与宰相对展进呈,以姓名呼之。军头司立殿陛下,以次传唱"③。凡呼而唱者三、四声,待新进士从众人中出应方止。这种传其名而呼之的仪式,谓之胪传,它一直被沿用到清代。唱名毕,按甲第高下赐科第。随后,赐登第人笏、袍。至此,殿试取士才告结束。

北宋自创立殿试制度以来,省试合格者在殿试中录取多少,皆临时取旨,未成定规。直到嘉祐二年(1057),在科举史上第一次出现殿试不黜落一人的情况。对于其中原因,南宋人有多种说法,一种是邵伯温之说:"本朝自祖宗以来,进士过省赴殿试,尚有被黜者。远方寒士殿试下第,贫不能归,多致失所,有赴水而死者。仁宗闻之恻然。自此殿试不黜落,虽杂犯亦收之末名,为定制"④。一种是王栐之说:"旧制,殿试皆有黜落,临时取旨,或三人取

---

① 《宋史》卷一五五《选举一》,第3606页。
② 参见拙文《宋代进士甲第考》,载《文史》第58辑,中华书局2000年出版。
③ 《石林燕语》卷八,第114页。
④ 邵伯温:《邵氏闻见录》卷二,中华书局1983年点校本,第14页。按:所谓"杂犯",系指考卷违犯了程序,如犯名讳、脱韵、脱漏大段文字、答非所问等。

一，或二人取一，或三人取二，故有累经省试取中，屡摈弃于殿试者。故张元以积忿降元昊，大为中国之患……于是群臣建议，归咎于殿试黜落。嘉祐二年三月辛巳，诏进士与殿试者皆不黜落。迄今不改。是一叛逆之贼子，为天下后世士子无穷之利也。"①再一种是李复圭在其所著《记闻》中所说："是春以进士群辱欧阳修之故，殿试并赐及第，不落一人。"②今天有些学者，转拾旧乘，偶失详考，认为自嘉祐二年起，宋代殿试就不再黜落一人。然而，征诸史实，笔者以为邵氏等人所说并不足信。按哲宗元祐三年（1088）三月翰林学士苏轼上疏云：

> 臣近领贡举，侍立殿上，祇候发榜。伏见举人程试……有犯僖祖庙讳者，有旨押出。在廷之人，无不稽首欣服……伏见祖宗旧制，过省举人，一经殿试，黜落不少。既以慎重取人，又以见名器威福，专在人主。至嘉祐中，始尽赐出身，然犹不取杂犯。而近岁流弊之极，杂犯亦或收录。遂使过省举人便同及第，纵使纰缪，亦玷科举。恩泽既滥，名器自轻，非祖宗本意也。③

从苏轼所奏可以窥知两点：一是宋代殿试，至迟到元祐三年尚有被黜落者；二是嘉祐二年以后，殿试"犹不取杂犯"，只是在神宗朝后期，亦即奏疏所称之"近岁"，才出现了殿试全部收录，"纵使纰缪，亦玷科举"的现象。因此，宋代"进士与殿试者皆不黜落"，应在哲宗元祐三年以后，而不是从嘉祐二年始。至于嘉祐二年殿试所以不黜落一人，不能单纯归结于仁宗对远方"贫不能归"寒士的怜悯，也非独因张元投奔西夏之故，更非当年发生的考场风波所致，主要还得从科举制度本身的变化中去寻找原因，即应举士人虽然不断增加，但奏名进士人数却受到限制，为了解决这一矛盾，殿试中缩小奏名人数与录取人数之间的差距，并逐渐使其趋于合一，就成为科举制度发展的必然结果。④ 何况，能在千百人中胜出的省试奏名进士，水平皆卓有可观，殿试

① 《燕翼诒谋录》卷五，第 52 页。
② 参见《长编》卷一八五，嘉祐二年三月己丑条小注，第 4472 页。
③ 《苏轼文集》卷二八《发榜后论贡举合行事件》，中华书局 1986 年点校本，第 814 页。
④ 参见拙文《宋代殿试制度述略》，载《中国史研究》1988 年第 1 期。

不与黜落也在情理之中。

第四节　北宋科举对士人的优待

一、扩大科举取士，从优任命进士合格者

北宋统治者实行"重文抑武"的国策，加之社会趋向安定，吸引了大批文墨之士竞相前往应举。苏辙在讲到自己的家世时说："苏氏自唐始家于眉[州]，阅五季，皆不仕，盖非独苏氏也，凡眉之士大夫，修身于家，为政于乡，皆莫肯仕者。"①这种情况，至北宋被彻底改变，在太宗朝，就已经出现了"缁褐之流，多弃释、老之业，反袭褒博，来窃科名"②的现象。

众多士人参加科举，如果不相应扩大取士名额，当然与北宋统治者的右文政策不相适应，因此从太祖朝后期起，不断扩大取士名额，以太宗即位以后的第一次科举（太平兴国二年）为例，进士、诸科总数就达到史无前例的五百人之多。自此以后，北宋虽然不是每年都举行科举，但每举取士动辄达数百名至上千名之多。北宋一代共行科举六十九次，太祖一朝为十五次，平均每年取士二十人；自太宗朝到徽宗朝为五十四次，平均每年取士二百二十五人（还不包括人数众多的特奏名进士、特奏名诸科），相当于太祖朝每年取士人数的十一倍多。③

北宋不仅扩大取士名额，而且从优任命进士出身之人，主要表现在以下几个方面。

一是释褐即授官。

在唐代，科举及第只具备了做官的资格，尚不能直接授官，所以称为选人。选人入仕，还得经过吏部身（体貌丰伟）、言（言辞辩证）、书（楷书遒

---

① 苏辙：《栾城集》卷二五《伯父墓表》，上海古籍出版社 1987 年点校本，第 518 页。
② 《宋会要辑稿》选举三之四。
③ 参见本书附录一《南宋进士科取士一览表》。

美)、判(文理优长)的考试,即铨试。看上去似乎对官职的除授十分严格,实际上恰巧成了当朝权贵限制寒士入仕的又一道关卡。正如宋人所言:

> 唐之选法,始于孟冬,终于季春。天下之士奔走于往来,秋而往,春而归,归装未解而选期又至。是以远者不能至,贫者、老者不能至,至者不能归,此其患一也。其选法与礼部无异,自五品而外,更历之久,亦不能免庸,有顾重而不屑就者,此其为患二也。凡选无常员,虽至者千百而授者不能什一,则有出身二十年而不能禄者,此其为患三也。夫群天下之士而决于一二有司之目,察其貌、言,考其书、判,任公之吏力有所不逮,容私之人亦何所不至? 至于请托纵横,奸伪百出,无足怪也。①

有权势者即便选试"曳白",一样可以授官,朝中无人的寒士,却多不能中选,故韩愈"三试于吏部无成,十年犹布衣,且有出身二十年不获禄者"。

入宋,新进士不必再赴选试,"一登第之后,即为入仕之期"②,这使他们感到何等的快意。直到真宗景德二年(1005),是岁取士达三千零四十九人之多,为"循用常调,以示甄别",才有"应进士、诸科同出身试将作监主簿者,并令守选"③的规定。但是,除了不理选限的特奏名进士和诸科以外,登第者的选期都很短,若遇上郊祀、"圣节"恩例,就能立刻放选注官。

二是进士授官优渥。

唐、五代登第士人选试合格后,一般只授予从九品小官,多出任中、小县县尉。相反,荫子授官却很高,据《新唐书·选举下》记载,三公、宰相子,用荫可得七品,即使五品之官,荫子也可得从八品下。宋初,科举及第虽可直接授官,但官品同样很低。太宗即位以后的第一次科举,情况为之大变,不仅取士人数多,而且授官优渥,进士第一人吕蒙正以下四人得将作监丞(宋初从六品下,元丰后改为从八品),余皆大理评事(从八品下),并通判诸州。

---

① 《群书考索》续集卷三八《官制门·吏治》。
② 《文献通考》卷二九《选举考二》,第280页。
③ 《长编》卷六〇,景德二年六月丁丑条,第1343至1344页。

他们全跃过了选人资序,一举成为京官;同出身进士及诸科,并送吏部免选,优等注拟幕职州县官。"宠章殊异,历代所未有也"①。自此以后,彻底改变了唐、五代以来进士只授县尉之类小官的惯例,特别是进士高科,皆跳出了选人资序,授予京官官职,接近甚至超过了宰相子的荫补恩数。②

三是进士升迁迅速。

在唐代,门阀势力尚相当强大,朝廷对其子弟不得不优加任用,故世家子弟"自以门品可坐阶三公"③。以恩荫入仕,累官至宰相者不下六七十人。父子、祖孙、兄弟先后居相位者也有数十家之多。反之,寒门出身的进士,仕途升迁就大有难处。北宋进士,不仅初授官从优,此后升迁也较包括恩荫、诸科在内的其他出身者为快。特别是进士高科,不几年进入两制(翰林学士、知制诰),十几年擢为宰执者相当普遍。据统计,仁宗一朝十三举,"其甲第之三人凡三十有九,其后不至于公卿者,五人而已"④,由此可见一斑。进士出身者的升迁所以如此迅速,主要有三个原因:其一,进士(包括制科)高科出身之人,可以优先进入馆阁。欧阳修说:"朝廷用人之法,自两制选居两府(按:中书门下、枢密院);自三馆(按:史馆、昭文馆、集贤院)选居两制。然则三馆者,辅相养才之地也。"⑤进士一旦进入号称储才之地的三馆,便容易取得不次拔擢的机会。其二,进士出身的选人,改官便捷。宋代文官分朝官、京官和选人三类。进士出身者除一甲前几名释褐后可授京官外,其余则以选人资序出任各种幕职、州县官。作为低级文官的选人只有升为京官(称选人改官),才能在仕途上获得快速升迁的机会并享受出入皇城门的荣誉⑥,否则一辈子只能做选人,故选人都特别重视改为京官。朝廷为减少冗官,艰难其选,不仅每次改官名额有限,而且还附有考数、举主、年岁等多种条件。

---

①　《长编》卷一八,太平兴国二年正月戊辰条,第 394 页;洪迈:《容斋随笔》续笔卷一三《科举恩数》,上海古籍出版社 1978 年标点本,第 367 页。

②　北宋自端拱元年(988)起,宰相起家只授"九品京秩",此后成为定制。参见王偁:《东都事略》卷三二《吕蒙正传》,文渊阁《四库全书》本。

③　《新唐书》卷一二二《韦安石附子陟传》,第 4351 页。

④　《宋史》卷一五五《选举一》,第 3616 页。

⑤　《长编》卷二〇八,治平三年十月甲午条,第 5064 页。

⑥　王得臣:《麈史》卷一《礼仪》条,文渊阁《四库全书》本。

出任幕职、州县官的选人，入仕道路各别，有进士、诸科、恩荫、胥吏、进纳人等。其中进士出身者觅举主最易，改官后的品级亦高，例如同是担任判司簿尉的选人，在有相同举主的情况下，若经七考改官，进士出身者可改大理寺丞，非进士出身者只能改卫尉寺丞；不及五考，前者可改大理评事，后者只能改奉礼郎。进士出身者改官皆较其他出身者高出一阶①。其三，进士出身的京朝官可以超资升转。北宋前期，京朝官三年一磨勘，磨勘合格，即迁官，谓之得资。得资又分两种：一种挨资升转，称"逐资"；一种越资升转，称"超资"，进士出身的京朝官，即使不是特别奖酬，亦可以超资升转，不过有止法，据章如愚云："祖宗旧制（按：指元丰官制改革前），出身自郎中（按：从五品上），三迁而至秘书监（按：从三品），荫补人自郎中，五迁而至秘书监，所以示其别也。"自元丰新官制行，虽有止法，进士出身的京朝官超资情况，"犹仿佛旧制"②。这就是说，进士出身的官员升转，犹如快车，非每站停靠；其他出身者的升转，犹如慢车，每站必停。著名政治家、科学家沈括的经历，可视为一个典型例子。仁宗至和元年（1054），沈括以荫补入仕，尽管他在任内的十年间，勤恳工作，颇有政绩，结果仍是一名选人。后来沈括在回忆自己这段经历时说："一纪从师，讫无一业之仅就；十年试吏，邻于三黜而偶全。"③不仅改官遥遥无期，就是芝麻小官亦几乎不保。自嘉祐八年（1063）沈括登进士第以后，仕途从此一帆风顺，若除去丁母忧三年，实际上只用了十年时间就从选人而一跃为翰林学士、权三司使，与"十年试吏"时期相比，简直判若云泥。

二、特奏名的设立

在省试中被录取，由礼部贡院奏名皇帝，获得参加殿试资格的举人，称为正奏名进士。与正奏名进士不同的还有另一种奏名进士，他们虽然在省试或殿试中屡遭黜落，却达到一定举数和年龄，可特予奏名，参加殿

---

① 参见《宋史》卷一六九《职官九》，第 4038 至 4039 页。
② 《群书考索》后集卷四《官制门·元丰新官制》。
③ 沈括：《长兴集》卷一《除翰林学士谢宣召表》，文渊阁《四库全书》本。

试,谓之"特奏名"。因为是皇帝的特别推恩,故又称"特科"、"恩科"。

历史上并无特奏名之设。太祖开宝三年(970)科举,在录取礼部奏名进士张拱等八人后,又特取进士、诸科十五举以上未及第人司马浦等一百零六人,特赐出身,从而开创了宋代特奏名的先河。不过,太祖当时只想偶或行之,不希望成为制度,故"仍诏自今勿得为例"。①

但是,从太宗朝起,由于应举士人越来越多,取士虽多,却总是跟不上应举人数的增加,这便使大批落第士人"困顿风尘,潦倒场屋"②,终生郁郁不得志,甚至酿成一场场悲剧。这种状况,与统治者希望网罗人才、扩大统治基础的本意产生了矛盾。因此,北宋统治者后来不仅没有停止录取特奏名,反而越取越多,越来越经常,真宗朝共开科十二次,其中设特奏名者只有四榜,尚未形成常规。至仁宗景祐元年(1034)正月,终于形成定制,此后每榜除正奏名进士以外,皆有特奏名之设,其特奏名条件为:

> 其令南省就试进士、诸科,十取其二。进士五举年五十、诸科六举年六十,尝经殿试进士三举、诸科五举,及尝预先朝御试,虽试文不合格,毋辄黜,皆以名闻。③

在特奏名的研究中,学者对何为一举多有歧义。有一种观点以为,一举就是一次获得发解,二举就是二次获得发解,以后依次类推。第二种观点以为,所谓一举,就是参加过一次发解试,二举就是参加过二次发解试,以后依次类推。第三种观点以为,当获得一次发解资格后,经过若干次发解年份,就是获得了若干举。笔者以为,"举"者即得解之谓,故当以第一种看法为正确,如南宋孝宗朝温州士人张忠甫,"年方少,连五试礼部不中,授特奏官",即为一例。④ 论者以为,能够获得五举、六举甚至更多,恐怕非常不易。实际上,由于宋代免解恩例甚多,皆可理为一举,积累举数并不十分困难。何况,士人只要有一举,曾经参加过先朝殿试,或到一定年龄,或经三十年,皆可获

---

① 《长编》卷一一,开宝三年三月壬寅条,第243页。

② 《燕翼诒谋录》卷一,第1页。

③ 《长编》卷一一四,景祐元年正月癸未条,第2661页。

④ 《陈傅良先生文集》卷四七《张忠甫墓志铭》,浙江大学出版社1999年点校本,第596页。

得奏名①,更为老年士人以特奏名入仕提供了条件。

特奏名殿试内容,早期皆临时取旨,仁宗景祐元年三月,下诏规定:"只试论一首、诗一首,诸科对义五道,内年老者特与免试。"②不数日,又应天章阁待制张宗象等人奏请,殿试特奏名试卷今后再不考校,仅据其等第、年岁及举数排定名次。③ 后来特奏名虽仍须殿试,但往往形同虚设,元丰间,一位七十余岁特奏名举人,在试卷中只写了"臣老矣,不能为文也,伏愿陛下万岁、万万岁"几个字,竟然获得"特给初品官,食俸终其身"④的优待,可谓生动一例。

三、对发解和落第士人的优待

北宋政府为了鼓励士人应举,也为安慰落第士人,不仅要防止他们成为唐后期黄巢式的反叛人物,而且还要使他们成为在地方上维护赵宋基层政权的一支重要力量,因此除设特奏名以安置部分落第举人以外,对所有应举者和落第士人都有许多优待。

首先,对发解士人的优待。北宋地域比较辽阔,如川、广等地远离京师开封,远方寒士发解试合格后,欲赴省试,少则需一二月,多则要上百天,许多人因家境窘迫而不可得。开宝二年(969)十月,太祖乃下诏曰:

> 昔西汉求吏民之明经术者,令与计偕,县次续食,盖优贤之道也。国家岁开贡部,敫求俊乂,四方之士,无远弗届。而经途退阻,资用或阙,朕甚愍焉。自今西川、山南、荆湖等道举人,往来给券。⑤

寒士有了这种公券以后,自起程至返乡,一路上的食宿乃至交通工具,皆可仰仗国家,解除了他们的后顾之忧,应举者必然更为踊跃。

---

① 邵伯温:《邵氏闻见录》卷九载:"至和间,富公当国,立一举三十年推恩之法……此法至今行之。"中华书局 1983 年点校本,第 91 页。
② 《宋会要辑稿》选举三之一八。
③ 《宋会要辑稿》选举八之三二。
④ 朱彧:《萍洲可谈》卷一《七十老生特奏名试卷》,上海古籍出版社 1989 年点校本,第 15 页。
⑤ 王偁:《东都事略》卷二《本纪二》,文渊阁《四库全书》本。

其次，举人法律地位的提高。真宗大中祥符五年（1012）二月，诏："贡举人但曾预南省试者，公罪听赎。"①在宋代，普通百姓犯了公罪，都得真决，而官员则可以赎铜代替，曾历省试的举人，也可享受到一般官员的法律待遇。

第三，举人时有免解恩例。前面提到，举人在省、殿试被黜落后，下次应举，还得从发解试开始，但有时也能享受到免解恩例。太平兴国二年（977）十月，太宗下诏："今年诸州已得解举人，将来特免解，仍令有司颁行天下。"②开创了北宋举人享受免解恩的先例。真宗大中祥符元年（1008）科举，据权知贡举晁迥奏称，当年考校，"得合格奏名进士百六十七人"，"免解进士合奏名百八十六人"③。换言之，参加殿试的奏名进士人数，免解者竟然超过了非免解者。免解恩多系临时取旨，有些免解进士若来不及赴试，往往可以展期享受。如英宗治平二年（1065）二月，下诏贡院："昨来免解进士趁省试不及者，将来与免解。"④即为一例。

第四，在殿试中遭黜落者，仍有可能授官入仕。天禧四年（1020）正月，真宗应工部郎中滕涉之请，下诏："诸州进士、诸科举人，久在科场，未阶禄仕，颇多淹滞，特示搜扬。宜令三京、诸州取三举已上，曾经御试，委是土著，无愆犯者，量试艺业……量才于班行录用。开封府进士八人、诸科十二人。河南府、国子监并进士四人、诸科六人。应天府进士三人、诸科四人。节镇进士三人、诸科三人。防、团、军事州进士一人、诸科二人。军监进士或诸科一人。如诸科中曾经御试者数多，许于五举已上、南省终场下第人内拣充……其川广、福建、江浙、荆湖自来诸科全少，止进进士：节镇二人，防、团、军事州、军监一人。仍限七月终到阙。"⑤就其总数，该年曾经殿试而遭黜者得官人数，有数百人之多。

第五，乡贡进士，经官员推荐，也有入仕可能。所谓乡贡进士，就是曾经

① 《长编》卷七七，大中祥符五年二月戊申条，第1756页。
② 《宋会要辑稿》选举一之二。
③ 《宋会要辑稿》选举三之九。
④ 《宋会要辑稿》选举三之三八。
⑤ 《宋会要辑稿》选举一五之二至三。

获得过发解资格的举人①,他们只要在某一方面有出色的表现,经人推荐,也有机会被赐予官职。如湖州乡贡进士胡瑗,受命较定旧钟律,所作钟磬律度,按之虽与古多不合,但经范仲淹推荐,仍被授以试校书郎。② 另一乡贡进士程颐,因司马光等人荐其有"学行",被授予汝州团练推官,充西京国子监教授。③ 类似例子,还可举出不少。

此外,凡是从事举业的士人,皆可自称"进士",他们与乡贡进士、致仕官员、地主豪绅一起,在地方上往往形成为一个士绅集团,成为朝廷与平民联系的纽带,具有一定的社会地位,州县官对他们也不得不另眼看待。

---

① 在宋代,得解者称"乡贡进士",未得解者称"应乡贡进士举",但两者皆可自称进士。参见吕希哲《吕氏杂记》卷上,文渊阁《四库全书》本。
② 《长编》卷一一九,景祐三年九月壬辰条,第 2808 页。
③ 《长编》卷三六一,元丰八年十一月丁巳条,第 8648 页。

第二章　南宋的发解试

　　靖康之变,宋室南移。建炎元年(1127)五月初一日,宋徽宗的第九个儿子赵构在南京应天府(河南商丘)称帝,重建宋政权,是为宋高宗。接着,高宗步步南逃,最后定都临安(浙江杭州),建立了拥有半壁江山、国祚长达一百五十三年的南宋政权。

　　南宋是北宋的继续,其基本国策和典章制度一脉相承,封建文化更趋昌盛,对后世影响极大。当然,由于战争环境的影响和政治氛围的不同,包括科举制度在内的许多政策、措施,也会相应地产生一些变化,仅以颁布科诏的时间来说,北宋是在三月初一日,南宋前期,改为二月初一日,自宁宗嘉定十二年(1219)起,又提早到正月十五日①,从此形成制度。科诏颁布后,才允许士子投牒应举,填写“所应科目、姓名、乡贯、年甲、三代、户头、举数、年月,逐一开析,勘验委是正身,于贡举条制别无违碍虚伪,结罪保明”②。投牒时的结保条件,由北宋时的“什伍相保”放宽到三人以上。孝宗淳熙十三年(1186)三月,礼部国子监言:“照得在法,应举者三人以上为保。今欲从臣僚所请,依条许以三人以上结为一保。窃详上条,自二十人之下,皆为三人以上,于内选曾发解人为保头。如无得解人,即将曾预秋试终场人、年齿稍高、才行为众所推之人,听为保头。若保内有鼓噪场屋、冗滥假伪之人,即将同

---

　　①　《宋会要辑稿》选举一六之三三。
　　②　《宋会要辑稿》选举四之四。

保人依贡举条制施行。"①诏依所奏,从而使结保制度比以往更为严密。

第一节　发解试的种类

一、流寓试

靖康元年(1126)闰十一月,北宋都城开封经过金朝东、西两路军二十余天的昼夜围攻以后,终于不守,城内立刻陷入一片黑暗恐怖之中。与此同时,金兵攻占了华北、河南、山东等大片土地,并对那里的百姓进行了野蛮的掠夺和屠杀。惊惶失措的赵宋统治集团,慌忙南逃,广大百姓为躲避战火,也随之纷纷南迁,从而在中国历史上掀起了又一次移民浪潮,规模之大,可谓空前。在北方,金兵所至,造成了"州县皆空"②的局面,在南方,江、浙、湖、湘、闽、广等广大地区,则出现了"西北流寓之人遍满"③的景象。

在大批移民中,既有随高宗南下的太学生,也有官宦、地主、富商和一般百姓的子弟,他们中的许多人,原是准备应举的士人。按照宋代科举制度规定,士人必须在原籍发解,不准寄籍冒贯。可是,大批士人背乡离井以后,他们就失去了参加发解试的这一基本条件。有鉴于此,建炎四年(1130)五月,高宗应都官员外郎侯延庆奏请,下诏曰:

> 京畿、京东、京西、河北、陕西、淮南路士人,许于流寓所在州军,各召本贯或本路及邻路文官两员,结除名罪保识,每员所保不得过二人。仍批书印纸,听附本州军进士试,别为号,以终场二十人解一名,余分或不及二十人处,亦解一名。不及五人,附邻州试。④

---

① 《宋会要辑稿》选举五之八。
② 黄淮、杨士奇编:《历代名臣奏议》卷三三四,叶梦得奏议,上海古籍出版社 1989 年据《永乐大典》本影印本,第 4337 页。
③ 庄绰:《鸡肋编》卷上,中华书局 1983 年点校本,第 36 页。
④ 《宋会要辑稿》选举一六之二。

　　于是在南宋的发解试中,开始有了流寓试之设,应试人的条件有二:一是北方流亡士人,二是必须有两名官员加以担保。绍兴六年(1136)六月,又下诏对流寓士人作进一步的优待:"流寓举人,每十五人解一名,余分或不及十五人,亦许解一名。不及五人处,预牒本路转运司类聚附试。仍召文臣二员委保,不得过三人。"①流寓试的设置,既是对流离失所的北方士人的一种安慰,也有利于与金和伪齐争夺人才,具有一定的积极意义。

　　但是,流寓试实行稍久,出现了新的情况:一是"绍兴和议"签订以后,北方移民大幅度减少,流寓问题已不再严重;二是中原流寓士人虽须文官委保其身份,但假冒者仍然难以杜绝。绍兴二十六年,即流寓试经过八举二十六年以后,南宋政府一方面根据"烟爨满七年,许用户贯"②的敕令,允许流寓之人就地入籍,另一方面"罢西北流寓试,并入土著,视解额最少处参以前榜终场人数,率百人解一人"③,大致上已与当时州郡试的录取比例相接近。

　　孝宗即位以后,南宋政府为收复中原失地,采取了招诱归正人的政策,北方百姓再一次蜂拥而至。乾道七年(1171)八月,宗正少卿兼权中书舍人林机乞复流寓试,但遭到孝宗的反对,认为流寓试已停止四十余年,"难以更议"④。孝宗对这一建议不予采纳当有其原因,因为此时从北方来的士人几乎很少接触过举业,他们与南宋初年的北方流民在文化素质上不可同日而语,因而不设流寓试也有一定道理。

　　南宋后期,蒙元南侵,四川、陕西等地纷纷落入蒙古之手,原南宋统治地区的百姓,为躲避战火,不得不向两浙、江西、湖南、福建等地迁徙,于是停止了近百年之久的流寓试,又告恢复。如绵州(四川绵阳)人邓漳,徙临安,其子文原,"在宋时,以流寓试浙西转运司,魁四川士。至元二十七年,行中书省辟为杭州路儒学正"⑤。曾被著名史学家李焘、真德秀"俱目为奇童"的另一四川人张㧑,"师其先友,业进士诗赋。弱冠以蜀士流寓试不中,改试《春

---

①　《宋会要辑稿》选举一六之五。
②　《宋会要辑稿》选举四之四一。
③　罗愿:《新安志》卷八《叙进士题名》,中华书局1990年《宋元方志丛刊》本,第7713页。
④　《宋会要辑稿》选举四之四一。
⑤　宋濂:《元史》卷一七二《邓文原传》,中华书局1976年点校本,第4023页。

秋》义"①。上述两位在临安府曾参加过流寓试的四川士人,都是南宋后期重设流寓试的明证,但当时的流寓试具体执行情况如何,由于史料付于阙如,详情已不得而知。

二、牒试

所谓牒试,就是守(州一级的长官)、倅(通判)随宦子弟,去本贯二千里者;守、倅及考官同、异姓有服亲(大功以上、婚姻之家);守、倅门客这三类人,皆须引嫌赴转运司参加的别试。若是帅臣(安抚使)、部使者(路一级长官)的亲属和门客,则须赴邻路别试。南宋初年,"率七人而取一人"②,后改为每十人解一人。乾道二年(1166),又改为二十人解一人。③ 牒试本是北宋旧法,属于别头试的一种,在当时则称转运司试或漕试。牒,在古代是公文、凭证的意思,南宋人所以称转运司试为牒试,是因为凡参加该项发解试的士人,与一般参加州郡发解试的士人不同,它要具备一定条件,并随带与守、倅、试官有关系的公文、凭证方能参加与一般士人发解试所不同的别试。不过,南宋与北宋一样,在转运司参加别试的还有参加锁厅试的有官人,有时也称牒试。南宋人还偶尔称国子监试为牒试,这是因为凡参加者需要有能证明其为太学生身份的牒文之故。这两种所谓"牒试",容易与避亲故的牒试相混淆,研究者不可不加以注意。

设置牒试目的,本是为防止当地长官和考官利用手中权力,为亲故在发解试中谋取私利,或应试者通过关节舞弊。但是,因为牒试解额远较州郡试解额为宽,尤其是与解额更紧的东南州郡相比,可谓"难易百倍"④,因此,假冒牒试的情况一直都较普遍,其中尤以远离中央、缺乏监督的四川地区最为

---

① 吴澄:《吴文正集》卷七三《张君墓碣铭》,文渊阁《四库全书》本。
② 李心传:《建炎以来系年要录》(以下简称《系年要录》)卷一○二,绍兴六年六月甲子条,中华书局 1988 年据《国学丛书》重印本,第 1678 页;佚名:《续编两朝纲目备要》卷三,绍熙五年六月末条,中华书局 1995 年点校本,第 36 页。
③ 《宋会要辑稿》选举一六之二、一六之一八。
④ 朱胜非:《秀水闲居录》,转引自熊克:《皇朝中兴纪事本末》卷五三,绍兴十年九月末条,北京图书馆出版社 2005 年据清雍正九年抄本影印本,第 1037 页。

严重，如绍兴四年（1134）成都路牒试，就试者达三千余人，获解四百四十人；潼川路牒试，就试者二千余人，获解三百人。牒试士人如此之多，中间情伪，已不言而喻。这种状况，完全违背了原先设置牒试的初衷。

绍兴六年（1136）六月，朝廷应四川制置大使席益奏请，下诏："自今委保举人避亲牒试不实者，许人告，保官先降一官，然后取勘合负罪犯。"①可是，由于能够享受牒试待遇的州郡官员过多，加之科举入仕的巨大吸引力，使得牒试的弊病依然十分严重。绍兴二十三年，成都路参加牒试的士人有三千五百人，发解人数达到五百人之多，"议者以为滥"。遂定成都路以八十三人，潼川路以八十人为定额。② 绍兴二十六年六月，宰相沈该等人上奏高宗道："今次科举，臣等子弟、亲戚，并令归本贯就试，国子监、转运司并无牒试之人。"③沈该等人所以这样说，是因为权相秦桧于上年病死后，朝中官员纷纷揭发他曾为子弟、亲故谋取科名的罪行，已引起高宗的注意。故拜相不久的沈该，有意将这件事情奏上，以释高宗之疑。事实上，沈该乃吴兴（浙江湖州）人，其家距行在临安不过数十里之遥，他的子弟和亲戚根本没有赴国子监和两浙转运司牒试的资格，奏疏明显怀有讨好取巧之意。不过，由此可以看出，假冒避亲士人参加牒试的普遍性。

隆兴元年（1163），也就是孝宗即位之翌年，有官员向他揭露牒试"冒滥太甚"的弊病，请求改变牒试法：

> 科举之制，州郡解额狭而举子多，漕司所解，其数颇宽。士取应者，往往舍乡贯而图漕牒，至于冒亲戚、诈户籍而不之恤。且牒试之法，川、广之士用此可也，而福建则密迩王都，亦复牒试；见任官用此可也，而待阙得替官一年内亦许牒试；本宗有服亲用此可也，而中表缌麻之亲，亦许牒试。或宛转请求，或通同托嘱，至有待阙得替官一人而牒十余名者。倘不稍加禁约，窃恐冒滥太甚。欲乞明颁睿旨，申严诈冒之禁。其

---

① 《系年要录》卷一〇二，绍兴六年六月甲子条，第1678页。
② 李心传：《建炎以来朝野杂记》（以下简称《朝野杂记》）甲集卷一三《避亲牒试》，中华书局2000年点校本，第266页。
③ 《系年要录》卷一七三，绍兴二十六年六月戊寅条，第2845页。

见行条法,后令举既毕,付之有司,重详损益,立为中制。①

孝宗接受这一建议,于乾道四年(1168)修改了牒试法,规定:"文、武臣添差官,除亲子孙外,并罢。其行在职事官,除监察御史已上,并不许牒试。"②所谓添差官,即额外加派赴转运司或州郡处理某一事务的官员,它又有厘务与不厘务之分,不厘务的添差官,实际上是以添差为名,没有具体执掌,仅领一份俸禄的闲官。监察御史在南宋为从七品的朝官。这次牒试法的修改,使人数众多的添差官亲子孙以外的亲属和门客退出了牒试范围,同时也取消了在京从七品以下官员子弟、亲属、门客的牒试资格,使参加牒试的士人有所减少。

光宗绍熙五年(1194),朝廷应成都府路转运判官王溉奏请,对成都、潼川两路牒试解额作了大幅度削减,仅存各二十人,但与其他诸路"不过三数人"相比,仍然偏多。不久,四川安抚制置使丘崈"复请每路止存十二人,若就试者少,则以二十人而取一人"③,并形成定制。

其他地区的牒试之弊,虽不及四川地区严重,但也有普遍性。宁宗庆元五年(1199)七月,知兴化军叶端衡上疏云:

> 今日贡举之制,最为严密,独于漕司牒试,未免有启伪之端。夫守倅有门客、有本治所异姓亲之牒试;一命而上,去乡二千里,有随侍同宗亲之牒试。二弊不可概举。以守、倅牒一门客,人情法意,无可言者。至于异姓亲,如所谓女夫儿妇之兄弟,姊妹之亲家,强连牵合,皆平生素昧之人。苟有亲党多处,于注拟之际,自当回避。今以举人家状与其父祖告命观之,乡贯异同,又有亲兄弟各自异其乡贯者。玩侮朝廷,一至于是……今皆以同姓冒牒,不过应亲要嘱托,甚则货赂请求而已。乞除守、倅合牒门客一人外,其异姓避亲牒试,乞行罢免。如有异姓服属亲为倅者,则不许监试,合差以次官。其随侍之人,照指挥许牒子孙弟侄,

---

① 《宋会要辑稿》选举一六之一三。
② 《文献通考》卷三二《选举考五》,第300页。
③ 《朝野杂记》甲集卷一三《避亲牒试》,第266页。

仍召升朝保官二员,并牒官重甘罪罚,批书印纸。苟有败露,必置宪典。①

叶端衡在奏疏中指出,无论是治所异姓亲之牒试,或是二千里外随仕同宗亲之牒试,都存在着冒牒的弊端。对于前者,多为"强连牵合,皆平生素昧之人",如果真有这么多异姓亲,注官时就当回避。对于后者,举人家状中所填写的乡贯却与守、倅乡贯迥异,甚至有"亲兄弟各自异其乡贯者"。他认为所以出现这种冒滥,一是"应亲要嘱托",二是"货赂请求"。为此,他提议罢去异姓避亲牒试,对于随仕同宗,则限于牒子孙弟侄。朝廷采纳了叶端衡的建议,至此,异姓亲退出了牒试范围。

牒试不仅冒滥严重,又因为应试者多为关系密切之人,因而科场舞弊十分猖獗。嘉泰四年(1204)二月,应臣僚奏请,诸路牒试,将关系密切的牒试门客并避亲人,仿太学私试分廊之法,分作两院,"将碍格与不碍格人合分别试,毋令杂处","同日引试",以革代笔之弊。这一做法,先施行于两浙,接着便在全国推广。既而又有臣僚建议,两院试题应该不同,这样"人心不能二用,各自运思争奋,以竞一日之长,决无余力更及其他"②。诏依所议。由于采取了这些措施,牒试中的考场舞弊,得到了遏制。

尽管南宋政府缩小了牒试范围,但冒滥之弊依然不能根除。理宗端平年间(1234—1236),礼部侍郎赵彦约上《论牒试札子》,大略谓:"科举之弊,莫甚于牒试;而牒试之弊,莫甚于作伪……朝廷以承平日久,士子日盛,设为牒试之法,宽其进取之门,末节细故,未暇深察。于是改乡里以就他人之贯,改三族以认他人之亲,甚者改其父祖、改其姓氏,若得若失尚未可知,而欺君之迹已昭昭不可掩矣。"为此他提议:"与其诈伪避亲而使之冒试,孰若严其保任而许其牒试,随其官职,分其等差,若监司、帅守可举十人,中下郡可举七八人,通判可举五人,主管文字与签判可举三人,川、广、福建不在此位者,不过一二人。职事官之牒门客者,当如其旧……明载之于宪章,密参之以法

① 《宋会要辑稿》选举五之二二至二三。
② 《宋会要辑稿》选举五之二七至二八。

令,曰:此某人者乃某之子若弟也,某之亲若故也。或曰:虽非某之子弟,某之亲故,而某前知其为人也,其居乡无失行也,其家世非逆恶也,其场屋无殿举也,其亲属无丧服也,后有异同,甘朝典不辞也。"①赵彦约虽正确地揭露了牒试的种种作伪手法,但想依靠保任之法以绝其弊,无异于与虎谋皮,当然不可能取得成效,因而他的建议并未得到朝廷的采纳。

鉴于牒试之弊屡禁而不止,绍定年间(1228—1233),下诏罢诸路牒试,实有仿嫌者,"每百人终场取一人"。不久,又命只许牒随侍亲子孙及门客,五十人取放一人,不及五十人亦取一人。这样,弟侄也退出了牒试范围。端平元年(1234),再改为六十人取一人。嘉熙元年(1237),朝廷下决心罢去牒试:"应郎官以上监司、守倅之门客及姑姨同宗之子弟,与游士之不便于归乡就试者,并混同试于转运司,各从所寓县给据,径赴司纳卷,一如乡试之法。家状各书本贯,不问其所从来,而定其名曰'寓试',各州郡以四十名为额,就试如满五(十)[千]人,则临时取旨增放。"②到了次年,又恢复门客及满里亲子孙的漕试,由原来的六十人取一人改为"以四十名为定额"③。人们从南宋政府对牒试范围的一再缩小,发解比例的减少中可以看出,当时吏治尽管腐败,但统治者对公平选举、防止冒滥和舞弊,还是不断采取措施加以改进,并取得了一定成效。

与牒试关系密切的还有宗室子弟和有官人的锁厅试。在北宋,宗室子弟和有官人应试,属于锁厅试,是别头试的一种,须至京城开封府应试。南宋时,宗室和有官人应试(锁厅试),可以在当地转运司取解,虽然也称为牒试,但与随宦子孙和门客的牒试并不一样。有关宗室应举,又分有官宗室应举和无官宗室应举两类,情况颇为复杂,本书在后面将作详细论述。为了照顾试期将至而不及返乡的远方游士,朝廷有时也允许他们在两浙路转运司附试,临时规定发解名额。如孝宗淳熙十六年(1189)参加附试的有一千三

① 赵彦约:《昌谷集》卷一一,文渊阁《四库全书》本。
② 《宋史》卷一五六《选举二》,第3639至3640页。按:《宋史》此处原作"就试如满五十人",但当时解额不应如此宽松,核之后面有"(淳祐元年)两浙转运司寓试终场满五千人,特命增放二名"(第3642页)的记载,可证此处"五十"当为"五千"之误勘。
③ 《宋史》卷一五六《选举二》,第3639至3642页。

百十一人,"诏令解发十名"①。以上这些在转运司举行的发解试,当然都不属于牒试范围。

三、国子监试

在唐代,国子监既是中央教育管理机构,又是最高学府,其下总辖国子学、太学、四门学、律学、书学、算学六学。士子凭父祖官品高低,进入相应的学校读书。其中能入国子学的,须"文武三品以上子孙若从二品以上曾孙及勋官二品、县公、京官四品带三品勋封之子为之";能入太学的,须"五品以上子孙、职事官五品期亲若三品曾孙及勋官三品以上有封之子为之"。能入其他四学的,则其父祖官品相应降低,直至"以八品以下子及庶人之通其学者为之"。②

入宋,随着门阀势力彻底退出历史舞台,赵宋统治者为防范势家大族的再起,有意淡化国子学和太学等其他各学入学的资格界限,其方法是扩大国子学的招生范围,同时降低其入学资格。"京朝七品以上子孙",即可成为国子学生员,太学生则"以八品以下子弟若庶人之俊异者为之"③,与唐时相比,此时的国子学实际上已经太学化,太学则开始趋向平民化。根据元丰二年(1079)所颁《学令》,国子生的解额,"以太学分数取之,毋过四十人"④,说明待遇并没有比太学生为优,贵胄子弟入监听读的愿望当然也不会强烈。经过庆历、熙宁和崇宁三次兴学高潮,特别是三舍法的推行,太学更加兴旺,生员猛增,并有了自己独立的黉舍。反之,国子学则日益衰微。到北宋后期,已呈现出"详于诸生,略于国子"⑤的局面。

南宋绍兴十三年(1143),国子监恢复独立建制,以临安府原岳飞故宅为之,同时在那里创建太学,置祭酒、司业各一员,博士三员,正、录各一员,养

① 《宋会要辑稿》选举一六之二五。
② 《新唐书》卷四四《选举上》,第 1159 至 1160 页。
③ 《宋史》卷一五七《选举三》,第 3657 页。
④ 《宋史》卷一五七《选举三》,第 3637 至 3661 页。
⑤ 佚名:《宋大诏令集》卷一五七《大司成薛昂乞置国子正录以典教御批》,中华书局 1962 年点校本,第 591 页。

士七百人。① 不过,此时的国子监已成为单纯的教育行政机构,没有专门为国子生所设立的黉舍,虽有国子生,只是依附于太学就读而已。光宗绍熙二年(1191)七月,有官员提出将宗学"依国子生附太学例,于太学辟一斋以处之"②的建议,虽然后来未被采纳,却反映了国子学附于太学的事实。因此,参加南宋国子监发解试的对象,实际上包括了众多的太学生和少数国子生。

接着,我们再来探讨南宋国子监生员和太学生员的来源。

请先言国子生的来源。南宋前期,凡行在职事官(即有执掌的官员)同姓缌麻亲,厘务官(即监当官)大功亲,听补试入学。宁宗庆元二年(1196),因国子生员多伪滥,诏"命行在职事官期亲、厘务官子孙,乃得试补"③。与北宋相比,国子生的入监对象仍然有所扩大。国子生每逢科场之年补试,得解者三人取一名,未得解者七人取一名,入太学外舍就读。然太学生皆得以参加公、私试,积校定分数升舍,惟国子生"以父兄嫌",即使考试合格,也暂时不能升舍,"但寄理而已",须父兄离朝外补,"乃移入太学而后得升"。④

再言太学生的来源。初,凡在州学学满一年,"三试中选,不犯第三等以上罚,或不住学而曾两预释奠及齿于乡饮酒者",皆可参加太学补试,合格后进入外舍或内舍就读。补试先是一年分春、秋两次进行,后改一年一次。随着太学人数的增加,孝宗隆兴元年(1163),遂改为三年一补试,并规定:凡四方举人,皆得就试,取合格者补入,谓之混补。但是,因为每次参加混补的士人动辄万数,试院不堪重负,淳熙四年(1177),再改混补为待补,其法为:各州郡以每举解试终场人数为准,除去得解者,"令百取六人赴太学,谓之待补生",然后牒送京城参加太学补试,"其住本学及游学之类,一切禁止"⑤。可是,待补也有弊端,"远方士人多不就试,则为他人取其公据代之,冒滥滋

---

① 潜说友:《咸淳临安志》卷八《国子监》,中华书局 1990 年《宋元方志丛刊》本,第 3427 页;《宋史》卷一五七《选举三》,第 3669 页。
② 《宋会要辑稿》崇儒一之一四。
③ 《宋史》卷一五七《选举三》,第 3671 页。
④ 《朝野杂记》甲集卷一三《国子监试法》,第 278 至 279 页;《文献通考》卷四二《学校考三》,第 398 至 400 页。
⑤ 《宋史》卷一五七《选举三》。按:宁宗嘉定十四年(1221),"改待补百人取三人",至理宗朝,"复百取六人之制",第 3670 至 3671 页。

甚"。嘉泰二年(1202)，复行混补，"就试者至三万七千余人，分六场十八日引试"①。此后，太学混补、待补始终未成定制。

南宋太学也实行三舍法，太学生通过公、私试，积分合格后，依次由外舍升内舍，由内舍升上舍。上舍生积校已优而舍试又入优者，即可成为"释褐状元"，补承事郎(正九品京官)。② 其他上舍生考入中等以上者，可以直接参加省试或殿试。但是，上舍生人数毕竟甚少，对绝大部分太学生和国子生而言，他们的目的在于参加国子监的发解试，其解额"率四人而取一"③。由此看来，国子监试的解额不仅远较州郡发解试为优，而且也比牒试解额要宽松得多，这就是南宋士子所以争先恐后地要进入太学读书的一个主要原因。

南宋时，"行在宗室，并赴国子监试，如在外任并宫观、岳庙，并赴转运司试。其赴国子监试者，有官锁应，每七人取三人；无官应举，每七人取四人。无官袒免亲取应，文理通者为合格，不限人数"。④ 说明由国子监发解的，并非全为生员，还有宗室子弟。此外，尚有有官人的锁厅试、童子乞试、乞换文资者试、献文献赋者试也在国子监举行，不过这些考试皆不属于本来意义上的国子监试。

南宋国子监监生和太学生，生活虽然比较清苦，但参预政治的热情很高，"国有大事，鲠论间发，言侍从之所不敢言，攻台谏之所不敢攻"，故时人对它有"有发头陀寺，无官御史台"⑤之称。朝廷为此特别重视国子监发解试考官的任命，以台谏官一员充监试，郎中二员充考试官，职事、厘务官六员充点检试卷官。⑥

南宋初年，一些太学生请假归乡省亲后，往往就近参加当地的乡试，造成太学在籍学生的阙额，但一时又不能补额。绍兴十八年，"诏太学在籍外

① 《朝野杂记》甲集卷一三《太学补试》，第280页。
② 按：后有臣僚以为："今两优释褐，初除京秩，即授学官，视状元、制科恩数过之，事理不当，乞先与外任。"孝宗淳熙六年(1167)十月，遂下诏"与殿试第二人恩例"。见《朝野杂记》甲集卷一三《释褐状元恩例》，第281至282页。
③ 《朝野杂记》甲集卷一三《太学养士数》，第278页。
④ 《宋会要辑稿》选举一六之七。
⑤ 罗大经：《鹤林玉露》丙编卷二《无官御史》，中华书局1983年点校本，第271页。
⑥ 《朝野杂记》甲集卷一三《国子监解试》，第263页。

舍生,若入学已及五年,不预校定,及不曾请到国学解,或不曾公试入等",作为除籍论处。《文献通考》作者马端临对此颇为不解,他说:"以资望言,则舍选尊而乡举卑;以名额言,则舍选优而乡举窄。盖未尝有以太学生退就乡举者,非惟国家无此法,而士亦决不肯辞尊而居卑,舍优而就窄矣!"①实际上,这种情况的出现,与南宋前、后期州郡解额的变化有很大关系:南宋前期,一些州郡参加发解试的士人尚少,解额相对较宽,就近参加乡试,亦在情理之中。绍兴以后,随着州郡发解试解额的趋紧,就试终场七人取一名的国子监解额,远较州郡解额为优,加之孝宗即位后,创立了太学生"覃恩"免解法,太学生们每隔三年都有可能获得免解恩例,他们当然再不会放弃国子监试而去应乡试。

国子监发解试的场次和内容,一如州郡发解试,对此将在后述。为防止学官徇私舞弊,国子监发解试不用本监学官为考官,而另选行在其他官员充任,这是颇有远见的举措。国子监发解试也设避亲别试,"以郎官一员充考试官兼监试,职事、厘务官三员充点检试卷官"。②

四、州郡发解试

州郡发解试,又称乡试或乡举,是南宋各类发解试中应举人数最多、情况最为复杂的发解试。

北宋最后一次发解试,是在钦宗靖康元年(1126)六月至八月间举行,此时距金东路军自开封城下北撤尚不到半年,而金军新的大规模南侵已迫在眉睫。因此,是年发解试在北宋的大部分地区虽已完成,但有些地区因受战争影响,未能考试,有些地区试后即告沦陷,形同未试。随着北宋的灭亡和宋祚南移,本来翌年春天要举行的省试,也就不得不延期至建炎二年(1128)正月举行。由于省试时间推迟,就直接导致下举乡试被推迟至绍兴元年(1131)举行。绍兴四年、七年、十年连续三举皆依条发解,但接着而来的发

---

① 《文献通考》卷四二《学校考三》,第399页。
② 《朝野杂记》甲集卷一三《国子监解试》,第263页。按:此处之"点检试卷官",原误作"点校试卷官",迳改。

解试,却因前举省试的推迟而被延至绍兴十四年举行(详情待后述)。自此以后,三年一乡试,终宋之世没有变化。

南宋建都临安,国土只有北宋的五分之三左右,绍兴十三年(1143)八月,诏以"闽、广去行朝不远,可并限八月五日锁院",引试时间则由各州自定。由是举人多冒贯而再试于他州,或妄引亲嫌而再试于别路,至有一身而两预荐送。为防止这一弊端,绍兴二十四年正月,朝廷下诏:"今后国子监、临安府、两浙转运司与诸路州军并转运司,依条并以八月五日锁院,十五日引试"①。四川因设类省试,乡试时间另作规定,详情待后述。

次言发解试的考官。有主考官、誊录官、封弥官、对读官和监试等多种。南宋与北宋基本一样,由转运司负责选差,在路属州郡现任官或待阙官中任命,但有三种官员退出了选差范围:一是知县。知县作为一县之长,公务繁忙,不能长时间离开本职为考官,乾道七年(1171)十月规定,"自今考试官并不许差知县"②。二是学官。学校作为独立的教育机构,南宋前期,为应付发解试考官的不足,偶尔有以府州县学的学官为之。但学官有可能熟悉自己学生的文字,师生之间又多有私谊,使他们在衡文时的公正性受到质疑。孝宗淳熙十三年(1186)八月,诏应有关官员奏请,恢复北宋旧例,"免差学官,非特释举子之疑,亦足弭学者之谤"③。三是寄居、待阙之官。寄居、待阙官大多与监司关系密切,监司在选差时,常任用这类人而不任用现任官。现任官反"处以帘外职事",致使寄居、待阙官"率多私嘱之弊,每一揭榜,不能免人之议"。因此,宁宗嘉定三年(1210)四月,朝廷因臣僚奏请,"寄居、待阙[官]并不许差充试官"④。试院封弥官,"专差幕职官一员,其对读官,亦差粗识文理者为之"⑤。监试职在弹压,所任较重,一般委本州通判为之。上述考试官的职责,与省试同类官完全一样,对此本书将在省考官一节中另作详述。

---

① 《宋会要辑稿》选举一六之六至九。
② 《宋会要辑稿》选举二二之一。
③ 《宋会要辑稿》选举二二之七。
④ 《宋会要辑稿》选举二二之二三至二四。
⑤ 《宋会要辑稿》选举二二之一〇。

乾道六年(1170)四月,应礼部侍郎刘章奏请,始命诸州考官皆隔一郡选派,"以绝请托之弊"。淳熙十六年(1189)四川乡试,王溉为潼川路转运使,"始令试官每员皆历三郡合符,符合乃听入",后来又将此法"行之西川"。庆元四年(1198),果州(四川南充)州学教授王莘,任昌州(四川大足)乡试考官时,于《尚书》中断章出题,遭到廷臣论奏,次年正月,王莘因此罢官,朝议以为该路转运使汪德输系以其祖父汪伯彦之荫入仕,水平有限,故择考官不善。嘉泰元年(1201),诏应臣僚奏请:"自今漕臣不由科第进者,更委他监试一员选官校试,仍择有文学士望者一人为点校官,专掌命题去取之事,即有不称,加以重罚。"①为了保证发解试考官的质量,南宋朝廷不仅多次强调考官的文化素养和公正性,而且在健康和年龄上也有所限制,如孝宗淳熙四年七月下诏:"自今两学、诸州、漕司解试,及将来省试、公试,所差考官,并令先考脚色……其有年高昏眊,视听以衰之人,在不兹选。"②宁宗嘉定六年(1213)十二月,又因礼部侍郎范子柔之请,作出了"自今年[始],六十以上,不许差充试官"③的规定。

再言发解试的试艺内容和场次。北宋后期,科举考试经过长期的诗赋、经义之争以后,至绍圣元年(1094),终成定论:进士罢试诗赋,专治经术,各专大经(《诗》、《礼记》、《周礼》、《左氏春秋》)一,中经(《书》、《周易》、《公羊》、《谷梁》、《仪礼》)一,愿专二大经者听。分四场考试:"第一场试大经义三道,《论语》义一道;第二场试中经义三道,《孟子》义一道;第三场试论一首;第四场试子史时务策二道。"④每日一场,分四日引试,基本上恢复到熙宁之旧。南宋建立以后,由于政治形势的改变,对熙宁变法全面反动,科举试艺内容也随之发生变化。建炎二年(1128)五月,中书省言:"已诏后举科场,讲元祐诗赋、经术兼收之制。"于是分进士为诗赋、经义两科,诗赋进士试三场:第一场试诗、赋各一首;第二场试论一首;第三场试策三道。经义进士:

---

① 《朝野杂记》甲集卷一三《诸路解试》,第263至264页。
② 《宋会要辑稿》选举一六之二○至二一。
③ 《宋会要辑稿》选举二二之二四至二五。
④ 《宋会要辑稿》选举三之五五。

第一场试本经义三道、《论语》、《孟子》义各一道,第二、三场同诗赋进士①。绍兴十三年(1143)二月二十二日,国子司业高闶认为,"今太学之法,正以经义为主",提议并诗赋、经义为一科,第一场试本经义三道,《论语》、《孟子》义各一道;第二场试诗、赋各一首;第三场试论一首、策一道。诏可其奏,后举发解、省试科场,皆以此为准②。绍兴十五年正月,再分诗赋、经义为两科:经义进士第一场试本经义三道,《论语》、《孟子》义各一道;第二场试论一首,第三场试策三道。诗赋进士第一场试诗、赋各一首,第二、三场同经义进士③。绍兴二十七年二月,诗赋、经义进士再次被合并,诏:"今后国子、太学公私试及将来科举取士,并令兼习经义、诗赋,内第一场大小经义各与减一道,余依绍兴十三年二月二十二日指挥施行,永为定制。"④可是,这道诏书发布后仅仅实行了二举,到绍兴三十一年二月,右谏议大夫何溥上疏论"经义、诗赋合为一科之弊",以为:

> 两场俱优者,百无一二,而韦布之士,皓首穷经,扼于声病之文,卒无以自见于世。望将经义得免解举人,及应举进士年五十以上,许兼一大经,于诗、赋场引试,其不愿兼经者亦听。庶几宿学有以自展。

诏下礼部、国子监、太学官员看详,要他们制订出一经久可行的方案,申尚书省。至是,权礼部侍郎金安节等奏,恢复绍兴十五年之制,依旧分为诗赋、经义两科取士。⑤ 此后,发解试与省试的试艺内容和场数基本上再没有大的变动。

理宗端平元年(1234),是宋蒙联合灭金之年,也是南宋疆域最大的时期,据有关学者统计,当时曾有二百零二个州、府、军、监⑥,大部分州郡设有发解试,但也有部分州郡,主要是二广僻远地区和两淮、川陕、曾与金人接壤

---

① 《宋会要辑稿》选举四之二一。
② 《宋会要辑稿》选举四之二七;《系年要录》卷一四八,绍兴十三年二月庚申条,第2378页。
③ 《宋会要辑稿》选举四之二八。
④ 《宋会要辑稿》选举四之三二。
⑤ 《系年要录》卷一八八,绍兴三十一年二月乙丑条,第3152页;《宋会要辑稿》选举四之三四。
⑥ 参见李昌宪《中国行政区域通史》宋西夏卷,复旦大学出版社2007年出版,第270页。

或新收复地区,不设发解试,原因不外乎两个:一是当地文化落后,应乡试的士人不多;另一个是受战争影响,州县残破,士人逃散,缺乏应试条件。对此,南宋政府要么放弃在这些州郡的发解试,要么将这些州郡的士人合并至邻州应试,如秦州(甘肃天水)附试于成州(甘肃成县),荆门军(湖北荆门)附试于江陵(今属湖北),两淮的一些州郡则大都附试于建康府。

北宋时,京城开封府因为聚集了大量达官贵人的子弟,礼部在解额上曾给予特殊照顾。神宗元丰二年(1079)前,解额多达三百三十五人,此后也有百人之多①,是当时一般州郡解额的十倍至数十倍。因而寄籍冒贯者众,科场弊端也非常严重。由此可见,北宋的"开封府试"与一般州郡试不同,它是一种与"国子监试"并列的特殊发解试。在南宋,行在临安府虽然同样聚集了大量达官贵人的子弟,在解额上却没有太多照顾,如北宋末年当地的解额为十四人,绍兴二十六年(1156)增西北流寓解额三人,为十七人,后续有增加,至景定五年(1264)也不过二十二人。② 因而南宋朝野对临安府的发解试并未特别关注,故无所谓"临安府试"之称,亦无寄籍冒贯之弊。这是南宋发解试较北宋发解试有所改进之处,有必要引起注意。此外,自孝宗朝起,对于在临安府的川、广士人,在有保官的前提下,允许"附试两浙转运司"③参加发解,以免除他们长途跋涉往返乡里之苦,也是一项值得肯定的措施。

这里附带说一下南宋发解试的别头试问题。发解试的别头试有两种:一为州郡别头试,一为京城别头试。南宋的州郡别头试已纳入牒试之中,此处不赘述。京城别头试是指担任临安府和国子监发解试试官的子弟、亲属,为避嫌在别试所举行的发解试。

五、对得解举人的优待

南宋得解举人,包括免解举人,不仅有考取进士或成为特奏名,从此踏上仕途,光宗耀祖的可能,即使不第,在政治上、法律上和经济上都能享受到

---

① 《宋会要辑稿》选举一五之三一。
② 《咸淳临安志》卷五六《贡院》,中华书局 1990 年《宋元方志丛刊》本,第 3860 页。
③ 《宋史》卷一五六《选举二》,第 3631 页。

一定的优待,其优待程度甚至超过了北宋。

首先,在政治上,得解及免解举人,可以免除本人的丁役和差役负担①,可以直接与州县官相往来,上书反映地方民意、疾苦和对国家大政方针的意见和建议。二广士人,只要两次得解,即允许赴漕司试摄官,以阙员为额,试中者可以成为假版官(非正式任命之官),"出而莅民矣"②。另外,士人参加发解试前,须要互保,所保内容有品行、乡贯和举业等,如有不实,则连坐不得举。互保的保头必须由社会地位较高者担任,除了曾为乡贡进士者外,"举人三举终场者,得为解试保头"。③

其次,在法律地位上,北宋时,规定得解举人犯公罪可听赎罚,至南宋,对得解和免解举人犯赃私罪者,亦听罚赎。④ 甚至只要是在州县学读过书的士人,能做得几首歪诗,在犯重罪时,也可从轻发落。⑤

最后,在经济上,得解举人赴省试时,还能得到国家和地方的资助。如绍兴二十七年(1157)五月,中书省曾经下过指挥,陕西州军和西川举人,凡赴省试者,"仍给口券",沿途可以免费食宿于政府的驿站,因而这种"口券"亦称"驿券"⑥。南宋政府的财政状况远较北宋紧张,但从宋太祖开始对远方举人"往来给券"的优待,仍然被保持了下来,实属不易。再以理宗朝时建康(江苏南京)府学为例,以"本郡士子率多清贫,每当宾兴上南宫者,以装赍为苦",学校特"创置房缗,专充赆送"。其资助额颇为可观。其他州郡也有类似的资助,对此本书在后面将作详述。

此外,得解举人即使终老布衣,他在社会上的地位和威望也比一般人

---

① 《系年要录》卷六四,绍兴三年四月甲午条,第1091页;卷一六〇,绍兴十九年八月辛酉条,第2592页。
② 周去非:《岭外代答》卷四《摄官》,中华书局1999年校注本,第170页。
③ 《朝野类要》卷二《保头》,第55页。
④ 《庆元条法事类》卷七六《当赎门·名例敕》,日本古典研究会1968年据静嘉堂文库藏本影印本。
⑤ 参见《名公书判清明集》卷一一《引试》、《士人充揽户》、《士人以诡嘱受罪》,中华书局1987年点校本,第402至405页。
⑥ 《宋会要辑稿》选举五之一五;《系年要录》卷一七七,绍兴二十七年五月乙亥条,第2918页。

高,可以乡贡进士的身份,进入所谓士绅行列,协助中央和地方政府在赋役征发,水利兴修,文化教育,社会治安,推行荒政,乃至移风易俗等方面发挥作用。此人生前死后,都可以"进士"或"乡贡进士"、"免解进士"自居,以示身份和荣耀。以上种种,当是南宋士人皓首穷经,虽屡试屡黜,却老死不止的主要原因。

第二节　发解试的解额和州郡贡院

一、发解试解额的确定和变化

建炎元年(1127)七月,高宗下诏:各地发解试解额,沿袭北宋徽宗宣和五年(1123)之旧。但是,承平时期所确定的解额,与南宋初年的形势已不相适应。一方面,由于金兵南侵,不仅中原士人和留守司(开封府)的监生、太学生已逃匿一空,就是原居住在两淮、江东西、京西、荆湖等受到金兵和游寇相继蹂躏地区的士人,也不得不放弃科举,蜂拥南逃,或前往乡间、山区避兵,因而这些州郡参加乡试的士人甚为稀少。绍兴元年(1131)六月,据礼部奏称,在上一年乡试中,如果"各依元额解发",建康府应举二十四人,合格十人;太平州(安徽当涂)应举十九人,合格十人;广德军(安徽广德)应举二十一人,合格五人,乡试人数之少,可解比例之高,皆为有宋一代乡试所仅见。高宗遂下诏:"各取一名,其余多解人数,并行驳放。"①

另一方面,在较少受到战争影响的福建等地区,士人应举仍然十分踊跃,并且还有不断增加的趋势。由此看来,在当时的形势下,各州郡完全按原来的解额录取已成问题。因而早在建炎四年(1130)四月,礼部奏请:"诸路解额,除不经残破去处,乞依靖康元年额发解外,内经残破州军,就试人数稀少,乞以终场人数权取前举例,分数解发(谓如某州元额二十人,靖康元年

---

① 《宋会要辑稿》选举一六之三。

终场二千人，即以百人解一人），有零分者，听更解一名。"①诏依所请。这样
一来，各州郡究竟能发解多少名，不仅要看宣和五年（1123）所定解额（按：靖
康元年解额，依宣和五年解额而来），更要看当时的应举人数。上面建康府、
太平州和广德军的"各取一名"，就是依照这一奏请执行。至于流寓试和国
子监、太学、牒试的解额，却相对比较固定：流寓试以终场人数二十人取一
名，余分亦取一名的原则录取；国子监试等皆以终场人数四人取一名，余分
亦取一名的标准进行，对此，本书前面已有论及，此处不赘述。

绍兴五年以后，随着南宋军事力量的逐渐壮大，金兵南侵的势头得到有
效遏制，各个游寇集团也次第被消灭，各州郡的发解试得以顺利进行，应举
人数也日渐增加，解额相对得到固定。但是，由于史籍对大部分州郡的解额
缺乏记载，因而人们对南宋绍兴年间（1131—1162）所确定下来的解额全貌
并不清楚，今天能够看到南宋时期比较完整的全国性解额，是记载在现藏日
本京都东福寺塔头栗棘庵的木刻《舆地图》上，其左上方刻有"诸路州府解
额"一栏。此图因有咸淳元年（1265）所升府名（如将忠州改名咸淳府之类），
日本著名学者青山定雄、中岛敏等先生据此以为，当翻刻于咸淳元年至宋末
的十五年间，原图则刻于光宗朝，这一结论似可服人。②

但是，若言上面所载诸路州府解额皆为南宋末年解额，笔者却不敢苟
同，兹略述理由如下：一是成都府至迟到理宗宝祐五年（1257）秋，已被蒙军
占领，蒙哥汗命大将黑马"管领新旧军民小大诸务"③，足见表中所载成都府
解额三十四名，为宝祐五年以前之解额无疑。二是表中所载临安府解额十
七名，核之史籍，为绍兴二十六年（1156）至端平元年（1234）这一时期之数，
自端平元年以后，已增至十九名，此后又续有增加④，到南宋末年，已增至八
十九名之多⑤，说明临安府的这个解额乃是端平元年前之解额。三是表中载

---

① 《宋会要辑稿》选举一六之二。
② 参见中岛敏《南宋的解额——栗棘庵藏〈舆地图〉诸路州府解额》一文，载《东洋史学论集》，
　　日本汲古书院1988年出版，第281至291页。
③ 《元史》卷一四九《刘伯林附黑马传》，第3517页。
④ 《咸淳临安志》卷五六，第3860页。
⑤ 吴自牧：《梦粱录》卷四《解闱》，浙江人民出版社1980年标点本，第27页。

眉州(四川眉山)解额为三十四名,然考之史籍:"自庆元初分贡额于诸郡,眉以三十六人益为五十有二。"①说明此三十二名之数,当系光宗朝无疑。四是表中载潭州(湖南长沙)解额为三十名,福州解额为六十二名加三十八名,台州解额为十六名加二十九名,说明潭、福、台等州的解额,才是南宋末年之解额,否则不可能大大超过同时期临安府的解额。又据孝宗淳熙初年知福州赵汝愚在一个奏疏中说,当时福州的解额只有六十二名,"系二百七十方解一人"②,请求朝廷增加解额。说明福州所加之三十八名,乃是淳熙以后续增之总和。再考之《景定建康志》卷三二《贡士》所载,端平元年建康府的解额,由十一名增加到十三名,而表中载为十六名,说明此又是南宋末年之解额。五是从图中对安吉州(浙江湖州)、镇江府、建德府(浙江建德)这样的科举大州阙载及临安府解额只记其早期的情况来看,反映了《舆地图》制作者对解额的搜集既不尽力,也不认真,记载之混乱也就可想而知。从以上五个方面,我们可以对"诸路州府解额"表所载各州郡解额的执行时间作出判断:大部分是在光宗朝以前,少部分在光宗朝以后甚至在南宋末年。

不过,若将"诸路州府解额"表所载某些州郡的解额与南宋光宗朝以前特别是绍兴初年之解额相对照,发现增加的颇为不少,说明所谓的固定解额,在南宋一百多年间,仍然不断地在进行调整,其变化主要表现在以下几个方面。

首先,对新置州郡解额的确定。这方面,可以南宋建炎三年(1129)新置的盱眙军(江苏盱眙)作为代表。绍兴十四年(1144)四月,礼部言:"盱眙军系创置州军,未有立定解额,欲依《崇宁贡举条令》,满二十人解一人,不满三十人解二人,三十人以上解三人。候至后举,别行参酌,立定解额。"③诏依所请。众所周知,盱眙军在淮河南岸,属于南宋军队抗击金兵的前沿州军之一,南宋中期,又是山东义兵南下的一个重要活动场所,那里的局势不稳,应举士人不多也在情理之中。考之《舆地图》所载解额,直至南宋后期仍然只

---

① 魏了翁:《鹤山集》卷四八《眉州创贡院记》,文渊阁《四库全书》本。
② 《历代名臣奏议》卷一六九,赵汝愚奏议,第2227页。
③ 《宋会要辑稿》选举一六之七。

有三名,说明盱眙军由于环境的不安定,应举士人仍无增加。

其次,原有州郡解额的变化。这种变化的原因各异,时间也不一样。

一是原来设有流寓试的州郡,在绍兴二十六年取消流寓试以后,将其解额并入州郡解额。兹据史籍记载,将临安府等十个州郡解额因取消流寓试而发生变化的情况列表于下:

州郡名	绍兴二十六年前解额	绍兴二十六年解额	资料来源
临安府	14 名	17 名	潜说友:《咸淳临安志》卷五六《贡院》,第 3860 页。
明州	12 名	14 名	胡榘等:《宝庆四明志》卷二《贡举》,第 5019 页。
嘉兴	8 名	10 名	单庆修等:《至元嘉禾志》卷七《科举》,第 4462 页。
台州	8 名	11 名	陈耆卿等:《嘉定赤城志》卷四《贡院》,第 7314 页。
严州	16 名	18 名	陈公亮等:《淳熙严州图经》卷一《科举》,第 4288 页。
建康府	10 名	11 名	马光祖等:《景定建康志》卷三二《儒学志·贡士》,第 1873 页。
平江府	12 名	13 名	范成大:《吴郡志》卷五〇《杂志》,第 1027 页。
常州	34 名	36 名	史能之:《咸淳毗陵志》卷一一《解额》,第 3044 页。
福州	60 名	62 名	梁克家:《淳熙三山志》卷七《公廨类·试院》,第 7852 页。
徽州	10 名	12 名	罗愿等:《新安志》卷八《叙进士题名》,第 7713 页。①
长宁军	1 名	3 名	魏了翁:《鹤山集》卷四〇《长宁军贡院记》,文渊阁《四库全书》本。

二是解额曾因附试于他州而遭削减,后独立设置科场而归还旧额。宋代科举条制规定:"士不满百,并试傍郡。"②如荆门军(湖北当阳)自兵火后,

---

① 以上所引各部方志的版本,皆为中华书局 1990 年《宋元方志丛刊》本。
② 周必大:《文忠集》卷五八《梅州贡院记》,文渊阁《四库全书》本。

学校废弛，遇大比则附试于江陵（今属湖北），解额亦由五人减为一人。绍兴二十八年，地方政府“力请于朝，由是军得自解发，额亦稍增其旧”①。光州（河南潢川）的情况也类似，它原有七名解额，渡江后为极边，士子稀少，权赴试邻州。淳熙间（1174—1189），本州自置科场，权取三名。到理宗朝中期，“已五六十年，举人十倍于前，遂命复还旧额”。②

三是由于应举人数增加，在当地政府和士人的强烈要求下，朝廷不得不陆续增加其解额，这种变化可以说最大，次数也最多。如绍兴二十六年四月，下诏“置增解额”，计温州（今属浙江）五名、台（今属浙江）、婺（浙江金华）州各三名、静江府（广西桂林）、明（浙江宁波）、处（浙江丽水）、湖（浙江湖州）、衢（今属浙江）、严（浙江建德）、福（今属福建）、徽（安徽歙县）、秀（浙江嘉兴）、汀（福建长汀）、宾（广西宾阳）、融州（广西融水）各二名。各州郡解额的增加所以有差异，因为温、台、婺“三郡终场二百人以上，始解一人，而静江及诸州百人始解一人也”③。绍兴二十八年八月，又增泸州（今属四川）解额三名，眉山（今属四川）、汉州（四川广汉）、嘉州（四川乐山）、邛州（四川邛崃）、简州（四川简阳）、忠州（重庆忠县）、涪州（重庆涪陵）、资州（四川资中）、叙州（四川宜宾）、昌州（重庆大足）、西和州（甘肃西和西）、遂宁府（四川遂宁）、石泉（四川北川）、永康军（四川都江堰）、长宁军（四川长宁）、仙井监（四川仁寿）等十七个州郡，解额各二名，“以逐路转运司言，皆以终场百人以上，取放一人故也”④。再如景定二年（1261）九月，诏增潭州（湖南长沙）解额三名，“以终场及万余人故也”⑤。朝廷先后以此原因，继续给某些州郡增加解额，以临安府为例，端平元年（1234）增为十九名，宝祐三年（1255）增为二十一名，景定五年（1264）增为二十二名⑥，由此可见一斑。⑦

---

① 《系年要录》卷一七九，绍兴二十八年四月戊申条，第 2966 页。

② 《宋史》卷一五六《选举二》，第 3639 页。

③ 《系年要录》卷一七二，绍兴二十六年四月戊子条，第 2833 页。

④ 《系年要录》卷一八〇，绍兴二十八年八月乙未条，第 2979 页。

⑤ 佚名：《宋史全文》卷三六，景定二年九月癸酉条，黑龙江人民出版社 2005 年点校本，第 2373 页。

⑥ 《咸淳临安志》卷五六，第 3860 页。

⑦ 《宋会要辑稿》选举一六之二二。

四是因州郡区域调整而使解额发生变化。如简州下属贵平县于乾道六年(1170)拨隶隆州(四川阆中)后,该州原有的七名解额有一名被拨入隆州,只剩下了六名。

此外,还有一些增加解额的原因:一是发解试制度产生变化,使解额出现调整。如理宗端平元年(1234)取消牒试,即将原来牒试的解额分摊给临安、绍兴、温、台、福、婺、庆元(浙江宁波)、处(浙江丽水)、池(安徽贵池)、袁(江西宜春)、潮(广东潮安)、兴化(福建莆田)及四川诸州府,全国共增解额一百七十名,是南宋一代给州郡增加解额最多的一次。二是为庆贺抗击蒙元侵略的胜利而增加沿边州军的解额。如淳祐九年(1249)三月,"诏增通、泰、扬、真、和州、安庆府解额"①,原因在于蒙军自淳祐二年起,连年入侵两淮,攻寿春(安徽寿县),围泗州(在江苏盱眙东北),威胁扬州(今属江苏),虽然后来皆被宋军击退,但形势依然危急。淳祐九年初,四万蒙军在察罕等四大首领率领下,再次攻入淮南,依靠南宋大将赵葵率水军支援和吕文德、邢德、刘雄飞等部的英勇奋战,到闰二月,终于打退了蒙军的进攻。次月,理宗下诏增加淮南州郡解额,就发生在这样的背景之下。三是因某些特殊恩例而享受到增加解额的优待。如绍兴府是理宗赵昀的出生地,该地因而增加了解额;秀州是孝宗赵眘的出生地,端平元年(1234),当地守臣即以绍兴府之例请于朝,解额由十名增至十三名。② 临安府作为南宋行在,获得过增加解额的优待,端平元年,建康府守臣"奏以建康行阙之重,请比临安府恩例,增添解额"。八月十日,诏命特增两名,"共以一十三名为额"③。皇子判某府事,该府也可增加一名解额。④ 如此种种,不一而足。

绍兴二十六年四月,高宗宣谕有关大臣云:"解额窄处,自当量与增添,宽处却不可减,皆欲优之也。"⑤这种对解额只能增、不能减的做法,可视为南宋一代解额变化的原则,此后一百余年间基本上遵行不怠。

---

① 《宋史全文》卷三四,淳祐九年三月己亥条,第2285页。
② 徐硕:《至元嘉禾志》卷七《科举》,中华书局1990年《宋元方志丛刊》本,第4462页。
③ 《景定建康志》卷三二《士·解额》,第1874页。
④ 参见《宋会要辑稿》选举一六之一七。
⑤ 《宋会要辑稿》选举一六之一〇。

二、免解

所谓免解,就是士人除了通过各种发解试取解,从而获得参加省试的资格以外,还有一些士人,他们虽然没有参加发解试,但因各种恩例而可以直接发解参加省试,这就是所谓免解。北宋前期,似无免解恩例,真宗咸平二年(999)六月,"诏贡举应三举人,并免取解"①,从而开创了有宋一代应举士人免解的先河。此后,免解恩例逐渐增多,进入南宋,更是达到五花八门的程度。兹大略列举如下。

一种是早年曾经参加过省试或殿试而被黜落者,在遇三年一次的郊赦或明堂赦时②,往往能获得免解的恩例。如建炎二年(1128)十一月,南郊赦文称:"应诸路进士,曾经政和二年以前省试下,贡士退归本贯合理举人;并政和八年以前御试下,开封府、国子监进士贡士,政和八年以前省试下,退归本贯合理举人;并曾经政和八年以前御试下,及诸路进士,曾经省试下,贡士退归本贯,合理举[人],各及四举;并开封府、国子监进士贡士,两举到省,并特与免将来文解。"③此处的"诸路进士"指乡贡进士,"开封府、国子监进士"指由开封府、国子监发解的举人,贡士指三舍法中的上舍生。这道赦文指出:曾经在政和二年(1112)省试下第和政和八年御试下第的乡贡进士,政和八年御试下第及开封府、国子监进士和贡士省试下第者;曾经政和八年御试下第者及省试下第的乡贡进士、贡士各及四举者;曾经二举到省的国子监进士和贡士,以上三类人,都免将来文解一次,可以直接参加省试。这种免解恩例,南宋初期尚未形成定制,孝宗即位以后,"覃恩"免解始成惯例④,只是每次免解的条件皆有所不同而已。

一种是才能出众之人,经大臣推荐,可以获得免解恩例。《宋史·儒林

① 《燕翼诒谋录》卷一,第9页。
② 宋代帝王每隔三年举行一次郊祀或明堂大礼,以祭祀天地。若在郊外举行,称郊祀,在明堂大殿举行称明堂大礼。根据惯例,在举行郊祀或明堂大礼时,皇帝要下达赦文,对百官和庶民施以各种恩例。
③ 《宋会要辑稿》选举一六之一。
④ 《宋史》卷一五七《选举三》,第3670页。

八·汤汉传》载:"汤汉字伯纪,饶州安仁人。与其兄干、巾、中皆知名当时。柴中行见而奇之。真德秀在潭,致汉为宾客。尝造赵汝谈,汝谈曰:'第一流也。'江东提刑赵汝腾荐汉于朝,诏免解,差充象山书院堂长。"又,徽州童子林国佐,九岁能诵书,高宗下诏免解,"自是遂为故事"。①

一种是像绍兴府、临安府、建康府、平江府这样作过皇帝驻跸之地的曾得解举人,可以享受一次免解恩例。②

一种是新复州县现年五十岁以上的士人,可以免文解一次。③

一种是由州升府,可以免当地举人文解一次。④

此外,士人守御有功、献书、献颂、献诗赋、进时事等,皆可获得免解恩例。正如南宋后期人孙梦观所言:"今日之士子,或以遗逸举,或以说经进,或上所业,或条便宜。大者得官,次者免解。"⑤

在这么多免解恩例中,除三年一次的郊祀或明堂大礼以外,免解最多的当推因藩邸和领节镇之地、登极恩和帝后生辰、册皇太子等而颁降的恩例。如绍兴三十二年(1162)六月,高宗禅位孝宗,朝廷对太学生、国子生及孝宗藩邸、高宗旧领州镇士人和有关州郡所颁布的免解恩,"除鼎、剑州不曾申数外,国学一千三百四人,建宁府一千八十九人,洪州二百三十八人,宣州二百七人,计二千八百三十八人"⑥。由于参加省试的举人大幅度增加,孝宗不得不下诏增加隆兴元年(1163)殿试录取名额一百人,从而使当年登第的进士增加到五百四十一人,而前一举只取进士四百二十八人。⑦

根据笔者的初步统计,南宋免解举人的数量实际上已超过了正解举人,当时的统治者所以颁布这些名目繁多、数量巨大的免解恩例,无非贯穿着一

---

① 《系年要录》卷六六,绍兴三年六月甲申条,第1111页。
② 《宋会要辑稿》选举一六之四至五。
③ 《宋会要辑稿》选举一六之一一。
④ 参见范祖禹《范太史集》卷九《贺升许州为颍昌府并德音表》,文渊阁《四库全书》本。
⑤ 孙梦观:《雪窗集》卷二《真宗皇帝戒举人它途进取》,文渊阁《四库全书》本。
⑥ 《宋会要辑稿》选举四之三五至三六。
⑦ 按:据当时礼部贡院奏称,得免解恩的二千八百三十八人中,因有八百六十五人当年未就试,所以从增加的一百人中,"存留三十人充未到人合取之数"(《宋会要辑稿》选举四之三六),可是事实上隆兴元年录取进士的人数增加了一百余人,可参见本书附录一。

个收买士心的目的。但后果却十分严重,它不仅造成了场屋的人满为患,弊端百出,而且使一些不该得官的人侥幸得官,或在若干年后可以特奏名出官,增大了官吏冗滥的程度。针对绍兴三十二年的大规模免解,殿中侍御史张震曾奏请节制,其谓:

> 太学免解已非旧典,今当免者千二百余人,其间固有已得解者。今此一免,数举之后,不失一官,已为优幸。而此外或以驻跸,或以藩邸,或以节镇,皆得曲为之辞,转相攀引,则是当免解者几二万人。窃虑来春取人,数倍常举。乞下礼部预行条约,庶几上不失推恩之旨,下不启侥幸之路。

但是,诏命"礼部看详"的结果,仍然"乞依故例推恩"。对于已经取得文解又因登极覃恩而获得免解的国子生,不仅"特许理为两举",而且如果省试被黜,下一次仍可"与免文解"①。这种滥赐免解恩例的情况,到南宋后期更是屡演屡烈,从而扰乱了场屋,也给吏治造成了危害。

三、解额的不均

南宋解额不均,主要表现在五个方面:一是宗子有官锁应和无官应举的解额,远较其他各类发解试为优;二是国子监(太学、国子学)和诸路牒试(在没有废除之前)的解额,远较州郡试为优;三是陕西五路(鄜延、泾原、环庆、秦凤、熙河)解额,仍依北宋旧制,"每一十四人取一名,如有零分,更取一名"②,也较其他州郡试为优;四是广西左右江溪峒,解额颇宽,虽赴试者少,"亦有解额二名"③;五是各州郡解额虽较固定,但应举人数的多少变化却很大,往往相差悬殊,从而造成各州郡之间解额事实上的不均。

关于宗子有官锁应和无官应举解额之优,因为参加发解试者属于一个特殊的群体,留待以后再论。关于国子监试与牒试解额之优,这是南宋政府

---

① 《宋会要辑稿》选举一六之一一至一三。
② 《宋会要辑稿》选举四之二四。
③ 周去非:《岭外代答》卷四《试场》,中华书局1999年校注本,第169页。

对国子生和官员子弟、亲属、门客有意照顾的结果,本书在前面已有提及。陕西五路,常为宋、金争夺之地,那里解额较优,含有收买士心、巩固边防之意,当在情理之中。左右江溪峒解额较宽,也有羁縻当地士人之目的。以上几种情况,暂可不加讨论。至于一般州郡解额的不均,则有一个发展、变化的过程。南宋初年,在制订各地解额时,既参照宣和五年的解额,又结合靖康元年发解试终场人数加以额定,由于存在着许多偶然因素,所以实际上已经不是很平均。特别是随着时间的推移,各地政治、经济、文化发展的不平衡,有些州郡应举人数增加很快,有些则增加不多,于是解额不均的矛盾逐渐突出起来。

参加发解试竞争最为激烈、解额最窄的当推东南地区的一些州郡,如前面提到的福州,北宋宣和五年(1123)的解额是六十名,当时就试士人不过三四千人,约六十人取一名。绍兴二十六年虽罢流寓试而增解额至六十二名,但淳熙十年(1183)就试士人达到一万六千余人,平均二百七十人方能解送一名。"六十年间,累举增加人数已逾五倍,而解名尚仍旧贯"①。再如严州,理宗景定年间(1260—1264)的解额是十八名,"就试者逾七千人",平均三百九十人左右方能解送一名。严州解额所以如此之窄,有一定的偶然性,原来端平元年(1234)"诏增天下解额"时,定下一个原则,即以绍定四年(1231)的就试人数按比例增加。而该年适遇"衢寇猖獗,郡与衢邻,士以护乡井,多不暇试。终场人数比他举不逮,故增额亦不及之"②。宁宗开禧三年(1207),"温州终场八千人,合解四十名,旧额十七名,与增二十三",尽管解额增加很多,仍须二百人方能解送一名。③ 徽州(安徽歙县)多山,土地贫瘠,经济、文化原来比较落后,绍兴前期应举人数不多,解额为十二名。可是,到孝宗朝时,应举士人大幅度增加,淳熙元年(1174),"毋虑二千人",约一百七十人取

---

① 《历代名臣奏议》卷一六九,赵汝愚奏议,第 2227 页。

② 郑瑶、方仁荣:《景定严州续志》卷三《贡举》,中华书局 1990 年《宋元方志丛刊》本,第 4372 页。

③ 刘宰:《漫塘集》卷一三《上钱丞相论罢漕试太学补试札子》,文渊阁《四库全书》本。

一名①,竞争也很激烈。理宗景定二年(1261),潭州(湖南长沙)就试终场及万余人,解额却只有二十七人,达到三百七十余人取一名的程度,此后虽然增加了三名解额②,仍是杯水车薪。

但是,南宋有些州郡的解额却相对较宽。如庐陵(江西吉安)在南宋初年有解额六十八名,但直至绍兴二十三年(1153),每次发解皆不能取足,时郑作肃为知州,"既拆号书榜毕,谓诸考官曰:'解额未尽复,诸公尚有试卷可取者否?'曰:'有。'遂令再取一名以足其数"。③ 再如理宗宝祐三年(1255),时瑞州(江西高安)解额为八名,终场三千人,平均三百七十五人取一名,而距瑞州仅九十里之临江军(江西樟树西临江镇),解额达三十二名,是瑞州的四倍。造成这种情况的一个原因是:"端平初,天下增贡士额,江西诸郡袁首增其二,洪继增其三,瑞独不能。"瑞州人、考取宝祐元年(1253)进士第一名的姚勉,为此向丞相谢方权写信,本父亲教诲,提出将自己"合得承事郎出身,愿从第二人恩例,止受文林郎,而以承事至儒林四资,易增本州四名文解"。④

两淮和荆湖北路的解额则很宽,如江陵府(湖北荆州)绍兴十七年(1147)终场一百六十六人,发解十一名,平均十五人左右取一名。复州(湖北天门)绍兴二十六年终场三十人,发解三人,平均十人取一名。"湖北诸郡,并是十五人以下解发一名"⑤。两淮各州郡常受战争威胁,应试者更少,"或至以仅能识字成文者充数",解额之宽也可以想见。

南宋的解额所以不均,除了上面已经提到各种历史的和现实的原因,特别是各地经济、文化发展的不平衡性,造成应举人数多少不一以外,还与地方官是否竭力向朝廷争取解额有一定关系。如福州的解额后来由六十名增

① 赵不悔、罗愿:《新安志》卷八《叙进士题名》,中华书局 1990 年《宋元方志丛刊》本,第 7713 页。
② 佚名:《全宋文》卷三六,景定二年九月癸酉条,黑龙江人民出版社 2005 年点校本,第 2373 页。
③ 曾敏行:《独醒杂志》卷一〇,上海古籍出版社 1986 年点校本,第 94 页。
④ 姚勉:《雪坡文集》卷二八《与蔡中岳书》、《上丞相谢渎山书》,文渊阁《四库全书》本。
⑤ 洪适:《盘洲文集》卷五一《复解额申省状》,文渊阁《四库全书》本。

加到一百名,就与孝宗淳熙年间知福州赵汝愚多次向朝廷奏请有关。温州等地后来解额增加颇多,情况也与此类似。俗语说,会叫的孩子有奶吃,在解额问题上同样也是如此。

直到度宗咸淳九年(1273),才在全国范围内废除了原定于各州郡的固定解额,规定"视终场人多寡,每二百人取放一名"①,从而彻底解决了关于解额不均的纷争。这虽是南宋的最后一次科举,但对元明清三代乡试录取比例的确定,却有着一定影响。

四、解额不均之害

南宋解额的不均,对士人、对社会、对科举都造成了不少危害,主要表现在以下三个方面。

第一,败坏了士心。正如叶适所云:

> 何谓"解额一定为一害"? 百人解一,承平之世酌中之法也。其时,闽、浙之士少有应书,而为解之额狭矣。今江、淮之间,或至以仅能识字成文者充数;而闽、浙之士,其茂异颖发者,乃困于额少而不以与选。奔走四方,或求门客,或冒亲戚,或趁徕纳。夫士之为学,其精至于性命之际,而其用在于进退出处之间,然后朝廷资其才力,以任天下之重。今也以利诱之于前,而以法限之于后,假冒干请,无所不为。②

士人为了前往解额较宽处取解,可谓无所不用其极,造成"多者冒滥,少者陆沈",尚未入仕而已经"丧其初心"③。从根本上来说,这是对科举取士乃"为国选贤"的一大讽刺。

第二,造成了大量"科举移民"。南宋沿边州郡,如两淮、湖北等路,应举士人不多,解额较宽,两浙、江南东西、福建等路解额窄处的士人,若要前往解额宽处取解,属于冒籍行为,为法律所不允。于是有些士人便到解额宽处

---

① 《宋史》卷一五六《选举二》,第 3644 页。
② 《叶适集·水心别集》卷一三《科举》,中华书局 1961 年点校本,第 799 页。
③ 《叶适集·水心别集》卷一二《法度总论三》,第 790 页。

置产,并将户籍迁入那里,以取得在该地参加发解试的资格。这些"科举移民"的大量涌入,造成"土著士人争讼纷纭,场屋鼓噪,无所不至"①,从而引发各种社会矛盾。为此,朝廷曾于孝宗乾道年间(1165—1173)下敕严禁:"非本土举人,往缘边久居,或置产业为乡贯者,杖一百,押归本贯。"可是,几年后,详定一司敕令单夔认为:"窃详国家立法,务在便民。若民户有愿徙居宽乡者,即合听从其便。况缘边州郡,惟要招集四方人户,置产久居,以壮边势,岂有返行禁止、断罪押归之理?"于是朝廷参照以往允许西北流寓士人"烟爨满七年,许用户贯"的敕令,在淳熙四年(1177)三月下诏放宽了对"科举移民"的限制,规定:"淮南、京西人户有产业,如烟爨实及七年以上,应举即许依贡举法收试。"②一些实力之家便凭借此诏令,更加大胆地实施科举移民,他们不仅将户籍移往沿边州郡,也移往内地一些解额较宽的地方,从而侵犯了那些州郡士人的利益,造成场屋争端。宁宗嘉定十五年(1222)二月,左司谏张次贤鉴于连年出现的闹闱事件,上疏言:

> 祖宗立法之初意,以当时北虏、西夏之人或流寓于中国,元无土著,故创此法以待之。南渡之后,遵行益谨,其东南士人有乡贯可归者非此(北)〔比〕也。今生长东南,既有本贯可以收试,乃欲舍途之遥而就迩,舍解额之隘而就宽,妄引此法以自利。不惟失国家立法之意,且使士人丧其所守。每及科举之期,争竞纷然,搅乱场屋,为害[甚]深。一路之弊若此,他路可以类推。今大比伊迩,乞下诸郡,应东南有本贯可归之人,不得妄引烟火七年之说,陈请冒试。戒约诸县,不得受私,纵容结保……以塞争端,以革弊源,以善士风,庶几人安所守,争自淬励,以俟上之选择。

"诏令礼部、国子监看详"③。但由于户籍问题十分复杂,不为科举而移民的正常迁居也大有人在,不可能完全加以禁绝,故"看详"的结果也就不了

---

① 《宋会要辑稿》选举一六之二一至二二。
② 《宋会要辑稿》选举一六之二〇。
③ 《宋会要辑稿》选举一六之三五至三六。

了之。

第三,引发士人闹闱。寄籍冒贯和科举移民,使土著士人的解额更为紧张,必然遭到他们的强烈反对,直至爆发闹闱事件,造成轩然大波。如孝宗淳熙十三年(1186)乡试,"有冒潭州之贯者,场屋喧(闱)〔闹〕,蹂践几死者数人。帅守私意不肯置冒贯者于罚,反将土著人坐罪。事至省部,人皆知之"。宁宗开禧三年(1207),衡州乡试,"场屋喧闹如潭州,监司凭冒者之言,追逮凡六十三家"。① 此后,仍接连发生士人大规模的闹闱事件:一件发生于福建漳州。据嘉定三年(1210)十一月福建路转运司言:

> 今年科举,本路漳州试院中有破落不逞者,鼓扇率众,各持竹段木截,喝嗷行凶,将棘围门户撞踏打开,奔入考试、监试诸位内,将教授杨宏中殴打伤损,其余试官尽遭毒手,踏开试院后门,赶逐出院。恃其党炽,莫敢谁何。

漳州士子闹闱,起因也是因为有人寄籍冒贯,结果知州钱踦降一官,本州士人"并停一举解发"②。再一件发生于光州(河南潢川)。嘉定十五年(1222)乡试,应举士人秦万全,妄诉另一士人林应辰"冒贯就试"。不明真相的群众,"打林应辰濒死,士人惊散,几坏科举"。诏令淮西转运司将秦万全等人"分送千里外州军编管"③,在十分优待读书人的南宋社会,这样的惩处不可谓不重。

到宁宗朝,由于解额不均的矛盾越来越尖锐,于是士大夫纷纷提出平均解额的主张,如叶适以为:"解额之狭于彼者,何不通之使与宽者均乎?"④陈岘以为:"解额不均,士不安乡举,欺冒日众。宜会诸郡终场人数,各以二百解一。"⑤《嘉定赤城志》作者陈耆卿针对台州解额甚紧的情况,也不无感叹地说:"以今终场数绳之,几于千取其一,盖与温、福等州最号人盛员窄处,士

---

① 《宋会要辑稿》选举一六之三四至三五。
② 《宋会要辑稿》选举一六之三一。
③ 《宋会要辑稿》选举一六之三七。
④ 《叶适集·水心别集》卷一三《科举》,第799页。
⑤ 真德秀:《西山文集》卷四四《陈公(岘)墓志铭》,文渊阁《四库全书》本。

至奔进,易乡贯去井邑,求试于漕台,于太学,盖亦势所必至也。傥均而广之,使为士者不窘于较艺,而又不重摇其心,则岂惟一郡之幸哉!"①

朱熹在与弟子的问答中,更提出了平均解额的具体办法:

> 或曰:"解额当均否?"曰:"固是当均。"或曰:"看来不必立为定额,但以几名终场卷子取一名,足矣。"曰:"不得。少间便长诡名纳卷之弊。依旧与他立定额。只是从今起,照前三举内终场人数计之,就这数内立定额数。三举之后,又将来均一番。如此,则多少不至相悬绝矣。"

> 某常说均解额,只将逐州三举终场人数,用其最多为额,每百人取几人,太学许多滥恩一齐省了。元在学者,听依旧恩例。诸路牒试皆罢了,士人如何也只安乡举。②

朱熹以为解额应当平均,但是每个州郡还须立有定额,若仅以终场若干卷子取一名,会产生"诡名纳卷之弊"。因而,最好的办法是以前三举终场人数多少决定解额,此后每隔三举,再平均一番,这样就可以消除各地解额差距悬殊之弊。同时朱熹还提出取消太学滥恩、取消牒试等建议。朱熹的这些建议,应该说尚有一定的可操作性。

后来,朝廷除取消牒试以外,其他关于平均解额的提议,一概没有采纳。究其原因恐怕有二:一是与各州郡的利益博弈有着密切关系。人们只要看力主平均解额之人,从叶适到朱熹,皆来自于解额特窄的东南地区,就可以明白其中道理。正如理宗朝礼部侍郎曹彦约所说,"欲增解额,则难立限制;欲均解额,则侵及它郡","变旧法以起争端,终不可久"③。既然解额只能增加不能减少,要想平均就无从谈起。二是解额宽处,大多为沿边州郡和文化不够发达的地区,南宋政府为了巩固边防的需要,对那里的士子作适当照顾;或为了促进当地文化的发展,培养熟识当地情况的官员,对这些地区的解额适当从宽,也属于考量的范围。

---

① 《嘉定赤城志》卷四《贡举》,第 7315 页。
② 黎靖德编:《朱子语类》卷一〇九《论取士》,中华书局 1986 点校本,第 2695、2702 页。
③ 曹彦约:《昌谷集》卷一一《论牒试札子》,文渊阁《四库全书》本。

五、州郡贡院

乡试需要有专门的场所,亦即贡院。唐、五代时,发解试比较简单,既无封弥、誊录之制,防范也不甚严,故多以寺院、学校或公廨等公共场所为之。入宋,科举虽远较前代为盛,或因地方经济条件所限,或受传统习惯影响,朝廷对州郡并无兴建贡院的硬性规定,州郡建有独立贡院者仍是少数。南宋后期人魏了翁以为:"自崇宁至政和中,都外郡咸有贡院。"①考之史籍所载,其说并非确论。两宋之交,受兵燹摧残,原来建立的少数州郡贡院,大多遭到破坏,甚至不存。"绍兴和议"签订以后,特别自孝宗朝始,随着社会的稳定和科举的发展,州郡贡院才得以普遍建立或重修。

州郡贡院首先建于应试士人众多,且地方官特别重视科举的江南地区。如徽州(安徽歙县)是北宋后期少数有贡院的州郡,但宣和年间的一场大火,使那里的贡院全部被毁。此后,每遇大比,只能借州学和孔庙为之,为了使学、庙连成一片,"则毁学之斋壁以纳之坐,讲堂及庙两庑皆满",可谓不伦不类。乾道四年(1168),知徽州郑升卿,于大成殿之东,买民间闲地六百二十余丈,筑屋八十间,建成了"气象宏敞"的贡院。从此,"学舍无毁撤之患,士得去此隘,尽思于为文"②。吉州为江西大邑,士人应试踊跃,绍兴十四年(1144),即建有"为屋二百余楹"③之贡院,堪称南宋州郡建贡院之始。关于建康府的贡院,知镇江军府事陈天麟于乾道四年所撰《建康府重建贡院记》有记载:

> 建业多士,异才辈出……应三岁之诏者,常数千百人。兵兴,百事卤莽,有司不暇治屋庐以待进士,始夺浮图、黄冠之居而寓焉。郡凡几守,率置不问,或告之,则曰:"此非吾之所急也。"

建康府在北宋时是否建有贡院,记文并未言明。自南宋建立以来,历次

---

① 《鹤山集》卷四四《普州贡院记》。
② 《新安志》卷一《贡院》,第7612页。
③ 《文忠集》卷二八《吉州新贡院记》。

乡试皆借当地寺院、道观为之。乾道三年,史正志守建康,应当地士子请求,于次年动工兴建贡院。院址选在秦淮河边,原地迁走了部分民居,史某"捐金而偿其迁筑之费,取羡余之木,为屋百有十楹"。劳动力不足,"适它郡潦伤,民流移江上","募之使食其力,不足则助以厢卒"①。至翌年终于建成了颇具规模的贡院。明州旧无贡院,北宋后期,应乡试者不过数百人,"率寓试于行衙,又于府学西妙音院,院为之废"。南宋初年,则寓试于谯楼之上或开元寺。绍兴以后,试者日众,乾道五年,知州张津始于妙音院废地建贡院,"糜金钱一千万",有屋一百四十楹,"立听事于其北,位考官于其后,执事之舍悉备"②。台州在南渡初年,因为士子应举不多,先后以"韩运判宅址"和兜率院为之。乾道七年,朱江知州事,始建贡院,"重庑参错,为屋三百一十楹,置试案、卷棚"。该贡院独特之处在于每一楹列三个考生座位于棚上,考生依柱附绳而上,考毕,"卷子随绳而下,自是无失卷"③。绍兴府以前也一直无贡院,"遇科举即僧舍为试所"。乾道四五年间,史浩知绍兴府,得到一块高朗干燥之地。六年,蒋芾继任,欲将此地建成贡院,但尚未来得及动工,即离任为提举临安府洞霄宫。乾道九年,钱端礼知绍兴府,"始克成之"④。此外,如汀州(福建长汀)、福州、建宁(福建建瓯)、泉州(今属福建)、平江府(江苏苏州)、湖州、婺州、兴化军(福建莆田)等地,到孝宗朝才陆续建起贡院。

此后,州郡贡院的兴建,从人口稠密、经济发达的地区发展到穷乡僻壤,从东南沿海发展到四川、二广乃至接近宋金前线的淮西地区。如夔州路下属十五个州郡,原无一个贡院,其中六个州郡的乡试,集中于转运司所在地夔州(重庆奉节)唯一的一所寺院,"破寺寓之"。乾道六年,王次翁知夔州,在那里建起了本路第一个贡院,"为屋一百一十间,一毫不取于民"⑤,受到当地士人的好评,同时也推动了四川各州郡贡院的修建。自后,彭州(四川彭

---

① 《景定建康志》卷三二《贡士》,第 1874 页。
② 《宝庆四明志》卷二《贡举》,第 5019 页。
③ 《嘉定赤城志》卷四《贡院》,第 7314 页。
④ 《嘉泰会稽志》卷一《贡院》,第 6729 页。
⑤ 廷桂等:《四川通志》卷四一《贡院记》,文渊阁《四库全书》本。

县)、眉州(四川眉山)、资州(四川资中)、长宁军(四川长宁),普州(四川安岳)等地,皆相继建起了贡院。在二广也兴起了一股修建贡院之风,如"去国滋远"的梅州(今属广东),在庆元六年(1200)六月建起了贡院,所花费用,"以缗计者数千,米以斛计者累百"①,规模虽不算大,但在其影响下,潮州(今属广东)等地也纷纷兴建贡院。黄州(湖北黄冈)地处长江边,建炎兵毁以来,乡试多附他州。乾道七年(1171),始试于本州,以庠校为之,"三载必一毁撤"。嘉定二年(1209),高得全知黄州,在"承开禧兵戎之余,日不暇给"的情况下,"分委僚属,创贡院五十余楹","承平殆亦不及"。②

一般来说,州郡贡院第一次修建得比较简陋,数十年以后多须重修。重修以后的贡院,其规模和气势往往大不一样。以建康府贡院为例,乾道四年建成的贡院,"为屋才百其楹",经绍熙三年(1192)重修后,面貌与往昔已不可同日而语。据杨万里在《建康府新建贡院记》中谓:

> 考官有舍,揖士有堂,爰廊两庑,爰拱二掖。可案可几,可研可席。堂之北墉,中阓以南,前后仞墙,内外有闲。自阓之表,缄封之司、写书之官、是正之员,左次右局,不觳不并……于此攸宅,凡二百一十有二楹。自堂徂庭,自庭徂门,自门徂裔,皆甃其地。士之集者,霁则不埃,霖则不淖。

因为规模宏大,所费也不赀,"凡为缗钱一万一千,为米斛六百,木一万一千章,竹一万四千个,甓瓦六十万三千枚"③。没有一定经济实力的州郡,当然建不起如此规模的贡院。

州郡有了独立的贡院后,不仅场屋比较宽敞,免除可能遇到的风雨之患,而且士子不必自备书案入试,使考试秩序大为好转,寺院、学校也不会再有毁拆之虞。另外,贡院在平日里还可作为州县学及供奉孔、孟的场所,真可谓一院多用。

---

① 《文忠集》卷五八《梅州贡院记》。
② 楼钥:《攻媿集》卷五四《黄州贡院记》,文渊阁《四库全书》本。
③ 杨万里:《杨万里全集》卷七四《建康府新建贡院记》,中华书局 2007 年笺校本,第 3076 页;马光祖等:《景定建康志》卷三二《贡院》,中华书局 1990 年《宋元方志丛刊》本,第 1876 页。

　　州郡贡院的形制不一,从有关《贡院记》的记载来看,比较普遍地设有考官厅事、执事厅事、封弥所、誊录所、受卷所若干间,士子场屋以一条或数条长廊为之,每廊以柱为界分成若干楹,合计有数十至数百楹不等。每楹之间并无间隔,楹中设书案若干个,应试者不仅可以互相望见,也易于彼此走动,这种格局,南宋的省试贡院也一样。明、清科举分三场考试,每场试二日一晚,士子试于斯,睡于斯,因此每个考生须互有间隔,单独成舍,日间是试所,晚间成卧室,故称席舍或号房,以防考生走动舞弊。南宋科举也试三场,但每场只试一日,早入而晚出,不必入睡场屋,故只分楹而不设席舍。关于这一点,南宋州郡贡院与明、清贡院有很大不同。

第三章　南宋的省试

前面已经提到,省试是科举中的第二级考试,也是最关键的一次考试。自唐开元二十四年(736)以后至宋,省试由尚书省所属的礼部主其事,人称礼部试或礼闱,又因为它在春季举行,故亦称春闱、春试。明、清时候,三省被废,吏、户、礼、兵、刑、工六部直属于皇帝,"省试"也就改称为"会试",即会集全国举人于京师参加由礼部主持的考试之意,但是其地位和性质与以前的省试并无不同,那是后话。

北宋参加省试的举人人数,每举皆不相同,多则上万人,少则三四千。南宋每举人数也不相同,不过没有像北宋那样相差悬殊,若以终场论,在没有特别免解恩例的情况下,大致为四五千人左右。①

南宋省试与北宋相比,基本条制相同,但试期、考官、考试内容、防弊措施皆有所变化,特别是"类省试"之设,为北宋朝所无,更值得引起重视。

---

① 《宋会要辑稿》选举六之九载:"嘉定四年二月十七日,礼部贡院言:今来省试,诸州军国学赴试经义、诗赋进士,贡院终场四千三百一十一号内,有国学该赦恩免解及还赴省试等人,其取人分数,乞指挥施行。诏依嘉定元年收放分数,每一十七人取一名,零分更取一名。"从中似乎可以约略得知南宋每举参加省试举人人数之大概。同时,根据每举所取进士人数和"每一十七人取一名,零分更取一名"的录取比例,也可约略得知某次参加省试的举人人数。

第一节　类省试

一、南宋初年的类省试

类省试,顾名思义就是在京城之外举行的类似于省试的考试。南宋有类省试,既是形势的需要,也有前朝的历史可以借鉴。

众所周知,唐朝自安史之乱以后,社会经济遭到极大破坏,特别是京师长安,经过安史叛军的野蛮蹂躏,物价飞涨,民不聊生,真可谓"长安米贵,居大不易"①。对每年赴京师参加省试的举人来说,确实不堪重负,数千名举人同时涌入长安,政府的接待能力也跟不上。唐代宗广德二年(764),礼部侍郎贾至为此建言:"岁方艰歉,举人赴省者,两都试之。"②所谓"两都"者,即指西京长安和东京洛阳也。唐朝政府接受贾至的建议,于翌年亦即永泰元年(765)七月,"始置两都贡举,礼部侍郎官号,皆以知两都为名。每岁两地别放及第"。在洛阳举行的省试,虽与后来南宋时举行的类省试还是有很大不同,但将省试地点设于京城之外却颇为一致(洛阳名为东都,毕竟不能与长安相侔)。此制实行十年后,至大历十年(775),礼部侍郎常衮认为,贡举人不同于一般选人,他们赴京后按例要谒见皇帝,省试应该皆在长安举行,于是遂诏:进士省试"并赴上都集"③。文宗大和元年(827),京师大旱,粮食发生困难,诏令除国子监举人等外,其他明经、进士任便"在东都赴集"④,再次举行两都贡举。次年,又恢复了旧制。

北宋仁宗朝,张方平以岭南、两川到京城开封"崎岖万里",举人赴试要

---

① 祝穆:《古今事文类聚》别集卷二六《先慢后敬》,文渊阁《四库全书》本。
② 《新唐书》卷四四《选举上》,第 1165 页。
③ 王钦若等:《册府元龟》卷六四〇《贡举部·条制二》,中华书局 1960 年据明刊初刻本影印本,第 7678 页。
④ 王溥:《唐会要》卷七六《缘举杂录》,中华书局 1955 年据武英殿聚珍版本影印本,第 1385 页。

"往复一年"，建议仿唐两都贡举，在广州、益州（四川成都）各设类省试。他认为这样做，可使"远人免崎岖之劳，寒士无废弃之叹；土俗以乡举而民劝，礼闱得人省而考精矣"①。不过，宋廷并没有采纳张方平的这一建议。当然，张方平建议的类省试，与唐时的"两都贡举"还是有所不同：一是类省试的地位不同。唐代两都，地位相近，而广、益只是监司所在地，与开封相比，地位不在同一个层次。二是目的不同。唐代实行两都贡举是因为长安"岁方艰歉"，无力接待大批举人，而张方平的建议则在于照顾远方士子，以免除他们长途跋涉的辛劳。但是，两者却有共同之处，这就是省试不在一个地方而是在二个以上地方举行。后来南宋的类省试，恐怕多少受此启发。

建炎元年（1127）五月初一日，高宗在南京应天府（河南商丘）即位，重建南宋政权，五个月后就逃往扬州。此时，河南、山东州县大部沦陷，金兵于当年秋天，正酝酿着新一轮进攻，两淮局势岌岌可危。靖康元年（1126）为大比之年，按照规定，次年即靖康二年（亦即是建炎元年）春天，应举行省试和殿试，结果发生了"靖康之变"，钦宗自身难保，当然无遑顾及省、殿试。南宋政权建立后，为了搜罗人才，笼络士心，同时表明两宋政权的继承性和正统性，遂决定恢复开科取士。不过，在兵荒马乱、"道梗难赴"的情况下，要举人们齐集行在扬州参加省试，实不可能。在两难之中，南宋政权恐怕是借鉴了唐代"两都贡举"和原先张方平关于设置类省试的建议，于当年十二月初一日下诏诸路转运司，在各路治所实行类省试。对此，《宋会要辑稿》选举四之一七至一八有详细记载：

> 诸道进士赴京省试，今春兵革，已展一年。国家急于取士，已降指挥，来年正月锁院。缘巡幸非久居，盗贼未息灭，道路梗阻，士人赴试非便，可将省试合取分数下诸路，令提刑司差官〔于〕转运司所在州类试。三省措置省试合放人额，纽计正解、免解，转运司正解并衮同，合以一十四人取一名，余分不及一十四人亦取一名。不终场者不计。内河东路合赴试人，令附京西路转运司所在试。国子监、开封府合就试人，于开

---

① 张方平：《乐全集》卷八《川岭举人便宜》，文渊阁《四库全书》本。

封府。诸路合就试人,于转运司置司州军类试。内国子监合赴试人,如在外路州军,愿就本路试者听。其国子监、开封府人,令留守司,诸路令提刑司,依贡举法选差试官六员,两路者各差三员。内开封府令留守司差御史台官一员,诸路令提刑司临时实封移牒转运使副或判官一员监试,不得干预考校。如有合避亲之人,专委官依公考校,所避之官不得干预。合避非本路提刑者,依本路监司法,前期牒邻路。合避试官者,封弥官暗记送别位。应逐场试卷,不得止送一位考校,仍令监试官专切觉察。

根据上述诏令,南宋诸路及国子监、开封府于建炎二年(1128)春、夏间,陆续举行了第一次类省试。

南宋初年的类省试与一般省试主要不同之处有四:一是类省试的地点不是设在京师,而是设在转运司所在州治(国子监、开封府试属于例外),如果该地也不安全,则设在本路他州州治①;二是主考官不是由朝廷临时任命的知贡举,而是该路的提点刑狱(国子监、开封府试也属例外);三是担任监试的不是御史台官员,而是该路的转运使副或判官;四是考试时间不是定在同一日,而是由各路按照具体情况而定。此外,如取人比例,设避亲别头试,试卷实施封弥、誊录等,则与原先的省试大致相仿。

绍兴元年(1131),又值省试之年。上一年十二月渡江入侵浙东的金军,于二月在完颜宗弼(兀术)率领下开始北撤。二月二十九日,由海上逃温州避难的高宗,在居无定所的情况下,知道仍然难以举行省试,遂借口因当年要行郊祀大礼,会妨碍校艺而需再次举行类省试,"就今年八月上旬内择日引试,于来年三月上旬择日殿试"②。

类省试虽方便了各路举人,但问题也随之暴露出来,主要表现在两个方面:一是许多考官水平不高,难于胜任考校工作;二是分散于各地考试以后,缺乏中央的有效监督,权力集中在一两个监司长官之手,徇私舞弊的情况就越来

---

① 按:《独醒杂志》卷一〇载:"绍兴初,(杨迈)以乡举就吉州类试,一禅刹为试院。"时江南西路治所在隆兴府(江西南昌),吉州为江南西路之一个州。
② 《宋会要辑稿》选举四之二三。

越严重,士人多诉其不公。关于第一个问题,绍兴元年六月,有臣僚提议:

> 窃见近诏诸路进士,令提刑司差官于转运司所在州类试。然改科之初,考试官未必尽晓词赋。去秋榜出,远方之士诉有司者已多,今若止令提刑司差官,不惟预有干请,亦恐未必皆系通习声律之人,则所差可知矣。乞诏执政大臣,于诸路漕宪或帅守中,择词学之臣总其事,使于所部精选考试官,务令公审,庶几上副设科更制之意。

诏从其请,于是"诏两浙路差提刑施垌、福建路差帅臣程迈、江南东路差帅臣吕颐浩、江南西路差帅臣朱胜非、荆湖东西路差转运判官孙绶、广南东路差帅臣赵存诚、广南西路差转运判官王次翁,其川陕路并令张浚于逐路帅臣、转运、提刑内,选差有出身之人"①为之。如果说第一个问题尚比较容易解决,那么解决徇私舞弊却成了难题。绍兴三年十月,南宋统治集团在临安府已初步站稳了脚跟,"盗贼屏息,道路已通",于是有臣僚建言停罢类省试,其谓:

> 科举之设,实用人才之根本,而省试最为重事,必于六曹尚书、翰林学士中择知贡举,诸行侍郎、给事中择同知贡举,卿、监、郎官为参详官,馆职、学官为点检官,又以御史监察其中,故能至公至当,厌服士心。间因军兴,遂以此权付之诸路漕司,所差试官不过数人,其选皆出于漕臣,奸弊百端。乞今后省试,并就行在遴选近臣,付以兹事。②

高宗接受此建议,"诏今后省试并赴行在"③。至此,在全国范围内实行了两次的类省试,遂告停罢。

二、四川类省试

绍兴三年(1133)十月下诏停罢类省试以后,翌年六月,礼部侍郎兼侍讲陈与义上奏高宗,要求恢复四川地区的类省试,其理由为:"川陕道远,恐举

---

① 《宋会要辑稿》选举四之二三至二四。
② 《宋会要辑稿》选举二〇之三。
③ 《系年要录》卷六九,绍兴三年十月戊申条,第1175页。

人不能如期(赴行在)。"于是朝廷下诏:"川陕合赴省试举人,令宣抚司于置司州置试院,选差有出身、清强见任转运使副或提点刑狱官充监试,于逐路见任京朝官内选有出身、曾任馆学或有文学官充考试官,务在依公,精加考校,杜绝请托不公之弊。"① 从而使川陕类省试得以保留。

　　这里须要回答两个问题:其一,南宋人一般不言川陕类省试,而言四川类省试,两者是否有所区别? 回答是四川类省试即川陕类省试,并无区别。绍兴四年六月诏书中所谓的"川陕",实指四川和陕西两地。陕西从北宋元丰八年(1085)起,分永兴军路(治所在陕西西安)和秦凤路(治所在甘肃天水)两大路。绍兴四年前后,陕西为南宋与金激烈争夺之地,因而上述诏书将陕西也作为实行类省试的地区。"绍兴和议"签订后,陕西绝大部分土地已割给金朝,留下来的仅有宝鸡西南不远处大散关以南、以西的小片土地。那里士人本来就不多,故与四川举人一起参加类省试,宋人也就随之习惯地笼统称为四川类省试。② 这里还须附带说明一下,绍兴九年十一月,户部侍郎周聿言:"陕西士人学术久荒,拙于为文,若与四川类试,必不能中程,乞别立字号。"高宗可其奏,"川陕分类试额自此始"③,说明在四川类省试的录取过程中,为照顾陕西举人,有着独立的录取名额。其二,这时的四川类省试,在考区划分上与绍兴三年前的类省试是否有不同? 回答是有很大不同。绍兴三年前的类省试,以士人所在的路为单位考试,尔后的四川类省试,不仅聚集了陕西部分地区的应试者,而且还包括了成都府路、潼川府路、利州路和夔州路四个地区的应试者,他们自绍兴三年(1133)以来,一直集中于四川宣抚司所在参加类省试。孝宗即位后,四川宣抚司或置或省,因而从淳熙四年(1177)起,诏"就安抚、制置司置院类试"④。四川安抚、制置司一直设在成都府,直至理宗宝祐五年(1257),成都府陷落于蒙古之手以后,四川类省试才移试别处。

---

① 《系年要录》卷七七,绍兴四年六月壬辰条,第 1263 页。
② 考诸史籍,"绍兴和议"签订前,宋人时有称川陕类省试者,此后基本上皆改称为四川类省试。如在《朝野杂记》中,有关标题皆作"四川类省试"。
③ 《系年要录》卷一三三,绍兴九年十二月己丑条,第 2136 页。
④ 《宋会要辑稿》选举二二之二。

绍兴二十七年五月,有臣僚提出:类省试弊端甚多,"欲罢之,悉令赴南省"。事下国子监讨论,权兵部侍郎兼祭酒杨椿奏曰:"蜀士多贫,而使之经三峡,冒重湖,狼狈万里,可乎? 欲去此弊,一监试得人足矣。"遂请选差清强有才行的员外郎以上官员一人,以行监试之职,"仍令监司、[守]倅宾客子力可行者赴省,余不在遣中"①。终宋之世,四川类省试得以不废。

由于四川的特殊地理位置,所以南宋政府对蜀士的优待和照顾犹为周到。早在绍兴六年,国家经济尚处于极端困难的时期,朝廷就下诏给四川类省试奏名进士赴行在殿试者发驿券,要求"经由州县,依条施行"②。为了解决蜀士赴行在的盘缠,允许他们"量带税物随行,以助旅费"。蜀士为多贩货物,"向也一舟五六人共之,行计易办。后来人各一舟,货物未足,卒难起离,遂成濡滞"。③

为使蜀士能及时赶赴行在参加殿试,类省试的时间也一再被提早。原先是九月十五日锁院,至十一月放榜。比一般的省试已提早了四五个月。绍兴二十九年(1159)七月,应四川安抚司奏请,以"窃恐举人趁赴御试不前"④为由,又提前到八月内锁院。类省试时间的提前,使南宋科举中的其他一些规定也相应作了调整,如四川发解试的时间,自淳熙四年(1177)起,从以往的四月五日锁院,十五日引试,提前到三月五日锁院,十五日引试。嘉定十一年(1218),又降指挥,"改用二月二十一日锁院,三月一日引试"。朝廷颁发科诏的时间,也提前半个月,即由原来的二月初一日提前到正月十五日。⑤

南宋对四川类省试的录取名额和所授甲第也给予一定照顾。绍兴以来,礼部贡院和原诸路类省试皆以十四人取一名,到孝宗隆兴元年(1163),因免解人数增加,礼部贡院曾一度改为十七人取一名,川、陕类省试仍依旧额取放。淳熙十年(1183),川、陕类省试虽增至"以一十六人取一名"⑥,仍

---

① 《系年要录》卷一七七,绍兴二十七年五月乙亥条,第2918页。
② 《宋会要辑稿》选举八之四二。
③ 《宋会要辑稿》选举八之二八。
④ 《宋会要辑稿》选举四之三三。
⑤ 《宋会要辑稿》选举一六之一九、一六之三三。
⑥ 《宋会要辑稿》选举五之五。

较礼部试为优。

绍兴二十七年(1157)二月,高宗对宰臣说:"蜀中举人,前此有赴廷试不及者,皆赐同进士出身。恐其间有俊秀能取高第之人,例皆置之下列,甚可惜也。今次若来者尚少,当展日以待之。"宰相沈该以为:"天时向暄,恐陛下临轩不无少劳。乞一面引试,后有至者,臣等策之中书,定其高下。"高宗不许,说:"三年取士,朕岂惮一日之劳耶?"次月殿试,果有蜀人阎安中、梁介分别被取中一甲第二、三名,高宗得意地对沈该说:"如何?"沈该大为"惭悚"①。应当承认,高宗是一位非常精明的统治者,尤其是经过秦桧专权而使科举大权一度旁落的教训后,越来越懂得取士之权不可下移的道理。正由于高宗作出了"当展日以待之"的榜样,因而此后南宋殿试的时间,为等候姗姗来迟的川、陕类省试奏名进士,常常一再推迟。

自北宋中期以来,凡进士考取第五甲同进士出身者,"法当守选,必俟铨试中格,乃许调官。一复蹉跌,则有逾岁旅食之忧",即使地处二广的进士也不例外。惟有四川同进士出身者,"例控告朝廷,皆得免试拟注"②,这是南宋政府对四川类省试进士的又一项优待。

起初,四川类省试所取奏名进士,往往以各种原因不参加在临安府举行的殿试,对于这些人的甲第,绍兴五年(1135)十一月曾经下诏作了规定:"过省第一人,特赐进士及第,与依行在殿试第三人恩例,余并赐同进士出身。"③绍兴十八年八月,礼部侍郎沈该以为,类省试中获得高第之人,"为见先有已降等第推恩名色,及虑御试却中底甲,往往在路迁延日月,才候试毕,并自陈为病趁赴不及,显属太优",奏请降甲。诏依所请。自后四川类省试合格不赴殿试人,第一等改赐进士出身,余人仍赐同进士出身,"自是遂为故事"④。对此改变,《系年要录》、《朝野杂记》和《宋史》等书,皆诿故于秦桧,以为绍

---

① 《系年要录》卷一七六,绍兴二十七年二月甲子条,第2906页;三月丙戌条,第2911页;《宋史》卷一五六《选举二》,第3630页。
② 《历代名臣奏议》卷一六九,洪遵奏议,第2222页。
③ 《宋会要辑稿》选举二之一六。
④ 《系年要录》卷一五八,绍兴十八年八月癸巳条,第2562至2563页;《宋史》卷一五七《选举二》,第3631页。

兴十七年类省试毕,秦桧见到榜首何耕籍贯汉州德阳(今属四川),为政敌张浚同乡,"大恶之",后来在殿试中又以"对策忤秦桧",秦桧遂喻其党羽沈该,将何耕甲第由进士及第降为进士出身。① 笔者认为,不管秦桧对此事是否怀有个人私意,但沈该所提出的降等理由,应该说站得住脚,效果也十分明显,这从"自是无有不赴御试者"②可以得知。

三、四川类省试的防弊措施

四川人才虽盛,但正如宁宗朝监察御史方獟所谓:"然地远而私容易,法玩而弊独稔。"③长此以往,后果十分严重。为此南宋政府采取了一些措施以行防范。

首先,一再重申四川监司、帅臣、守倅亲属、门客,及属官干办官以上亲属,"并令前来行在省试"④,使他们不可能近水楼台,利用权势攫取科名。

其次,注重对考官的任命。先是,虽有臣僚提出选差行在清望官一员以行监试之职,但由于"路远不可差",无法实现。绍兴二十九年(1259)三月,遂下诏:"朝廷于帅臣、监司内选差考试官、监试官各一员,于锁院二十日前,用金字牌遣降指挥。在院官吏,如有挟私违戾,令监试径行劾奏。余官制置司精加选差,务尽公明,不得苟简。"⑤但是,此后数十年,四川类省试的弊端依然十分严重。嘉定九年(1216)六月,右谏议大夫应武上疏揭露其弊言:

> 窃闻四川类省试有考官徇私纳贿,去取不公,预选之人,不协舆论,固当奏罢矣。近年所闻,或谓徇私之弊已久,朝廷不能尽知。盖监试一员、考试一员,系朝廷敕差外,自余考试、点检试卷官,并令制置司自行选差。近有势力者于差官之前,先事请托,或立暗号,或求题目,或私付文字,于考官、点检官内多所请嘱,虽封弥、誊录,而实知其姓名;虽文理

① 《系年要录》卷一五八,绍兴十八年八月癸巳条,第 2563 页;《朝野杂记》甲集卷一三《四川类省试榜首恩数隆杀》,第 274 页;《宋史》卷一五七《选举二》,第 3631 页。
② 《朝野杂记》甲集卷一三《四川类省试榜首恩数隆杀》,第 274 页。
③ 《宋会要辑稿》选举一六之三六。
④ 《宋会要辑稿》选举一六之一〇、一六之三五。
⑤ 《系年要录》卷一八一,绍兴二十九年三月丙辰条,第 3007 页。

疏谬,而曲为之扶拭。方其未揭榜之前,某人为某人所厚,某人为某人所主,士子相与指目。逮至揭榜,悉如所言。又闻敕差考官与制置司所差考官,(各)[名]称职事既同,势不相统;监试官虽许抽摘试卷详定,然一人之力,不能遍周,既不足以禁考官之私。且考试官或系本路知州,而本路监司乃为监试,则考官限于职守之相临,又不足以止监司之私,由是蜀士抑郁无诉。

应武为此提议:"乞将考试官员数尽从朝廷选差,或将所差考官一员,别立名称,同监试遍阅诸房卷子。或差东南人充监试,或(监)[差]不系监试官所部知州充考官。其被差者,不必专取文词之人,惟以公心取士为主,严行戒饬。"①宁宗接受了他的建议。此后,"朝廷遴选试官,多择东南士夫于彼者为试文、主点检试卷等官,故其弊稍减"②。然而李心传却说:"自庆元后。监试、考试官率以南士,余官选南士及蜀人参之,然去取之柄,专在南人,无复曩时之疑矣。"③其说较应武奏议早了二十余年,却说当时四川类省试的弊端已"无复曩时之疑矣",其所言或在时间上记忆偶误,或使人有缘饰之疑。

第三,四川类省试也与省试一样设别试所,供考官子弟和亲属别试考校,由朝廷选差监试、考试官各一员主其事。

四、四川类省试实施的意义

俗语云:"天高皇帝远。"尽管四川类省试与省试相比弊端更多,不可尽革,但实施一百余年来,还是具有一定的积极作用。

一是为国家选拔了人才,为朝廷笼络了士心,对巩固南宋在四川地区的统治起到了重要作用。有学者统计,在高宗一朝所取的四千余名进士中,四川类省试进士有一千三百七十八人,占了总人数的三分之一左右。④ 在这些

---

① 《宋会要辑稿》选举二二之二五至二六。
② 《宋会要辑稿》选举一六之三六。
③ 《朝野杂记》甲集卷一三《类省试》,第263页。
④ 参见张希清《南宋科举类省试述论》,载《宋史研究论文集》,河南大学出版社1993年出版,第315页。

人数众多的类省试进士中,不乏著名的政治家、思想家和史学家。如官至端明殿学士、同签书枢密院事的魏了翁,不仅是一位著名的道学官员,也是一位政绩卓著的循吏。他自庆元四年(1198)考取四川类省试奏名进士后,次年赴临安殿试,又以一甲第三名踏上仕途。当时正是韩侂胄实行"庆元党禁"之时,魏了翁在四川历任地方官,所到之处兴学校,办书院,亲自授徒讲学,在传播理学思想的同时,也推动了四川地区文化教育事业的发展。他不像一般理学家那样只说不做,而是蠲民逋、苏民困,"戢吏奸,询民瘼,举刺不避权右,风采肃然","以化善俗为治"。后来魏了翁被召至朝廷为官,又与权臣史弥远展开了针锋相对的斗争,并提出"敷求硕儒,丕阐正学,图为久安长治之计"。又"请申明大臣,除授之际,公听并观"①。他根据这一用人原则,荐引了四川地区多个才能之士。再如清正廉洁、敢于犯颜直谏的官员牟子才,他自幼父母双亡,依靠父客抚养长大成人。嘉定十五年(1222),牟子才参加类省试获得奏名,次年又考取进士。他针对当时政治腐败、大臣专权的现状,不断进谏。在工部侍郎任上,直接上疏批评理宗不理朝政,多近女色。为此,理宗将他出知太平州(安徽当涂)。牟子才在那里建李白祠,亲撰赞语刻于石上,并刻高力士脱靴图于石上。这些显然寓有规劝和警告理宗的意图。宦官董宋臣持图向理宗哭诉,嗾使御史诬劾其知太平州时的"过失",牟子才因此被降两官。理宗还秘密向与牟子才有隙的知安吉州吴子明调查他在太平州的情况,吴子明回奏道:"臣尝至子才家,四壁萧然,人咸知其清贫,陛下毋信谗言。"经吴子明说了实话,才使牟子才逃过一劫。牟子才对文天祥、李芾、赵卯发、刘黻、家铉翁等都作过鼓励或荐引,"后皆为忠义士"。牟子才死后,"家无余赀,卖金带乃克葬"②。四川以类省试出身的名臣,当然远不止上述二人。

特别要指出的是,有许多类省试出身的官员在平定吴曦之乱和抗金、抗蒙战争中,表现了高尚的民族气节,甚至英勇献身,见于《宋史·忠义传》所

---

① 《宋史》卷四三七《儒林七·魏了翁传》,第 12966 至 12968 页。
② 《宋史》卷四一一《牟子才传》,第 12359 至 12361 页;田汝成:《西湖游览志余》卷二《帝王都会》,上海古籍出版社 1980 年标点本,第 32 页。

载的就有杨震仲、王翊、史次秦、高稼、曹友闻、贾子坤、蹇彝、邓得遇、司马梦求、张山翁、黄申、赵孟垒、邓若水等十余人。

二是推动了四川地区文化教育事业的发展。南宋时候四川地区的印刷业所以特别发达,史学所以特别兴盛,书院所以特别繁荣,与类省试的推动下,应试士人众多、文化获得普及有着密切的关系。① 从印刷业来说,以成都府和眉山(今属四川)为中心,是南宋三大刻书业中心之一,其所刻之大字本,质量之精美远胜过福建建阳麻沙本,直可与临安府刻本相媲美。南宋时,四川地区史学家之多,足以令人叹为观止。除上引李焘、李心传两位南宋最杰出的史学家以外,《东都事略》的作者工称、《宋朝事实》的作者李攸、《太平事迹统类》的作者彭百川、《名臣碑传琬琰集》的编纂者杜大珪、《皇宋十朝纲要》的作者李埴都是四川人。他们的著作加起来,几乎占了全部宋代当代史著作的大半,而这些人都直接或间接地受到过四川类省试的影响。南宋书院,受理学影响,主要集中在江西、福建和浙江,但在理学传播并不普及的四川,也达到三十一所之多②,其中由理宗亲笔题名的"鹤山书院",影响之大,与白鹿洞、岳麓等著名书院齐名。总之,在北宋以前,四川地区由于曾经受到战争的影响,或地理位置僻远之故,其文化发展水平还较东南地区为落后,可是到了南宋,却大踏步地赶了上来,类省试的设置,是产生这种变化的一个重要原因。

第二节 省 试

一、省试时间的确定和考试科目的变化

三岁取士,乃北宋英宗朝以来的旧制。靖康元年(1126),例行省试,以

---

① 参见拙文《科举制度与宋代文化》,载《历史研究》1990 年第 5 期。
② 参见何忠礼等《南宋史稿》第十二章《文化的普及与发展》,杭州大学出版社 1999 年出版,第 578 页。

金人围城故,展至建炎二年(1128)举行类省试。绍兴元年(1131),当省试,仍因战乱,展至绍兴二年举行类省试。此后,科举开始走上正轨,有关情况一如前述。绍兴九年十二月,御史中丞廖刚奏称:自英宗治平(1064—1067)以来,三岁一开科场,率用今年明堂大礼,明年开科取士,后年实行省、殿试。"故荫补与登第人,往往先后到部,于注授为便,而漕司岁费亦无相妨"。可是,绍兴十年既是大比之年,又值行明堂大礼,二者有所冲突,为此他提议科场"更展一年,则大礼、科场省殿试皆得如古制矣"①。经礼部讨论后,朝廷同意廖刚所奏,于是将发解试之年和省、殿试之年,相应推迟到绍兴十一年和十二年。此后,三年一次省试,皆有序进行,再也没有发生变化。

若以天干、地支纪年,绍兴十一年乡试是辛酉年,绍兴十二年殿试是壬戌年,此后依三年一次科举类推,凡属子、午、卯、酉年即为乡试之年,辰、戌、丑、未年则为省殿试之年。南宋灭亡后,虽经历了有元一朝近百年的间隔,但到明、清两朝,乡试和会试、殿试之年若以天干、地支表示,竟与南宋完全一致,这是刻意承袭,还是偶然巧合,今已无从查考。

关于省试的考试内容,在高宗朝几经变化。建炎二年五月,诏:"后举科场,讲元祐诗赋、经术兼收之制。"分为诗赋、经义两科:诗赋进士不再兼经义,第一场试诗、赋各一首;第二场试论一首;第三场试策三道。经义进士:第一场试本经义三道,《论语》、《孟子》义各一道;第二、三场,同诗赋进士。②绍兴十三年二月,因国子司业高闶奏请,下诏将经义、诗赋合为一科,第一场试本经义三道,《论语》、《孟子》义各一道;第二场试诗、赋各一首;第三场试论、策各一道;但绍兴十五年正月又下诏分为两科,恢复建炎二年之制。由于经义较诗赋为难考,"于是学者兢习词赋,经学浸微",以绍兴二十一年省试为例,在二千七百五十余名举人中,习《礼记》者只有四十人,习《周礼》者只有五十人,"可谓鲜矣"。后来高宗担心:"恐数年之后,经学遂废。"③故到

① 《系年要录》卷一三三,绍兴九年十二月己酉条,第2139页。
② 《系年要录》卷一五,建炎二年五月丙戌条,第316页;《宋会要辑稿》选举四之二一。
③ 《系年要录》卷一六三,绍兴二十二年七月辛酉条,第2664页;《朝野杂记》甲集卷一三《四科》,第261页。

绍兴二十七年二月,又下诏恢复绍兴十三年之制,举人兼习两科。

绍兴三十一年二月,诏经义、词赋依旧分为两科。先是,右谏议大夫何溥等对经义、诗赋合为一科提出异议,认为:"自经义、诗赋合为一科,老成经术之士,强习辞章,不合声律。后生习诗赋者,不能究经旨渊源。场屋之内,病于偏枯。策问太寡,议论器识无以尽人。有司去取,不以此为重轻。士守传注,史学浸废。"①同时又认为减策二道而并于论,"故策问太寡,无以尽人。且一论、一策,穷日之力,不足以致其精,虽有实学,无以自见"。因此提议复分两科取士。经过礼部、国子监、太学有关官员讨论,奏请仍旧分两科取士,但为防止"学者竞习词赋,经学寖微"的局面,规定"诗赋不得侵取经义分数,若经义文理优长,合格人有余,许将诗赋人才不足之数,听通融优取。仍以十分为率,毋得过三分"②,目的显然是为了鼓励士人学习经义。诏依所请,每科三场,每场所试内容同建炎二年,从此成为永制。

南宋最终分诗赋、经义两科取士,除了当时统治者认为经义、诗赋不可偏废,以及照顾某些士人在学问上的偏科以外,还与考校时考官对诗赋、经义不能兼通有关。绍兴七年(1137)五月,殿中侍御史石公揆上疏言:"今以词赋、经义取士,而考校者患不能兼通,升黜安能得实?今岁科场,望令诸路转运司取词赋、经义两等,各差考官。"③后来分成两科,就为具有不同专长的考官考校带来了便利,这恐怕也是经义、诗赋分科取士的一个原因。

二、省试考官——帘内官

南宋省试考官,在一般情况下,"以学士或尚书一员权知贡举,又侍从、台谏二员权同知贡举,卿、监、郎官八员、察官二员充参详官,馆学及职事、厘务官二十员充点校试卷官"④。与北宋省试考官相比,人数更多,分工更为细密。若以职掌分,可分帘内官和帘外官两大系列。下面请先言帘内官。

---

① 《宋会要辑稿》选举四之三四。

② 《系年要录》卷一八八,绍兴三十一年二月乙丑条,第3152页;《朝野杂记》甲集卷一三《四科》,第261页。

③ 《系年要录》卷一一一,绍兴七年五月甲戌条,第1794页。

④ 《朝野杂记》甲集卷一三《国子监解试》,第263页。

省试时，礼部贡院"设帘都堂中间，而施帷幕两边，令内外不相窥见"①，这样便将与省试有关的官员分成帘内和帘外两部分。所谓帘内官，是指直接参与试卷考校和监督考校的官员，他们皆工作在帘内，不准与帘外官交通，干预帘外职事，故有此名。帘内官包括知贡举、同知贡举、监试、参详官、点检试卷官，他们皆属"敕差"。

知贡举、同知贡举、监试——南宋前期，原则上设知贡举一人②，同知贡举二人，分别担任礼部贡院的主考官和副主考官，简称为知举官或主司。孝宗即位后，为防止贡院取士中的舞弊行为，将自绍兴十二年省试起已经出现的二同知贡举中必有一人以台谏官充任的做法，定为制度。知举职责，除出题、校艺，最后审定高下以外，还负责裁处贡院一行事，事务十分繁忙。在出题时，如属策问，还须具撰人职位和姓名。北宋旧制，"用六曹尚书、翰林学士知贡举，侍郎、给事中同知贡举"③。南宋出任知贡举和同知贡举的官员更为广泛：充知贡举者有翰林学士、给事中、右谏议大夫、六部侍郎、御史中丞、中书舍人、六部尚书等官职；充同知贡举者有给事中、中书舍人、起居舍人、右谏议大夫、六部侍郎、左右正言、殿中侍御史、起居郎、兵部尚书、左谏议大夫、工部尚书、侍御史、秘书少监、国子祭酒、太常少卿等多种官职。以官品论，知贡举自从二品至正四品不等，同知贡举自从二品到从七品不等。

嘉泰间，韩侂胄擅权，进一步加强了对礼部贡院的监督，自开禧元年（1205）省试起，于三知举外，别差同知贡举一员，以谏官为之，"专董试事，不复干预考校"，嘉泰二年（1202）更其名为"监试"④。台谏充任监试，即使他的官位不高，但权力极大，"知举三人，虽是侍从、两省官，然议论题目，去取高下，率惟台谏意向，无所可否"⑤。史弥远上台后，一反前政，取消了"监

---

①　《长编》卷一二五，仁宗宝元二年十一月壬辰条，第2938页。
②　按：正如南宋后期人周密所说："祖宗朝知贡举者，礼部长贰乃云知举，余官虽在礼部贰之上，皆称权知举。盖知举乃礼部职也，今不复然。"（《癸辛杂识》别集卷下，中华书局1988年点校本，第279页。）考诸史籍，北宋前期人尚普遍称"权知贡举"和"权同知贡举"，至后期则渐省去一"权"字。进入南宋，基本上无有加"权"字者。
③　《宋史》卷一五六《选举二》，第3626页。
④　《宋史》卷一六五《选举二》，第3637页。
⑤　《宋会要辑稿》选举五之二七。

试"之称,但仍置四知举,其中一人由台谏官充任。嘉定六年(1213)十二月,应臣僚奏请,充同知贡举的台谏官,不再参与考校,而专门负责"贡院内外事务","使得一意检柅吏奸,关防弊倖"。其他三知举,则"专主取去,勿以他事为累"①。这样,出任同知贡举的台谏官,虽无"监试"之名,却有"监试"之实,实际上恢复了韩侂胄当政时期的做法。嘉定十三年正月,殿中侍御史胡卫以为:

> 所差台谏,既无卷子可考,至于贡闱弊倖,如怀挟、假手之类,合措置关防者玩愒其间,仅与三知举通签文书而已。盖不司考校,不应谓同知举,既专纠察,不应不正"监试"之名。今科举之法,诸州解试,别院省试,皆有监试官,安得省试大院独无监试?今宣锁在即,乞将台谏同知贡举一员改作监试,其校文之官有勤惰不一者察之,执事之吏有内外容奸者纠之。凡贡闱事,不属考校去取者,悉听于监试。然后名正言顺,责有所归。且使知举免亲琐务,专意文衡,诚非小补。②

诏依所请,"将台谏同知贡举一员,改作监试"③,正式恢复了"监试"名称。此后,乃以一人为知贡举,二人为同知贡举,一人为监试,职责分明。惟有度宗咸淳七年(1271),置二知贡举,景定三年(1262),以一同知贡举兼监试,详细情况可参考本书附录二《南宋知贡举、同知贡举及监试一览表》。

参详官、点检试卷官——在宋代,"参详"一词使用相当广泛,它类似于研讨、审核之意,参详官也就是负责对某事的研讨与审核之官。如绍兴二年五月,南宋政府置修政局,命秦桧提举,"又以尚书户部侍郎黄叔敖为参详官"④。淳祐七年(1247),郑清之为相,行括田之议,"遂以(史)宅之为提领官,右司赵与㒟为参详官"⑤。上述之"参详官",皆为此意。若用在科举考校上,所谓参详官,就是负责在初考官完成对试卷的初步考校后,再对试卷

① 《宋会要辑稿》选举六之一八。
② 《宋会要辑稿》选举六之三六至三七。
③ 《宋会要辑稿》选举一之二九。
④ 《系年要录》卷五四,绍兴二年五月丙戌条,第959页。
⑤ 《癸辛杂识》别集卷下《史宅之》,第293页。

作详细考校之官,故北宋时常称其为覆考官。孝宗朝以前,如果同知贡举中无一人为台谏官,则必定差一监察御史充参详官,"俾会聚考校,微寓弹压纠察之意"①,置监试后,台谏官就基本上不再充任参详官。

参详官的人数随应试举人多少而定,如绍兴五年(1135)六名,绍兴十八年八名,咸淳七年十二名,每举各不相同。充任参详官的官职,南宋人虽言必以"卿监为参详官,官职学官为点检官"②。但事实却不尽然,别的姑且不论,就以参详官而言,考诸史籍,计有门下省检正诸房公事、殿中侍御史、六部员外郎、监察御史、军器监、秘书丞、六部郎中、司农寺丞、国子监丞、秘书省正字、御史台主簿、太常寺主簿、宗正寺主簿、太常博士、秘书省校书郎、秘书省著作郎、诸王宫大小学教授、宗正少卿、秘书少监、著作佐郎、军器少监、大宗正丞、枢密院编修官、秘书省校书郎、大理少卿、枢密院副都承旨、将作少监、太府寺丞、秘书郎、宗学博士等数十种官职充,官品自正六品至从八品不等。

点检试卷官——经过誊录以后的省试试卷,要实行两次考校,然后再上于知贡举。点检试卷官为第一次考校之官,实际上就是初考官。宁宗嘉定十年(1217)正月,有臣僚上疏谓:

> 初考以点检为名,盖点检程式,别白优劣,而上于覆考。覆考以参详为职,盖参订辞义,精详工拙,以上于知举。至于知举,则取舍方定。今初考批卷人各不同:谨畏分守者,虽遇杰作,未敢过予;率意任情者,偶有所合,径批优分。虽知举、参详或升或驳,而过落攒分之际,合数而总计之,得失不能不差矣……③

这道奏疏清楚地告诉我们三点:一、点检试卷官的职责是"点检程式,别白优劣",即只对试卷是否符合程式进行评判,若有犯讳、脱落题目、误字超过规定等杂犯,皆先行黜落。至于用词是否精到,构思是否巧妙,则不予考

---

① 《宋史》卷一五六《选举二》,第3637页。
② 《系年要录》卷六九,绍兴三年十月戊申条,第1175页。
③ 《宋会要辑稿》选举六之二八。

虑。二、点检试卷官、参详官和知举官三者之间的关系:点检试卷官将初考后基本合格的试卷送参详官,参详官再根据试卷辞义的"精详工拙",写上评语,定出等级,上于知举官,由知举官最后作出取舍。三、在对试卷考校中,点检试卷官的工作最重要,他们的意见往往是评判试卷优劣的基础,尽管后来参详官、知举官都有可能对点检试卷官所定等级作出修正,但毕竟只是少数。故南宋人谓:"知举主文衡,参详审当否,至于考校去取之责,实由点检试卷官。"①

点检试卷官的人数比参详官为多,宁宗嘉定十二年(1219)以前,例选二十员。是年十二月,有臣僚以为:"照得近来宗子到省人数,倍于常举,其点检试卷官若仍旧止差二十员,窃虑考校不精。"于是诏令增加二员,"专一考校宗子试卷"②。后来,随着应试人数的增加,点检试卷官的人数也不断增加,到咸淳七年(1271)省试,竟达到三十二名之多。正由于点检试卷官人数众多,所以充任的官职十分复杂,有些官职限于笔者识昧,简直闻所未闻,下面仅以淳熙五年(1178)范成大充知贡举的二十名点检试卷官为例,可见一斑,他们有:"宗正丞沈揆、大宗正丞刘溥、秘书丞袁说友、大理正林元奋、太常博士章谦、枢密院编修官宇文作、详定一司敕令所删定官吴天骥、秘书省著作佐郎郑鉴、诸王宫大小学教授何鹿、秘书省校书郎胡晋臣、叶山、宗正寺主簿胡南逢、大理寺主簿陈资深、监登闻检院黄阁、干办行在诸军审计司吴博古、提辖文思院万钟、提辖行在杂买务杂卖场张商卿、监行在草料场周文攉、临安府学教授高桌、监行在编估打套局门陈义。"③上述官员,自从七品到从八品不等,中间既有低级朝官,也有京官;既有行政官,又有监当官。有时因缺乏合适的官员,还让一些待次、待阙的州学教授、通判、县令充任。④ 点检试卷官的官职虽然不大,但对"文艺器识"却有很高要求,且本人必须是进士出身。

----

① 《宋会要辑稿》选举六之三三至三四。
② 《宋会要辑稿》选举二二之二六。
③ 《宋会要辑稿》选举二二之三。
④ 参见《宋会要辑稿》选举二一之一二所载嘉定四年省试官一行名录。

在帘内官中，以监试的权力为最大，但他毕竟不参与考校，故在正常情况下，对举人去取并无直接影响。其次则是知举官，虽说试卷应以"点检试卷官批高下，参详、覆考供纳知举，欲使三场互考，不以一人之见为去取"①，但如果遇到率意任性的知举官，"乃谓试卷去取，可得自专，至有参详、点检去取一同，知举独不以为然，而得失遂定"②，考校结果就会大不一样。

在帘内，还有人吏若干员，以供奔走驱使；巡廊军卒多人，供应举人砚水，以及"点心、泡饭、茶酒、菜肉之属货卖"。③

与唐代"知贡举者，皆朝廷美选"④不同，宋代漫长的锁宿时间，对过惯了悠闲生活的士大夫们来说，无疑难以忍受。因此，尽管考校忙碌，知贡举与参详、点检等帘内官仍以饮酒、赋诗打发时日。对此，人们不难从北宋欧阳修于仁宗嘉祐二年（1057）知贡举期间所作的二十首唱和诗中窥知一斑。⑤南宋贡院也继承了这种遗风，不时举办宴集，从而影响了考校工作。宁宗开禧元年（1205）三月，权礼部尚书萧𬬱充知贡举，他与同知贡举联合上疏道：

> 窃惟国家三岁一开礼闱，群天下贡士而试之，专务网罗俊义，以备他时器使，事体至重。盖被差择而职选抡者，不下三四十人，使悉心殚虑，犹惧有阙。然常人之情，群臣则喜追逐，检局则思放肆，而考校程晷有限，稍或怠堕，立见废事。兼礼闱严肃之地，尤防亵慢。臣等被命入院，除体例外，未尝置酒，冀与属僚一意考校。虽其间识见精力不齐，而颓堕不虔者亦鲜矣。乞申饬今后内外科试，凡在院官，各思馨竭，无得非时燕会，妨废本职。立为定制，庶几用志不分，多得隽秀之士，以副明诏。⑥

诏应所请。萧𬬱等人的上疏虽难免有自我标榜之嫌，但对做好考校工

---

① 《宋会要辑稿》选举六之一八。
② 《宋会要辑稿》选举六之一。
③ 《梦粱录》卷二《诸州府得解士人赴省闱》，第 10 页。
④ 王钦若等：《册府元龟》卷六三九《贡举部·总序》，中华书局 1960 年据明刻初印本影印本，第 7661 页。
⑤ 参见《欧阳修全集·居士集》卷一二，第 205 至 212 页。按：还有二首唱和诗收在外集。
⑥ 《宋会要辑稿》选举五之三一。

作却不无积极作用。

三、省试考官——帘外官

所谓帘外官,是指在贡院帘外工作之官,他们中的部分人虽然要接触到举人的试卷,却不参与对试卷的考校。帘外官主要有封弥官、誊录官、对读官、巡铺官和监门官等。

封弥官——就是负责封弥试卷卷首的官员。在论及封弥官前,有必要将省试试卷用纸即试纸的来源及与之相关的书铺情况略作一说明。李唐以降,历经宋、元、明三代,凡发解试和省试所用试纸,并非贡院发给,而必须由举人自备,对此往往不为今人所知。宋代为统一试纸的规格和质量,举人在考试前要委托由贡院所指定的书铺作成。对于宋时的书铺,有学者认为它不同于现在的书店,"而是类似于今天公证处以及律师事务所"①。对此,笔者只表部分苟同。确实,宋时书坊与书铺中的"书"字,两者意思大不一样,前者为书籍之"书",后者为书写之"书";书坊从事的是刻印和售书业务,书铺则从事书写业务,主要是依据公文格式,代百姓书写契约和诉状,甚至代部分官员书写文书。当省试来临时,也替举人提供试纸,帮助举人完成从省试到及第的一应手续。故南宋人谓:

> 凡举子预试,并仕宦到部参堂,应该节次文书,并有书铺承干。如学子乏钱者,自请举至及第,一并酬劳书铺者。②

又谓:

> 试前一日,省试院引保,或不用亲临,只贡之书铺。书铺纳卷,铺例五千。自装界卷子与之,或只二千,无定价,过此无害也……(御)试前数日,书铺告报士人请号(纳卷铺例五千,因铺家卷子,兼得《御试须知》

---

① 王瑞来:《朝野类要·前言》,中华书局 2007 年点校本。
② 《朝野类要》卷五,第 103 至 104 页。

一本)……先唱名数日,书铺又告报请号……①

北宋旧制,举人赴京后,首先要将得解文件递交书铺,然后在由书铺提供的试纸上,于卷首亲笔书写姓名、三代、籍贯、年甲及所治科目,再由书铺一并向贡院投纳。正由于书铺与举人和贡院都有十分密切的关系,所以它往往成为科举舞弊的源头之一。

贡院收到试纸,经核对无误,由封印官封印卷首,作为记验。试日,贡院将已盖有"礼部贡院之印"的试纸发给每名举人,试题则由贡院另行公布。南宋省去封印官,其事归封弥官,其他一同北宋。举人试毕,试卷送封弥所,由封弥官截去试卷卷首并三代家状,分别在截取部分和试卷部分标以相同的"三不成字"为号,并将字号登上号簿,最后将试卷部分送往誊录所(北宋称誊录院)誊录。

封弥官人数,以南宋绍兴十八年(1148)省试为例,只有二人,咸淳七年(1271)为六员,其他省试,封弥官估计不会超过此数。

宋人有言:"贡举莫重于省试,利害关系莫重于封弥。"②北宋时,常以台谏官为封弥官,权势颇重。淳熙八年(1181)正月,有臣僚言:封弥、誊录、巡铺等官,"多是差刑部及厘务官,既不谙事体,又官卑人微,不敢谁何。弊倖多在封弥所,至有涂抹试卷,漏泄字号,折换印缝,能文者反被其害"。为此孝宗下诏:"自今省试封弥官,依祖宗典故,差郎官、卿监以上。在院供给,并依参详官例。"③此后,封弥官的官品虽在从六品以上,但舞弊之事仍时有发生。于是又有官员建议,应选差一监察御史为帘外官,"专一监督封弥等事,如有奸弊,申举弹劾。庶几涂抹试卷,漏泄字号,拆换印缝等弊,可以顿革"④。大概因为台谏官不敷派遣,对此建议并未被采纳。

誊录官——即负责誊录试卷之官。南宋历次省试誊录官的人数,大都

① 刘一清:《钱塘遗事》卷一〇《省试》、《御试给号》、《择日唱第》,上海古籍出版社1985年据扫叶山房席氏校订本影印本,第222至227页。
② 《宋会要辑稿》选举六之三七。
③ 《宋会要辑稿》选举二二之四。
④ 《宋会要辑稿》选举五之一七。

阙而不载,今所见有宝祐四年(1256)二员,咸淳七年(1271)三员,似可参考。省试举人,动辄七八千,甚至更多,考试以三场计,试卷当有二三万份,誊录所必须雇佣数十名甚至上百名书手充誊录人,才能毕其事,故誊录官只在其中起到负责和监督的作用。

南宋绍兴间,试卷誊录用纸由贡院准备,乾道五年(1169)二月,礼部奏请,省试举人在投纳试卷时,还要投纳草卷一幅,"依式装界,以备誊录"。其后礼部又言:"四方举人,纸色参差,深恐未便。欲依旧下所属增价买高厚连纸,务令如法。仍将纸样从本部印押,封送主司并誊录所。如不及元样及誊录非善书人,重科罚。"①诏依所请。从此,南宋省试的真卷和草卷用纸,皆须自备,并且有一定的质量和式样标准。

誊录人对试卷必须完全按原文誊录,不得增减文字和笔划。

为防范不合格的书手混入其间,誊录人选择书手先要通过"较字"一关,"不许代名,具姓名字样,申院覆写检实"②。誊录时,还要用纸封臂,防止他们干与誊录无关之事,但实际上这些皆为形式而已:一是所谓"较字","不过书云'某县誊录人'姓名数字,其能否未能别也";二是"以纸封臂,往往文具"③,誊录人依旧可以自由走动,揣摩打听。

正如南宋人自谓:"一法立,则一弊生。"④孝宗淳熙十四年(1187)正月,据臣僚言,当时誊录的主要弊病是:

> 誊录人皆是六曹、寺监、转运司、临安府九县科差吏人,皆雇游手,本非正身,老弱残患,仅能书写。诸司虽给钱米,例为吏人减尅。及誊录之所,上雨旁〔风〕,毁坏文卷。每至帘内催迫,以老病之人,日夜抄写,精神困弊,至多脱误。或字数稍多,擅自节略,致无文理,枉遭黜落。⑤

① 《宋会要辑稿》选举四之四〇。
② 《宋史》卷一五六《选举二》,第 3636 至 3637 页。
③ 《宋会要辑稿》选举五之三四。
④ 《历代名臣奏议》卷二七二,虞俦奏议,第 3552 页。
⑤ 《宋会要辑稿》职官一三至一四。

更有甚者：

> 誊录所自来循袭体例，以士人试卷凡有犯科举条制"不考式"者，并听誊录人点对举觉，与免誊录。由此誊录人怠於书写，辄为改易正本，书入讳字，以免书写，甚则有焚匿遗弃之患。虽有合格之文，无由得达于考试官。士子三年勤苦，千里来试，乃为誊录者毁弃试卷，暗遭黜落。试卷有第一场、第三场，而无第二场者；有裂去一半，不可誊录者……

为了纠正上述弊端，宁宗嘉定四年（1211）四月应臣僚奏请，诏令"今后士子试卷，应有犯讳及不合考校格者，并令依本誊录，写发入里，听试官考察，不许誊录所暗行黜退。其试卷首尾不全，亦须具数以告帘里。"①嘉定六年五月，又应臣僚奏请，"（誊录人）今后每人日支米二升半，令钱粮官点检，发赴誊录官，当官给散，以防吏辈减克，却于食钱，照价除克"②。但此后誊录人的待遇依然很差，弊端仍然层出不穷。试卷誊录本是一项很好的防弊措施，由于吏治腐败，实施不得法，反而对公平取士带来了损害。

试卷誊录后，经对读官对读无误，真卷由封弥所保管，草卷入帘内，先送点检试卷官考校。

对读官——即负责对读真卷与草卷，纠正誊录中可能出现差错之官。嘉定元年（1208）正月，有臣僚言：

> 试卷去取，虽赖考官精明，而誊录、对读，尤当加意。誊录脱误，对读卤莽，文义舛讹，必误考校。每举所差，对读官员数特多，正欲订正誊录脱误，以便考校。惟是差官不加选择，虽昏耄衰病，亦使备数。所以待遇者，又皆简薄，位次狭隘疏漏，上雨旁风，不能自庇。而幕帘器用，油烛薪炭之属，亦多不备，何以责其尽心？遂致草卷虽经对读，脱误尚多，帘内考校，倍觉费力。③

据此可知，对读官的身份不是普通士人，而是下级官吏，且工作条件极

---

① 《宋会要辑稿》选举六之九至一〇。
② 《宋会要辑稿》选举六之一四。
③ 《宋会要辑稿》选举六之一至二。

差。再从史籍关于"对读官员数特多,正欲订正誊录脱误,以便考校",以及"对读之官,目力不逮,而考校督迫,工而失者有之,不工而得者亦有之"①的记载看,他们似乎都亲自参与试卷对读,不像誊录官属下有一大批誊录的书手。但是,考之咸淳七年省试,对读官为二十四员,人数虽不少,而在一个月左右的时间里,要完成二三万份试卷的对读,"订正誊录脱误",目力还是有所不济。若再考之宝祐四年省试,对读官只有五员,皆以选人为之,则绝对不可能亲自完成如此繁重的对读任务。因此,在对读官手下,是否还雇有一大批人帮助对读,是一个尚需深究的问题。此外,封弥有封弥所,誊录有誊录所,对读设于何处,史书记载也告阙如。

巡铺官——有时亦称巡捕官,是负责巡查场屋,防止举人考试作弊,尤其是传义、怀挟的官员。关于巡铺官的起源,据南宋人高承《事物纪原》援引《宋会要》载:

> 雍熙二年正月,诏礼部引试分差官廊下察视,勿容私相教授,此巡铺之始也。初以检视《九经》诸科,至景德四年十二月十三日,命乔希颜等始为巡试铺。及天圣二年正月,始有巡铺官孔延鲁,自此巡铺遂为定制也。②

高承以为巡铺这种做法出现于北宋太宗雍熙二年(985),但据朱胜非《绀珠集》卷四《原夫之辈》条载:"贾岛不善文,每入试,巡铺告曰:'原夫之辈乞一联。'"按贾岛(779—843)乃晚唐诗人,诗句"僧推月下门"抑或"僧敲月下门"的典故即由他而来。说明早在唐代科举中,已有巡铺。宋代科举远较唐时严密,因而即使在早年,为防止举人舞弊,也应设有巡铺官。据笔者考证,正式有"巡铺官"这一名称,不在北宋仁宗天圣二年(1024),而至迟到真宗景德二年(1005)已经出现③,高承之言有误。

---

① 《宋会要辑稿》选举五之三四。
② 高承:《事物纪原》卷三《巡铺》,文渊阁《四库全书》本。
③ 《长编》卷六○,景德二年七月丙子条载:"龙图阁待制戚纶与礼部贡院上言……昨者廷试以正经命题,多懵所出。旧敕止许以篇韵入试,今请除官《韵略》外,不得怀挟书策。令监门、巡铺官潜加觉察,犯者即时扶出,仍殿一举。"第1352至1352页。而天圣二年只是"增置"而已。

省试巡铺官的员数，以临时就试人多寡增损，北宋初年较少，至仁宗天圣二年（1024）增置为六员①，南宋后期，场屋多弊，遂增为八员。北宋对巡铺官委之甚重，在数人中必有台谏官一人充任，宦官也不在少数。到了南宋，巡铺官的地位明显下降，史籍对他们也很少有记载。

监门官——即为监守贡院大门、谨防举人和贡院内外人员随意出入之官。宋代监门官的设置十分普遍，大到三省、枢密院、六部、秘书省、太学、封桩库、军器所、文思院，小到仓库、诸场等公府机构，皆有监门官。对于大多数机构的监门官来说，他们的职责恐怕就只是监门一事。贡院则除了监门以外，还有一些特殊任务：一是禁止举人怀挟书册进入贡院。不过，在绍兴二十六年（1156）以前，举人尚可自带《礼部韵略》入贡院，当年春天，高宗以为："自来举人许带《礼部韵略》入试院，致有司难以检察。自今可令国子监多印造《韵略》，并从官给，庶几怀挟之弊可革。"②从此以后，类似《礼部韵略》、《刑统》、《律文》等书，并由贡院提供，不许举人自行携带入院；二是为举人引入考试坐次。贡院于试前一日排定举人坐次，榜名告示，"至日，监门据姓名引入，依此就座，不得移易"③。当然，由于举人甚多，为他们引座者最后不会是监门官，而是人吏、兵士无疑。三是检查考官的"平安历"和家书、物品出入，防止内外勾结作弊之患。嘉定六年（1213）正月，有臣僚言：

> 试院有"平安历"，不过以报平安。今则不然，其出也，所书项目，监门莫得而见；其入也，所传件数，监门莫得而稽。囊复封识，不知所藏何物？名为药裹，安知无简札往来？号为家书，安知无消耗漏泄？其弊有未易言者。嘉泰间，议臣亦尝推究关防矣，未闻许其发视而后通传。乞下所属，自今"平安历"早暮出入，监门官逐一点检，不许帕复缠裹，私自封缄，虽药贴、家书，亦先开拆，方得收传，监试覆视，则考试者无得容其私，就试者无以售其私。④

---

① 《宋会要辑稿》选举一九之八。
② 《宋会要辑稿》职官一三之一〇。
③ 《宋会要辑稿》选举三之九。
④ 《宋会要辑稿》选举六之一一。

诏依所奏。从此监门官必须检查考官早晚与家人互报平安的所谓"平安历"以及药袋、书简等物品。为了供应举人饮食和传送紧要文书,"每日辰、酉请门官监开,传送饮食。如遇紧要文字取覆监试,旋请匙钥,监视封闭,不至传送不绝"①,这些也是监门官的职责。

北宋十分重视监门官的作用,往往以台谏官一人充。进入南宋,"监门多差监当及在部小官,皆得慢易",因而弊端不断。淳熙九年(1182)二月,太常少卿俞端礼上疏以为,"试院全籍门禁严密,以防奸弊",建议"自今监门官并差六院官及临安府通判为之"②。诏依所请。按六院官指登闻、检鼓院监官各一员,诸司、诸军粮料院干办官各一员,诸军、诸司审计司干办官各二员,官告院主管官二员,都进奏院监官二员,"例以京官知县有政绩者为之,亦有自郡守除者"。"自绍兴已来,六院弥重,号为察官之储"③。诏依所请。不过与北宋相比,任用还是较轻,因而在南宋的有关史籍中,基本上不见他们的踪影。但以人数论,北宋监门官只置一人,南宋则常置二人,一监大门,一监中门,这似比北宋为严格。

在帘外官中,还有"弹压受卷官"一员,用以维持举人纳卷时的秩序;"总辖诸司官"一员、"同主管官"一员、"外诸司官"一员,主管各种帘外杂务。此外,还有人吏、军士若干名以供驱使。

这里需要说一下帘内官和帘外官的关系问题。因为帘内官的官职一般较帘外官要大出许多,因此虽然规定帘内官和帘外官不准互相交通,但仍常有帘内官干预帘外之事发生。孝宗淳熙三年(1176)六月,诏应国子监奏请:"自今差充贡院帘内试官,并不得出帘外干预帘外职事。如违,令本院长官觉察,具名闻奏,重作施行。"④从而防止了帘内官干预帘外职事及与帘外官相勾结,通同舞弊之事的发生。

此外,由于省试考试官多,举人众,锁院时间又长,所以贡院内还备有医

---

① 《宋会要辑稿》选举六之四八。
② 《宋会要辑稿》选举二二之五。
③ 佚名:《续编两朝纲目备要》卷二,第23页。
④ 《宋会要辑稿》选举二二之二。

官,以供不时之需。①

四、举人的考试和录取

南宋获得取解并举送礼部参加省试的士人,一般称为举人。北宋省试,向例在正月十五日,自绍兴十二年(1142)科举走上正轨以后,基本上循此旧规。但也有例外,如绍兴十八年就在二月中旬引试。孝宗淳熙十六年(1189)九月,诏应右谏议大夫何澹奏请,以"引试之时,春令尚浅,间遇风雪,则笔砚冰冻,终日呵笔,书字不成"②为由,展期半月,以二月初一日引试。自宁宗庆元二年(1196)起,又展至三月上旬引试。理宗淳祐十二年(1252)八月,有臣僚以为,殿试往往被推迟到八月,若省试继续用三月,则"远方之士,留滞逆旅",生活会发生困难,遂下诏:"明年省试,仍用二月一日,以四月殿试。"③从咸淳七年(1271)的省试时间看,二月一日省试的规定,终宋之世似乎再无变化。

获得发解的各地举人,一般皆在获得发解试之年的年底抵达临安,各于寺院僧舍或较为安静的邸店安泊下来,等待来年春天的省试。在省试前,举人要委托书铺完成一系列应试手续,包括递交解牒,准备试纸等。试前一日,他们要前往礼部贡院大门外观看张贴在那里的坐位榜。为防止举人作弊,坐位尽可能打乱地区排列,故宋人称其为"混榜"。由于成千上万举人同时观看坐位榜,往往因互相踩践而造成死伤,宝祐元年(1253)太学补试,就踏死十七人,省试又踏死一人,时人有诗云:"南省观图丧一名,补闱又试万人英。两重门阃如天险,十有七人倒地横。谁设秦坑来贡院?枉教唐士梦登瀛。云山万里家何在?月白风清鬼哭声。"④尽管如此,举人们还是前赴后继地去跳宛如天险和秦坑的"龙门",这当是科举入仕的巨大吸引力所致。

诗赋进士和经义进士各试三场,每日一场。以淳祐十二年以后的省试

---

① 《宋史》卷四六一《方伎上》载:"贡院锁宿,皆令医官随之。"第 13510 页。
② 《宋会要辑稿》选举一之二〇至二一。
③ 《宋史全文》卷三四,淳祐十二年八月乙未条,黑龙江人民出版社 2005 年点校本,第 2303 页。
④ 《西湖游览志余》二二《委巷丛谈》,第 400 页。按:原文作"淳祐癸丑",然淳祐无癸丑年,只有宝祐元年才是癸丑年,且是省试之年,故原文中的"淳祐"当系"宝祐"之误。

为例,诗赋进士:二月初一日、初二日、初三日分别引试诗赋、论、策三场。经义进士:二月初六日、初七日、初八日分别引试经义、论、策三场。试日清晨,举人经贡院监门官搜检毕,由吏卒引领到指定坐位入坐,贡院大门随之关闭。据《梦粱录》载:举人"依坐位分廊占坐讫,知贡举等官于厅前备香案,穿秉而拜,诸士人皆答拜,方下帘幕,出示题目于厅额"。题中有疑难处,听士人就帘外进问题意,谓之"上请"。试官"于帘中详答之讫,则各就位作文"。每场考试时间皆为一天,举人在场屋中若需加砚水,由巡廊军卒帮助注入,若需点心、泡饭、茶酒之类,亦由此辈"货卖"①。然上述所谓"出示题目于厅额"一语,令人生疑:南宋雕版印刷极其发达,省试试题因何还要手抄?何况数千举人怎能同时看清写于厅额上的题目?《梦粱录》此处的记载肯定有误。

举人于天黑前必须纳卷出院,不能继烛。孝宗淳熙十四年(1187)以前,投纳试卷虽分幕收接,但因为举人实在太多,及至昏暮,大家一齐纳卷,"不免壅并纷拏。吏辈要求,转加留难,掷弃地上。至夜收聚,多有足践、油污及指为不终场"。是年,借鉴临安府解试之法,于每个幕次置大柜五六口,"委封弥官先自封锁,至卷纳绝,昇至封弥所验视封锁,亲数试卷,誊上簿籍,各无毁失"②。然后,封弥所除去写有家状的卷首,并在卷首和试卷上分别打成同一字号,卷首由封弥所保管,试卷则送誊录所誊录。誊录后的草卷经对读无误,送帘内官各房考校,真卷送封弥所保管。

省试与发解试一样,在考校时,实行分场录取,即第一场试卷经初考发觉有犯"不考式"者,试官不再考校第二三场试卷,这名举人实际上已被黜落。全部考校时间约需一个月左右。试官去取毕,贡院申省奏号,由朝廷派遣内侍为拆号官前往贡院与知举官、封弥官一起对号开拆,知举官于试卷家状上亲书省试名次。此事关系到举人的一生前途,知举官做得十分慎重,"率以下晡到院,先即封弥所点号整足,然后入院。往往夜漏既上拆号,抵明方毕,放榜以示,天明为限'③。拆号既毕,应有试卷并付礼部架阁,以备查

---

① 《梦粱录》卷二《诸州府得解士人赴省闱》,第 10 页。
② 《宋会要辑稿》职官一三之一四。
③ 《宋会要辑稿》选举四之三六。

考。至此,省试考官才能出院回家。

隆兴元年(1163)二月二十一日,孝宗下诏:"今举诸科进士,务取学术深淳、文词剀切、策画优长之人。可令礼部将省试上十名策卷编类,缮写成册投进,以备亲览。如有可行事件,当下三省取旨施行。"①以往只有前十名殿试策供帝王"亲览",现在孝宗要"亲览"前十名省试策,这可是一个创举。其目的,一方面希望从举人的对策中了解"可行事件",作为行政的参考;另一方面实寓监督省试官员是否秉公取舍之意。淳熙八年(1181)二月,孝宗再下诏礼部贡院:"候省试开院日,将上二十人真卷先次进入。"②这次所上试卷由十人增加到二十人,内容遍及诗赋、经义和论策,这又是一个破天荒之举。如果结合后面将要说到他对武举的重视来看,反映了在南宋诸帝中,孝宗确实称得上是一位最重视科举取士的帝王。

省试录取的进士,称奏名进士,意为须向皇帝奏名,等待殿试后才能正式录取的进士。省试旧以十四人取一名,隆兴初,建、剑、宣、鼎、洪五州进士,三举实到场者,皆以覃恩免解。有旨增省额百人,遂以十七人取一人③。自乾道二年(1166)起,又改为"每十五人四分纽取一名,零数各取一名"④。既然进士科分成诗赋和经义两科取士,经义进士所试大经也有不同,因而两科之间、各经之间的成绩高低就缺少可比性。为了公平取士,故无论发解试或省试,原则上皆以参加各科、各经考试的人数多少,按比例加以录取。由于每举参加省试的举人人数不同,而录取比例相同,故每举录取奏名进士的人数就不等,少的不到四百名,多的达到六七百名。

这里还要附带说一下对省试合格举人的覆试问题。由于秦桧养子秦熺和孙秦埙两人在绍兴十二年(1142)和二十四年的殿试中,先后被御试官定为第一人,使人觉得颇不正常。绍兴二十六年六月,高宗对近臣说:"秦埙中甲科,所对策叙事皆桧、熺语,灼然可见。朕抑之置在第三,不使与寒士争

① 《宋会要辑稿》职官一三之七。
② 《宋会要辑稿》职官一三之一四。
③ 《文献通考》卷三二《选举考五》,第300页;《宋会要辑稿》选举四之三六。
④ 《宋会要辑稿》选举四之三九。按:上引《文献通考》以为省试十七人取一人,"后不复改",此说恐有误。

先。祖宗故事,今可举行。"遂下诏礼部贡院:"遵依咸平三年三月诏旨,所试合格举人内,有权要亲族者,具名以闻。"①以防范权要子弟窃取科名。宁宗庆元二年(1196)四月,诏依礼部奏请:"检会乾德、咸平典故,省试开院,合格举人内有任两省、台谏、侍从以上有服亲,属权要亲族者,从本部取索,具名奏闻覆试。"②从而开创了奏名进士中对权要子弟实行覆试的制度。景定三年(1262)二月,理宗下诏:"省试中选士人覆试于御史台,为定制。"③又将原来只覆试权要亲族扩大到覆试所有省试合格的举人,此项制度较北宋为严。

五、省试别头试

省试别头试,是朝廷为省试官员子弟、亲戚赴省试时,因避嫌而在别处设置考场进行的考试。时人将礼部贡院称为大院,而将省试别头试考场称为别院。由于赴别院考试的举人人数远较大院为少,录取名额也偏低,又没有特殊照顾,所以一些官员为不影响子弟和亲戚的科举利益,往往尽量规避充任大院考官。孝宗淳熙五年(1178),为了增加别试人数,诏令"国子生尽赴别院收试",使别院人数比之以往"增倍"④。嘉定六年(1213)十二月,有臣僚言:

> 比年省试差官,有前期恳免不愿就者。公道不明,人莫不亲其亲,子其子,趋宽畏狭,情所不免。自避亲别试,取人至窄,朝士宜为试官者,规避求免,临期无官可差。或以干堂到部充数,外官视朝士,等级有差,惟务顺承,不敢可否。臣尝熟思,士不乐于别院者,就试人少也。使试者众而取亦众,何避之有?

由于在临安府的官员不愿意充当省试考官,只得由外地赴京参部和待次的官员去充数,这些人自感职位不高,对别试举人的要求就不可能很严格。而以往让国子生去别院应试的做法,他认为也不合理:"盖凡取解之优,

---

① 《宋会要辑稿》选举四之三〇。
② 《宋会要辑稿》选举五之一八。
③ 《宋史》卷四五《理宗五》,第880页。
④ 《宋会要辑稿》选举一六之二二。

自太学及胄子,外则有诸路漕试尔。以天子之教养,与公卿之子弟,于法宜优。"而牒试举人,"非其亲故,夤缘请托",解额又优,"所得已多",理宜将他们纳入别院。因而他提议:将各路由牒试发解的举人,全都归入别试,这类举人大约有四百人,加上免解举人也有百余人。"以数百人之场屋,取放之榜,视昔大为有间。然后以大院避亲者归别院,而别院避亲者归大院,将见就试与考试者两得其便,无复求避矣"。对于别试录取的进士授官,他也提议:"所有试中前三名,乞依四川类省试例,与授教官,庶几无偏重之患。"对于上述奏议,"诏令礼部看详"①。结果,国子举人和牒试举人皆被并入别院考试,使参加别试举人的人数大为增加。

南宋初年,因为赴别院考试的举人不多,故考官也少,绍兴四年(1134)规定,只差参详官一员,点检试卷官二员。后来,点检试卷官增加到四员。国子举人并入别院后,"委是考校不逮",诏"添差点检试卷官一员"②。宁宗嘉泰二年(1202),别试与省试一样,增设监试一员,由台谏官充任。以嘉定元年(1208)别试为例,有监察御史章燮监试,侍左郎官王介考试,秘书省校书郎陆峻、秘书省正字陈舜申、太学博士王益之、监赡军激赏酒库史弥谨为点检试卷官。③ 此后,随着牒试举人的并入,别院考官进一步增加,到度宗咸淳七年(1271),已有监考官一员,主文官二员,考试官二员,点检试卷官七员,监门官二员,封弥、誊录、对读、巡铺等官共八员。④

别试与省试一样,也试三场,与省试同时举行,即二月初一日、初二日、初三日,分别引试诗赋进士诗赋、论、策三场;二月初六日、初七日、初八日,分别引试经义进士经义、论、策三场。

别院的封弥、誊录和考校皆同大院,此处不赘述。

---

① 《宋会要辑稿》选举六之一七至一八。
② 《宋会要辑稿》选举一六之二二。
③ 《宋会要辑稿》选举二一之一一。
④ 刘埙:《隐居通议》卷三一《前朝科诏》,文渊阁《四库全书》本。

第三节 考试条式与礼部贡院

一、考试条式

宋代科举中的考试条式,特别是《礼部韵略》部分,早在仁宗朝后期即由知制诰丁度修撰完成。此后,随着科目的变化,考试的严密,又续有修订。到宁宗朝,礼部贡院根据一百五十年以来历次修订和补充的条式内容加以汇总,成《贡举条式》①一书,从而成为南宋科举考试的一代成法。其中内容,既适用于发解试,也适用于省试乃至殿试,现在根据《贡举条式》所载,将本书尚未提到的有关内容,择要引录于下。

1. 出题式

《周以宗强》赋(以周以同姓强固王室为韵,依次用,限三百六十字以上成)

出《史记》,叙《管蔡世家》曰:"周公主盟,太任十子,周以宗强,嘉仲改过"②

《天德清明》诗(以题中平声字为韵,限五言六韵成)

出《毛诗》,清庙祀文王也。注:天德清明,文王象焉

2. 举人书写试卷式

奉

试《周以宗强》赋(以周以同姓强固王室为韵,依次用,限三百六十字以上成)

云云

《天德清明》诗(以题中平声字为韵,限五言六韵成)

云云

涂注乙,共计若干字。如无涂注乙,即云"涂注乙无"

举人书写试卷,但于官题后,更不写出某书。试卷第一行写"奉"字。第

---

① 丁度等:《贡举条式》,文渊阁《四库全书》本。
② 按:《史记》卷一三〇《太史公自序》原文作:"周公为盟,大任十子,周以宗疆,嘉仲悔过。"

二行写"试《周以宗强》赋"字。第三行一行内,用小字分写,以"周以同姓强固王室"为韵,依次用,限三百六十字以上成。第四行便写所作赋,写赋毕,次行便写诗题,更不加"奉"、"试"字。写诗毕,即结涂注乙。其诗赋首尾更无"对"及"谨对"之类。省题诗假令《玉烛》诗,临时主司或定"和"字,或定"时"字,但平声字皆可

3.《绍兴重修贡举令》

诸《春秋》义题,听于《三传》解经处出

诸试卷犯不考者,具事因送弥封所覆视。同,即以元试卷及其乡贯、姓名送考试所,先次点落,仍晓示

诸考校试卷,并分五等,逐分上、中、下

诸举人试卷,犯点抹者,五点当一抹,五抹降为下

4.《绍兴重修通用贡举式》

(1)试卷犯不考(但一事不考,余皆不考)

犯名讳(谓于式应避者,即笔误而义非者,不为犯)

文理纰缪(全无文理,即为纰缪)

诗、赋、论不识题

策义不应所问而别指事(略应所问而全指别事,已解问意而广为证说者非)

漏写官题(谓全漏官题者,如止少字及有误,依脱字例)

策义写问目,或不写道数,及不依次(谓先第二,后第一之类,即字误而文依次者非)

诗、赋题全漏写官韵

论题全漏写,限五百字以上(如止少字,依脱字例)

诗、赋不压官韵(如文意分明,止是漏书字,即依脱字例。谓如赋官韵,用"华"字压,云"祥开日",漏"华"字;诗字韵用"居"字压,云"山河壮帝",漏"居"字之类)

诗、赋落韵(如文意分明,止是误书字,即依字误例,谓如赋"祥开日华"误书作"日草"之类)

诗、赋重叠用韵(如文意分明,只是误书字,即依字误例)

诗、赋重叠用韵(略)

赋协韵,正韵重叠

诗、赋失平侧

小赋内不见题

赋少二十字

诗、赋数少剩

诗全用古人一联

诗两韵以前不见题

论少五十字

卷内切注及书

试卷不写"奉"、"试"及"对"或"谨对"、"论曰"或"谨论"及"涂注乙若干"、"并无涂注乙字"

(2)试卷犯点抹

抹

文理丛杂

文意重叠

误用字

脱三字

文意不与题相类

诗、赋重叠用字

诗、赋不对(略)

诗、赋属对偏枯

小赋四句以前不见题

赋压官韵无来处

赋全用古人一联语

赋第一句末与第二句末用平声不协韵

赋侧韵第三句末用平声(略)

赋初入韵,用隔句对第二句无韵(略)

赋少十字

论策、经义连用本朝人文集十句

诗全用古人一句

诗叠用两字(两字各一叠,或一字两叠,皆是)

诗用隔句对

论少二十字

点

错用一字

脱一字

误一字

赋少五字

论少十字

诗叠用一字

(3)治经义人条式

第一场

奉

试某经义三道(谓如治《易》,则二云《易》义之类)

　　第一道

对:云云,谨对

　　第二道

对:云云,谨对

　　第三道

对:云云,谨对

　　　《论语》、《孟子》义各一道

　　　《论语》一道

对:云云,谨对

　　　《孟子》一道

对:云云,谨对

涂注乙共计若干字(俱无,则云"无涂注乙"。诗、赋并余试卷并准此)

第二场

奉

试某论(具所试题,限五百字以上)

论曰:云云,谨论

第三场

奉

试策三道

第一道

对:云云,谨对

第二道

对:云云,谨对

第三道

对:云云,谨对

(4)治诗赋人条式

第一场

奉

试某赋(具所试题。以某字为韵,依次或不依次用,限三百六十字以上成)

云云

[试]某诗(具所试题。以某字或题中平声字为韵,限五言六韵成)

云云

第二场、第三场论策(依治经义人)

5.《绍兴重修御试贡举式》

不考

策少一百字

书卷不如式(谓如全不写奉御试策一道,或限一千字以上之类)

书试卷

奉

御试策一道(限一千字以上),特奏名则云七百字,武举至宗室非祖

　　免亲取应,则云五百字

臣对:云云。臣谨对

　　　　涂注乙共计若干字

　　6.《淳熙重修文书式》(见本书附录七)

　　以上仅为南宋进士科举考试条式之大概,已足见其繁琐和严密。它在程文格式上,已初步为明清八股文的程式化奠定了基础,值得后人重视。又,在《礼部韵略》一书中,对发解试经义和策文的字数,不知因何原因阙载,现根据哲宗元祐五年(1090)十月所颁诏书,予以转录,似可作为参考,其谓:"近制,府监发解省试举人,经义每道不得过五百字,策不得过七百字。如过二分,虽合格降一等。诸州发解举人依此。"①

二、礼部贡院

　　北宋的礼部贡院与大多数州郡发解试的贡院一样,"犹取具临时"②,汴京的旧尚书省(孟昶旧居)、武成王庙、开宝寺、太学等先后作过礼部贡院③。对贡院迁徙不定的做法,当时士大夫啧有烦言,认为这既非"太平之制度","且秽污不便"④,与号称"重文教"的立国方针大相径庭。崇宁元年(1102),太学外舍——辟雍正式建成,这是一座规模宏大、颇为壮观的学校,黉舍之多,足以容纳成千上万名举人在那里应试。从此以后,北宋政府正式将贡院借置于此,"不复寓他所矣"⑤。

　　南宋初年,国事草创,应试士子也不多,礼部贡院暂借上天竺寺院为之。"绍兴和议"以后,战争停息,科举制度再次大盛,可是行在临安没有进行省试的合适场所。时秦桧秉政,为粉刷太平,提倡文治,遂于绍兴十三年(1143)在原岳飞故宅建造国子监和太学,在观桥西建造礼部贡院,"大抵皆

---

① 《宋会要辑稿》选举一五之二六。
② 扈仲荣等编《成都文类》卷四六,载李焘《贡院记》:"国朝贡举,率循唐旧,间命他官知贡举……而贡院犹取具临时。"文渊阁《四库全书》本。
③ 参见拙文《北宋礼部贡院场所考略》,载《河南大学学报》1993 年第 4 期。
④ 《宋会要辑稿》选举一五之二〇。
⑤ 《成都文类》卷四六,载李焘《贡院记》。

宏壮"。至此,南宋有了正式的礼部贡院。后来,孝宗对绍兴年间秦桧所建造的这座礼部贡院评价颇高,他说:"秦桧亦有才,若能公而无私,便是贤相。"①淳熙六年(1179),在礼部的提议下,对经过三十余年风雨的礼部贡院进行了一次大修。又过了三十余年,即到宁宗嘉定六年(1213),礼部贡院的墙壁破败日甚,时有泄密和舞弊的事件发生,为此有臣僚上疏言:

> 贡院墙壁,本自低矮,年来颓圮,如西边一带,抵靠别试所晨华馆,而断垣及肩,践踏成路,传泄之弊,多由此出。最后正通大理寺前,居民搭盖浮屋于墙上,亦作弊处,莫可提防。东畔墙虽稍高,却与封弥、誊录所相邻,而缝穴最多,关防须密。乞将贡院周围内外墙,并就旧(其)〔基〕增筑高阔,里边掘成沟池,阔五六尺许,深浚亦如之。不惟得土筑墙,可省般运,而四傍潴水,亦可泄贡院卑湿。墙里加以池,则人不得而逾矣。仍约束居民,不得因墙起造浮屋,庶革传泄之弊。②

诏应所请。由此可见,孝宗朝以后礼部贡院四周的围墙,修成了如城隍一般,保密性也有所增强。

南宋后期贡院的基本结构为:"置大、中门,大门里置弥封、誊录所及诸司官。中门内两廊各千余间廊屋,为士子试处。厅之两厢,列进士题名石刻,堂上列省试赐知贡举御札,及殿试赐详定官御札,并闻喜宴赐进士御诗石刻。"③这种形制,也为后来明、清两代的礼部贡院所仿效。当时应试举人多时几近万人,若是太学补试,更是达到数万人之多,"两廊各千余间",平均每间廊屋须设多名举人坐次才可,这与明清礼部贡院"号舍万间"④的情况相差甚远,当是南宋贡院场屋并非一人一间的又一明证。

至于省试赐知贡举御札及赐进士御诗,则皆为官样文章,《咸淳临安志》卷一二《贡院》条录之甚多,可供参考。

礼部贡院有了固定场所以后,与贡举相关的许多仪式都在这里举行:一

---

① 《宋会要辑稿》职官一三之一三。
② 《宋会要辑稿》选举六之一三。
③ 《梦粱录》卷一五《贡院》,第 134 页。
④ 《清会典》卷七二《工部·公廨》,文渊阁《四库全书》本。

是期集。期集是新进士拜黄甲（黄甲为五甲新进士名单，以黄纸书写，故有此名）、叙同年的一种仪式。先由朝廷赐新及第进士钱一千七百缗作为期集费，全体新进士于唱第之三日，齐赴设于礼部贡院的期集所，由一甲前三名主持仪式。"其职事有纠弹、笺表、主管题名小录、掌仪、典客、掌客、掌器、掌膳、掌酒果、监门等，多或至百余人"①。"上三人得自择同升之彦，分职有差。朝谢后拜黄甲，其仪设褥于堂上，东西相向，皆再拜。拜已，择榜中年长者一人，状元拜之，复择最少者一人拜状元。所以侈宠灵，重年好，明长少也"②。然后作题名小录，立题名碑石于礼部贡院。二是设闻喜宴。所谓闻喜宴，就是士人通过殿试考取进士后，皇帝赐予新进士的宴席，由内侍代表皇帝执行，侍从以上及馆职皆参与，知举官押宴。北宋赐宴于汴京琼林苑，南宋则设于礼部贡院。庆元五年（1199）五月，在赐新及第进士曾从龙以下闻喜宴的同时，宁宗赐七言四韵诗以宠之，"自后每举并如之"③，这就是贡院"闻喜宴赐进士御诗石刻"的来源。

---

① 《朝野杂记》甲集卷一三《新进士期集》，第 271 页。
② 《宋史》卷一五六《选举二》，第 3645 页。
③ 《宋史》卷一一四《礼十七》，第 2712 页。

第四章　南宋的殿试

　　殿试是科举考试中的第三级也是最高一级考试,时间只有一天,试策一道,限一千字以上成。南宋奏名进士在殿试中再不会被黜落,但是甲第和名次高低有变化。士人只有通过殿试,才能获得出身,真正实现了"跳龙门"之最终目的。至于在省试中落第的举人(即得解士人),在宋代并非功名,不能授官入仕,与后来明、清时候的举人大不一样。

　　殿试的政治意义远大于实际意义,这一点在南宋也应作如是观。建炎二年(1128)高宗即位后的第一次殿试毕,御药院按惯例将前十名卷子奏上,请高宗定高低,但年轻的高宗,对取士利害尚一无所知,他为了表明自己"大公无私",不同意这样做,并说:"取士当务至公,既有初覆考、详定官,岂宜以朕一人之意,更自升降? 自今勿先进卷子。"①高宗此言,表面上听起来不无道理,实际上却有副作用,因为前十名乃是高科,皇帝亲阅其卷,实寓监督之意,而科举制度如果失去了皇权的监督,便后患无穷。"绍兴和议"签订以后,高宗以为偏安局面已经形成,更放松对殿试的干预,从而为秦桧集团的徇私舞弊大开方便之门。秦桧死后,群臣揭露秦桧为子弟、亲故窃取科名的罪行,高宗始深感其失,开始严格科场秩序。孝宗继位后,对殿试也很重视,并实施了一些新措施。宁宗朝和理宗朝,对沿袭已久的殿试制度仍有小幅改革。因此,与北宋相比,南宋殿试显得更为严密。

――――――――――

　　① 《系年要录》卷一七,建炎二年九月庚寅条,第351页。

在南宋,还有一种专门为智力超常儿童所开设的童子科,以及对那些虽然没有参加过科举或者未考取过进士的士大夫,授予他们以进士出身或同进士出身的特例。前者虽说是科目的一种,但与传统意义上的科举很不一样;后者则纯粹是出于皇帝对有文学才能之士的恩典。以上两种情况,皆不属于正规意义上的科举,但多少都与科举制度有联系,因而笔者在本章也附带对它们作些论述。

第一节　殿试和考官

一、南宋殿试概况

省试中获得奏名的举人,同样也需通过书铺缴纳空白试卷以供殿试之用,并从书铺处获得《御试须知》一本。礼部通过书铺先后给正奏名、特奏名分发参加殿试之号(凭证)。试之日,奏名进士和特奏名进士依号进入殿门,一失其号,则不得入。

试桌设于殿陛两廊,奏名进士依坐位榜就坐,然后给散试题。北宋前期,无论省试、殿试,举人有题意不清,皆可向试官进问,谓之"上请"。到仁宗景祐中(1034—1037),"稍厌其烦渎,诏御药院具试题,书经史所出,模印给之",从此以后,殿试"遂罢上请之制"。①

"靖康之乱",打乱了南宋举行省、殿试的时间。北宋宣和六年(1124)三月举行殿试以来,原本应该在建炎元年(1127)三月再次举行,却一直延迟到建炎二年(1128)八月二十三日,才在高宗驻跸之地扬州举行。是科取正奏名进士李易以下四百五十一人。又以"兵兴道梗,诸路进士赴殿试不及"②的原因,特赐河北路二人、京东路二人、四川类省试正奏名八十三人、陕西类省试正奏名十六人并同进士出身。是举合计取正奏名进士五百五十四人。

---

① 《石林燕语》卷八,第 113 页。
② 《宋会要辑稿》选举八之二。

绍兴元年(1131),又值殿试之年,当时高宗尚偏居绍兴一隅,要使全国各地类省试合格者前来参加殿试,无论是交通还是食宿都有很大困难,因而借口与是年将要举行的明堂大礼相冲突,延至翌年三月二十三日在行在临安府举行。是举共取正奏名进士张九成以下二百五十九人,特奏名进士一百五十八人。又取四川类省试正奏名进士一百二十人,除第一人依殿试第五人恩例外,余并赐同进士出身。

绍兴五年(1135)殿试,因为是举废除了除川陕以外其他地区的类省试,举人赶赴行在临安府参加省试须多费时日,所以当年省试延至七月举行,殿试时间也就相应延期到八月二十二日举行。是举共取正奏名进士汪洋(后赐名应辰)以下三百五十七人,特奏名进士二百七十二人。

绍兴八年殿试,在六月举行,是举共取正奏名进士黄公度以下三百九十五人,特奏名进士林恪等多人。①

原定绍兴十一年举行的省试,再次推迟一年,原因已见前述,为此殿试也相应地延至绍兴十二年三月举行。是举共取陈诚之以下正奏名进士三百九十八人,特奏名进士胡鼎才以下五百十四人。自此以后,每隔三载,即逢辰、戌、丑、未之年举行殿试,成为制度,终宋之世再无变化。

孝宗继位以后,为了加强皇权,事事"独断",对殿试取士的干预超过了高宗。史言他在策士时,"不尽由有司",如淳熙十四年(1187)殿试,御试官定王容为第三名,孝宗则擢其为榜首。为了振兴武备,收复北方失地,孝宗"欲令文士能射御",为此制订了射御高低的"殿最之法",根据成绩,各升官有差,按试不合格者亦赐帛,以资鼓励。光宗继位后,继续执行此法,惟"不合格者罢赐帛"。至宁宗朝,此制才废止不行,这很可能与他自己羸弱的身体有关。

陕西五路属于北宋边陲之地,凡是那里的特奏名进士,在录取时皆升一

---

① 按:关于该年正奏名进士录取人数,史籍记载极其混乱:《宋会要辑稿》选举一之一五作二百十二人;同书八之五作二百九十五人;《文献通考》卷三二《选举考五》作二百九十三;《系年要录》卷一二〇作三百五十九(文渊阁《四库全书》本作三百九十五);《两朝圣政》卷二三与《宋史全文》卷二〇中皆作三百九十五。造成如此不同的一个重要原因当与四川类省试进士是否计算在内有关。

甲,以示优待。"绍兴和议"以后,陕西五路只存阶(在甘肃武都东)、成(甘肃成县)、西和(在甘肃西和西)、凤(在陕西凤县东北)四州尚为南宋所有。孝宗淳熙四年(1177),从巩固边防的目的出发,对那里的正奏名进士,"比附特奏名五路人例,特升一甲"①,以收买士心。

自北宋以来,无论发解试或省试皆不许继烛,殿试因为殿深易暗,往往特许继烛。淳熙十一年三月殿试,有人甚至"迁延至一更四点方纳卷"。侍御史刘国瑞上疏以为:"宫庭之间,自有火禁,贡举之条,不许见烛。虽圣恩宽厚,假以须臾,窃恐玩习成风,寖隳法制。其纳卷最后者,请下御试所降黜。"于是孝宗下诏,进士廷试不许见烛,"凡赐烛,正奏名降一甲,如在第五甲降充本甲末名;特奏名降一等,如在第五等与摄助教"。②

南宋中后期的殿试时间,更为多变。因为省试原定在二三月间举行,再加上一个多月的考校时间,殿试理应在三四月间举行,但因川陕类省试奏名进士的姗姗来迟,殿试往往被推迟到五月下旬。尤其从理宗绍定四年(1231)起,蒙古军大举进攻南宋川陕地区,战火遍地,道路难行,次年的类省试被迫推迟,朝廷为等候川陕奏名进士的到来,只得将殿试时间延期到八月初举行。淳祐十年(1250),四川大部陷入蒙古之手,少数参加类省试的奏名进士直到是年八月才赶赴临安,殿试只得延期至九月初举行。自宝祐元年(1253)起,随着四川地区的基本沦陷,那里的举人转至内地参加类省试,因为距行在路途不远,所以殿试再恢复至五月举行。③ 南宋末年,局势极度混乱,殿试又往往延至七八月间举行。

宋代规定,凡帝王在谅阴(守丧)期间,不举行殿试,以奏名进士录取为进士,或以省试所定名次为准,或委托宰执大臣进行复试,亦称类试。如绍兴三十二年,钦宗在金方死去的消息传来,当年六月,即位不久的孝宗下诏:"绍兴三十三年(按:是年后改隆兴元年)礼部奏名进士,依祖宗故事,更不临

---

① 《宋史》卷一五六《选举二》,第3632至3634页。
② 《宋会要辑稿》选举二之二五;《文献通考》卷三二《选举考五》,第301页。
③ 以上殿试时间,皆据《宋史·理宗纪》和《度宗纪》的记载。而《咸淳遗事》卷下言,咸淳四年(1268)殿试在十月举行,恐有误,今不取。

轩策试。"①景定五年(1264),理宗去世,次年适值科举殿试,度宗"以谅阴,命宰执类试"②。皆为其例。

咸淳十年(1274),是南宋最后一次殿试,当年七月,度宗病死,年仅四岁的赵㬎继位,是为恭帝。九月,举行殿试类试,取正奏名进士王泽龙以下五百零六人,第二人路万里,第三人胡幼黄。后来又类试特奏名进士,取若干人。时元军已对南宋发动全面进攻,前锋直指江南,国势犹如危卵,故有人不无调侃地说:"龙在泽,飞不得;万里路,行不得;幼而黄,医不得。"③南宋科举至此结束,前后共行四十九次。

二、关于殿试策

殿试策,又称廷对策、御试策。北宋熙宁变法以后,无论经义与诗赋之争如何激烈,殿试试策一道以代替诗、赋、论三题却再无变化,此后也为盛行以八股文取士的元、明、清三代所继承。如果仅从策题和对策的两方面内容看,真是帝王殷殷求治道,士子竭力抒胸臆,这种一问一答式的文字,宛如帝王与士子间的政治互动。故南宋时候,有人将殿试策看得很重,如大儒真德秀谓:"以布衣造天子之廷,亲承大问,此君臣交际之始也。一时议论所发,可以占其平生。"④有学者因此称其为"政治场中'君'与'臣'之间的首次相遇"⑤,意义非同凡响。

南宋与北宋一样,殿试策一般由两制(翰林学士、知制诰)及馆阁侍从拟定,呈帝王认可后,方能用于殿试。殿试策题字数的多少,每次不等,如绍兴二年(1132)张九成榜的策题有三百七十一字,十八年王佐榜为一百四十字,二十七年王十朋榜为二百四十五字,宝祐四年(1256)文天祥榜则多达五百

---

① 《宋会要辑稿》选举八之四三。
② 《宋史》卷四九《度宗纪》,第894页。
③ 《钱塘遗事》卷六《谅阴三元》,第8至9页。
④ 真德秀:《西山文集》卷三六《跋黄君汝宜廷对策后》,《四部丛刊》本。
⑤ 宁慧如:《南宋状元策试析》,载《海峡两岸宋代社会与文化学术研讨会论文集》,2009年。

七十九字①。士子殿试策的字数,在南宋《贡举条式》中有载,谓"限一千字以上",至于上限,却无规定。从现存的一些殿试策来看,少者有三四千字,多者洋洋洒洒,几近万字。前者如绍熙四年(1193)的陈亮对策,后者如宝祐四年(1256)的文天祥对策。

殿试策题的拟定,有一个基本原则,这就是"关治乱,系安危用之",而不及"典籍名数及细碎经义"②。换言之,只问士子之能,而不求士子之博。所以策题内容一般先述帝王之意向所求,然后询问政事得失,治道何如,军民利害,教化成败,边防、治安、救灾对策等。这里可以绍兴十八年(1148)的殿试策一道为例,以见其一斑:

> 朕观自古中兴之主,莫如光武之盛。盖既取诸新室,又恢一代宏模,巍乎与高祖相望,垂统皆二百祀,朕甚慕之。今子大夫通达国体,咸造于廷,愿闻今日治道,何兴补可以起晋、唐之陵夷?何驰骤可以接东汉之轨迹?夫既抑咸宦之锐,谢西域之质,则柔道所理,必有品章条贯。要兼创业守文之懿,视夏康、周宣,犹有光焉。固子大夫之所蓄积也,其著于篇,朕将亲览。③

这道殿试策的内容,一言以蔽之,就是问士子如何使南宋像东汉那样实现"中兴"?宋代文禁不密,加之士人为对帝王表示忠心,故在对策中一般尚能坦陈己见,因而御试策不仅可作为考校奏名进士成绩高低的一个标准,而且往往成为帝王倾听士子意见的一个渠道,并通过甲第高低的赐予,作为引导士风的一种手段。

如绍兴二年(1132)殿试前夕,高宗告诫御试官:"今次殿试,对策直言人擢在高等,谄佞者置之下等,尤谄佞人与诸州文学。"④时张九成为第一人,凌景夏为第二人,宰臣吕颐浩奏称:"景夏词实胜九成,请更置第一。"高宗不

---

① 翟汝文:《忠惠集》卷八《行在御试策题》,文渊阁《四库全书》本;仲光军等编:《历代金殿殿试鼎甲殊卷》,花山文艺出版社 1995 年标点本,第 61 至 66 页。
② 《长编》卷一六七,皇祐元年八月甲申条,第 4012 页。
③ 《绍兴十八年同年小录》。
④ 《宋会要辑稿》选举八之二至三。

从，他说："士人初进，便须别其忠佞。九成上自朕躬，下至百执事，言之无所畏避，乃擢置首选。"又因为张九成在类省试与殿试中皆为第一，"特进一官"①。有关张九成对策中"无所畏避"的言辞，《宋史》本传有所记载，大意谓：

> 祸乱之作，天所以开圣人也。愿陛下以刚大为心，无以忧惊自沮。臣观金人有必亡之势，中国有必兴之理……前世中兴之主，大抵以刚德为尚，去谗、节欲、远佞、防奸，皆中兴之本也。今闾巷之人，皆知有父兄妻子之乐，陛下贵为天子，冬不得温，夏不得清，昏无所定，晨无所省，感时遇物，凄悯于心，可不思所以还二圣之车乎？

又言：

> 阉寺闻名，国之不祥也，今此曹名字稍稍有闻，臣之所忧也。当使之安扫除之役，凡结交往来者有禁，干预政事者必诛。②

张九成的对策，直指高宗软肋——恐金、听谗、纵欲、重用宦官、忘却父兄之仇，可谓一针见血。此时的高宗，前有其父徽宗因受佞臣蔡京等"六贼"影响，遭致北宋灭亡的惨痛教训，不久前又有因重用宦官而引发"苗刘之变"的前车之鉴，迫使他对忠言谠论尚有所重视。

高宗对殿试对策的重视，并非只此一次，如绍兴二十七年三月殿试，他亲笔告诉御试官："对策有中指陈时事，鲠亮切直者，并置上列，无失忠谠，无尚诡谀，（用）[以]称朕取士之意。"③高宗又对近臣道："昨览进士试卷，其间极有切直者。如论理财，则欲省修造，朕虽无崇台榭之事，然喜其言直。至论销金铺翠，朕累年禁止，尚未尽革，自此当立法必禁之。"④是举进士王十朋的策文直指朝政，十分尖锐，详定官定他为第九，高宗览之，擢为第一人。由此可见，在高宗一生中，除了顽固坚持对金人的屈辱投降，不允许对"绍兴和议"稍有指摘以外，其他方面的纳谏气度，尚有值得肯定之处。

---

① 《文献通考》卷三二《选举考五》，第 299 页。
② 《宋史》卷三七四《张九成传》，第 11577 至 11578 页。
③ 《宋会要辑稿》选举八之四三。
④ 《系年要录》卷一七六，绍兴二十七年三月丙戌条，第 2910 页。

但是,帝王所见到的殿试策,一般只有前十名的策文而已,其余绝大部分殿试策,不可能一一"亲览"。孝宗淳熙十一年(1184)三月,有臣僚言:

> 国家(言)[三]岁科举,集草茅之士,亲策于庭,所以求言者为甚广。其间岂无一事之可行? 然有司一时考试,往往多以文采为尚,考在前列者,始经御览。其间有言及州郡军民利病实迹,偶文词不称,置之下列。文虽不工,而事则可行,往往壅于上闻,陛下亦无自而知之,遂失求言之本意,诚为可惜。乞自今御试正、特奏名卷子,有论及州郡军民利害事实,令初考、覆考、详定所各节录紧要处,候唱名日,各类聚以闻。仍自今为始,庶几幽枉必达,有以副陛下取士求言之实。①

孝宗采纳了这一建议,下诏:"御试策有及军民利害者,考官裒类以闻。"②这表明,至少在高、孝两朝,殿试策问最后的一句"朕将亲览",尚非完全都是空话,这使帝王通过"亲览",了解到了部分民情和施政建议,可供参考。

当然,在实际政治生活中,对帝王重视殿试策的程度和殿试策所起的作用,都不能估计过高。因为就多数帝王而言,"亲览"后并无具体反应,多半是为了获取一个善于"纳谏"的虚名而已。就士子而言,殿试策毕竟是为科举而作的文字,他们在撰写时既有所为,也有所不为,特别是对那些有可能"逆龙麟"的内容,必然尽量回避,否则就会与参加殿试的目的背道而驰。

因此,总结史籍所载南宋时众多的殿试策,其内容大致都会遵循这样三条原则:一是揣摩人主意向,投其所好,以表忠诚;二是揭露时政弊病或历数国家面临的困难,并提出解决之法,以表明其才识;三是把握政治气候和学术潮流,尽量与御试官的政见和学术思想保持一致。

以第一条原则论,绍熙四年(1193)陈亮的殿试策最为典型。当时光宗帝后与居住于重华宫的寿皇(孝宗)矛盾甚深,致使光宗长期不肯前往朝见,"群臣更进迭谏,皆不听"。是年殿试策题,"问以礼乐刑政之要"。若是一般士子,在对策中肯定会百般恳请光宗朝重华宫,"以尽子道"。可是陈亮猜透

---

① 《宋会要辑稿》选举二之二五。
② 《宋史》卷三五《孝宗三》,第681页。

了光宗的心意,故在策文中反其道而行之,云:"臣窃叹陛下之于寿皇莅政二十有八年之间,宁有一政一事之不在圣怀? 而问安视寝之余,所以察辞而观色,因此而得彼者其端甚众,亦既得其机要而见诸施行矣。岂徒一月四朝而以为京邑之美观也哉!"意谓光宗早年为王子时已经学到了孝宗在位时的统治经验,现正在一一施行,如果再"一月四朝",只是徒增"京邑之美观",于事则无补。此言实际上是在为光宗不朝重华宫寻找理由,以洗刷他在群臣中的"不孝"之名。果然,光宗"得亮策乃大喜,以为善处父子之间。奏名第三,御笔擢第一"。①

关于第二条原则,上引张九成、王十朋的策文可作典型,这应该是殿试策中最具价值的部分,也最能考察士子的问政能力。但是,就大多数殿试策而言,内容都是不着边际的套话乃至陈词滥调,并无多少价值。

殿试策中的第三条原则也至关重要:首先,策文内容应该附会当时政治气候而绝对不能与之相抵触。② 如在高宗朝,策文不能有反对"绍兴和议"的内容;在理宗朝史弥远擅权时,策文不能有为济王赵竑平反的文字;在整个南宋一代,策文不能有肯定王安石及其变法的观点。如是,轻者降等,重的必将黜落无疑。其次,要了解御试官的学术倾向。在"庆元党禁"时,道学被指为"伪学",御试官多为反道学之人,如果此时尚有士子在对策中遵奉道学思想,也会遭到黜落。反之,理宗朝以后,道学家及其信徒已完全把持科举和学术要津,士子只有奉道学为圭臬,才有可能高中,若在对策中出现反道学的言论,结果肯定不妙。此类现象,不仅南宋有,后世同样存在,这不能不说是文人的悲哀。

三、殿试考官

殿试从名义上来说是帝王亲自主持的考试,所以考官只称殿试官或御

---

① 《宋史》卷四三六《儒林六·陈亮传》,第 12943 页。
② 据《宋史》卷四三五《儒林五·胡安国传》载:绍圣四年,胡安国赴殿试,"考官定其策第一,宰执以无诋元祐语,遂以何昌言冠,方天若次之"。这是以政治气候决定科名高低的一例,此虽为北宋事,但南宋情况也一样。

试官,而没有类似知贡举、主考官之称。参加殿试的奏名进士人数较省试少得多,且只试策一道,考校时间只需十日左右,殿陛之上无论考官或是考生皆不敢冒天下之大不韪公然舞弊,何况奏名进士几乎人人都能录取,心态也要放松不少,故与省试相比,也无帘内官与帘外官之别。

殿试既称帝王亲试,当然不像发解试和省试那样设有别试所,御试官虽有“子弟、亲属预试者,元无避亲之法”。宁宗嘉定元年(1208)四月,有官员奏请,“自今廷对,当仿后省覆试之制,行下礼部,开具应在朝之官有服亲族过省。见今趁赴廷对者,与免差,庶几杜绝幸门,昭示公道”①。诏依所奏。从此以后,凡有子弟和亲戚应殿试者,一律不得充任御试官,此制当较北宋为严密。

南宋御试官种类甚多,有初考官、覆考官、详定官、初考点检试卷官、覆考点检试卷官、封弥官、誊录官、编排官、对读官、巡铺官等。其中初考官、覆考官、详定官三职,由中书向皇帝推荐敕授,“选择有文学官充”②。其官职和人数,李心传在《系年要录》中有一个简要的记载,他说:“殿试以馆学、郎官四员充初覆考官,以余官一员充点校试卷官,侍从二员充详定官,两省二员充编排官。以上并降敕押入院。”③下面择要论述各御试官的职责情况。

编排官——其职责为奏名进士纳试卷毕,先付编排官,由编排官去其卷首乡贯状,依次以字号第之,谓之编排,然后付封弥官封弥。“大抵欲考校、详定官不获见举人姓名、书翰,编排官虽见姓名,而不复升降,用绝情弊”④。待试卷考校毕,再“付编排官,取乡贯状、字号合之,则第其姓名差次并试卷以闻,遂临轩放榜焉”⑤。编排官的人数,虽无明文规定,但从《绍兴十八年同年小录》、《宝祐四年登科录》和《隐居通议》卷三一《前朝科诏》等书的记载看,每举二人可成定论。充任编排官的官职有户部侍郎、殿中侍御史、大理少卿、吏部员外郎、太府少卿、太学博士等,为从三品至正七品的朝官。

———————

① 《宋会要辑稿》选举八之二二。
② 《宋会要辑稿》选举八至三二。
③ 《朝野杂记》甲集卷一三《国子监解试(南省试、别试、殿试)》,第263页。
④ 《长编》卷九三,天禧三年三月己卯条,第2140页。
⑤ 《宋会要辑稿》职官六四之二四。

封弥官——殿试因设有编排官,所以封弥官不再任封弥卷首之职,而只是将草卷上编排官所第字号加以封弥,然后送初考官考校。待初考官定等讫,再将所定等封弥后送覆考官。封弥官一般为二员,所任官品与编排官大致相同。

誊录官、对读官——史籍中关于殿试的誊录和对读情况几无记载,不过可以推测,因为殿试卷子不多,且也不宜让普通士人入宫殿出任誊录和对读,因而一般应由下级官员为之,他们的具体人数,当视试卷多少而定。

初考官——负责对试卷进行初考,也就是第一次考校之官。初考官定等讫,复封弥送覆考官再定等。初考官人数,视奏名进士多少,二人或三人不等。充任之官,高的有权吏部侍郎、权礼部侍郎等(从四品),低的有从八品的下级京官。

覆考官——负责对试卷进行覆考,也就是第二次考校之官。覆考官对试卷定等后,再送详定官详定等第。覆考官人数以及所充任的官职,大致与初考官相同。

详定官——根据初、覆考官所定等,最后决定试卷等第。详定官的定等第,自北宋至南宋有一个演变过程。绍兴五年(1135)八月,据翰林学士、知制诰孙近言:

> 祖宗廷试进士,差官初考、覆考、详定,盖欲参用众见,以求实才。初考既定等第,乃加封印,以送覆考,复定等第,而详定所或从初考,或从覆考,不许别自立等。至嘉祐间,因王安石充详定官,始乞不用初、覆考两处等第,别自立等,至今循袭为法。如此则高下升黜,尽出于详定官,而初考、覆考殆为虚设。欲望复用祖宗旧制,如初、覆考皆未当,即具失当因依奏禀,方许别立等第。

诏依所请。接着又根据右谏议大夫赵霈奏请:"今后隔二等,累及五人,各开具集号,某说可取,合升某等;某说非是,合降某等。许依令奏闻,免令复加定夺。"[1]自此以后,若初、覆考官所定等第只差一等,则详定官可从初

---

① 《宋会要辑稿》选举八之四一至四二。

考,亦可从覆考。若差二等累及五人,则必须奏闻升降理由,方能另定等第。由于详定官的权力较初覆考官为大,故充任之官也较高,多另六部尚书(正三品)、侍郎(从三品)和御史台官员充任,人数则与初、覆考官同。

初考点检试卷官——职责为点检试卷,检查试卷中的杂犯和"不考式",以供初考官定等时参考,人数仅一人,有时不设。

覆考点检试卷官——职责为点检试卷,评价试卷中的内容和文采,以供覆考官定等时参考,人数也只一人,有时不设。

巡铺官——与省试巡铺官一样,相当于后世的监考,职责是监督和防止奏名进士在御试中可能出现的作弊行为。北宋前期,御试巡铺官委之甚重,多由台谏官出任,大约自北宋中后期起,改用宦官为之,直至绍兴年间亦然。① 不过后来又改用一般官员,见于《宝祐四年登科录》卷一载,是年殿试,巡铺官二员,一为朝奉郎、将作监主簿吴溥,一为宣教郎、行藉田令史椿卿。

读卷官——殿试后,御史官对奏名进士初步定等讫,次日新进士齐赴殿陛,唱名赐第。在唱名前,例将考取一甲前几名进士的策文在殿上进行宣读,负责宣读策文的官员谓之读卷官。读卷不需要有很高的文学水平,稍具文墨者皆能为之,但由于是在皇帝身边读卷,当然非近臣莫属。读卷官所任工作与考校可以说完全无关,从严格意义上来说,实在不能将其归入御试官之列,但读卷的好坏,对进士名次升降偶尔也有一些影响,如北宋太宗每试举人,常令大臣王沔(字楚望)读试卷。沔"素善读书,纵文格下者,能抑扬高下,迎其辞而读之,听者无厌,经读者高选。举子当纳卷,祝之曰:'得王楚望读之,幸也。'"②虽然,在南宋一朝,有以帝王的好恶而调整御试官所定名次的情况,如高宗将位列一甲第五名的赵逵擢为第一名,以及上文提到的王容,孝宗将其由位列一甲第三名擢为榜首③,皆为其例。但是,因读卷官读得

---

① 据《燕翼诒谋录》卷五载:"真宗时……张士逊以监察御史为巡捕官……且以御史为巡捕,决无容私矣。易以宦官,不知始于何年也?"按:王栐是书成于绍兴前期,则知当时仍以宦官为巡捕官。

② 释文莹:《玉壶清话》卷八,中华书局1984年点校本,第77页。

③ 《系年要录》卷一六二,绍兴二十一年四月丙子条,第2635页;《宋史》卷一五六《选举二》,第3633页。

好而使名次出现升降的情况,在南宋史籍中却未见记载。

御试官除上面所提到的外,有时尚有添差初考官、添差覆考官之设,这些都是在奏名进士特多,试卷来不及考校而临时增加的御试考官,其职责与初、覆考官一同。

第二节　正奏名进士的唱名、甲第、赐出身与授官

一、唱名、甲第与赐出身

奏名进士殿试毕,经御试官十日左右的考校,始将录取新进士名单,揭示于朝堂之外,并公布唱名之日。

"唱名"又称"唱第"、"传胪",此制始于太宗雍熙二年(985),南宋在集英殿举行。新进士来自民间,不谙朝廷礼仪,故于唱名前二日,例由阁门差舍人一员、承受二人,在净慈寺教习朝见皇帝的礼仪。唱名日,新进士由和宁门入,引入廷下,按甲第高下排列。皇帝临轩,先由宰臣进前三名卷子,分别点读于御案前,然后拆号,报新进士姓名于御前。"(阁)[閤]门则承之,以传于阶下,卫士凡六七人,皆齐其声,传其名呼之"。"凡呼而唱者三四声,士人方从众中出应,卫士夹而翼之,问以乡贯、父名,翼至廷下。对玉墀,且躬未拜。廷上问以乡贯、父名,卫士则以对"①。第一甲唱名毕,分列三班:第一名单独为一班,第二三名为一班,第四至本甲末为一班。接着,第二甲唱名,共为一班。大概怕帝王在唱名时过于劳累,待第二甲唱尽,这一仪式便告结束,其余三甲不再唱名。

引见、唱名毕,朝廷依据礼部所编排的黄甲姓名,按照甲第,赐予出身,"给散敕牒并袍笏"②。每榜录取进士人数各不相同,少则三百余人,多至九百余人,特奏名进士人数,几与正奏名等。

---

① 《钱塘遗事》卷一〇《择日唱第》,第228至229页。
② 《宋会要辑稿》选举八之一七。

　　所谓甲第,实际上就是新进士所考取的名次,朝廷按照甲第高低,赐予他们进士及第、进士出身、同进士出身等名目,以此作为授官的依据。

　　自唐至明代,进士甲第经过了一个漫长的演变过程。唐代取士人数少,只分甲、乙两科,凡考取之人,皆称"及第"。自北宋太宗朝以后,取士人数大增,所分甲第逐渐开始细化,或作三等、四等,或作五等、六等,依次授予进士及第、进士出身、同进士出身、同三传出身、同三礼出身、同学究出身、试衔出身等。真宗大中祥符四年(1011)十一月,制定新的《亲试进士条制》,对进士分甲第和赐出身作了明确规定:"其考第之制凡五等:学识优长、词理精绝为第一等;才思该通、文理周密为第二;文理俱通为第三;文理中平为第四;文理疏浅为第五……上二等曰及第,三等曰出身,四等、五等曰同出身。"①但此制后来并未严格执行,如仁宗天圣五年(1027)科举,分甲第为六等,赐出身则为第一二三等及第,第四等同进士出身,第五等同学究出身,第六等试衔。仁宗景祐元年(1034)起,虽分五等,但第一二三等赐进士及第,第四等赐进士出身,第五等赐同进士出身。熙宁变法时期,增加了"同学究出身"一等,这是为那些由诸科改应进士科之人而设,有意"以同学究耻之"②。不过在当时的五甲(等)进士中,何甲为及第,何甲为出身,何甲为同出身,史籍却缺乏明确记载。

　　进入南宋,甲第沿袭北宋之旧,每举皆分五等或五甲,分赐进士及第、进士出身和同进士出身③,对一些试卷有"杂犯"或并不够格却需要特殊照顾的进士,偶尔也有赐同学究出身者。如绍兴五年(1135)进士殿试毕,"第为五等,赐进士及第、出身、同出身。内王日休为杂犯,赐同学究出身"④,即为一例。但是,对于每一等或每一甲赐出身的情况,各种记载颇一致。如刘一清《钱塘遗事》卷一〇《丹墀对策》条曰:"状元至第二甲终,皆曰宜赐进士及第;第三甲、第四甲终,皆曰宜赐进士出身;第五甲则曰宜赐同进士出身。"而成

---

① 《宋史》卷一五五《选举一》,第 3610 页;《长编》卷七六,大中祥符四年十一月丙子条,第1740 至 1741 页。
② 《长编》卷二九七,元丰二年三月癸巳条小注,第 7227 页。
③ 参见《宋会要辑稿》选举八之一至三〇。
④ 《宋会要辑稿》选举八之四至五。

书于孝宗淳熙十六年(1189)的《锦绣万花谷》记载为:"第一甲赐进士及第;第二甲同进士及第;第三甲、第四甲赐进士出身;第五甲赐同进士出身。"①周密《武林旧事》卷二《唱名》条所载与《锦绣万花谷》所载同。吴自牧《梦粱录》卷三《士人赴殿试唱名》条则言:"第一甲举人赐进士及第;第二甲赐进士出身;第三至第五甲并赐同进士出身。"整个宋代并无"同进士及第"一说,周密等人所谓"同进士及第",恐与"进士及第"为同一概念,只是甲第稍次一点而已。如是,则与刘一清之说同。但无论是刘一清还是吴自牧,他们所言之出身,与大中祥符四年和景祐元年所授皆不相同。

然而《宋会要辑稿》选举二之一九中有如下一条记载,可以支持刘一清和周密等人对南宋科举分等第情况的说法,其谓:

> 乾道二年三月十七日,礼部言:"今次御试进士,龙飞恩例,所有等第合推恩数。检照崇宁二年典故,进士霍端友以下分为五甲,第一、第二甲并赐及第,第三、第四[甲]并赐进士出身,第五甲赐同进士出身。"

说明至少自北宋崇宁二年(1103)起,已按照第一、第二甲赐及第,第三、第四甲赐进士出身,第五甲赐同进士出身进行分甲赐出身。但是,是否因该年有"龙飞恩例"而暂时使分甲发生变化,并非平常年份的通例?为此人们尚可从《绍兴十八年同年小录》、《南宋馆阁录》和《南宋馆阁续录》的有关记载中得到求证。《绍兴十八年同年小录》详细记载了该年所取三百三十名进士的履历和分甲情况,其中有九名进士的情况在《南宋馆阁录》和《南宋馆阁续录》中可以考见,兹列表于下。

绍兴十八年部分登科进士甲第表

姓　名	甲　次	赐　第	史料来源
萧　燧	一甲	进士及第	《南宋馆阁续录》卷七
李彦颖	二甲	进士及第	《南宋馆阁录》卷七
尤　袤	三甲	进士出身	同上
张　恪	三甲	进士出身	同上

---

① 佚名:《锦绣万花谷》前集卷二二《科举》,文渊阁《四库全书》本。

续表

姓　名	甲　次	赐　第	史料来源
芮　辉	四甲	进士出身	《南宋馆阁续录》卷七
糜师旦	四甲	进士出身	同上
叶　衡	五甲	同进士出身	《南宋馆阁录》卷七
詹亢宗	五甲	同进士出身	同上
王东里	五甲	同进士出身	同上

从上表可以清楚看出，绍兴十八年（1148）进士科根据甲第赐出身的情况为：一甲、二甲赐进士及第；三甲、四甲赐进士出身；五甲赐同进士出身，与刘一清、周密所言皆同，说明《宋会要辑稿》对乾道二年进士分甲赐出身的记载并非特例。鉴于刘一清和周密两人皆为南宋末年人，可知南宋后期分甲赐出身的情况不仅与前期完全一样，也与北宋后期相同。《梦粱录》对有关南宋科举的记载多有舛误，此又为一例，由此似可证明该书作者吴自牧并无参加省试的经历。

殿试每榜所取进士数不一，每甲人数多少，也无定规，以一甲论，绍兴十八年为十人，宝祐四年为二十一人，咸淳七年为十七人，其他四甲的人数，每榜也各不相同。

这里附带说一下关于状元、榜眼、探花的称谓问题。民间乃至学术界常将宋代进士一甲第一、二、三名分别冠以状元、榜眼和探花之称，这并不完全符合历史事实。据笔者研究，状元、榜眼、探花三种称谓，在历史上曾经历了一个很长时期的演变过程，其含义前后有所不同。唐代尚未有状元之称，当时对进士第一人多称为榜首或状头。到唐末至五代，状元之称始见于史册，但它仅指考取进士高科之人而言，并非一定指进士第一人，因而一榜之中，状元可以有二人甚至三四人之多，这样的称呼，至南宋中后期也有出现。如魏了翁《鹤山集》卷六七有《回蒋状元重珍启》、《回蔡状元仲龙启》、《回赵状元发启》。上述三启中，除蒋重珍确为嘉定十六年（1223）进士第一人以外，其余二人皆不是。不过，从南宋中后期的史籍记载中可以看出，在多数场合下，人们已开始将状元专指为进士第一人。

榜眼之称据说出现于中唐,是当时对进士第三人的称呼,但此说出于宋人记载,也可能是古今称谓互相借用之故。不过在北宋前期,人们确实有称进士第三人为榜眼者。宋真宗咸平元年(998),著名文学家王禹偁的门生朱严,考取进士第三人,入秋,朱严赴和州上任,禹偁赠诗送行,有句云:"赁船东下历阳湖,榜版科名释褐初。宾职不忧无厚俸,郡斋唯喜有藏书。"①又,《续资治通鉴长编》卷六四,景德三年十一月丙午条载:"(陈)若拙多诞妄,寡学术,虽以第三人及第,然素无文,旧语第三人及第号'榜眼',因目若拙为'瞎榜'。"北宋后期,榜眼逐渐成了进士第二人的专称。据祝穆《古今事文类聚》别集卷二〇载:"《上庠录》:政和丙申殿试,何㮚为状元,潘良贵次之,皆年少有风貌,而第三人郭孝友颇古怪……观者皆曰:状元真何郎,榜眼真潘郎,第三人真郭郎也。"俞文豹《吹剑录外集》载:"绍兴初,复制科……中第三等比状元,第四等比榜眼,第五等同进士。"上述"榜眼",皆指进士第二人。进入南宋,榜眼已正式成为进士第二人的专称,这从南宋人众多文集中可以得到证明。

探花之名起自唐中期,但当时仅指进士期集时榜中最年轻的进士而言,因其专司在宴会时探寻园中名花之职,故又称探花郎,人数也不限于一人。任探花郎的条件是年轻,与甲第高低无关。到南宋时,探花完全失去了原来的含义,逐渐演变成了进士第三人的代名词。②

在南宋,状元、榜眼、探花之称虽在民间和士大夫中广泛流传,但还只是一种俗称而已,且多有模糊之处。进入元代,科举甲第由五甲改成三甲,分别赐予进士及第、进士出身和同进士出身③,即使此时,状元、榜眼、探花仍然只是民间的称呼。它们正式为朝廷所承认,作为官方授予一甲三名及第进士的荣称,则开始于明代。④

二、新进士授官

新进士根据所赐出身高低授官,每榜授官大小虽无确切规定,却存在着

---

① 王禹偁:《小畜集》卷一一《送第三人朱严先辈从事和州》,文渊阁《四库全书》本。
② 参见拙文《状元、榜眼、探花名称探源》,载《杭州大学学报》1983 年第 3 期。
③ 《元史》卷八一《选举一》,第 2019 页。
④ 《明史》卷七〇《选举一》,中华书局 1974 年点校本,第 1693 页。

一种惯例。以下我们分别以高宗建炎二年(1128)、绍兴十八年(1148)、孝宗隆兴元年(1163)、乾道五年(1169)、淳熙十四年(1187)、宁宗庆元五年(1199)、嘉定十六年(1223)七次科举授官为例,以见一斑。

建炎二年,南宋行第一次科举,一甲第一人李易授左宣教郎,签书江阴军判官厅公事;第二、第三人授左宣义郎,第四、第五人授左儒林郎,一甲第六人以下为左文林郎,第二甲并为左从事郎。按左宣教郎为从八品京官,左宣义郎虽同为从八品京官,却较前者低一阶。左儒林郎、左文林郎、左从事郎皆为从八品选人,前者分别较后者要高出一阶,他们虽然是从八品,但因为位列选人资序,今后升迁就比同为从八品的京官要难得多。三至五甲,即进士出身和同出身的授官情况,则不见记载。

绍兴十八年,一甲第一人王佐授左承事郎,签书平江军节度判官;第二人董德元授左承事郎、签书镇南军节度判官厅公事。左承事郎为正九品京官,该年授进士第一人的官品,明显要低于建炎二年所授之官,但仍属京官资序,对他今后升迁的影响不大。第二人董德元所授官,按理应比第一人低一阶,因为“德元本系第一名,以有官降充第二名,故有是命”①。由此可见,有官人尽管不能成为进士第一人,但授官时却可享受第一人的待遇。该榜自一甲第三人以下授官情况虽不明,但从朱熹的仕履中,人们也可约略窥见一二。按朱熹为该年王佐榜五甲第九十人,“准敕赐同进士出身”。绍兴二十一年春,“铨试中等,授左迪功郎、泉州同安主簿”②。考入五甲授同进士出身,当是既定制度,但他考取进士后不能被直接授官,而是相隔二年后通过铨试才得到左迪功郎(从九品选人)、泉州主簿之官。由此可见,南宋的五甲进士,按照规定需要守选,但守选的时间并不长。

孝宗隆兴元年,进士第一人木待问授左承事郎、签书诸州节度判官厅公事;第二人黄洽、第三人丘崈、四川类省试第一人赵雄,并左文林郎、两使职官;第四人郑伯英、第五人袁枢并从事郎、初等职官;第六人以下至第四甲,并左迪功郎、诸州司户簿尉;第五甲守选。该榜授官情况,大致与绍兴十八

---

① 《宋会要辑稿》选举二之一四至一八。
② 王懋竑:《朱熹年谱》,中华书局 1998 年点校本,第 6 至 8 页。

年王佐榜相同。

乾道五年(1169),进士第一人郑侨授左承事郎、签书诸州节度判官厅公事;第二人石起宗、第三人汪义端并授左文林郎、两使职官;第四人贾光祖、第五人史俞并授左从事郎、初等职官;第六人至第四甲并左迪功郎、诸州司户簿尉;第五甲守选。① 该榜授官情况,与隆兴元年木待问榜相同。

淳熙十四年(1187),进士第一人王容授承事郎、签书诸州节度判官厅公事;第二人陈元、第三人王居安并文林郎、两使职官;第四人萧遴、第五人李协并从事郎、初等职官;第六人以下至第四甲并迪功郎、诸州司户簿尉;第五甲守选。② 授官情况,一如乾道五年郑侨榜。

庆元五年(1199),进士第一人曾从龙、第二人许奕并授宣义郎,第三人魏了翁授承事郎,并签书诸州节度判官厅公事;第四人凌次英以下并授文林郎;第二甲并授从事郎、两使职官;第三甲、第四甲、第五甲并授迪功郎、诸州司户簿尉,其中第五甲免守选。该榜因龙飞恩例③,故较前面王容榜授官为优渥,第二人许奕所以与第一人曾从龙一样同授宣义郎,也是因为“本系第一名,为系有官[人],特与第一名恩例”④之故。如果除去上述几种因素,授官与前面数榜一样。

嘉定十六年(1223),进士第一人蒋重珍授承事郎、签书建康军节度判官厅公事;第二人蔡仲龙、第三人赵发并授文林郎、节察推判官;第四人程必东、第五人高宣并授从事郎、防团推判官;第六人以下和第二甲、第三甲、第四甲、第五甲并授迪功郎、诸州司户簿尉。⑤

考察上述七榜授官情况,大致可以获知南宋正奏名进士的授官标准:除国初前二榜和后来的龙飞榜享有特殊优待外,自绍兴十八年王佐榜起,进士一甲第一人授正九品京官承事郎,差遣为签书诸州节度判官厅公事;第二、

---

① 《宋会要辑稿》选举二之一九至二〇。
② 《宋会要辑稿》选举二之二五。
③ 宋代皇帝即位后常以第一次科举放榜,谓之龙飞榜,凡考中此榜者,可得特殊恩例,称龙飞恩例。
④ 《宋会要辑稿》选举二之三〇至三一。　.
⑤ 《宋会要辑稿》选举二之三三。

三人并授从八品选人文林郎,差遣为两使职官;第四、第五人并授从八品选人从事郎,差遣为初等职官;第六名以下、第二甲、第三甲、第四甲、第五甲并授从九品选人迪功郎,差遣为诸州司户簿尉。考入第五甲的进士,则需守选,守选者经铨试合格,也以迪功郎入仕。因此,除一甲前五人授官较高外,一甲其余几名至五甲所授官职基本相同。南宋人称正奏名一甲为甲科,自二甲至五甲皆称乙科,大概就是以授官大小加以区别。不过,考取第一甲第六名以下的进士与考取第二、三、四甲进士的待遇多少存在着差别,如绍兴五年(1135)九月,朝廷下诏:"试在第一甲人,先给敕。"①说明甲第高低与授官迟早有一定关系。此外,自孝宗朝起,凡考入第一甲进士的策文,唱名毕,"并写作册进御,并进德寿宫,及焚进诸陵"②。将策文"焚进诸陵",当系北宋旧制,而"进御"策文,曾一度为高宗所废,至绍兴后期遂加恢复。

第三节　特奏名及其授官

一、特奏名进士的条件

北宋关于特奏名的条件,自太祖朝以来多有不同,总的趋势是随着应试人数的增加而不断加严。神宗元丰二年(1079)二月所颁布的特奏名条件,是迄今人们能够见到的北宋最晚也是最详细的一次记载,其云:

> 诏礼部:下第进士七举、诸科八举,曾经殿试,进士九举,诸科十举,曾经礼部试,或曾获得九次举送,其中有一次曾经参加省试,年四十以上;进士五举、诸科六举,曾经殿试,进士六举、诸科七举,曾经礼部试,年五十以上者,听就殿试。内三路人第减一举。皇祐元年以前礼部进士两举、诸科三举,准此,仍不限年。其进士一举、诸科二举,年六十以

①　《宋会要辑稿》选举八之四〇。
②　《宋会要辑稿》选举一一之三〇。

上者,特推恩。①

这道诏书,就进士特奏名条件而言,分为以下几种情况:第一种是下第进士在发解试中获得七次举送,其中有一次曾经参加过殿试,或曾获得九次举送,其中有一次曾经参加过省试,年四十以上者,可以特奏名的资格赴殿试。第二种是下第进士曾获得五次举送,其中有一次曾经参加过殿试,或曾获得六次举送,其中有一次曾经参加过省试,年五十以上者,也可以特奏名的资格赴殿试。河东、河北、陕西三路举人,可递减一举。第三种是皇祐元年(1049)以前,也就是三十年以前的下第进士,曾获得过二次发解,无论年龄如何,也有特奏名的资格。第四种是三十年以前,曾经获得过一次发解,年六十以上者,亦可推恩奏名。

北宋自太宗朝以来,科举取士大盛,正可谓"秉笔者如林,趋选者如云"②,由于参加科举考试的士人实在太多,所以越到后来,特奏名进士的条件越加严格。尽管如此,每举仍有数百甚至近一千名下第进士成为特奏名。

为使士人对科举"皆有觊觎之心,不忍自弃于盗贼奸宄"③,"以一命之服而收天下士心"④,南宋继承了北宋沿袭已久的特奏名制度。不过,根据形势的不同,在特奏名的条件上稍稍有所变化。

建炎元年(1127)五月初一日,南宋政权刚刚建立,为笼络士心,并示正统,下诏大大降低了特奏名的条件,凡是三举以上的下第进士,皆可获得"推恩"⑤。次年四月,下诏定特奏名条件的新制:

> 今来下第举人,进士六举、曾经御试,八举、曾经省试,年四十以上;进士四举、曾经御试,五举、曾经省试,并年五十以上。内河北、河东、陕西举人,特与各减一举。曾经元符三年以前到省,前后实得两解并免解共及两举人,更不限年。⑥

---

① 《长编》卷二九六,元丰二年二月辛亥条,第 7207 页。
② 《历代名臣奏议》卷一六四《选举》,梁颢奏议,第 2145 页。
③ 《燕翼诒谋录》卷一,第 1 页。
④ 蔡絛:《铁围山丛谈》卷二,中华书局 1983 年点校本,第 23 页。
⑤ 《系年要录》卷五,建炎元年五月庚寅条,第 116 页。
⑥ 《宋会要辑稿》选举四之二〇。

此项规定,与前载北宋元丰二年之制相比,经过御试和省试的下第进士,在其他条件相同的情况下皆减少了一举,比元丰二年的特奏名恩例更为优渥。

到孝宗乾道二年(1166)十二月,南宋政府为了适应当时科举制度已经蓬勃发展、应试人数大大增加的现状,重新制订了特奏名的条件:

> 诸路进士八举、年四十以上,五举、年五十以上,并初举甲子绍兴十四年得解,十五年到省试下之人,即不曾经展过省、殿试年,自合依旧制。自解到省试下,实及三十年,并许赴特奏名殿试。

该年虽有"龙飞恩",但特奏名的条件不仅比建炎二年加严,也超过了北宋元丰二年的要求。同时对省试下第、实及三十年之人,"并许赴特奏名殿试"一项,作了明确规定。乾道八年三月,又应礼部奏请,为合于十举二十九年之数,改自得解到省试下,实及十举三十年可参加特奏名试改为十举二十九年。①　至此,南宋特奏名进士的条件最后确立,终宋之世,不再改变。

二、特奏名考试

正奏名需经过发解试、省试和殿试三级考试,过程十分复杂。特奏名则要简单得多,只需各州郡依据历次科举存档和下第举人自己提出的申请,保明申报礼部,由礼部核准,向皇帝奏名,即可直接参加殿试。关于保明闻奏的手续,不见于南宋时候的记载,今将北宋哲宗绍圣三年(1096)六月的记载,迻录如下,似可作南宋特奏名有关保明闻奏手续之参考:

> 礼部言:"近准诏,今后应开封府、国子监及诸路进士、诸科,若曾经得解,叙理举数,合该特奏名推恩及免解之人,并须于发解前具诣实,经所属自陈,勘会诣实申部,以贡籍及证据文字审验有无伪滥违碍。内免解者未发解前一月,特奏名者于省试开院后,立限保明闻奏。若逾限、证据未明,或会问未毕,并俟圆备,次举施行,令礼部勘当立法。"后礼部

---

① 《宋会要辑稿》选举一三之五至七。

言："……特奏名及免解举人,于五月已前叙陈举数,连家保状两本,经所属自陈,勘验诣实类聚,限八月已前结罪保明,亦连申礼部,并于开封府司录司缴申本府,国子监即于本监,即用今举通理。合该特奏名者,于发解开院后,限半月自陈。礼部候申到,即将贡籍照据文字审验。内免解者于发解年十二月已前,特奏名者于省试开院后七日,保明闻奏。内特奏名者用今次省试下一举,并勘验。"从之。①

由此可见,无论是为了获得免解资格或参加特奏名殿试,一要自陈举数申报,二要结罪保明,三要由礼部对贡籍等证明材料进行审验,手续十分复杂,从而防止了"伪滥违碍"的发生。

参加特奏名殿试的举人,远较正奏名为多,他们的殿试在正奏名殿试后第二天举行。南宋与北宋中后期一样,特奏名殿试只试策一道,惟绍兴三十一年(1161)六月,以孝宗登极恩,凡已符合特奏名条件之人,"并与免试"②。考入第五等的特奏名,北宋以来允许纳敕再试,淳熙六年(1179),改为"止许纳敕再试一次"。淳熙十一年,孝宗格外开恩,"可许纳敕三次"③,并从当年始。

既谓特奏名殿试,按理说应该与正奏名一样有御试官,但史籍对此竟无一字提及。究其原因,恐怕并非疏忽,而是与特奏名人数众多,授官极轻,所取者大多形同摆设,朝廷对此并不重视有关。所以特奏名考试既不封弥,也不誊录,既无初、复考之分,又无详定官之设。他们的殿试策文,经由部分御试官粗粗一阅,就予以定等了断。既然如此,也就没有必要记载御试官的姓名和分工情况。

特奏名没有黜落法,经殿试后人人皆能录取,只是分等和授官情况不同而已。北宋元祐三年(1088)以来,规定第四等以上录取人数,"不得过就试人数之半"④,换言之,另有一半以上的特奏名只能列在第五等。至孝宗淳熙

---

① 《宋会要辑稿》选举三之五六。
② 《宋会要辑稿》选举一三之二。
③ 《宋会要辑稿》选举二之二三至二四;《宋史》卷一五六《选举二》,第3633页。
④ 《宋会要辑稿》选举八之三六。

六年二月,鉴于官吏冗滥,应官员奏请,改为"每三名取一名,置在第四等"①,余并为第五等。

三、特奏名进士授官

前面已经说到,北宋时候,随着参加科举考试人数的增加,符合特奏名条件的举人越来越多,每榜所取特奏名人数动辄五六百名甚至更多。但是,对特奏名的授官却控制很严,哲宗绍圣四年(1097)二月规定:

> 特奏名进士自今第一等上,同诸科出身;第一等中、下,假承务郎;第二等上、中、下,京府助教,依旧注官。两等通不过二[十]三人。第三等上、中、下,上州文学;第四等上、中、下,下州文学。遇赦,见年六十已下、堪厘务者……召升朝官三员奏举,注权入官,所取通不得过八十人。第五等上、中、下,下州助教;犯不考式,摄助教。以上更不许出官。②

由此可见,特奏名进士能真正作为科举出身、列入正奏名第五甲者,只有考取第一等第一名之人。第一等中、下特奏名所授之假承务郎,徽宗政和六年(1116)以后改称登仕郎,属于文散官的一种,并无实际执掌。第二等上、中、下特奏名所授之京府助教,是比登仕郎品级更小的文散官。第一、二等合计人数规定只取二十三人,允许他们今后参选注官。考入第三、四等的特奏名,不过八十人,授上、下州文学,这是一种比京府助教品级更低的文散官,他们只有在六十岁以下、遇赦和有三名朝官奏举的情况下才能出官,条件十分苛刻。上述四等特奏名人数相加,总数不过一百零三人。至于大多数列入第五等的特奏名,则只能授予下州助教一类不能出官的小散官,"或应出仕,盖只许一任"③。这就是考入第五等的特奏名进士要求"纳敕再试"的原因。

虽然,《宋会要辑稿》选举四至一二对宣和三年(1121)特奏名的授官也

---

① 《宋会要辑稿》选举二之二三。
② 《宋会要辑稿》选举二之一二至一三。
③ 《铁围山丛谈》卷二,第23页。

有记载,然而该举为"诏罢天下三舍法"以后的第一次科举,对当年特奏名的授官有特恩,并不能视为通例。故笔者以为,绍圣四年的规定,才是北宋后期对特奏名授官的一般规定。

进入南宋,情况一度有所变化。建炎元年(1127)五月一日,高宗即位当日,即颁赦书,其谓:

> 应合特奏名人,与理举免试。内曾经六举以上到省人,与登仕郎;五举,补京府助教;四举,上州文学;三举,下州文学;两举,诸州助教。内两举合补助教人,愿赴将来特奏名殿试者,亦听。虽试在下等,不应出官者,亦取旨升等。其已赴殿试,缴纳敕牒,愿次举再试之人,亦依此推恩。①

这是在非常时期所颁布的非常恩典,整个南宋,就只一次,不能视为通例。建炎二年八月行第一次殿试,取特奏名进士张鸿举等若干人,第一等第一名赐进士及第,以下依次赐同进士出身、同学究出身、登仕郎、京府助教、上下州文学、诸州助教,"皆许调官"②。根据常格,特奏名第一等第一名附于正奏名第五甲之后,赐同进士出身,第二名、第三名并赐学究出身。这次特奏名所授甲第,却明显较过去为高,究其原因有二:一是高宗"初即位,御殿试举人特恩也"③;二是在兵荒马乱的岁月,能赶赴行在扬州参加殿试的特奏名估计很少,也容易做出这种优待。绍兴二年三月殿试,录取特奏名石公辄以下一百五十八人,虽不到平常年份的二分之一,但赐第已不再优待,授官则"依扬州例,许调官"④。闰四月又下诏,对于那些没有参加殿试的特奏名,"与诸州助教,调官如文学例,以道梗特优之也"⑤。绍兴五年以后,随着政局的日趋稳定,特奏名录取人数,改为每二名取一名,其余皆置于第五等。孝宗淳熙六年(1179)二月,应臣僚奏请,再改为"每三名取一名,置在第四等以

---

① 《宋会要辑稿》选举四之一七。

② 《系年要录》卷一七,建炎二年九月庚寅条,第351页。

③ 《宋会要辑稿》选举八之二。

④ 《宋会要辑稿》选举八之三;《系年要录》卷五二,绍兴二年三月甲寅条,第924页。

⑤ 《系年要录》卷五三,绍兴二年闰四月乙未条,第940页。

前,第五等人止许纳敕再试一次"。①

考入第一等至第四等的特奏名,人数既少,注官难度较北宋更大,考入第五等的特奏名,所授官可谓有名无实,正如嘉定七年(1214)五月监察御史倪千里所言:"(特奏名)自第一名得同进士出身之外,余自第一等至四等,虽补摄官职有差,较之通榜,止三分之一,余不过诸州助教,实同黜落。"②

淳熙二年(1175)四月,孝宗命奏名进士射御的做法,也推行到特奏名,"仍依正奏名比拟推恩",其中第五等人"射艺合格与文学,不中者亦赐帛"③,依然只是虚名。淳熙六年五月,孝宗下诏:"特奏名毋授知县、县令。"④按知县、县令最是亲民之官,他们的贪浊与清廉,直接关系到百姓的切身利益。而特奏名出身之官,年事已高,贪婪性更重,正如苏轼在元祐三年(1088)二月知贡举时上疏中所说:"伏见恩榜得官之人,布在州县,例皆垂老,别无进望,惟务黩货以为归计,贪冒不职,十人而九。朝廷所放恩榜几千人矣,何曾见一人能自奋励有闻于时?而残民败官者不可胜数。"⑤故这一规定,颇有防止特奏名出身的官员危害地方之意。

按理说,特奏名入仕之严和授官之轻,可以最大限度地防止因实施该项制度而造成的冗官和吏治腐败,可是由于各种特恩,特奏名出官的仍不少。特别是每遇龙飞榜,对特奏名的赐第和授官优待更多,如乾道二年(1166)八月孝宗下诏,以补行登极恩,特奏名第三等、第四等依建炎二年敕放行参选,第五等人原系诸州助教,与下州文学恩例,待郊祀年允许出官⑥。宁宗嘉定十五年(1222)正月,甚至还有所谓"玉宝赦文":"应特奏名文学,见年七十以上,依法不应出官,许召保官三员,委保正身,于所在州军陈乞,保明申吏部,与差岳庙一次。其第五等有恩例曾应岳庙一次者,更与岳庙一次。"⑦

---

① 《宋会要辑稿》选举二之二三。
② 《宋会要辑稿》选举一三之八。
③ 《宋会要辑稿》选举二一至二二;《宋史》卷一五六《选举二》,第3632页。
④ 《宋史》卷三五《孝宗三》,第670页。
⑤ 《苏轼文集》卷二八《论特奏名》,中华书局1986年点校本,第810页。
⑥ 《宋会要辑稿》选举一三之五。
⑦ 《宋会要辑稿》选举一三之九至一〇。

　　总之,通过皇帝登基,太后圣诞,立储立后,郊祀节庆,以及其他各种滥恩,使大批本来不该出官的特奏名出了官,其弊有不可胜言者。时人李心传在论述特奏名的冗滥时,一针见血地指出:"……朝廷每有庆需,则前后不中选者,尽取而官之,往往千数百人,充塞士路,遂成熟例,不可复减矣。"①"恩榜无益于国家",这可谓是南宋人的共识,但终宋之世不能取消,对此原因,朱熹说得很清楚,他说:"(特奏名)去不得,去之则伤仁恩,人必怨。"为此,他提出了自己的处置意见,认为:"看来只好作文学、助教阙,立定某州文学几员,助教几员,随其人士之多少以定员数,如宗室宫观例,令自指射占阙,相与受代,莫要教他出来做官。既不丧仁恩,又无老耄昏浊贪猥不事事之病矣。"②应该说,后来南宋政府虽没有采纳朱熹的建议,但对特奏名授官过滥的情况,自宁宗朝以后还是有所收敛。

第四节　童子科与赐出身

一、童子科

　　童子科,又称童子举,该科起自唐代,当时的应格标准为:"十岁以下能通一经及《孝经》、《论语》,卷诵文十,通者予官;通七,予出身。"③这是对智力超常儿童的一种考试。自唐代宗广德二年(764)五月起,该科一度被罢去。唐后期经五代,童子科或行或罢,时有反复,应试年龄也多有超过十岁者。

　　入宋,至太宗朝始复其科,淳化二年(991)十月,赐泰州(今属江苏)念书童子谭孺卿出身,这是人们能够见到北宋有童子科记载之最早者。④ 此后,

---

① 《朝野杂记》乙集卷一五《特奏名冗滥》,第778页。
② 《朱子语类》卷一○九《论取士》,第2695页。
③ 《新唐书》卷四四《选举一》,第1162页。
④ 《宋会要辑稿》选举九之二一。按:李心传在《朝野杂记》甲集卷一三《童子举》条谓:"童子举者,自真庙以来有之。"此说显然不确。

雍熙元年（984）十一月，十一岁的杨亿，以童子科入仕，授秘书省正字。真宗朝，又先后得宋绶、晏殊、李淑等童子多人。自淳化（990—994）至仁宗嘉祐三年（1058），童子科共取二十七人，其中仁宗朝赐出身者十人。自神宗元丰七年（1084）至徽宗政和四年（1114）的三十年间，又取童子科多名，其中赐出身者仅七人。①

高宗建炎二年，初试童子，由于此时高宗尚处于南逃途中，故"命官免举，皆临时取旨，无常格也"②。这次童子科考试结果如何，史籍记载阙如。绍兴二年（1132）三月，七岁童子朱虎臣，以能诵七书、排阵、步射，与其兄端友共同赴行在应试。高宗召见于内殿，"端友以诵经子书，赐束帛，而虎臣为承信郎"③。当年八月，又有汀州（今属江西）童子万顷，年十岁，能诵经子书。在考试时，"顷记诵如流，自言能诗"。高宗指金唾壶为题，虽"笔阁不下"，高宗"犹嘉其敏，命为文林郎，仍赐名严"④。高宗一年二试童子，在社会上引起很大反响，应童子科者日众。绍兴三年三月，有读书童子和习射童子九人求试，但高宗只召见习射者，"余赐帛罢之"。事后，高宗对近臣言："上有所好，下必有甚焉。盖由昨尝推恩一二童子，欲求试者云集。此虽善事，然可以知人主好恶，不可不谨也。"⑤此话说得虽然在理，可是到次月，高宗又召见年皆五岁的神武右军小校之子彭兴祖和刘毅两人于内殿，"以兴祖为右迪功郎，毅为进武校尉，皆赐袍笏"⑥。五月，又有九岁童子张揉，能诵书，为古风诗、《孙子论》，高宗再次"亲试而命之"⑦，授迪功郎。总计高宗一朝三十六年间，童子求试者共三十六人，其中授官五人，永免文解一人，免文解一人，赐帛罢遣者九人。⑧

当时，应童子科的人尚不多，也不像进士科那样，每三年一次大比，而是

① 《朝野杂记》甲集卷一三《童子举》，第276页。
② 《文献通考》卷三五《选举考八·童科》，第330页。
③ 《系年要录》卷五二，绍兴二年三月癸丑条，第921页。
④ 《系年要录》卷五七，绍兴二年八月庚戌条，第997页。
⑤ 《系年要录》卷六三，绍兴三年三月丙寅条，第1080页。
⑥ 《系年要录》卷六四，绍兴三年四月壬寅条，第1093页。
⑦ 《系年要录》卷六五，绍兴三年五月壬戌条，第1102至1103页。
⑧ 《文献通考》卷三五《选举考八·童科》，第330页。

按应举童子有无而定,所以取人尚不致冗滥。

如果将童子科细分的话,还可分为一般童子科和念书童子科两种。太宗至道三年(997)七月,是年十一岁的段祐之,能念四经书。诏送国学考试,赐以出身①。由此可知,所谓"念书童子",只要能念得儒家经典中的某几经即可,并不需要其他才能,故人贱其科。仁宗宝元元年(1038)六月,下诏"罢天下举念书童子"②。但是,此后仍有以"念书童子"得举者,至南宋亦然。

根据以上所述,宋代高宗朝以前的童子科,其应举对象、举送程序、考试过程和奖励等级,大致可以归纳为以下几个方面。

请先言应举对象。既是童子科,应举者当然全为儿童,年龄下及三四岁幼童,上至十四五岁少年。考据史实,有宋一代应童子举并获赐出身的年龄,最小的是蔡伯俙。大中祥符八年(1015),蔡伯俙年仅三岁,在召试时,因诵真宗御制歌而大受真宗赞扬,不仅授予他守秘书省正字之官,而且亲自赐诗云:"七闽山水多才俊,三岁奇童出盛时。"并命蔡伯俙赴东宫,"侍仁宗皇帝读书"③。年龄最大者则为十四岁的晏殊和十五岁的宋绶。④

南宋时,因为应童子科的人数较北宋为多,所以对年龄的要求相对显得严格,一般都在十岁上下。

其次言举送程序。儿童年幼,不可能"投牒自进",他们的举送程序有二:一是先由儿童家长向州县提出申请,经州县长吏试问并获得认可,再将他们送至阙下。大部分应举儿童,基本上走的是这条道路;另一种是经过大臣奏荐,直接送至阙下。前面提到的彭兴祖、刘毂两人,即因都统制张俊奏闻高宗而得以召试,晏殊则是"张知白安抚江南,以神童荐"。⑤

复次言考试过程。童子科的考试过程相当简单,既无发解试,也无省试。北宋时,直接将儿童送至京城,经过皇帝召试后,还需由中书进行考试。在南宋前期,只要由皇帝召试即可。正因为如此简单,所以童子科既不设考

---

① 《宋会要辑稿》选举九之二一。
② 《长编》卷一二二,宝元元年六月戊寅条,第2874页。
③ 王明清:《挥麈后录》卷五,上海书店出版社2001年标点本,第114至115页。
④ 《长编》卷六○,景德二年五月己未条,第1341页;《宋史》卷二九一《宋绶传》,第9733页。
⑤ 《宋史》卷三一一《晏殊传》,第10195页。

试官,更无封弥、誊录之类。至于考试内容,主要以童子自献己之所能为主,因而并无事先所拟定的试题。对年幼者,以背诵经文和诗赋为主,对年龄稍大者,或童子自己提出要求,也有作诗、赋、颂、展示武艺等。

最后言对童子科的奖励等级。童子科作为一种特殊的科举项目,对召试优秀者,一直来并无赐甲第、授官等一套固定的"恩典",故笔者以为称"奖励"较"赐甲第"更为恰当。其奖励等级,大致根据童子年龄大小、聪颖程度而定:优秀者,赐官、赐童子科出身、赐进士出身、赐《五经》出身、赐钱①、赐金带,或送入国子监读书,或遣归若干年后,召回赐出身②,或免文解等。表现一般者,则赐帛遣归。可谓五花八门,各不相同。不过,北宋以赐出身和赐帛遣归为主,南宋以免文解为主。

自孝宗朝始,对童子科始有分等及赐予的规定。据《宋史·选举二》载,南宋淳熙八年(1181),诏分童子科为三等:凡全诵《六经》、《孝经》、《语》、《孟》,及能文,如《六经》义三道、《语》《孟》义各一道,或赋及诗各一首,为上等,与推恩;诵书外,能通一经,为中等,免文解两次;只能诵《六经》、《语》、《孟》为下等,免文解一次。覆试不合格者,与赐帛。③ 与前朝相比,赐予显见优厚。因此孝宗一朝童子求试者达到七十四人,其中命官七人。"有吕嗣兴者,衢州人也,四岁能诵书,切韵变四声,画八卦"。孝宗召见,"面俾吟诗,遂授右从政郎,赐钱三百缗,令伴皇孙荣国公读诵"④。此人可称得上是南宋应童子科年龄既小而又颇具才能者。自唐代设童子科以来,未有女童应举。淳熙元年四月,有女童林幼玉求试,中书后省试所诵经书四十三件,并通,"诏特封孺人"⑤。在宋代,这恐怕是绝无仅有的一次,但作为女童求试,具有一定意义。

---

① 袁褧:《枫窗小牍》卷上:"神宗朝元丰七年,赐饶州童子朱天锡《五经》出身,年九岁,赐钱五万。"文渊阁《四库全书》本。

② 《宋会要辑稿》选举九之二一载:"真宗咸平二年正月二十五日,以睦州童子邵焕为秘书省正字。焕尝召对,赐帛遣归。至是复至京师,始十二岁。"

③ 《宋史》卷一五六《选举二》,第3653页。

④ 《文献通考》卷三五《选举考八·童科》,第330页。

⑤ 《朝野杂记》乙集卷一五《女神童》,第778页。

光宗一朝首尾不过五年，童子求试者却有十七人，但无补官之人，惟寿圣皇太后(高宗皇后)亲侄孙从事郎吴刚，年九岁，因能诵《六经》、《语》、《孟》，特改为承务郎。

宁宗嘉定十四年(1221)下诏，自今童子科每年取三人，于三月集阙下，先试于国子监，然后中书覆试，"为定制焉"①。至此，南宋童子科每年录取人数和考试程式，已形成为制度。但是，如果说以前童子科没有录取名额的规定，对具有超常智力的儿童，有则取之，加以培养，无则罢之，不滥竽充数，既使绝少数"神童"由此脱颖而出，也使绝大多数家长知难而退。现在规定每年能取三人，便使许多家长产生了觊觎之心，他们千方百计地想让子弟应童子科，真正的"神童"不一定每年都有，而"凡童"却因此大量涌入。

诚然，人的天赋生来就有高低之分，一些智商特高的儿童，如果经过很好的培养和刻苦努力，长大后确实会有不同凡响的表现。如前面提到的杨亿、宋绶、晏殊、李淑四人，都有文名，"后皆为贤宰相、名侍从"②。杨亿与晏殊在文学上的成就尤为出众，前者"文格雄健，才思敏捷"，又是"西昆体"的开创者；后者"文章赡丽，应用不穷，尤工诗，闲雅有情思"③，至今受人称道。因而对童子科的设立，不能全盘予以否定。但即使是真正的"神童"，如果缺乏后天的培养和努力，长大后其智力就会落得与常人一般。南宋一朝数以十计以童子科入仕者中，此后没有一个出类拔萃之人，即为明证。王安石在《伤仲永》一文里，言仲永五岁时的聪颖，乃是"受之天"，可是后来因为不能在学习上"受之人"，所以到二十岁时，"泯然众人矣"④，其说诚为确论。

至于智力一般的儿童，在家长的逼迫下，整日死背经文，或练习作诗赋，即使勉强获得一个出身，长大后也不可能有所作为。许多儿童在学习的重压下，失去天性，严重地损害了他们的身心健康，家长亦为此奔竞，急于望子成龙，这无论对儿童的身体或是思想都是一种摧残。因而笔者以为，嘉定十

---

① 《文献通考》卷三五《选举考八·童科》，第330页。
② 《宋史》卷一五六《选举二》，第3653页。
③ 《宋史》卷三〇五《杨亿传》，第10083页；《宋史》卷三一一《晏殊传》，第10197页。
④ 《王安石全集》卷七一《伤仲永》，第763页。

四年所定下的固定录取名额,为南宋童子科的畸形发展留下了后患,并不可取。

有鉴于此,度宗咸淳二年(1266)七月,礼部侍郎李伯玉上疏请求罢去童子科,其谓:"人才贵乎善养,不贵速成,请罢童子科,息奔竞,以保幼稚良心。"①诏应所请。自翌年起,南宋一代行之近一个半世纪的童子科,终于被停罢,这应该说是利大于弊之举。

二、赐出身

宋代的赐出身,可分二大类:第一类是奏名进士和特奏名进士经殿试合格后,或太学生通过三舍法而登第者,由皇帝赐予各种出身,如进士及第、进士出身、同进士出身、学究出身、同学究出身、上舍出身、同上舍出身、明经出身等;第二类是对没有参加科举考试的有官人或白身人赐予各种出身,这类赐出身的原因有多种多样,正如马端临所言:"其所从得不一路:遗逸、文学、吏能、言事,或奏对称旨,或试法而经律入优,或才武,或童幼而能文,或边臣之子以功来奏,其得之虽有当否,总其大较,要有可考。"②这类赐出身的名目可细分为:赐及第,如赐进士及第、本科及第;赐出身,如赐同出身、本科出身、进士出身、同进士出身、《三传》出身、同《三传》出身、学究出身、同学究出身、上舍出身、同上舍出身、明经出身、同明经出身。这些赐出身的理由虽然都"要有可考",但它们与科举大都不沾边,有的简直风马牛不相及,它实际上成了皇帝对某些才能之士,或立有某些功劳、作出某些成绩之人,或对大臣遗泽的一种恩典和奖励。

在唐代,尚无殿试之制,亦无进士及第、出身、同出身之分,故并无"赐出身"一说。"及第"之称则完全用在进士身上,即使最高统治者,也不能以此来装扮自己的门面,甚至不能称自己为"进士"。史载:唐宣宗好儒雅,且颇留心科举,"尝于殿柱上自题曰'乡贡进士李某'③。一个皇帝,居然还不敢

---

① 《宋史》卷四六《度宗纪》,第896页。
② 《文献通考》卷三一《选举考四》,第297页。
③ 孙光宪:《北梦琐言》卷一,上海古籍出版社1981年点校本,第1页。

称自己为"前进士"①,而只称"乡贡进士",当然更不可能轻易赐人以进士及第。

赐出身似乎始于五代后周,据《旧五代史》卷一一四《世宗纪一》载:显德元年(954)四月丁巳,世宗下诏:

> 河东城下诸将,招抚户口,禁止侵掠,只令征纳当年租税,及募民入粟五百斛、草五百围者赐出身;千斛、千围者,授州县官。②

不过,五代时期的"赐出身",仅此一条孤证,何种出身也不清楚,且入粟、入草能"赐出身",更难以使人相信该条记事的真实性。

北宋太祖开宝三年(970)十二月,"赐进策人樊若水进士出身",这是史籍有关宋朝赐进士出身(按:以下皆指非科举途径的赐出身)的最早记载。"若水江南举进士下第,遂谋北归。因诣阙上书,言江南可取之状,以求进用。召试学士院,有是命"。开宝四年十二月,"召《九经》李符,问经义于内殿,赐本科出身",这是史籍有关宋朝赐本科出身的最早记载。开宝五年十一月,"赐进策人郑伸同进士出身",这是史籍有关宋朝赐同进士出身的最早记载。开宝六年三月,下诏赐"远方死王事者"子孙以出身,"于是右赞善大夫陆光佩子坦赐进士出身,监察御史王楷子克同《三传》出身,右补阙吴光辅子用之、右赞善大夫刘师道子传庆并同学究出身,皆就学士院试所业,然后命之"③。这是史籍有关宋朝赐《三传》出身、同学究出身的最早记载。

太宗雍熙二年(985)正月,诏赐著作佐郎乐史进士及第,这是史籍有关宋朝赐进士及第的最早记载。按乐史于太平兴国五年(980)曾以锁厅试合格参加省试和殿试,本已入等,但太宗"惜科第不与"④,只授予他近藩掌书记。乐史知识渊博,著述甚丰,先后撰有二十余部著作。⑤ 他所撰之《太平寰

---

① 李肇:《唐国史补》卷下载:"得第谓之前进士。"上海古典文学出版社 1979 年标点本,第 55 页。

② 薛居正等:《旧五代史》卷一一四,中华书局 1976 年点校本,第 1516 页。

③ 《长编》卷一四,开宝六年三月末条,第 298 页。

④ 《长编》卷二一,太平兴国五年闰三月甲寅条,第 473 页;《宋会要辑稿》选举九之一。

⑤ 参见王文楚《宋版〈太平寰宇记〉前言》,中华书局 2000 年影印本。

宇记》二百卷,是北宋前期一部著名的地理总志,甚有史料价值。或许因为该书撰成之故,太宗才在乐史下第后五年,赐予他进士及第,并将他"附于太平兴国五年第一甲进士之下"。①

据《长编》载:熙宁四年(1071)四月,太子右赞善大夫吴安度试舍人院,有司以其所试《绿竹青青诗》不依注解,[误]作《王刍篇》竹,遂定入五等,改一官而报罢。宰相富弼上疏以为:"安度直以绿竹茂盛立为题意,于理甚通,未为不识题义。乞赐再取安度所试三题详定,如俱入等,随其文艺,特与一科名。"后经学士院看详,认为"所试并为合格,惟诗不合自出己见,亦非纰缪"②,遂赐进士出身。说明在北宋前期,凡获赐出身之人,如果不是特别有名,须先经学士院或舍人院试三题,考入四等以上者,才能赐出身。

但是,这种主要针对文臣,且须先召试而后"赐出身"的做法,自真宗朝以后逐渐发生变化,类似以"扞寇"、"纳粟"、献文、"圣贤"后人等原因,不经召试而迳赐出身的情况开始增多。尤其到徽宗朝,随着政治腐败的加深,"自此,达官贵胄既多得赐,又上书献颂得之者多至百数,不胜纪矣"③,"赐出身"完全成了一种滥恩,朝廷上下对此啧有烦言。

进入南宋,高宗吸取以往教训,对"赐出身"者的条件有所加严,获赐人数大幅减少,所赐种类也只限于进士出身和同进士出身两类。

高宗一朝赐出身人数为二十人④,平均每年不到一人。对赐予者多有评价,如绍兴二年(1132)十月,赐徐俯进士出身。高宗御批为:"志气刚方,早闻于世。其于文学,直余事,故命之。"考之《宋史·徐俯传》,徐俯有诗名,早在徽宗朝以恩荫入仕,累官司门郎。靖康间,张邦昌称帝,"俯遂致仕",并对邦昌多所指斥。绍兴二年,徐俯已官至右谏议大夫,高宗念及前事,遂赐其进士出身。一为绍兴五年五月,赐礼部员外郎任申先进士出身。高宗在制

① 《宋会要辑稿》选举九之一至三。
② 《长编》卷二二二,熙宁四年四月戊寅条,第5410至5411页。
③ 《文献通考》卷三一《选举考四》,第297页。
④ 按:《宋会要辑稿》选举九之一七至一九,载高宗一朝赐出身二十二人,其中将绍兴元年赐太学上舍生高阂、元盥免省赐出身也列入其中。笔者认为高、元两人实为上舍登第,不当作为"赐出身"之人,故不取,实际只有二十人。

书中说："朕念党籍之人,若子若孙,无不甄录,所以来忠节也。然贤者之后,未必皆贤。向者匪人迎意掠美,乃援孚薄不肖,与尔同升。尔于是时,守正不阿,为不肖所甚,奉身而去。其后颠蹶,悉如尔言。先见特立,有如此者。朕方招延英俊,养之书省,道义相率,尤资老成。"①按任申先为"元祐党人"任伯雨之子,赐进士出身前,已除礼部员外郎之职。半年后,即擢为试中书舍人兼直史馆,可见任申先的文才确有可观。二十人中,除张斛等四人因"奏对可采"、王伦因奖励其为和议奔走之劳而赐外,其余十几人如吕本中、胡宪、邵博等,皆为当时比较著名的儒家学者或有一定才学之士。

此外,对考取词科之人,也可以赐予出身。如南宋绍兴三年(1133)七月所设之博学宏词科,分三等考校:"上等迁一官,选人改京官,无出身人赐进士及第,并免召试,除馆职。中等减三年磨勘,与堂除,无出身人仍赐进士出身,并择其尤者召试馆职。下等减二年磨勘,与堂除一次,无出身人[赐]同进士出身,遇馆职有阙,亦许审察召试。"②但这种赐出身,与童子科一样,既不同于正规的科举考试所赐,也不是一般意义上的"赐出身",故不属于本节所论述的范围。

高宗朝时,替权要子弟赐出身的情况虽然偶尔也有出现,但终因群臣反对而不能得逞。如绍兴七年(1137)七月,高宗欲赐右宣教郎、直徽猷阁、宰相张浚弟滉以进士出身。诏命一下,中书舍人张焘即上疏反对,其谓:

> 自宣、政以来,奸臣子弟滥得儒科,陛下方与浚图回大业,当以公道首革前弊。滉首蒙赐第,何以塞公议?

高宗以"浚有功,欲慰其母心"为由,命起居郎楼炤行词,但遭到楼炤的拒绝。后来虽有人"书黄行下",仍赐张滉进士出身,但在强大的舆论压力下,张滉不得不引嫌辞去出身。③ 由上可知,高宗朝获赐出身者的条件要么是文人学士,要么是确有贡献者,对恩荫、纳粟、献文之类的赐出身一律不

① 《宋会要辑稿》选举九之一七至一八。
② 《朝野杂记》甲集卷一三《博学宏词科》,第260页。
③ 《系年要录》卷一一二,绍兴七年七月壬午条,第1818页。

行,即使在秦桧掌权之时,也没有给他的姻亲和党羽轻易赐过出身。这就是南宋的赐出身,尽管不像北宋那样多经学士院或舍人院试,可是所赐之人仍能厌众心的原因。这种严格的赐出身,也为孝宗朝所由昉。此后,赐出身的人数更少,所赐对象主要集中在中高级官员身上①,这一点与南宋前期又有所不同。

　　笔者以为,在南宋的各项选举和授官制度中,这种"赐出身"是惟一值得肯定且较少弊端的制度。它所以做得较好,一是由于帝王不施滥恩,二是依靠官员们的相互监督,三是不设"赐出身"的固定名额,凡符合条件者赐之,不符合者则不赐,从而保证了被赐者的质量。

　　南宋"赐出身"的积极意义,主要表现在两个方面:第一,它给那些虽有才华却因种种原因遭到黜落之人以获得出身的机会,在一定程度上弥补了科举考试"一考定终身"的缺陷。如爱国诗人陆游早年就有诗名,后来以荫入仕,二次应锁厅举不中,绍兴二十三年秋天,他第三次赴临安参加锁厅试,虽然考取第一名,但因为"(秦)桧孙埙适居其次,桧怒,至罪主司。明年,试礼部,主司复置游前列,桧显黜之"。秦桧死后,陆游始授福州宁德县主簿。孝宗一即位,大臣史浩、黄祖舜就"荐游善词章,谙典故"。孝宗召见陆游,以"游力学有闻,言论剀切,遂赐进士出身"②。再如和州(安徽和县)布衣龚颐正,少举进士不第,后以丞相洪适门客恩入仕。此人擅长史学,著有《符祐本末》、《元祐党籍三百九人列传》、《续稽古录》等书数百卷。嘉泰元年(1201)七月,朝廷以其有史才,赐进士出身,除实录检讨官,"付以三朝史事"③。陆、龚两人虽才华出众,却不能考取进士,依靠赐出身才实现了成为进士的夙

---

① 如嘉定十五年(1222),赐权户部尚书薛极同进士出身(《宋史》卷四一九《薛极传》,第12544页);绍定六年(1233)十月,"史宅之太府少卿、史宇之将作少监,并赐同进士出身"(《宋史》卷四一《理宗一》,第798页);淳祐二年(1242)二月,赐刑部尚书、淮东安抚制置使兼知扬州赵葵进士出身(《宋史》卷四二《理宗二》,第823页);淳祐六年,赐四川宣抚使李曾伯同进士出身(《宋史》卷四二〇《李曾伯传》,第12575页);德祐二年(1276)正月,"赐家铉翁进士出身,签书枢密院事"(《宋史》卷四七《瀛国公》,第938页)。

② 《宋史》卷三九五《陆游传》,第12057页。

③ 《朝野杂记》甲集卷四《徽宗钦宗高宗孝宗光宗实录》,第110页;乙集卷一二《龚颐正续稽古录》,第694页。

愿,可谓名至实归。这对于一般有才能的落第士人和官员来说,既是一种慰藉,也为他们开辟了一条较为快捷的升迁之路。①

第二,南宋与北宋一样,左右史(起居郎、起居舍人)和两制(知制诰、翰林学士)地位清高而重要,特别是两制,承担着繁重的起草制、诰、诏、令的任务,没有相当的文学修养,很难胜任这项工作。由于这些官职必须由进士出身者为之,有时往往乏人。通过"赐出身",使那些有才华而无出身的官员也获得了与进士同样的身份,从而为朝廷任命左右史和两制官员增加了挑选的余地。如绍兴六年七月,赐左朝奉郎、主管台州崇道观吕本中进士出身,"除起居舍人"。十二月,赐右朝奉郎莫将同进士出身,"除起居郎"。乾道八年(1172)三月,赐吏部员外郎苏峤同进士出身,"寻擢起居郎"②。再如前面提到的徐俯,绍兴二年赐进士出身,绍兴三年即除为翰林学士。③ 任申先于绍兴五年赐进士出身后,仅半年即被授予试中书舍人(按元丰官制改革后,废知制诰,以中书舍人行其职)。绍兴六年,吕本中赐进士出身后,擢起居舍人兼权中书舍人。皆为其例。

---

① 按:在宋代选人的改官和京官迁转中,凡以恩荫等杂出身入仕者,改官远比进士出身者困难。即使同为京朝官,杂出身者须步步升迁,犹如慢车;进士出身者则可跳过某些品阶,犹如快车。如同为秘书省校书郎,有进士出身者转大理评事,无出身者须先转奉礼郎,然后再转大理评事;如同为大理评事,有进士出身者转大理寺丞,无出身者须先转诸寺监丞,然后再转大理寺丞。

② 《宋会要辑稿》选举九之一八至二〇。

③ 《宋史》卷三七二《徐俯传》,第11540页。

第五章　宗室子弟和归正人科举

　　宗室子弟和归正人,是南宋科举应试者中两类比较特殊的群体。

　　北宋早期,最高统治者为了防范宗室对皇权构成威胁,采取授之以郡王、三公、节度使、开府仪同三司、环卫大将军之类的虚位高爵,宠之以优秩厚禄而不付以任何职事的豢养政策。对此,仁宗朝大臣范镇曾以"赋以重禄,别无职业"①一语加以概括。在当时,不仅严禁宗子干预朝政,而且不允许他们参加科举考试,因为一旦科举中式授官,今后步步升迁,难免会有逼近之嫌。至仁宗朝,宗子增多,疏属渐众,凡属袒免亲(五服亲),授官已轻,至有授内殿崇班、供奉官一类中低级武职者。

　　对宗子的待遇虽较以前稍差,但仍然远非常人可以企及。仁宗宝元二年(1039)七月,诏应大宗正事允让奏请,"自今遇乾元节、南郊,听官其子,余须俟五岁方得授官"②。皇祐三年(1051)三月又诏:"宗室子生四岁者,官为给食。"③从熙宁年间的情况来看,每岁宗室赐名、授官的人数大都达到五六十人之多。此时宋祚已历五世,天下承平日久,子孙蕃衍更广,宗子普遍授官困难更大。熙宁二年(1069)立法,允许疏属远支参加科举和各种入官考试,从而为宗子应举打开了大门。

---

① 赵汝愚:《宋朝诸臣奏议》卷三二,范镇《上仁宗乞令宗子以次补外》,上海古籍出版社1999年点校本。
② 《长编》卷一二四,宝元二年七月丁巳条,第2919页。
③ 《长编》卷一六八,皇祐三年三月甲辰条,第4035页。

归正人的名称,早在北宋已经出现。南宋时候的归正人,主要指"靖康之变"以后,原来生活于别的政权或族帐、溪峒统治下的百姓、官员和首领,他们或是为了摆脱异族统治和奴役,或是受南宋政府招引而内附的人。归正人只是一个统称,其成分十分复杂,既有北方汉人,也有女真、契丹、党项、吐蕃以及峒蛮等少数民族的人。南宋政府在习惯上对归正人又有归正、归朝、归附、归明等区别。北方的汉人,多称归正人,他们中有官者,又称归朝人或归朝官;若是非汉族的百姓、官员和首领,则称归附人或归明人。"绍兴和议"的签订,南宋受到不准接纳归正人条款的约束,南下的移民一度大为减少。到绍兴末年,随着宋金战争的再起和后来时断时续的军事冲突,中原归正人越来越多,可是"纳之则东南力不能给,不纳则绝向化之心"①,使归正人问题成了南宋政权十分棘手的问题。孝宗朝初年,南宋统治集团内部对归正人形成了两种截然不同的意见:一种是以参知政事史浩为代表,他力主拒绝接纳归正人,认为北方百姓所以大批南下,是金人有意"纵流民困我"的结果,一旦南宋财力不济,归正人必有"怨悔之心",从而酿成大祸。他又认为东南农民因归正人而使负担更加不堪,"安保其不起为盗贼而求衣食之资乎"②。另一种是以枢密使张浚为代表,他认为不仅不能拒绝归正人南下,而且还要重金加以招纳,其理由是:归正人对补充南宋军队、收揽中原民心、间探敌人动向、顺应天理人情等诸多方面都有重要意义,他告诫孝宗道:"惟此一事,所系甚重,若果绝之,人心一失,大事去矣。"③

孝宗急欲收复北方失地,为"系中原心",不伤"忠义之气",当然倾向于张浚接纳归正人的主张,并为此采取了一系列安顿和优待归正人的政策,而允许归正士人参加科举考试,给与一定优待,就是其中的一项重要举措。

① 《系年要录》卷二〇〇,绍兴三十二年七月癸亥条,第3393至3394页。
② 史浩:《鄮峰真隐漫录》卷七《论归正人札子》,文渊阁《四库全书》本。
③ 《历代名臣奏议》卷八八,张浚奏议,第1216至1217页。

第一节　宗室子弟的应举

一、有官锁应,无官应举

神宗即位后,王安石、司马光等众多官员对宗子蕃衍寝广,恩遇太滥都提出了批评,熙宁二年(1069)三月,大名府留守推官苏辙上疏谓:

> 昔者太祖、太宗,敦睦九族,以先天下。方此之时,宗室之众无几也,是以合族于京师,久而不别,世历五圣而太平百年矣,宗室之盛,未有过于此时者也。禄廪之费,多于百官,而子孙之众,宫室不能受。无亲疏之差,无贵贱之等。自生齿以上皆养于县官,长而爵之,嫁娶、丧葬无不仰给于上。日引月长,未有知其所止者。①

是年十一月,宋廷颁布了经过修改以后的《宗室法》,主要内容包括以下几个方面:一是宣祖(赵匡胤之父)、太祖、太宗之子,皆择其后一人为宗,令世世封公,补环卫之官,以奉祭祀,不以服属尽故杀其恩礼。二是祖宗祖免亲(五服亲)将军以下愿出官者听,仍先令经大宗正司投状上闻,委大宗正选择本官尊长,同太学教授结罪保明才行堪与不堪任使,复委大宗正审察闻奏。三是皇族非祖免亲(五服亲以外),更不赐名、授官,只令应举。四是"祖宗祖免亲,赐名授官者,除右班殿直,年十五与请受,二十许出官"。②

熙宁十年,始立《宗子试法》:"凡祖宗祖免亲已受命者,附锁厅试;自祖免以外,得试于国子监。礼部别异其卷而校之,十取其五,举者虽多,解毋过五十人。廷试亦不与进士同考。年及四十、尝累举不中,疏其名以闻而录用

---

① 《栾城集》卷二一《上皇帝书》,第471页。
② 参见《宋会要辑稿》帝系四之一九至三四。

之。其官于外而不愿附各路锁试,许谒告试国子监。"①这些规定,除取解和省试录取比例外,多为南宋宗室科举所继承。

要使宗子能够应举,就必须提高他们的文化水平。神宗采纳宗子赵令铄"营都宅以处疏属,立三舍以训学者"的建议,"置两京敦宗院,六宫各建学"②。从此以后,除近支宗室子弟已有诸王宫大、小学以外,疏属宗子也有了自己的学校,从而为他们的应举创造了文化教学方面的条件。

因为《宗子试法》颁布于熙宁十年,故而可以推知北宋宗子正式参加科举的时间,最早当始于元丰二年(1079)的时彦榜。不过,在此后的二十余年间,宗子应举者仍然寥寥,登第者不过二十余人③,所以对整个科举制度的影响并不大。当时三舍法已经推行,部分宗子也进入太学读书,有人还通过三舍法升入上舍,直接获取官职。今天在国家图书馆所收藏的手抄本《仙源类谱》和《宗藩训典》中,就记载有北宋后期十余名自太学上舍登第的宗子赐出身和授官的情况。

根据熙宁十年所制订的《宗子试法》,宗子应举分为两类,一类是指有官的宗室祖免亲子弟,可以按照有官人的身份参加锁厅试,是为有官锁应;另一类是指非祖免亲又无官阶的宗子参加科举,是为无官应举。有官锁应的宗子,居临安府者,在国子监参加发解试;居地方者,在所在路参加转运司试,亦即漕试。无官应举的宗子,居临安府者在国子监参加发解试;居地方者则参加漕试。绍兴前期,凡在临安府参加锁厅试和国子监试的宗子,他们的取解比例分别为:"有官锁应,每七人取三人;无官应举,每七人取四人。"远远高于一般士子和避亲牒试者的取解比例。可是如果他们参加转运司试,其取解比例虽仍较普通士子为高,却与官员子弟(避亲牒试者)一同。有

---

① 《宋史》卷一五七《选举三》,第3676页。按:吕中《大事记讲义》卷一六载:"熙宁七年,立《宗室应举法》,又立《宗室补外官法》。"刘时举《九朝编年备要》卷一九载:"(熙宁五年五月)立《宗室应举法》,非祖免亲许应举补官。"两书所载立《宗室应举法》的时间不同,与《宋史》所载立《宗子试法》也不在同一时间,未知孰是,待考。

② 《宋史》卷二四四《宗室一》,第8678页。

③ 李攸:《宋朝事实》卷八《玉牒·徽宗朝增神宗教养选举法》,文渊阁《四库全书》本。按:李攸原文作"三十余年中,科举者才二十余人"。如是,宗子应举当从英宗治平四年(1067)起,此与史实不符,不取。

臣僚以为,这种规定,"非所以奖进宗子之意"。为此,绍兴十五年(1145)十一月对宗子的取解重新作了修改,"欲诸路宗室不以有官无官,愿赴行在应举锁应者,依熙宁旧制,许赴国子监请解赴省。如不愿,即依崇宁通用贡举条施行"①。"崇宁通用贡举条"的取解比例如何,今天已失考,估计与宗子赴国子监试的比例已很接近。不过到宁宗嘉定十二年(1219),应右正言胡卫奏请,宗子有官锁应的取解比例由过去的七取其三降至七取其二,宗子无官应举的取解比例,则与有官锁应同。②

宗子发解试合格后,赴省试,皆别试,不与一般举人同场竞技。冠冕堂皇的理由是这样可以不挤占庶姓举人的录取名额,实际上当然是为了对他们实行照顾。绍兴二十五年十一月,同知大宗正事赵士篯上疏言:"比年以来,布衣韦带与进士群试有司者甚盛也。望令今后得解宗子,不以有官、无官,愿与异姓举子混同考试者,听。如有中选之人,乞稍加采擢。如不愿与异姓举子混试者,只依旧法施行。庶几人思自励,奇才辈出,以彰宗党得人之盛。"③高宗可其奏。从这道奏疏中不难窥知,宗子的别试试题,一定较大院考试为易,否则就不存在"稍加采擢"的问题。正因为如此,宗子愿意混试的人数就不多。宗子在省试时,即使参加混试,仍然别加考校和录取,以保证他们的特权。

南宋初年,宗子在省试中的录取比例"皆七人而取一",孝宗淳熙年间,降为"十人乃取一人"④,但与庶姓举人"每十五人四分纽取一名,零数各取一名"相比,显然要优待许多。此外,宗子每遇帝王登基、郊祀等大典时,还可享受免去省试直接赴殿试的恩例。如绍兴三十二年六月,孝宗初即位,降《登极赦书》谓:"宗室曾经锁试两次得解人,许赴将来殿试;曾经锁应人,许赴将来省试一次。"即使是仅仅参加过发解试的宗子,也"并与推恩"。⑤

北宋初行《宗子试法》时,宗子殿试也实行别试,自哲宗元祐六年(1091)

---

① 《宋会要辑稿》选举一三之七至八。
② 参见《宋史选举志补正》,第132至133页。
③ 《宋会要辑稿》帝系六之二三。
④ 《朝野杂记》甲集卷一三《宗室锁试迁官》,第275页。
⑤ 《宋会要辑稿》选举一八之二一。

马涓榜起,宗子八人才与一般奏名进士同赴殿试,即所谓"与寒畯群校进退"①,至南宋亦然。

当然,作为宗子,殿试虽与庶姓子弟一同,但在赐甲第、授官、迁转等方面却受到很大优待。首先,在赐甲第方面的优待。宗子录取后,有"升甲恩"。这种"升甲恩",从徽宗宣和六年(1124)沈晦榜起,已有明确规定,即无论有官锁应或无官应举的宗子,凡考取进士者,皆不入第五等,这一做法后来也为南宋所沿袭。至于升甲多少,似乎并无明确规定,考究史实,在绝大多数情况下只升一甲,偶尔也有升二甲者,这就是为什么在《绍兴十八年同年小录》和《宝祐四年登科录》中,宗子名列第三四甲者甚众,而在第五甲中却绝无一人的原因。其次,授官优渥。"宗室有官锁试、无官应举者,唱第日,皆迁一官,若濮王子孙则加一等"②。第三,即使犯有"不考式"和有作弊行为的宗子,也只是降甲而不黜落。宋自元祐以后殿试不再黜落,但这并不包括犯有"不考式"和作弊的举人。然而对宗子而言,只要降甲后便可录取。如孝宗乾道八年(1172)二月,御药院言:"契勘御试举人内,有应举宗子漏写限一千字以上,杂犯不考,自绍兴二年以后,未有此例。检为绍兴二十四年赵不同系应举宗子,合升一甲,为犯怀挟,合降一甲,得旨(此)〔比〕折,更不升降。今欲依赵不同例比折,更不升降。"③诏依所请,此为一例。第四,迁转较快。有官锁应人,根据宋代对宗室授官的规定,原来之官皆为武职,登第后先要按格迁官,然后再换文资,并在此基础上选人循一资,京官进一官。无官应举者,除进士高科外,初授官为修职郎,较庶姓进士的授迪功郎高出一阶。故李心传言:"凡宗室锁厅得出身者,京官进一官,选人比类循资。无官应举得出身者,补修职郎。即濮、秀二王下子孙中进士举者,特更转一官。"④上述所谓濮王者,指太宗第三子商王元份之子允让(死后追封濮王)。仁宗在位久无子,乃以允让第十三子宗实为皇子,改名曙。仁宗死后,赵曙

---

① 《长编》卷四五六,元祐六年三月壬午条,第 10925 页。

② 《朝野杂记》甲集卷一三《宗室锁试迁官》,第 275 页。

③ 《宋会要辑稿》选举八之四五。

④ 《朝野杂记》乙集卷一四《宗室锁厅出身转官例》,第 763 页。

即位,是为英宗,从此以后,朝廷对濮王一系子孙特别加恩。秀王为太祖六世孙子偁(死后追封秀王),高宗无子,以子偁子伯琮为子,后改名眘。赵眘继位,是为孝宗,循濮王旧例,对秀王一系子孙也特别加恩。

绍兴前期,宗子登第者在注授差遣上,以注授幕职州县官居多,如换京秩,还可出任作为亲民官的知县。对此,知吉州郑作肃在绍兴二十四年八月上疏建言:"(宗子)初未经任,即授大县,虑于民事未能谙练。望依仿进士例,俟历任有举主者,乃授以县,庶几仰副陛下加惠元元之意。"①高宗采纳了他的建议,此后宗子初仕,再不能作县。另外,作为学校教官,理当为人师表,而宗子多纨袴习气,很少有人能够胜任此职。故孝宗即位后,下诏禁止宗子登第者出任教职。乾道八年(1172)五月,诏应臣僚奏请,"宗室及第殿试第一甲应格之人,许集注教官差遣外,余并不许陈乞及注授"②。但是能够考取殿试第一甲的宗子毕竟甚少,实际上对宗子出任教官限制仍然很严。乾道二年三月殿试,出现了戏剧性的一幕,御药院向孝宗报告:正奏名宁远嘉字号御试试卷犯"不考式",整份试卷除御试题外,只写了二百字。孝宗以为:"此必假笔。朕欲先拆见姓名,取省试卷比较,使见情迹。"翌日,御试官洪适呈上试卷,拆见姓名,才知并非假笔,而是一位宗子的试卷,"为锁试两获文解,昨遇覃恩,特免省"。洪适等乞与换授文资,带右字。但孝宗"以文不合格,法当不考,(将其)罢之"③。从以上一系列事例中可以看出,南宋统治者虽给宗子应举以种种优待,但对他们的录取和任用还是坚持了一定的原则。

二、宗子量试

"量试"之名,北宋前期已有之,如真宗大中祥符四年(1011)六月诏:"诸路州府遣亲属奉方物诣汾阴者,送学士院量试本业,授试秩斋郎,不就试者

① 《系年要录》卷一六七,绍兴二十四年八月乙酉条,第2726页。
② 《宋会要辑稿》选举一七之一。
③ 《宋会要辑稿》选举八之四四。

补三班借职,如东封例。"①不过,此处之"量试",乃是"酌量考试"之意,作动词用,与后来将宗子量试固定为一种考试名称截然不同。所谓宗子量试,是指对宗子非祖免亲为推恩授官而进行的一种考试。它最早出现于北宋熙宁年间,自后"中废不讲,至绍圣间,始复讲之"②。高宗登基后,又恢复了宗子量试,自后南宋每逢帝王登极就下诏量试,成为制度。

量试与殿试不同,它是一种比较简单的考试,凡符合量试条件的宗子,可不必经过发解试和省试而直赴殿试,作简单的考试后,即推恩授官。具体内容和授官情况,《宋史》有载,其谓:

> 孝宗登极,凡宗子不以服属远近,人数多寡,其曾获文解两次者,并直赴廷试,略通文墨者,量试推恩。习经人本经义二道,习赋人诗、赋各一首,试论人论一首,仍限二十五岁以上合格。第一名承节郎,余并承信郎……量试不中、年四十以上补承信郎,展三年出官,余并于后举再试。③

以上所言,实指在登极恩下,曾获两次文解的宗子,他们可以直赴殿试,只要"略通文墨",年龄在二十五岁以上,试经义二道,或诗、赋各一首,或论一首,便可推恩授官。年四十以上的宗子,即使量试不中,也可补官,或者参加后一次量试。由此可知,量试是帝王在一系列登极恩例中对宗子的又一项优待,它并不像科举那样定期举行。量试既简单,录取也甚易,应试者的水平很低,所授承节郎、承信郎,皆为从九品武职,属于小使臣中的最后二阶官。

宋代设置量试的目的,正如陈傅良所言:"凡有司考校之科甚严密也,而独宽于量试宗子,盖欲使之齿仕版习吏事,稍涉于文墨而不求其备。"④

宗子在量试中能否被录取,主要是看两方面的条件:一是年甲是否在二十五岁以上;二是文理是否通顺,其他没有别的要求。南宋政府为防止参加

---

① 《长编》卷七六,大中祥符四年六月己酉条,第 1726 页。
② 《宋会要辑稿》帝系五之一六。
③ 《宋史》卷一五七《选举三》,第 3677 页。
④ 《陈傅良先生文集》卷一三《量试中宗子汝弼等八十一人补官》,第 180 页。

量试者冒滥,对年甲的审查相对比较严格,规定:"凡无官宗子,见年二十五岁以上,方与量试。其行在无官宗子,经大宗正司;在外经宗正司;即去宗正司远,经所在州军陈乞,各勘会年甲无违碍,给据,赴部,下大宗正司勘会取试。"①录取多少无一定比例,主要根据宗子成绩如何而定。如隆兴元年(1163)二月,据礼部贡院奏称,该年量试终场有七百余人,其中只有三分文理稍通,其余皆答非所问,或全写他文。在文理稍通的人中,杂犯者亦多有之,因为无所适从,故奏请孝宗定夺。孝宗乃下诏:"取放文理合格人,合格杂犯于榜后,仍展二年出官。"②由此可以看出量试宗子水平之低劣。

虽然,从严格意义上说,量试并非常规状态下的科举,但当某个宗子,特别是服属较远的宗子,通过量试获得一官半职以后,他就取得了有官锁应的资格,如果他在尔后的锁应试中被录取,就可以授予文资,并得到较快升迁的机会。从这一点而言,量试与常规状态下的科举又有着密切的联系。如宗子赵不败,孝宗隆兴元年(1163)量试合格后,授承信郎,接着于乾道二年(1166)以锁应登第,赐进士出身,换文资,改授左修职郎(从八品选人)③。如果他当年不参加量试,就不可能走上这条科举入仕之路。

三、宗子取应

"取应"一词的含义甚广,多数是指参加科举考试之意,如《长编》卷四一二,元祐三年六月庚辰条载:"诏将来一次科场,如有未习诗赋举人,许依旧法取应解发。"其中的"取应",就是这一意思。但若言无官祖免亲宗子参加的取应,则是具有特别含义的一种科举考试,与其他取应不同。

北宋末年,随着宗子浸繁,即使是祖免亲宗子也不能全部授官,于是才有宗子取应之设,这是赵宋王朝对宗室子弟入仕的又一项优待。这项考试形式,至迟于北宋宣和六年(1124)沈晦榜已经出现,时"初罢三舍,改科举,宗子分三科,亦分三等推恩:有官锁应,先转两官,换文资;无官取应,上三人

① 《宋会要辑稿》选举一八之二一。
② 《宋会要辑稿》选举一八之二二。
③ 《仙源类谱》卷一四〇,北京图书馆手抄本。

保义郎,余承节郎;无官应举,补修职郎。"①从中可知,当时宗室科举有三种形式;第一种是有官锁应,第二种是无官取应,第三种是无官应举。同时也可以知道,宗子通过取应,只能授予保义郎(正九品小使臣)、承节郎(从九品小使臣)等武职。

关于宗子取应的途径,史籍记载不仅语焉不详,且比较模糊。据元《大德昌国州图志》卷二《学校》条载,南宋咸淳年间"贡士庄"给应举士人的资助额为:"乡举一百二十贯,漕胄、宗室举八十贯,宗室取应举四十贯;乡举过省二百贯,漕胄、宗室过省一百五十贯,宗室取应过省一百贯;乡举廷对三百贯,宗室廷对二百贯,宗室取应廷对一百贯……"似乎证明宗子取应也要通过乡试、省试和殿试三级。但是为何其他举人在殿试被取中后,可以赐第和授予出身,而祖免亲宗子却既不赐第,也不授予出身,而只能直接得到保义郎之类官阶极低的武职? 无官祖免亲宗子在科举考试中的待遇,竟不及非祖免亲宗子,这显然不合常理。

那么,如何来看待这一看似不合常理的现象呢? 笔者以为,祖免亲无官宗子取应路径表面上与其他人的应举一样,需要通过发解试和省试,但实际上却是两种不同的发解试和省试。

首先,无官祖免亲取应宗子的发解,特别容易。绍兴十五年(1145)十一月,据臣僚言:"(宗子)有官锁应,每七人取三人;无官应举,每七人取四人;无官祖免亲取应,文理通者为合格,不限人数。"②也就是说,凡是无官祖免亲宗子应发解试,只要"文理通者",人人都能获得发解。由于祖免亲宗子服属近,可以享受朝廷赐予的钱物,经济条件较好,取解又如此容易,所以前面提到的"贡士庄"对他们参加发解试的资助额就比非祖免亲宗子为少,也就不难理解。

其次,考察取应宗子的省试。据嘉定十五年(1222)十一月臣僚言:

> 证得宗子省试,添差点检试卷官二员,专一考校,务欲精切。窃详

---

① 《宋会要辑稿》帝系六之一二。
② 《宋会要辑稿》选举一六之七。

宗子系二月九日引试,十一日方得考校,至二十七日攒号,计得十七日。且以应举、锁厅、取应言之,共计一千二百七十四人,合经、赋、论、策计之,则有三千四百九十四卷,内取应三百二十八人。两场试官二员,品搭分房,各当一千七百四十七卷。若赋、论日考百卷,尚可仅了所分之数。若经义并策,穷日之力,可考五十来卷,十七日内,不过八百五十卷,则尚有未考九百余卷。推原其故,自二十五日入院,半月方引宗子试。前既空闲,自然拥并在后。欲将宗子考官二员,添入省试官内,证太、武学官试例,同共考校。既多二员,决不匆卒。①

以上一段文字,给了我们关于当时宗子在省试中取应的许多信息:一、宗子省试,由添差试卷官二员负责考校,与其他试官无涉;二、宗子取应虽在礼部贡院进行,却并不与一般举人同试,而是与有官锁应、无官应举的宗子一起别试,共称为"宗子省试";三、是举有官锁应和无官应举共九百四十六人,三场试卷计二千八百三十八卷,宗子取应三百二十八人,二场试卷计六百五十六卷,合计三千四百九十四卷。证明宗子取应只试二场,其中一场试策,另一场可能是经义或诗赋任选一题。

最后来考察取应宗子的殿试。史载:孝宗在隆兴元年(1163)四月,"御射殿引见取应省试第一人,赐同进士出身,第二、第三人补保义郎,余四十人承节郎"。绍定五年(1232)四月,知贡举陈贵谊等奏:"取应宗子第一名时中,学诗能文,颇合程度,乞附正奏名廷试。"②诏依所请。从以上二条史料看,宗子取应除省试第一名允许以奏名进士身份参加殿试以外,其他人似乎并无殿试一级的考试。这样,前面《大德昌国州图志》关于"贡士庄"资助"宗室取应廷对一百贯"的记载,恐怕并不正确。

无官袒免亲宗子的取应,其地位类似于特奏名。对此,人们可以从有关记载中得到印证。如宗室赵庚夫,史言其"两举春官不第,以宗子取应得右选"③。说明赵庚夫原是一名宗室不第进士,后来参加宗子取应才得武职。

① 《宋会要辑稿》选举二二之二六至二七。
② 《宋史全文》卷三二,绍定五年四月壬子条,黑龙江人民出版社2005年点校本,第2178页。
③ 陈起:《江湖后集》卷八,赵庚夫条,文渊阁《四库全书》本。

又,绍兴二年(1132)三月,御药院言:"自来御试进士引试唱名,并作两日:第一日,正奏名并应举宗子等;第二日,特奏名并武举、取应宗子。"①孝宗乾道八年(1172)十月诏:"自今御试唱名,第一日,唱文举正奏名、应举锁应宗子、武举正奏名;第二日,唱文举特奏名、取应宗子、武举特奏名。"②都将取应宗子与特奏名排列在一起。此外,无论是取应时间③,或是地方志书对有关科名的排列顺序④,宗子取应也都与特奏名进士排在一起。从中不难窥知,在南宋人的心目中,宗子取应的地位与特奏名进士甚相仿佛,故可将它视为"宗室特奏名"。

宗子取应得官后,也可像特奏名出身一样,以有官宗室的身份参加锁厅试,以考取进士。如宗室赵汝愚之子崇宪,于淳熙八年(1181)以取应对策第一,授保义郎,"越三年,复以进士对策,擢甲科"。⑤

南宋朝廷对无官袒免亲宗子的取应要求很低,但对他们的身份和授官却与宗子量试一样,有比较严格的规定:一是参加宗子取应,必须是无官袒免亲,以福建路取应宗子为例,"初试许于所在州军召保,结保勘验,于贡举条制别无违碍,连宗枝图保明,申送转运司勘验,别场引试。将合格人数缴申礼部,行下大宗正司勘会。如有伪冒违碍,虽已赴试合格,先次改正驳放。其犯人并保官,申朝廷取旨"⑥。二是除省试第一名外,授官都很低,且仅仅只是武职,类似于特奏名中的文学、助教之类,空名而已。光宗朝由中书舍人陈傅良起草授予取应宗子官职的诏书中,也公开承认:"有司考试之法至严密也,而独优于宗室子。夫既阔略以取之,而授官与寒畯等,则非所以示公。姑属右铨,以须器使。"⑦三是不给取应宗子以免解恩例。绍兴二十八年

---

① 《宋会要辑稿》选举八之三九至四〇。
② 《宋会要辑稿》选举八之四五。
③ 《系年要录》卷一八四,绍兴三十年三月甲辰条载:"赐特奏名进士黄鹏举等五百十三人同进士出身至助教。是日,取应宗子彦髳等三十一人。"第3088页。
④ 可参见《淳熙三山志》卷三二《人物类七·科名》所载,第8104至8107页。
⑤ 《宋史》卷三九二《赵汝愚附子崇宪传》,第11990页。
⑥ 《宋会要辑稿》选举一六之一一。
⑦ 《陈傅良先生文集》卷一三《合格取应宗子时信等四十二人授官第一名补承节郎余补承信郎》,第180页。

(1158)五月,宗正少卿杨偰提议,"将取应宗子比府监进士,理年免举",遭到高宗拒绝,他说:"此自有成法,遵守可也。祖宗以来若可行,不至今日矣。"①由此看来,南宋统治者对宗子的"恩例",还是有一定的限度。

四、宗子科举的利弊

南宋继承北宋的重文传统,自京城至地方州县,广泛设立各类学校,以培养庶姓子弟。对宗子的培养和教育则比北宋更加重视,除了在内设诸王宫大、小学教授,对近亲宗子进行教育,在外设宗学对疏属宗子进行教育以外,还采取一系列措施引导袒免亲和非袒免亲宗子走科举入仕之路。对可能成为储君的宗子,则抓得更紧,在这方面,从高宗到理宗,历朝帝王无一例外。如赵眘(孝宗)从六岁入宫起,便处于高宗的严格教育之下,后来,高宗虽命"才德俱佳"的史浩作为赵眘的教授,但自己仍然放心不下,经常布置大量作业要赵眘完成。② 理宗对赵禥(度宗)的培养更是煞费苦心,史言他要求赵禥鸡叫头遍问安,鸡叫二遍回宫,鸡叫三遍与群臣一起参决庶事,然后在有关大臣的教导和督促下,整天攻习经史。理宗自己还经常考问、检查赵禥的功课。怎奈赵禥资质迟钝,虽然讲官"反复剖析"讲解,仍然不知所云,故常常惹得理宗发怒。③

北宋后期,特别是进入南宋,最高统治者在科举中对袒免亲和非袒免亲宗子的种种"推恩",既是为了容私恩,也怀有希望他们成才和学习政事的意图。绍兴二十三年(1153)三月,知南外宗正事赵士珸上疏谓:"宗子善轸在学实及二年,文艺卓然,众所推誉,乞免文解一次。"高宗听了高兴地说:"近日宗子多读书,殊可喜也。"④宝祐元年(1253)五月,理宗在授宗子必眈等人官职时亦谓:"盖欲诱之进学,而教以入仕也。"⑤这在一定程度上改变了以往

---

① 《系年要录》一七九,绍兴二十八年五月甲戌条,第 2968 页。
② 参见罗濬《宝庆四明志》卷九《史浩》条所载,第 5095 页。
③ 《宋史》卷四六《度宗纪》,第 892 页。
④ 《系年要录》卷一六四,绍兴二十三年三月癸卯条,第 2680 页。
⑤ 《宋史》卷一五七《选举三》,第 3679 页。

宗室子弟无职无权，"埋没抑压，仅同豢养，纵其痴骏，殊不教训"①的局面，使部分只知养尊处优的宗子，开始学习文化知识和政事，另一部分穷困潦倒的疏属宗子，也有可能踏上仕途，从而形成了人数众多的宗室士大夫群体。这对于改善南宋政治、推动学术文化的繁荣都起到了一定的作用。

请先言南宋宗室士大夫在政治上所起的作用。尽管南宋对宗室任官仍存在种种限制，高宗甚至一再对近臣说："宗室贤者，如寺监、秘书省皆可以处之。祖宗不用宗室为宰相，其虑甚远，可用至侍从而至。"②实际上，由于众多宗子考取进士以后，通过层层磨勘升迁，部分人已突破了高宗所说的限制，不仅成了制置使、安抚使等方面之官，而且还有身居执政和宰相者。他们中虽大多碌碌无为，但也不乏在政治上有所建树之人。这里特别要提出的是太宗八世孙赵汝愚，他本是乾道二年（1166）萧国梁榜的榜首，因是宗子应举，以故事降居第二。此后汝愚步步高升，到光宗朝已出任同知枢密院事，进入执政行列。绍熙五年（1194）六月，太上皇孝宗病故，光宗拒不执丧，朝廷上下人心惶惶。就在此时，赵汝愚联合外戚韩侂胄和另一宗室赵彦逾，在太皇太后吴氏的支持下，发动了打着"禅让"旗号的政变，拥立光宗之子赵扩（宁宗）为帝，迫使光宗退位，从而使南宋统治集团度过了一场政治危机，汝愚也因此一度登上相位。另一宗室赵彦逾，为廷美七世孙，绍兴三十年梁克家榜进士，历官工部尚书，四川制置使，晚年以资政殿大学士知庆元府，再进观文殿学士，所至有廉声，且颇多政绩。考取嘉定十三年（1220）进士的太祖十世孙赵与𥳑，累官至吏部尚书兼知临安府、权知扬州、两淮安抚制置使、知镇江府兼淮东总领等要职。他知临安府历时十年之久，对临安城的建设和西湖的保护都作出了重要贡献。据有关学者统计，南宋时期共有宗室十九人二十七次先后知临安府，时间长达三十五年。担任安抚使一职的宗室共有四十七人，其中太祖后裔十九人，太宗后裔十八人，廷美后裔十人③，他

---

① 《长编》卷一五〇，庆历四年六月戊午条，第3646页。

② 佚名：《续编两朝纲目备要》卷二，中华书局1995年点校本，第29页。

③ 参见何兆泉《宋代宗室入仕任官问题探析》，载《宋学研究集刊》，浙江大学出版社2008年出版，第132页。

们中绝大部分是进士出身。

次言南宋宗室士大夫在学术上的成就。南宋科举，经义、诗赋是两项重要的考试科目，从而培养了不少在经学上和文学上成绩卓著的宗室士大夫。如太宗后裔赵善誉，乾道五年（1169）试礼部第一，入仕后，累迁大理丞、添差通判常州等职。观文殿大学士兼侍读史浩誉其为"宗子之秀，学问、文采俱有可观，吏才尤高"①。实际上，赵善誉在经学、史学等方面皆有出色成就，生平著有《易说》、《南北攻守类考》、《皇朝开基要览》、《晋载记年表》等书，其中《易说》一书，深得大儒朱熹赞誉，称它"扩先儒之未明"②。再如另一宗室子赵汝谈，淳熙十一年（1184）以锁厅试登进士第，历官权给事中、刑部尚书。他一生著述甚多，有《易》、《书》、《诗》、《论语》、《孟子》、《周礼》、《礼记》、《荀子》、《庄子》、《通鉴》、《杜诗》注，他还初步揭开了《古文尚书》为伪作之谜③，在学术上有很大贡献。弟汝说，嘉定元年（1208）郑自诚榜进士，终官知温州，与兄汝谈齐名当世，人称"二赵"。叶适称赞他们兄弟二人"有异才，文藻蔚发，韩篇杜笔，高出于时，朝士咸仰重"。④

再言南宋宗室士大夫在书法、绘画上的成就。宋代上至帝王，下至宗室，擅长书法、绘画艺术的人很多，南宋更是延至疏属。如宋太祖十一世孙赵孟坚，宝庆二年（1226）考取进士，四库馆臣言其："好学工书，喜藏名迹，时人比之米芾。至今遗墨流传，人人能知其姓字。"⑤孟坚尤长于画兰、梅、竹、水仙与松枝，其画"咄咄逼真"，"片纸可直百千"⑥。又如元代著名书法家、孟坚族弟孟𫖯，年十四以父荫入仕，二十三岁时元灭南宋，入元仕至翰林学士承旨。此人多才多艺，于书法尤精，史言其"篆、籀、分、隶、真、行、草书，无不冠绝古今"⑦，同时他又是一位杰出的画家，后人对他的画作评价甚高，认

---

① 《历代名臣奏议》卷一四四，史浩奏议，第 1894 页。
② 楼钥：《攻媿集》卷一〇二《赵公墓志铭》，文渊阁《四库全书》本。
③ 参见《文献通考》卷一七七《经籍考四·南塘书说》，第 1535 页。
④ 《叶适文集·水心集》卷二四《夫人王氏墓志铭》，中华书局 1961 年点校本，第 468 页。
⑤ 《四库》馆臣语，见《四库全书总目》卷一六四，《彝斋文编》条，中华书局 1965 年影印本，第 1402 页。
⑥ 朱存理编：《珊木难》卷四《王翠岩写竹求诗亦与·跋》，文渊阁《四库全书》本。
⑦ 《元史》卷一七二《赵孟𫖯传》，第 4023 页。

为:"他人画山水、竹石、人马、花鸟,优于此或劣于彼,公悉造其微,穷其天趣,至得意处,不减古人。"①可以设想,如果孟頫当年仍生活于南宋,肯定也会走上锁厅应举的道路。

总之,在南宋宗室政策的推动下,通过鼓励宗子应举,使相当一部分宗子具有较深厚的文化教养,并逐渐融入士大夫行列,形成了宗室士大夫群体。

清人顾炎武以为:有宋一代"为宗属者,大抵皆溺于富贵,妄自骄矜,不知礼仪。至其贫者则游手逐食,靡事不为。名曰天枝,实为弃物"。② 在这里,顾炎武只是借古讽今,揭露明王朝的宗室政策所造成的恶果,于南宋则并不完全符合实情。

当然,南宋朝廷鼓励袒免亲和非袒免亲宗子参加各种形式的科举考试,使大批宗子涌入官僚队伍,也带来了一些消极影响,主要表现在以下两个方面:

一是破坏了公平取士的原则。唐代初创的科举制度,经过北宋最高统治者的一系列改革以后,消除了过去科举制中察举制的举制,真正实现了"一切以程文为去留"的原则。可是宗子登第,可以升一甲;宗子取应,以"文理通者为合格",且不限人数;年四十岁以上宗子,即使量试不中,也可补官;有官宗子应举合格授官,可以高出一阶到二阶。如此等等,不一而足。这与一般平民子弟要在成百上千名应举人中才能获取一第的情况相比,真可谓有天壤之别,这都极大地破坏了公平取士的原则。不过,在封建社会里,帝王之胄享受特权已是"天经地义",因此对于此种不公平,在当时的社会中实际上似乎并没有引起大的反响。

二是使冗官冗吏加剧。宋代官冗,南宋尤甚,这中间以宗子登第授官的人数增长最快。从有官锁应和无官应举的两类宗子来说,不仅解额优,省试中录取的比例高,而且每遇帝王登极,即有特恩。正如前面已经说到,孝宗即位后,"凡宗子不以服属远近、人数多寡,其曾获文解两次者,并直赴廷试,

① 《御定佩文斋书画谱》卷五三,"赵孟頫"条,文渊阁《四库全书》本。
② 顾炎武:《日知录》卷九《宗室》,文渊阁《四库全书》本。

略通文墨者,量试推恩"①。这就意味着,凡曾获二次文解者,都能获得科第;稍懂一些文化知识者,就能进入仕途。故早在绍兴二十六年(1156)正月,就有大臣指出:"比年以来,(宗子)以科举进,数倍日前,可谓盛矣。"②此后,随着宗子应举的进一步增多,登第者越来越多,如在《绍兴十八年同年小录》所载的三百三十名进士中,宗子登第十六人,占总数的百分之四点八③,可是到宝祐四年(1256)文天祥榜,共取进士六百零一人,其中宗子登第七十六人,占总数的百分之十二点六,一百零八年间,所占比例足足增加了近二倍。这里所统计的数字,仅指有官锁应和无官应举的宗子而言,至于以量试或取应入仕的宗子就更多,如孝宗隆兴元年(1163),仅由量试入仕的宗子就有二百十人以上。由取应入仕的宗子,每举也有三四十人。④上述通过不同应举途径入仕的宗子,每三年至少有近百人,若遇"登极恩",总数会达到二百人以上,他们成了南宋冗官冗吏的一个重要来源。

在南宋,宗室入仕之人,除通过正式科举获取官职以外,大都通过量试或袒免亲宗子取应的途径,先出任承节郎、承信郎之类的低级武职,然后参加锁厅试以转换文资。由于官冗,他们实际得到的差遣多为"添差"官,即正员以外的额外差遣。"添差"中又有"厘务"和"不厘务"之分。如果是"不厘务",则不能参与政事,不能签书公文⑤。此外,他们也被授予主观宫观、岳庙之类无职无权、不必到任的闲职。尽管如此,这些官员的俸禄却一样发给,并且多有地方支付,从而给地方财政带来很大压力。对此,朱熹也深以为患,他说:"顷在漳州,因寿康(按:指光宗)登极恩,宗室重试出官,一日之间,出官者凡六十余人。州郡顿添许多俸给,几无以支吾。朝廷不虑久远,宗室日盛,为州郡之患,今所以已有一二州郡倒了。"⑥

---

① 《宋史》卷一五七《选举三》,第 3677 页。
② 《宋会要辑稿》帝系六之二三。
③ 参见《绍兴十八年同年小录》。
④ 如乾道二年录取取应宗子三十九人,五年三十八人,八年四十一人,参见《宋会要辑稿》选举一八之二三至二五。
⑤ 《朝野类要》卷三《不厘务》载:"添差之官,则不理政事也,若许干预,则曰仍厘务。"第 77 页。
⑥ 《朱子语类》卷一一一《论财》,第 2720 页。

综合南宋统治者对宗子应举、入仕等政策所造成的影响,虽然利弊参半,但若与后来明代的宗子状况相比较,应该说还是有许多可取之处,对政治的危害也不算甚烈。

第二节　归正士人的应举

一、对归正士人应举的优待

南宋对归正人的政策,自高宗朝以来曾几度反复。绍兴前期,朝廷对归正人采取积极招纳的政策,屡下诏令,给归正人以一系列优待。如绍兴五年四月,"诏令淮东西宣抚使司多方存恤。百姓愿占闲田耕垦者,州县即时摽拨给付;军人于所至州升一等军分收管;举人、官员,保明申尚书省审验,举人举免将来文解一次,官员於见今官资上转一官资,添差见阙差遣。仍仰行下所属,散出榜文招谕"。当年七月,又诏:"淮北归附人民,所至州县,实计口数,每人支钱一贯,于提刑司应干钱为支给。所给耕种闲田,开垦之初,与免税役五年外,仰所属州军申尚书省。如尚未就绪,即更与宽展年限。军人请给衣赐等,依时支给,不得积压。举人、官员,免(罪)解、转官,差遣依已降指挥外,如有阙少路费,仰所属州县应副津遣前来。"①

"绍兴和议"签订以后,高宗慑于金人压力,借口受和议约束,停止执行该项政策。② 绍兴三十一年秋天,金完颜亮发动大规模南侵,南宋再次恢复接纳归正人。"隆兴和议"签订以后,孝宗为恢复中原故土,不顾金人抗议和部分大臣的反对,仍然下令秘密接纳归正人。到宁宗中期,随着金朝的衰落和"绍兴和议"实际上的被废止,南宋政府终于将接纳归正人的政策转向

---

① 《宋会要辑稿》兵一五之五。
② 据《系年要录》卷一九〇,绍兴三十一年五月丁亥条载,高宗回答官员张阐在转对中关于不再遣返归正人的请求时说:"卿言深中时病,惟遣归正人誓书所载,卿特未知耳。"第3171页。

公开。

对归正士人应举的优待，是对归正人众多优待中的重要一项，其措施主要表现在以下几个方面。

一是允许归正士人在流寓地应举和入学。众所周知，南宋对士人"寄籍冒贯"参加科举禁止甚严，而归正人进入南宋国界以后，根本谈不上有户籍可言。因而早在乾道元年（1165）七月，孝宗即位刚满一年，就针对金完颜亮南侵失败后，大批北方百姓南移的情况，下诏规定：凡是绍兴三十一年以后的归正士人，可于所在州军附当年秋天的解试，其取人分数，依过去流寓人试例，"凡及十五人，解一名，余分或不及十五人，亦解一名"①。为使归正士人获得进入太学和州县学读书的机会，乾道八年（1172）十一月，孝宗颁布诏书，允许归正士人"与本贯士人混同补试，入学听读，不得非理邀阻"。②

二是承认归正人原先在金朝和伪齐所获得的发解资格和出身，并多给免解恩例。绍兴九年正月，高宗颁布赦书："应进士、诸科，曾经刘豫伪命后得解者，将来并与理为举数。"③换言之，南宋政府承认归正士人在伪齐所获得的发解资格。绍兴二十九年十二月，高宗再次颁布赦书："今来新复州军进士，将来科举年分，所属检举条法，许令应举。见年五十以上，特与免将来文解一次。其诸科曾经金国得解者，并与理为举数。"④这道赦书的优待对象，是指原为金人统治后为南宋军队收复地区的士人，严格来说，他们与归正人尚有一定区别，属于特例，但是仍然承认原金统治区士人在金朝所获取的发解资格，却值得注意。后来，这种特例成了常规，如乾道五年（1169）三月，"诏枢密（州）［院］，归［正］过省进士徐济川，特补下州文学。以济川自陈在虏尝发三解，援青州郑谟例，乞推恩也。郑谟伪地三发解，绍兴三十二年诏与第四等恩例"⑤。乾道八年三月，"诏永免文解袭庆府进士徐中夷，令赴特奏名试。以中夷系归正人，两经省试年分，法当特恩也"。数日后，又诏

---

① 《宋会要辑稿》兵一五之一五。
② 《宋会要辑稿》选举一七之二。
③ 《宋会要辑稿》选举一六之五。
④ 《宋会要辑稿》选举一六之一一。
⑤ 《宋会要辑稿》兵一五之一九。

南京免解进士宋翊,令赴特奏名试。原因是"翊在虏地当得解,后归朝……自言已请六举,而有是命"①。海州归正士人王元佐,自言曾于金朝请到乡试院文解,并将所有金方得解公据,应礼部取索上缴,"换给到理举公据"。后王元佐"因措置守御及陈利便",以军功补进勇副尉,但他"不愿祗授"。为此,他向朝廷提出理年免解的请求。淳熙二年(1175)正月,朝廷下诏,同意王元佐免解,"追取进勇副尉文帖,缴申毁抹,却行出给理年免解公据"②。泗州归正士人刘士安,曾经考取金朝的词赋进士,补将士郎,因病没有出官。开禧二年(1206)九月,南宋政府不仅承认他的进士出身,而且下诏:"换给迪功郎,更循两资。伪地付身,令承旨司毁抹。"③此外,还可以举出不少类似的例子。

三是归正士人在应举时若遇到帝王寿庆或登极时,可享受升等恩例。如淳熙二年十二月赦文规定,当年"赴特奏名进士,如系归正人,试在第五等,特与升等恩例"。④

四是鉴于归正士人文化水平一般较低,即使获得发解,在省试中也很难与其他举人一争高下,乾道七年(1171),朝廷因虞允文奏请,归正士人"依仿祖宗陕西、河北赴南省试,别立号取人"⑤,以行照顾。

但是,正如前面已经提到,绍兴二十六年南宋政府曾颁布"烟爨满七年,许用户贯"的敕令,允许流寓之人就地入籍,从而取消了流寓试,这样就模糊了归正人与土著的界限,"后生晚辈,但见生长于是,慷慨仗义,谁与共之"?也使上述优待无法落实。为此,淳熙五年(1174)七月,诏应有关官员奏请:"自今科举流寓士人与土著混试,自依新法外,其籍贯听依旧用西北旧贯"⑥,从而确保该归正士人在省试中始终都能享受"别立号取人"的优待。

---

① 《宋会要辑稿》兵一五之二二。
② 《宋会要辑稿》兵一六之四至五。
③ 《宋会要辑稿》兵一六之一三。
④ 《宋会要辑稿》选举二之二二。
⑤ 《文献通考》卷三二《选举考五》,第301页。
⑥ 《宋会要辑稿》选举一六之二二。

二、归正士人应举的利弊

南宋为了表明自己是正朔所在,与伪齐、金朝和西夏争夺人才,动摇和瓦解敌对政权的统治,除了对率众来归的武将和义军首领从优授官以外,对归正士人也通过放宽科举考试的要求,对他们多方进行招纳,这一措施,应该说基本上获得了成功。终西夏、金朝之世,这些国家很少有著名的汉族出身的士大夫,更少南宋士人投奔西夏和金朝的事例,从正反两个方面说明了这一点。金大定二十六年(1186),金世宗曾批评近臣道:"卿等在省,未尝荐士,止限资级,安能得人? 古有布衣入相者,闻宋亦多用山东、河南流寓疏远之人,皆不拘于贵近也。以本朝境土之大,岂无其人!"①说明金人也看到南宋从归正人中招纳人才所起到的作用。

由于归正士人曾经生活于伪齐或金朝、西夏统治的地区,熟悉那里的政治、军事、山川、道地等情况,所以在归正后,往往能向南宋政府提供一些情报,前面提到的王元佐就是一例。因此通过科举招纳归正士人,不仅具有政治意义,也具有军事意义。

南宋政府招纳归正人,也带来了不少问题②。其流弊主要表现在三个方面:一是部分归正士人出身的进士和特奏名素质不高,他们在勉强获得一任差遣以后,很多人就急于贪污中饱,地方政府对他们的种种过失,因害怕得罪归正人而"一切不问"③,这就加深了南宋吏治的腐败。二是一些归正士人以科举入仕后,虽无差遣,却倚仗权势,横行乡里,为非作歹。孝宗朝官员王师愈上奏说:"窃见归正不厘务人,散在诸州军,其间朴实可倚仗者、疏通有才术者尚多有之。逸居素餐,每怀郁郁,以不见信任为耻,又且轻于犯法,以扰州县之政,甚违陛下兼用南北人才之意。"④这就给百姓带来了祸害。三是给归正官员的俸禄和各种照顾,加重了政府的财政负担。正如淳熙六年

---

① 《金史》卷八《世宗下》,第 191 页。
② 参见拙著《南宋政治史》第四章《孝宗朝的外交和内政》,人民出版社 2008 年出版,第 246 至 247 页。
③ 史浩:《鄮峰真隐漫录》卷七《论归正人札子》,文渊阁《四库全书》本。
④ 《历代名臣奏议》卷一七〇,王师愈奏议,第 2228 页。

(1179)二月,知南剑州罗愿上疏中所说:"窃见比年官兵既冗,而归正养老之人,发下州郡者又多。州郡系省钱,大率不足以自供。"①

不过,应该实事求是地说,与归正武臣动辄发动叛乱,严重威胁南宋政权的情况不同,归正士人尽管在科举方面受到优待,但消极因素毕竟有限,究其原因,当有多个方面:首先,归正士人长期生活在北方,受战乱影响严重,学问优秀者很少,敢于参加科举考试的人不多,能够录取成进士的人数更少,实际上人们很难在正奏名进士中找到他们的踪影。其次,由于南宋政府对归正人有着一种本能的歧视和防范心理,因而归正武臣在军队中往往受到南人将领的排挤和猜忌,对归正文臣则多不授实职,添差后便将他们分散安置到各个州郡,多数为"不厘务"官,特别是"不许授沿淮差遣"。因此,归正士人考取科举后,其作用虽不能得到充分发挥,危害性也相对显得较小。

---

① 罗愿:《罗鄂州小集》卷五《南剑州上殿札子》,文渊阁《四库全书》本。

第六章　经义标准的变化和对后世 八股文形成的影响

宋代自王安石变法后,科举以经义取士,但当时人们对儒家经典的理解和阐述尚较自由,可谓一人一义,十人十义,因此才有北宋后期至南宋王安石的新学、二程的洛学、苏轼兄弟的蜀学、朱熹的道学、陆九渊的心学、浙东的事功之学等学术流派的产生。但是,政治势必要干预学术,掌权者为了自己的统治需要,总要大力提倡某种学术思想,反对和压制另一种学术思想,因此场屋中无论考试内容或是衡文标准,往往会随着政治形势的变化而发生变化。那么,南宋科举究竟以何种学术思想作为取士标准? 其间有过怎样的变化? 就很有必要加以辨明。此外,南宋科举既考经义,又考诗赋、策论,后者在录取中并非可有可无,而占有一定地位,可是人们因何只言"以经义取士"? 对此问题,也有必要予以申述。

以经义取士,又往往和以八股文取士联系在一起,有人甚至断言,王安石改革科举,废诗赋、帖经、墨义,改试经义,是以八股文取士之滥觞①。那么,在南宋一代的科举中,场屋文风继北宋之后,究竟发生了哪些变化? 它对明代八股文的形成产生了多大影响? 这些问题,似乎也有深入探讨的必要。

---

① 如清代学者秦蕙田言:"熙宁之经义,即八股文所由昉也。"(《五礼通考》卷一七四《嘉礼四十七·学礼》,文渊阁《四库全书》本)今人刘海峰也说:"北宋王安石改革科举用经义取士之后,规定经义呈文每篇不得超过五百字,其作法已与八股文有共通之处,因而王安石常被视为八股文的鼻祖。"载《科举制与"科举学"》,贵州教育出版社2004年出版,第70页。

第一节　经义标准的变化

一、南宋前期的政治形势与经义标准的变化

自北宋仁宗朝至熙宁变法前,学术界尚无一种学术思想能够取得统治地位,因而士子在阐发经义时,既可采用他人的学说和观点,也可发表自己的见解,只要试官认为言之成理即可。著名教育家胡瑗在湖州和太学讲学时,就是采用这样的教学方法取得成功,故其学生在科举考试中的录取比例颇高,"礼部所得士,瑗弟子十常居四五"①。但是,自王安石的新学形成以后,变法派为了"一道德",也就是统一变法思想,在学校教学和科举考试中,便以他的《三经新义》作为官方思想,"凡士子应试者,自一语以上,非《新义》不得用,于是学者不复思索经意,亦不复诵正经,惟诵安石、惠卿书精熟者,辄得上第"。哲宗嗣立,始恢复"许引用古今诸儒之说及己见"②。自此以后,政治与学术的关系日益密切,何种学术思想受到追捧并处于主导地位,都会随着政治的变化、人事的变动而发生变化,可以说只有立场,甚少原则。

钦宗即位后,为了追究抗金失败的责任,清算蔡京、王黼等假变法派的罪行,王安石及其学术思想开始遭打击;"元祐党人"及其子弟所推崇的理学前驱——洛学,又风行起来。

进入南宋,高宗君臣将北宋灭亡的原因作了"追根溯源",认为始自熙宁变法,因而王安石不仅是变法的始作俑者,更成了北宋灭亡的罪魁祸首。如建炎三年(1129)六月,时任司勋员外郎的赵鼎说:"社稷不幸,乃有王安石者用事于熙宁之间,以一己之私,拂中外之意。巧增缘饰,肆为纷更,祖宗之法扫地殆尽。于是天下始多事,而生民病矣。"又说:"今日之患,始于安石,成

---

① 《宋史》卷四三二《儒林·胡瑗传》,第 12837 页。
② 朱熹:《宋名臣言行录》后集卷八,吕公著言行录,文渊阁《四库全书》本。

于蔡京,自余童贯、王黼辈,曾何足道。"①绍兴元年(1131)九月,右司谏韩璜亦言:"今日祸首,实自王安石变新法始。"②

于是,在南宋政治上和学术思想上反王安石及其学说,形成了一股强大的社会潮流。为了清算王安石的学术思想,继靖康元年(1126)四、五月间废王安石所著《字说》,从孔庙撤出他的配食坐像之后,又罢王安石配享神宗庙庭,改以司马光配享。绍兴五年三月,兵部侍郎王居正献《辩学》四十二篇,全面批判"王安石父子平昔之言不合于道者为献",稍后又危言耸听地说王安石在训释经义时"无父无君者一二事"。高宗为皇子时,热衷的是书法、绘画,偶尔也练习一些射箭之类的武术,至于对社会上的学术之争,根本不加留意。他即位后,在戎马倥偬、四处避敌的形势下,更无暇去顾问学术上的事。但是他站在"元祐"的立场上,必然要对王安石及其学术思想加以全盘否定,并亲自开展猛烈抨击,他在接见王居正时说:"安石之学,杂以伯道,取商鞅富国强兵。今日之祸,人徒知蔡京、王黼之罪,而不知天下之乱,生于安石。"③于是下诏禁止王学的传播。与此同时,高宗大力推崇程颐、程颢所倡导的洛学,先后将二程弟子和再传弟子杨时、谯定、胡安国、朱震、胡寅等人召还朝廷。

可是,以程学为主的洛学,得势并不顺利。由于王氏新学在思想上曾陆续统治北宋后期近半个世纪之久,所以除了"元祐党人"和洛学子弟、门人,如胡安国、朱震、赵鼎、胡寅、范冲、邵伯温之徒本能地对它加以反对以外,生活于南宋初期的士大夫,从李纲、吕颐浩、张浚到黄潜善、汪伯彦、秦桧等宰执大臣,因为无一不是通过学习王安石的《三经新义》和《字说》登进士第,他们对王氏新学抱有好感可谓不言而喻,只是在这种形势下,大家只能表示沉默而已。例如,在李纲的《梁溪集》、吕颐浩的《忠穆集》中,人们就很难找到他们攻击王安石特别是其学术思想的文字。秦桧当政以后,对王氏新学更是暗中加以支持,这些都是明证。至于一般士子,他们受党争影响甚微,一

①　《历代名臣奏议》卷一八二,赵鼎奏议,第2392至2393页。
②　《系年要录》卷四七,绍兴元年九月甲寅条,第847至848页。
③　《系年要录》卷八七,绍兴五年三月庚子条,第1449页。

直来为了参加科举考试,学的多是王氏新学,当然也不愿意改习洛学。

绍兴四年九月,赵鼎除右相兼知枢密院事,次年又进位左相。他作为二程的忠实信徒,一面重用洛学之人,一面疯狂攻击王氏新学。善于看风使舵的考官,在科举考试中就大量录取主程氏之学的士子,据朱胜非《秀水闲谈录》谓:"赵鼎作相,殿试策不问程文善否,但用程颐书多者为上科。"①此说虽不无攻讦成分,但多少反映了经义标准与政治斗争的关系和洛学因此得势场屋的事实。

然而传统势力毕竟强大,加上某些大臣的庇护,绍兴五年的科举考试,洛学仍不能一统场屋。当年六月二十二日,举人省试方毕,试卷正在考校中,高宗下诏贡院:"应省试举人程文,许通用古今诸儒之说,并出自己意,文理优长,并为合格。行下省试院照应及出榜晓谕。"②说明尚未公开将王安石的学说排斥在场屋之外。不仅如此,此时的应试举人,还向礼部呈状,要求不让主二程之学的人为省试试官。据胡安国云:

> 绍兴五年,省试举人经都堂陈状,乞不用元祐人朱震等考试。盖从于新学者,耳目见闻,既已习熟,安于其说,不肯遽变。而传河洛之学者,又多失其本真,妄自尊大,无以屈服士人之心,故众论汹汹,深加诋诮。③

赵鼎为相,持重有余,进取不足,虽无个人野心,但宗派观念极强,故上台执政以后,除积极援引洛学之徒参与朝政外,还大力荐举与自己关系密切的人进入台谏和政府,从而在朝廷中形成了一股很大的势力。这样,不仅引起高宗的不安,更造成了权力欲极强的右相兼知枢密院事张浚的不满。绍兴六年十二月,赵鼎被罢去相位,张浚独掌了军政大权。政治上的这一变化,使洛学受到沉重打击,一直来都反对洛学的左司谏陈公辅,趁机上疏谓:

> 自熙丰以后,王安石之学,著为定论,自成一家,使人同己。蔡京因

---

① 《系年要录》卷九三,绍兴五年九月乙亥条小注,第 1545 页。
② 《宋会要辑稿》选举四之二五。按:本条诏书后,又有双项小注云:"七年亦同此制。"
③ 《历代名臣奏议》卷二七四,胡安国奏议,第 3580 页。

之，挟"绍述"之说，于是士大夫靡靡党同，而风俗坏矣。仰惟陛下，天资
聪明，圣学高妙，将以痛革积弊，变天下党同之俗，甚盛举也。然在朝廷
之臣，不能上体圣明，又复辄以私意取程颐之说，谓之伊川学，相率而从
之，是以趋时竞进。饰诈沽名之徒，翕然胥劝，倡为大言……伏望圣慈，
特加睿断，察群臣中有为此学，相师成风，鼓扇士类者，皆屏绝之。然后
明诏天下，以圣人之道，著在方册，炳如日星，学者但能参考众说，研穷
至理，各以己之所长而折中焉。惟不背圣人之意，则道术自明，性理自
得……毋执一说，遂成雷同。

陈公辅此疏说得很巧妙，他表面上对王学、洛学各打五十大板，实际上
要"屏绝"的却是洛学，他提出"各以己之所长而折中焉"的主张，却替王学争
得了在学术上的一席之地。张浚立即将此奏疏呈进高宗，高宗批旨云："士
大夫之学，宜以孔孟为师，庶几言行相称，可济时用。览臣僚所奏，深用怃
然，可布告中外，使知朕意。"①不自觉地坠入张浚、陈公辅反洛学之计，客观
上也为王学延长了学术生命。

绍兴七年(1137)九月，张浚因淮西兵变而罢相，赵鼎再次登上相位，这
次他接受以往教训，对洛学的支持力度表面上略有减少。绍兴八年三月，积
极主张对金议和的秦桧，被高宗第二次除为右相。十月，赵鼎因受秦桧排挤
而辞去相位，从此开始了秦桧长达十七年之久的独相时代。

秦桧是一个极会使用心机之人，他知道高宗心向洛学而反对王学，所以
在绍兴元年八月第一次出任右相时，就积极荐用大儒胡安国，表现出一副信
奉洛学的姿态，从而获取胡安国等洛学之徒的支持。此后，秦桧仍与胡氏子
弟交好，没有公开攻击洛学而倡导王学，纯粹是碍于高宗态度之故。故史
言："会之(秦桧)再得政，复尚金陵(王学)，而洛学废矣。"②有士子摸到这一
政治气候，于绍兴十二年六月上书，"乞用王安石《三经新义》"。高宗道：
"《六经》所以经世务者，以其言皆天下之公也，若以私意妄说，岂能经世乎？

---

① 《系年要录》卷一〇七，绍兴六年十二月己未条，第1747至1748页。
② 《朝野杂记》甲集卷六《道学兴废》，第138页。

王安石学虽博,而多穿凿以私意,不可用。"①高宗在这里虽然仍认为《三经新义》不可用,但与以前那种咄咄逼人的语气相比,已有了明显不同。绍兴十四年三月某日,高宗与秦桧有一次对话,他在听完秦桧所谓"圣学日跻"的一番奉承之语后,说:"王安石、程颐之学,各有所长。学者当取其所长,不执于一偏,乃为善学。"秦桧随即附和,说:"陛下圣学渊奥,独见天地之大全,下视专门陋儒,溺于所闻,真泰山之于丘垤也。"②

当年四月,苏轼之孙苏籀摸准了这个政治气候,趁机向高宗建议,"蓄聚唐之义疏,复收录近世儒臣以学显者所著讲解,申敕州县,委自守贰网罗募辑,刊刻抄录,储之太学"③。他表面上说得很是公正,主张对各种学术思想要兼收并蓄,实际上却在为苏学争一席之地。高宗对苏籀的建议很是欣赏,对秦桧说:"此论甚当,若取其说之善者,颁诸学官,使学者有所宗一,则师王安石、程颐之说者,不至纷纭矣。"④从中可以看出,高宗对王学已有比较全面的认识,不像以前那样偏激,而是趋向于公允,不仅将王学和洛学相提并论,而且认为包括王学在内的各种学派"各有所长",都有"善者"可以汲取。高宗态度所以发生这种变化,原因有两个方面:一方面是南宋的统治已经巩固,为化解各个学派之间的矛盾,他不需要继续打"元祐"这面旗帜;另一方面,他对各学派已逐渐有所了解,并受秦桧等人影响的结果。

在这种政治形势下,王学虽然没有公开得以平反,洛学却在事实上受到压制,在科举取士的经义标准方面,王学与洛学已开始平分秋色。

绍兴二十五年十月,秦桧死后,南宋朝廷中立即掀起一股声讨秦桧的浪潮,长期受到排斥的洛学官员,趁机对秦桧"复尚金陵学"的"罪行"加以揭露。翌年六月,秘书省正字叶谦亨上疏,对两种学说作了调停,他说:

> 向者朝论专尚程颐之学,士有立说稍异者,皆不在选。前日大臣则阴祐王安石,稍涉程学者,至一切摈弃。程、王之学,时有所长,皆有所

---

① 《系年要录》卷一四五,绍兴十二年六月癸未条,第2333页。
② 《系年要录》卷一五一,绍兴十四年三月癸酉条,第2431页。
③ 苏籀:《双溪集》卷四《初论经解札子》,文渊阁《四库全书》本。
④ 《系年要录》卷一五一,绍兴十四年四月丙戌条,第2432页。

短,取其合于孔孟者,去其不合于孔孟者,皆可以为学矣,又何拘乎? 愿诏有司,精择而博取,不拘以一家之说,而求至当之论。

高宗赞同叶谦亨之说,宣谕曰:"赵鼎主程颐,秦桧尚王安石,诚为偏曲。卿所言极是。"①按理说,事情到此,似乎已经摆平。可是新上台的宰执,为了与秦桧"划清界线",一反秦桧"阴佑"王学的做法,无论在学校或科场,处处对王学实施厉禁。于是二程之学再次盛行,王安石的学术思想终于逐渐遭到摈弃。

自绍兴末年至孝宗朝,朱熹集二程、张载等人学说之大成,形成了基本上由洛学脱胎而来的道学(理学)。当时,王学虽然已经衰落,但理学在经义考试中尚不能完全控制场屋,运用其他古今学说,"并出自己意"的做法,无论在试官出题,或士子答题,尚很普遍,因而引起朱熹的不满,对此本书将在后面再作详述。

南宋初年,理学思想还只是宋学中的一个学派,它的影响所及主要在学术界,所以尚不具备排他性。可是,到南宋孝宗朝,随着与之互争雄长的王学退出历史舞台,道学拥有了大批信徒以后,朱熹及其追随者便不甘心于一般的授徒讲学,而是希望在学术上以道学垄断经术,排斥异己;在政治上有更多作为,以实现自己治理国家的抱负。而多数人则想标榜道学信徒,为自己找到一条入仕和升迁的道路。因此,进一步扩大道学势力,从垄断学术思想进而控制朝政已成为真假道学家们的共同目标。

但是,到光宗朝末年,一场"厄运"却正在悄悄地向道学袭来。这是由于朱熹及其一伙自恃太高,宗派习气太浓,门户之见太深,许多想法和做法又近乎迂阔而不切实际,一些追随道学之人,又良莠不齐。所以早在孝宗朝时,道学之徒已经备受责难,吏部尚书郑丙曾对孝宗说:"近世士大夫有所谓'道学'者,欺世盗名,不宜信用。"监察御史陈贾甚至上疏提出:"道学之徒,假名以济其伪,乞摈斥勿用。"②对于道学遭到攻击的原因,同时代的陆九渊

---

① 《宋会要辑稿》选举四之三〇。
② 《宋史》卷三九四《郑丙传》,第 12035 页。

曾指出其故,他说:

> 世之人所以攻道学者,亦未可全责他。盖自家骄其声色,立门户与之为敌,哓哓胜口,实有所未孚,自然起人不平之心。某平日未尝为流俗所攻,攻者却是读《语录》、《精义》者。①

南宋后期学者俞文豹,也十分含蓄地指出程颐、朱熹所以受人攻击的原因,其谓:

> 今伊川、晦庵二先生,言为世法,行为世师,道非不弘,学非不粹,而动辄得咎,何也?盖人心不同,所见各异,虽圣人不能律天下之人,尽弃其学而学焉。此孔子所以毋固、毋必、无可无不可,甚至欲无言,不得已而应答,则片言数语而止……二先生以道统自任,以师严自居,别白是否,分毫不贷。与安定角,与东坡争,与龙川象山辩,必胜而后已。浙学固非矣,贻书潘、吕等,既深斥之,又语人曰:"天下学术之弊,不过两端:永康事功、江西颖悟,若不极力争辩,此道何由得明?"盖指龙川、象山也。程端蒙谓:"如市人争,小不平辄至喧竞……"②

但是,朱熹等人并没有正视这些惟我独是的缺点,后来他们又卷入了统治集团内部一场争权夺利的斗争,祸患就难免发生。

宗室、知枢密院事赵汝愚是道学的忠实信徒,他在绍熙五年(1194)六月与外戚、知阁门事韩侂胄一起,通过实际上的宫廷政变,强迫光宗"内禅"嘉王赵扩,从而开始了宁宗一朝的统治。

赵汝愚以"定策功"进位右相后,迅速将朱熹、杨简、吕祖俭等理学之徒召回朝廷,委以重任,结成了以他为首的道学家及其追随者集团。与此同时,又与朱熹等道学家官员相配合,打击另一个有"定策功"的韩侂胄,以便独揽朝政。

正当朱熹踌躇满志,以为可以道学一统朝野之时,韩侂胄在后宫的支持

① 《陆象山全集》卷三五《语录下》,第285页。
② 俞文豹:《吹剑录》外集,《知不足斋丛书》本。

下,对赵汝愚及其背后的道学家集团展开了大规模的反击。绍熙五年闰十月,宁宗先免去了朱熹的侍讲之职,将他逐出朝廷。庆元元年(1195)二月,有官员上疏劾赵汝愚"以同姓居相位,将不利于社稷,乞罢其政"①,迫使赵汝愚辞去相位。不久,又将他贬官永州(湖南零陵)安置,后死于赴衡州(今属湖南)途中。

赵汝愚垮台后,韩侂胄对道学家进行了一系列政治报复,力图消除他们在朝廷上和在科举取士中的影响。庆元元年六七月间,谏官刘德秀、何澹相继上疏,直指道学为"伪学",奏议深得宁宗好评,下诏"榜于朝堂"②。翌年二月,又下诏禁止在省试中以"伪学"取士。是年科举,"稍涉义理,悉见黜落"③,可见经义标准已随着政治形势的变化而发生了很大变化。接着,韩侂胄又将"伪学之党"打为"逆党",并对他们的仕途实施禁锢。庆元六年三月,年已七十一岁的朱熹在忧郁中去世。

综观道学所遭受到的这场"厄运",人们可以发现它与前日王学所遭到的"厄运"颇不相同:王学是受前后两个权奸蔡京、秦桧之累,可称无妄之灾;道学却由于门户之见太深,特别是主动地陷入了当时政治斗争的漩涡,所以在一定程度上可以说是咎由自取。

"庆元党禁"从本质上来说是一场政治斗争,而非学术之争,所以到嘉泰二年(1202)二月,韩侂胄以为此时道学势力已经土崩瓦解,不成气候,为巩固统治集团的内部团结,以共同对付即将开展的对金战争,他请宁宗下诏"弛学禁","稍示更改,以消中外意"④。不久,又追复了赵汝愚、朱熹等人的官职,历时四年的道学之禁,至此基本结束。

开禧年间(1205—1207),由韩侂胄主持的北伐战争遭到失败,以礼部侍郎史弥远为首的一批反韩官员,勾结宁宗杨皇后,以韩侂胄"轻弃兵端"为由,于开禧三年十一月将其杀害。史弥远上台执政后,为笼络道学之徒,对

---

① 《宋史》卷三九二《赵汝愚传》,第 11988 页。
② 《吹剑录》外集。
③ 《续编两朝纲目备要》卷四,第 69 页。
④ 《续编两朝纲目备要》卷七,第 124 页。

朱熹等道学家大加肯定,至此,"庆元党禁"彻底结束,二程、朱熹的学说在场屋中又得以流行。

但史弥远并非理学的真正信徒,他为理学平反仅是为了政治斗争的需要,故在宁宗一朝,朱熹学说未能完全左右场屋。特别是嘉定十七年(1224)闰八月,宁宗去世,史弥远为了继续把持朝政,擅立赵昀为帝(理宗),后来又杀害了宁宗所立的济王赵竑,更引起道学家的极大愤慨,与之产生了尖锐的对立,掀起了一场反对史弥远的浪潮。史弥远便操纵台谏,采取高压手段,将以真德秀、魏了翁、洪咨夔等人为首的理学官员或逐出朝廷,或落职罢祠。所以,直到理宗亲政以前,理学官员基本上处于被压制的状态,他们所信奉的理学,当然更不可能完全控制场屋。

二、理学正统地位的确立,对以经义取士的重大影响

绍定六年(1233)十月,史弥远病死,理宗开始亲政,政治形势又为之一变。

理宗即位以前,就从他的老师郑清之那里学习程朱理学,即位后,又请大儒真德秀兼侍读,讲授《尚书》和朱熹的《四书集注》。因此,理宗从年轻时候起,就受到理学的熏陶,可以说是一位笃信理学之人。

当然,理宗推崇理学还有其个人目的,这就是为了取得理学之士对其非法获取帝位的认同和支持。于是,他一方面对理学官员大加笼络,召回过去被史弥远贬逐的真德秀、魏了翁等官员,委以重任。同时,对程朱理学着意加以表彰。宝庆三年(1227)正月,理宗首先推崇朱熹的《四书集注》,以为其"发挥圣贤蕴奥,有补治道",特下诏追赠他为太师、信国公。同年三月,理宗在召见朱熹的儿子工部侍郎朱在时,对他说:"先卿《中庸序》言之甚详,朕读之不释手,恨不与同时。"[1]数月后,理宗命学士院草诏,改封朱熹为徽国公,制诏中称朱熹"传孔孟之学,抱伊傅之才",并说"每阅《四书》之奥旨,允为庶政之良规",再次表示自己与朱熹"深有不同时之恨"[2]。淳祐元年(1241)正

---

[1] 《宋史》卷四一《理宗一》,第789页。
[2] 李心传辑:《道命录》卷一《徽庵先生改封徽国公制词》,文渊阁《四库全书》本。

月,理宗下诏,正式肯定了从二程到朱熹是孔孟以来道统的真正继承人①,从而确立了程朱理学在学术思想上作为官方哲学的正统地位。

理宗崇尚理学的策略,对于巩固其统治地位、收买理学家之心应该说做得比较成功。自此以后,南宋士大夫中不仅再无人对他的继承问题提出异议,而且在他死后还得到了一个颇为体面的庙号——理宗。但是,理学正统地位的确立,对南宋后期政治乃至元、明、清三代的学术思想和科举取士都产生了重大影响。

对学术而言,它使知识分子的思想受到禁锢,失去了独立思考的能力。宋学中的其他各派从此走向衰落,理学也因缺少对立面而逐渐僵化和陈腐。

对政治而言,理学官员把持了仕途要津,使南宋后期的政治更加腐败。他们自己无能,却假理学之名以欺世,"真可以嘘枯吹生。凡治财赋者,则目为聚敛;开阃扞边者,则目为麄才;读书作文者,则目为玩物丧志;留心政事者,则目为俗吏。其所读者,止《四书》、《近思录》、《通书》、《太极图》、《东西铭》、《语录》之类"。让这样的腐儒去治理国家,最后的结果必然是"万事不理,丧身亡国"。

对科举而言,它使经义考试的标准定于一尊,并流毒至清末。此时,科举试官几乎全为理学之徒所垄断,他们奉朱熹的《四书集注》为经典,正如周密所谓:"士子场屋之文,必须引用以为文,则可以擢魏科,为名士。否则立身如温国(司马光),文章气节如坡仙(苏轼),亦非本色也。于是天下竞趋之,稍有议及,其党必挤之为小人,虽时君亦不得而辨之矣。"②

类似议论,也出自另一位宋末元初学者袁桷之口,他说:

> 数十年来,朱文公之说行,祠宇遍东南,各以《四书》为标准。毫杪摘抉,于其所不必疑者而疑之,口诵心臆,孩提之童皆大言以欺世。故其用功少而取效近,礼乐政刑之本、兴衰治乱之迹,茫不能以知。累累冠绶,碍于铨部,老死下僚,卒莫能以自见,良有以也。③

---

① 《宋史》卷四二《理宗二》,第821至822页。
② 《癸辛杂识》续集卷下《道学》,第169页。
③ 袁桷:《清容居士集》卷二三《送陈山长序》,文渊阁《四库全书》本。

论者或曰:南宋进士分经义、诗赋两科取士,考之《宝祐四年登科录》所载,在该榜录取的六百零一名进士中,有五百七十名进士可以考见其所应试科目,其中治诗赋者为三百十六名,治经义者为二百五十四名,各占约百分之五十五和百分之四十五。虽然每榜比例都不尽相同,但从中似乎可以看出当时诗赋进士与经义进士比例之一斑。于此说来,占人数一半以上的诗赋进士,是否不受"以经义取士"的影响? 笔者认为,影响只是多少不同,实际都有存在。对此问题,下面我们再稍作论述。

经义进士和诗赋进士的第一场,虽分别试经义和诗赋,但无论发解试和省试,第二、三场却同试论、策,殿试也同试策一道。论、策从文体而言,尽管与经义不同,但它们或以儒家经典出题,或需儒家学说作为内容指导,两者皆离不开对经义的领悟和应用。特别当策、论日益经义化以后,如果举人不能在程文中以经术装饰自己,就很难取胜场屋。

请先言试论。宋代科举论题,经常采用《四书》、《五经》原文或与之有关的内容和字句。早在北宋仁宗嘉祐二年(1057)苏辙兄弟参加省试时,其论题《刑赏忠厚之至论》就是根据《周礼》卷一二和《左传》襄公二十八年的有关经文综合而成。据说苏轼在作此论时,写有"皋陶为士,将杀人,皋陶曰杀之三,尧曰宥之三"一语。时权知贡举欧阳修问点检试卷官梅圣俞:"此出何书?"梅圣俞回答道:"何须出处!"及揭榜,欧阳修再问苏轼,苏轼亦回答道:"何须出处!"①原来尧和皋陶云云,纯系苏轼杜撰。这一小故事反映了当时作论可以不用一家之言的事实。在南宋,科举所出论题,与经义的关系更为密切,如杨万里的《六经论》、《春秋论》②,魏了翁的《韩愈不及孟子论》、《唐文为一王法论》③,姚勉的《孟子学问求放心论》、《叔孙昭子论》④等,它们需要论述的内容,都离不开《四书》、《五经》。士子在论中若不涉及经义,经义若不用程朱之言,试官就很可能将他黜落。

---

① 《老学庵笔记》卷八,第 102 页。

② 《杨万里集》卷八四,第 3361 至 3374 页。

③ 魏了翁:《鹤山全集》卷一○一《举文·韩愈不及孟子论》,文渊阁《四库全书》本。

④ 姚勉:《雪坡文集》卷三九《论》,《豫章丛书》本。

再言试策。试策是南宋科举的一个重要内容，尤其是殿试策，直接关系到奏名进士甲第的高低。策题虽有时务策与经义策之分，但无论哪一种策问，与经义的关系比论还要密切。以理学的忠实信徒真德秀所出《问内外八事策》为例，可以清楚地看出当时策问与经义的密切关系。该策题看似问时务，实际则不然。策题开宗明义问：

> 昔者洙泗之论治，曰："期月而已可也，三年有成。"圣人事业，固非后世所可及。而当时门人弟子，若由与求，所以自许者，不曰"比及三年，可使有勇"，则曰"比及三年，可使足民"。夫二子固为高弟，其望圣人远矣。而其所自许则无异于孔子，岂圣门讲贯规模大略如此欤……①

"洙泗"为孔子代称，（子）由、（冉）求两人是他的高足，所问内容完全是一副经义策的规模。至于答策者，当然要尽可能向经义靠拢，才能受到试官青睐，获得好评。如端平二年（1235）时真德秀为知贡举，士人王梦得应试，"发策问《大学》之要"。王梦得投其所好，"以'敬'为一篇纲领，援征详明，适契真公意"②，不久即擢第。再如宝祐四年（1254）殿试策题，首言"道之大，原出于天"，此句即出于《四书集注》中的《中庸章注》。该榜进士第一人文天祥虽为诗赋进士，但在对策中基本上是以朱熹《四书或问》的内容为基础，并综合了真德秀等理学家之言，敷衍成篇，并无太多新意，如谓：

> 道之在天下，犹水之在地中。地中无往而非水，天下无往而非道。水一不息之流也，道一不息之用也。天以澄著，则日月星辰循其经；地以靖谧，则山川草木顺其常。人极以昭明，则君臣父子安其伦。流行古今，纲纪造化，何莫由斯道也。

又谓：

> 自太极分而阴阳，则阴阳不息，道亦不息。阴阳散而五行，则五行不息，道亦不息。自五行又散而为人心之仁义礼智、刚柔善恶，则乾道

① 《西山文集》卷三二《策问·问内外八事》。
② 王柏：《鲁斋集》卷二〇《王公墓志铭》，文渊阁《四库全书》本。

成男,坤道成女。穹壤间,生生化化之不息,而道亦与之相为不息。然则道一不息,天地亦一不息;天地之不息,固道之不息者为之。圣人出,而为天地立心,为生民立命,为往圣继绝学,为万世开太平,亦不过以一不息之心。

以上可知,自南宋后期起,科举中无论考经义或者论、策,已都离不开朱熹及二程的说教,尤其是熟读《四书集注》,更成了士人入仕的敲门砖,这从内容上为后世的八股文定下了基调。

第二节　八股文雏形的出现

为了解南宋科举的经义程文对明清八股文有怎样的影响和继承关系,有必要先对明清八股文作一番简要叙述。

八股文的名称有多种,一称"制义",亦作"制艺",即应制所作的文章;一称时文,这是相对于古文而言的文体;一称四书文,因为它专从《大学》、《中庸》、《论语》、《孟子》四书中出题而得名;一称八比文,"八比"即"八股"之谓。因为八股文的主体由四段文字组成,每段各两股,共八股,故称八股文。八股文作为明、清两代专门用于科举考试的文体,一谓定型于明初①,一谓形成于明宪宗成化(1465—1487)以后②,另外还有几种说法,颇多争论。笔者认为,每一种文体,都有一个逐渐演变和成熟的过程,因此没有一个非常确定的年份,实属正常现象。

八股文作为一种特殊文体,有着相对固定的格式:开头二句称为破题,它的作用是将题目意义点明。破题之后为承题,就是承接破题的意义而说

---

① 《明史》卷七〇《选举二》谓:"科目者,沿唐宋之旧而稍变其试士之法。专取《四子书》及《易》、《书》、《诗》、《春秋》、《礼记》五经命题试士。盖太祖与刘基所定其文,略仿宋经义,然代古人语气为之,体用排偶,谓之八股,通谓之制义。"中华书局 1974 年点校本,第 1693 页。

② 顾炎武:《日知录》卷一六《试文格式》谓:"经义之文,流俗谓之八股,盖始于成化以后。"文渊阁《四库全书》本。

明之。承题之后为起讲,是议论的开始,其作用为总括全题,笼罩全局。起讲后,进入文章的主要部分,即八股,它由起股(或称提比)、中股(或称中比)、后股(或称后比)、束股(或称束比)四段文字组成,合起来共八股。四段文字可以不等,每段之间,有时用一二句或三四句作为过渡或连接。每二股之间,皆一反一正,一虚一实,一浅一深,以行叙述。八股后,用几句结束全篇,称为落下。八股文所出题目,全据《四书》上的字句,所论内容,则据朱熹《四书集注》,士子不得自由发挥、越雷池一步。全篇字数,明代限二百字以上(无上限)。清代顺治二年(1645)限五百五十字。康熙二十年(1681)增至六百五十字。乾隆四十三年(1778)再增为七百字,违者不录,并成定制。

此外,八股文要"代圣人立言",即以尧、舜、孔子等"圣人"作为行文的第一人称。为防止士子利用虚字暗藏关节,乾隆四十七年,"令考官预拟破、承、开讲虚字,随题纸发给士子遵用"①。每个应试者皆须用相同的虚字,违者作不考论。

下面,谨以康熙进士、清代著名理学家李光地(1642—1718)所作的一篇八股文为例②,将这种文体再作具体介绍。

题目:大哉,尧之为君也!(出自《论语·泰伯》)

正文:极赞古帝之大,一天之所以为天也。(破题二句,点明题意)

盖无可名而有成功文章者,天也。尧者,则天以出治者也。(承题二句,引申阐述之)

何以加其大哉? 夫子意谓:君者,继天者也。(起讲三句,以引入正文,并代圣人立言)

天统万物,而物忘之,而高明极乎终古之盛。

君统万民,而民亦忘之,而勋华迈乎奕世之隆。(起二股)

求其克当此者,其惟尧乎! 钦明文思之德,既蕴于生,安性成之初,四表上下之光,尤徵于皇天眷命之际。盖大哉,尧之为君也!(九句作

---

① 赵尔巽等:《清史稿》卷一〇八《选举三》,中华书局1976年点校本,第3152页。

② (清)《本朝四书文》卷四,文渊阁《四库全书》本。

为过渡）

圣德与天位两相值，而其轨遂立于不可加。

天时与人事适相遭，而其盛遂几于不可再。（中二股）

巍巍乎！（一句作为连接）

神运而无方者，惟天之体之大，如是其不测也，惟尧也。克明之峻德，冥契乎无方之神游。其世者时雍于变，盖莫能识其所以然，而乌能名也？亦如天之神之不测焉尔矣。

化行而无外者，惟天之用之大，如是其不穷也，惟尧也。广运之帝德，仰符乎无外之化庇。其宇者耕凿作息，盖莫能知其谁之为，而乌能名也？亦如天之化之不可穷焉尔矣。（后二股）

荡荡乎！民无能名焉，所可见者。（三句作为过渡）

厘百工而庶绩熙，巍巍乎成功之烈，千载一时也。盖平成之世，必有以终其绪。尧初不过以无为为之，而不言而成者，天下之功莫尚也，斯则其不测之神之运焉者乎！

垂衣裳而天下治，焕乎文章之华，万代如见也。盖文明之会，必有以通其变。尧初未尝以有意显之，而不见而章者，天下之文莫大乎是也，斯则其无外之化之形焉者乎！（束股）

大哉，尧乎！此其所以德配彼天而事业与上下同流，声明与日月争光也。虽有作者，唐帝其曷可及已！（落下）

看了上引八股文，再对照南宋经义之文，人们隐约可以窥知，它们两者确实有着直接的联系。

首先，从南宋关于经义考试题目和内容看，完全为明清八股文所继承。

北宋王安石变法以前，科举主要以诗赋取士，诗赋固然是空文，无补治道，但它不仅要求士子从《四书》、《五经》、诸子百家中吸取营养，也要求获得尽可能多的文史知识。正如顾炎武所说："诗赋虽曰雕虫小技，而非通知古今之人，不能作。"① 而试经义对知识面的要求要狭小得多，特别是以《三经新

---

① 《日知录》卷一六《经义论策》。

义》、程朱理学作为取士标准以后,学者不复思索经意,亦不复诵正经《四书》、《五经》原文。高宗朝官员叶梦得亦谓:"熙宁以前,以诗赋取士,学者无不先遍读《五经》。余见前辈,虽无科名人,亦多能杂举《五经》,盖自幼学时习之尔,故终老不忘。自改经术,人之教子者,往往便以一经授之,他经纵读,亦不能精。其教之者,亦未必能皆读《五经》,故虽经书正文,亦率多遗误。"①题目则多出自《四书》,类似朝代更迭、名臣良将、衣食住行、春夏秋冬、风花雪月、鸟兽鱼虫、生离死别这些具体政治内容和充满生活气息的东西,全部被摒弃于试题之外。长此以往,势必出现"人才日至于消耗,学术日至于荒陋,而五帝三王以来之天下,将不知其所终矣"②的局面。据说王安石晚年亦知其失,悔之曰:"本欲变学究为秀才,不谓变秀才为学究。"③南宋后期,朱熹的地位大增,科举进而固定以《四书集注》为标准答案,从出题到内容,对明清八股文的影响,可谓不言而喻。

其次,从南宋经义行文的格式来看,对明清八股文的格式也有很大影响。

以理学说教所撰写的试卷,大多空洞而千篇一律,加之出题范围狭窄,士子呈文好坏,仁者见仁,智者见智,考官很难判出高低。为此,南宋自高宗朝至宁宗朝,先后颁布了《绍兴重修贡举令》和《绍熙重修文书令》等法令,规定了经义、诗赋、论策的各种考试格式和避讳等要求,使其日益严格化。但是,因为对诗赋、论、策的限制多,水平容易分出高低,而对经义的限制少,评判起来仍有一定困难。于是一种自北宋后期渐见重视、讲究排比对偶和起承转合的文体——时文受到了推崇,士子在经义考试中若能作时文,往往能受到试官的青睐,得以取胜场屋,这对科场文风产生了严重影响。嘉定十二年(1219)九月,国子司业王楱为此奏道:

> 南渡以来,嘉尚正学,中间诸老先生虽所得源委不能尽同,究析义理,昭若日星。士子手抄口诵,讲疑问难,上者有深造自得之功,下者不

---

① 《石林燕语》卷八,第 115 页。
② 《日知录》卷一六《经义论策》。
③ 《宋名臣言行录》后集卷六,王安石条。

失为规矩准绳之士。权臣误国,立为标榜,痛禁绝之,以《中庸》、《大学》为讳,所趋者惟时文,前后相袭,陈腐愈甚。夫积渐于数十年之久,其说之方行,大坏于数年之间。①

虽然,王栐将经义考试时文化的倾向完全归罪于秦桧,略显勉强,但自高宗朝以来,时文受到重视却是事实。及至宁宗朝初年,经义考试已出现了"全用套类,父兄相授,囊括冥搜,片言只字,不脱毫分"②的现象。沿袭至南宋末年,这种情况更加严重。元人倪士毅在《作义要诀》一书中对当时的经义格式有比较详细的记载,其谓:

> 至宋季,则其篇甚长,有定格律。首有破题,破题之下有接题,有小讲,有缴结。以上谓之冒子,然后入官题。官题之下有原题,有大讲,有余意,有原经,有结尾,篇篇按此次序。其文多拘于捉对,大抵冗长,繁复可厌。

在清人编纂的《制义丛话》③卷三中,收录了南宋后期人所作的多篇时文,现迻录汪立信、文天祥所作二篇时文的部分段落于下,可与上引李光地的八股文在形式上作一对照。

(1)汪立信

题目:与谗谄面谀之人居(出自《孟子·告子下》)

国有大兵,而虏寇猖獗,所恃以无恐者虎贲干城。而辈习为谗谄面谀之庸谈,卒所以益之疾而增之忧。

国有大祲,而流离载道,所恃以无患者保障茧丝,而彼好为谗谄面谀之回邪,卒所以阶之祸而梯之乱。

(2)文天祥

题目:事君能致其身(出自《论语·学而》)

---

① 《宋会要辑稿》选举六之三二。

② 《文献通考》卷三二《选举考五》,第302页。

③ 按:《制义丛话》一书,笔者迄今无法找见,以下所引汪立信、文天祥二文,转引自商衍鎏:《清代科举考试述录》,三联书店出版社1958年出版,第229页。

不为不忘沟壑之志士,则为不忘丧元之勇夫。

不为杀身成仁之仁人,则为全身取义之义士。

以上形式,二股对偶,与八股文十分相似。明清八股文受其影响,已无可逃遁。

不过,南宋时文与明、清八股文尚存在着许多差异:一是格式没有像明、清八股文那样一成不变,特别是没有规定非得作成二二对应的八个股不可;二是文中口气,没有"为圣人立言"的要求;三是对虚字并未作出统一的规定。故南宋时文尚不能被视为八股文,最多只能说是雏形。

八股文的文体,自南宋至明、清,有一过渡时期,这一过渡时期就在元代:一是《四书集注》被朝廷正式颁布为场屋用书,始自元代①;二是元代经义的格式进一步八股化。人们从元代学者王充耘所撰《书义矜式》一书中,可看得很清楚,其谓:"体式视宋为小变,综其格律,有破题、接题、小讲,谓之冒子。冒子后,入官题。官题下,有原题,有大讲,有余意,亦曰从讲。又有原经,亦曰考经。有结尾。承袭既久,以冗长繁复为可厌,或稍稍变通之,而大要有冒题、原题、讲题、结题,则一定不可易。"王充耘还根据上述格式,写成几篇程文,"以示标准"②,从而直接影响到明、清八股文的最终形成。

---

① 《元史》卷八一《选举一·科目》载:元仁宗延祐二年(1315),下诏复行科举取士,正式规定,场屋之文,"并用朱氏章句集注,复以己意结之"。第 2019 页。

② 四库馆臣语,见《四库总目提要》卷一二,《书义矜式》条,第 105 页。

第七章　南宋的制举和武举

　　制举又称制科,渊源于两汉的策贤良方正等科。自西汉武帝起,帝王们为选拔特殊人才,大多临时设置一些科目,诏令朝廷公卿大臣和地方长吏推荐士人应举,最后通过亲策以行取舍。在当时,制举并非每年都举行,且科目名称也不一,这些与每年都要举行的郡察孝廉有所不同,但士人都需要有人推荐,不能投牒自进,所以同属察举范围。自唐代起,察举制为科举制所代替,制举也就成了科举的一个组成部分,不过它仍不像进士、明经那样每年定期举行,故人称进士、明经为常科,而称制举为制科。

　　唐代制举盛行,往往国有大事,或需某种人才,或求时政阙失,或询民间疾苦,或搜罗草野隐士而下诏设科搜扬之。由是科目名称繁多,诸如文以经国武足安边科、军谋宏达才任将相科、识洞韬略堪任将帅科、详明政术可以理人科、贤良方正能直言极谏科、博通坟典达于教化科、高才沈沦草泽自举科、长才广度沉迹下僚科、高蹈丘园科、才膺管乐科等等,据说多达七十六科。[①]

　　唐代制举,名目虽多,不过虚应故事而已。陆游在《老学庵笔记》卷九中言:"唐小说载,有人路逢奔马入都者,问何急如此? 其人答曰:应不求闻达科。"就是对那种名不副实制举的讽刺。唐代制举的授官也不优渥,史籍虽有"试之日,或在殿廷,天子亲临观之……文策高者特授以美官,其次与出身"[②]的记载,但核之史籍,制举出身者所授之官,不过录事参军、主簿、县尉

---

　　①　王应麟:《困学纪闻》卷一四《考史》,文渊阁《四库全书》本。
　　②　《通典》卷一五《选举三·历代制下》,第357页。

之类的小官①,并非所谓"美官"。至唐后期,授官甚至还不及进士科,因而颇受人轻视。史载:张瓌兄弟八人,七人进士出身,一人制举出身。亲故集会,进士出身者不让制举出身者与他们坐在一起,并称其为"杂色"②。故南宋学者洪迈以为:"唐世制举,科目猥多,徒异其名尔,其实与诸科等也。"③

唐代前期,制举仅试策二道,到唐玄宗开元十三载(725),始加试诗、赋各一首,并成制度。每举所取人数,一名至数名不等,据《玉海》记载,自唐高宗显庆三年(658)至唐文宗大和二年(828)的一百七十年间,制科及第者共二百七十人④。又据清人徐松在《登科记考》中的不完全统计,有唐一代有制科及第者三百一十五人次。

唐末、五代,时局混乱,兵燹相仍,制举不行。直至后周显德四年(957)八月,应兵部尚书张昭奏请,拟重行制举,共设三科:"其一曰贤良方正能直言极谏科,其二曰经学优深可为师法科,其三曰详闲吏理达于教化科。不限前资见任职官、黄衣草泽,并许应诏。"同时规定:"其逐处州府,依每年贡举人式,例差官考试,解送尚书吏部,仍量试策、论三道,共三千字已上。当日内,取文理具优、人物爽秀,方得解送取。来年十月,集上都。其登朝官,亦许表自举。"⑤尽管规定得十分具体,此后似并无人应举。

宋初恢复制举,然其后却屡遭停罢,加之录取人数少,考试难度大,后期又不允许投牒自进。浮华不实之风虽然得到扭转,但影响力和重要性也随之大为降低,至南宋尤然。

武举也是科举中的一个重要组成部分,始于唐长安三年(703),是年正月,武则天下敕谓:"天下诸州,宜教人武艺,每年准明经贡举例申奏。"⑥此

---

① 《旧唐书》卷七四《崔仁师传》:"武德初,应制举,授管州录事参军";卷一四八《裴垍传》:"贞元中,制举贤良极谏,对策第一,授美原县尉。"皆可见当时制举授官之一斑。
② 《封氏闻见记》卷三《制科》,文渊阁《四库全书》本。
③ 《容斋续笔》卷一二《唐制举科目》,第359页。
④ 《玉海》卷一一五《唐制举》,第2130页。
⑤ 薛居正:《旧五代史》卷一一七《世宗四》,中华书局1976年点校本,第1561页;王溥:《五代会要》卷二二《制举》,中华书局1988年排印本,第275页。
⑥ 《旧唐书》卷二四《礼仪四》,第935页。按:《唐会要》卷五九《兵部侍郎》条谓唐武举始于长安二年,未知孰是。

后,除重大战争年代和唐德宗贞元十四年(798)至唐宪宗元和二年(807)的十年间一度停罢以外,基本上每年皆随进士、明经一起举行。起初,武举试官由郎官担任,开元二十六年(738),唐玄宗下敕:"所设武举,以求才实,仕进之渐,期为根本。取舍之间,尤宜审慎。比来所试,但委郎官,品位既卑,焉称其事?自今以后,试武举人等,宜令侍郎专知。"①至此,武举主试官的品级遂与进士科等。

唐代武举人的考试,"有长垛、马射、步射、平射、筒射,又有马枪、翘关、负重、身材之选。翘关,长丈七尺,径三寸半,凡十举后,手持关距,出处无过一尺。负重者,负米五斛,行二十步,皆为中第"。②

唐代仍有尚武之风,武举人的地位虽不及文举人,但相差并不悬殊,这从开元十九年(731)四月诏令"诸州宾贡武举人,准明经、进士,行乡饮酒礼"③,以及武举出身的郭子仪,在唐德宗时,终官太尉兼中书令、柱国、汾阳郡王、尚父,官高位尊,非一般宰执大臣可望其项背。从这两件事中,约略可见一斑。

五代皆以军卒为将,故武举久废。

入宋,武举迟迟未行,原因是国初尚有一批行伍出身的将领可以依靠。但是,至真宗朝以后,五代以来的将领已凋零不存,新由军卒升迁而来者,既乏战争历练,又无文化素质,使军队战斗力大为下降。至仁宗朝,随着西夏的崛起,边患加重,朝廷急需武将,才将恢复武举提到议事日程。南宋民族矛盾和阶级矛盾更加尖锐,尤其为了抵御金兵入侵,迫切需高素质的军事人才,故对武举较北宋为重视。但在"重文抑武"的国策指导下,武举的实际作用仍然很小,因而它并不能为南宋政府招徕到具有真才实学的武将人才。

---

① 《唐会要》卷五九《兵部侍郎》,中华书局1955年据武英殿聚珍本影印本,第1030页。
② 《新唐书》卷四四《选举上》,第1170页。
③ 《通典》卷五三《礼十三》,第1483页。

第一节　南宋的制举

一、两宋制举科目及其沿革

南宋制举承袭北宋而来,在论及南宋制举的沿革及科目之前,有必要简述北宋以来的情况。

北宋建立之初,作为重文之主的太祖,即仿后周显德四年(957)之制,恢复制举,置贤良方正能直言极谏等三科,"应内外职官、前资见任、黄衣草泽人,并许诸州及本司解送上吏部,对御试策一道,以三千字已上成,取文理俱优者为入等"。然数年后仍"无人应制"。乾德二年(964)正月,太祖虑有司举贤之道或未至,乃下诏许人"直诣阁门,进奏请应"①。当年四月,始有博州军事判官颖赟应贤良方正直言极谏科,太祖临轩召试称旨,升任秘书省著作佐郎。

太宗之世,进士、诸科大盛,而制举却无闻。真宗践祚,再行制举,数次后旋告停罢。景德二年(1005)七月,复制举,设贤良方正能直言极谏、博通坟典达于教化、才识兼茂明于体用、武足安边洞明韬略、运筹决胜军谋宏远、才任边寄六科,"许文武群臣、草泽隐逸之士来应,委中书门下先加考试,如器业可观,具名闻奏"②,是为景德六科。大中祥符元年(1008)四月,有上封者言:"两汉举贤良,多因兵荒灾变,所以询访阙政。今国家受瑞建封,不当复设此科。"③于是六科悉罢。

仁宗天圣七年(1029)闰二月,应参知政事夏竦等人奏请,复置制举,并广其科目,恢复景德六科,"以待京朝官之被举及应选者。又置书判拔萃科,以待选人之应书者。又置高蹈丘园科、沉沦草泽科、茂才异等科,以待布衣

---

① 《宋会要辑稿》选举一〇之六。
② 《长编》卷六〇,景德二年七月甲子条,第1350页。
③ 《长编》卷六八,大中祥符元年四月甲寅条,第1535至1536页。

之被举及应书者"。是为天圣十科。"皆先上艺业于有司,有司较之,然后试秘阁,中格,然后天子亲策之"①。其法较以前更为严密。

这里必须指出,宋人虽时有称"天圣十科"者,应是对天圣七年恢复和新置的全部科目之总称,如果以制科论,则不能将书判拔萃科列入其中,理由十分简单:因为书判拔萃科是资格未至的选人参加铨选的试法之一,通过试判若干道,将成绩合格者分成五等,准予放选或升迁。所以书判拔萃科既非常科,也非制科,故自太祖建隆三年(962)开设以来②,并无人将其称为制科。又据《宋会要辑稿》选举一一之五载:"嘉祐二年六月十九日,诏曰……朕承祖宗之休,思与天下之士偕之至治,故设贤良而下凡九科,其取之岂一路哉?"③南宋人岳珂亦谓:"……考之所谓旧制,盖祖宗之制也。自贤良以至边寄,谓之六,增高蹈等三科,謂之九,此则甚明。"④他们皆未将书判拔萃科列入制科之中。由此可见,若以制科论,只有"天圣九科",而无"天圣十科"。

这里附带说一下,在宋代与书判拔萃科性质相类似的还有词科。按词科是对宏词、词学兼茂和博学宏词三科的总称。哲宗绍圣元年(1094),鉴于当时进士科纯用经术取士,而所取进士多不擅长作诏诰章表,因而缺乏代言之臣,遂下诏立宏词科,"试以章、表、露布、文书,用四六也;颂、铭、戒、论、序、记,杂用古今体,不拘四六也。许进士登科者就试"⑤。至徽宗大观四年(1110),改宏词科为词学兼茂科,只对考试内容稍作变动而已。绍兴三年(1133)七月,应臣僚奏请,恢复词科之设,改称博学宏词科。"以制、诰、诏书、表、露布、檄、箴、铭、记、赞、〔颂〕、序一十二件为题。古今杂出六题,分为三场,每场一古一今。愿试人先投所业三卷,朝廷降付学士院,考其能者召试。依宣和六年指挥,以三年一次,附省试院试,不用从臣荐举。应命官不以有无出身,除归明、流外、进纳人及犯赃罪人外,并许应诏。命官非见任外

---

① 《长编》卷一〇七,天圣七年闰二月壬子条,第 2500 页。
② 参见《宋史》卷一《太祖一》,第 12 页。
③ 《宋会要辑稿》选举一一之四。
④ 岳珂:《愧郯录》卷一《制举科目》,文渊阁《四库全书》本。
⑤ 《宋会要辑稿》选举一二之一;《玉海》卷一一六《熙宁议贡举学校制、绍兴二科取士》,第 2154 页。

官,许径赴礼部自陈。若见在任,经所属投所业,应格,召试,然后(杂)〔离〕任。每次所取,不得过五人"①。由此可见,词科的考试内容,要么是制、诰、诏书等代言之文,要么是箴、铭、记、赞、颂、序等应用之文,考试对象则为有官人,所以它既非常科,亦非制科。对此,聂崇歧先生已辨之甚明,毋庸赘言。②

　　熙宁七年(1074)五月,中书门下言:"策试制举,并以经术时务,今进士已罢辞赋,所试事业即与制举无异。至于时政阙失,即士庶各许上封言事。其贤良方正等科目,欲乞并行停罢。"③诏依所请。于是制举再告不行。

　　科举作为一种上层建筑,受政治斗争的影响至为深远。熙宁七年在停罢制举时,即遭到反变法派首领之一的富弼女婿、枢密副使冯京的激烈反对,他说:"汉唐以来,豪杰多自此出,行之已久,不须停废。"神宗开始动摇。但变法派大臣吕惠卿以为:"制科止于记诵,非义理之学。一应此科,或为终身为学之累。朝廷事事更之,则积小治可致大治,不须更有所待。"④这实际上包含了对曾经考取制科的富弼、张方平、苏轼、苏辙、范百禄、吕陶、孔文仲等反对变法官员的贬抑和否定。

　　熙宁变法失败后,旧党与新党之间的斗争仍然不断进行,且互有胜负。每当政局变动一次,制举的恢复与停罢亦随之发生反复。神宗去世,旧党上台,一反熙宁之政,哲宗元祐二年(1087)四月,下诏复行制举。哲宗亲政,新党得势,号为"绍述"(意为继承神宗遗志),又一反元祐之政。绍圣元年(1094)九月,哲宗君臣以制举"诚无所补",前日所取之人"极不成文理"⑤为由,再次将其罢废。自后三十余年,终北宋之世,再不复置。

　　宋室南渡,朝廷上下对北宋灭亡原因作了"反思",长期受到压制的旧党分子及其子孙,趁机对打着变法旗号而行腐朽统治的蔡京集团进行猛烈攻击,最后将反对矛头指向王安石及熙宁之政。自称"我爱元祐"的高宗,迅即

---

① 《宋会要辑稿》选举一二之一一。
② 聂崇歧:《宋史丛考·宋代制举考略》,中华书局1980年出版,第174至175页。
③ 《长编》卷二五三,熙宁七年五月辛亥条,第6194页。
④ 《宋会要辑稿》选举一一之一一四。
⑤ 《宋会要辑稿》选举一一之一七。

下诏,恢复元祐年间的政策和制度。

绍兴元年(1131)正月,高宗发布"德音"谓:"祖宗设贤良方正能直言极谏科,不惟朝廷阙失得以上闻,盖亦养成士气。近屡诏内外士庶等直言朝政阙失,虽有不当,并不加罪。"为此,在高宗的要求下,礼部讲求旧制,提出多项施行事例:

一、旧制,科场年春降诏,九月赴试。命尚书两省谏议大夫以上、御史中丞、学士、待制各举一人,不拘已仕未仕,命官不拘有无出身,仍以不曾犯赃私罪人充,各具词业缴进(词业谓策、论五十篇,分为十卷,随举状缴进入举词),送两省侍从参考。分为三等:文理优长为上等,文理次优为中等,文理平常为下等。考试缴进,次优以上召赴阁试……欲乞今后遇有应贤良方正能直言极谏科,并须尚书两省谏议大夫以上、御史中丞、学士、待制三人奏举,先考其素行,无愧于清议,然后召试。举非其人者坐之。

一、阁试一场,论六首,每篇限五百字以上成,差楷书祗应。题目于《九经》、《十七史》、《七书》、《国语》、《荀子》、《扬子》、《管子》、《文仲子》正文及注疏内出。内一篇暗数,一篇明数……四通以上为合格,仍分五等,入四等以上召赴殿试……今来复科之初,切恐疏义繁多,士大夫鲜能通习。欲乞除权罢疏义出题外,余并依旧制。

一、殿试。皇帝临轩,制策一道,限三千字以上成。试卷用表纸五十张,草纸五十张。旧制,宰相撰题(绍圣元年,特命翰林学士林希撰题)。依进士殿试,有初考、覆考、详定官。赴试人引见、赐坐。殿廊两厢设重帘帏幕、青褥紫案,差楷书祗应(旧制,差内侍赐茶果,仍谢恩)。对策先引出处,然后言事。第三等为上等,四等为中等,第五等为下等。第四等以上,系制科人;第五等,进士出身;不入等,与簿尉差遣……有官人应中取旨,比类推恩。

高宗根据礼部所上事例,下诏作出决断,恢复制举,但只设贤良方正能直言极谏一科,"疏义出题及撰题官临时取旨。其将来考校中选推恩,依天圣、景祐年故事,余并依旧制,并礼部看详到事(理)[例]施行"。①

　　经过高宗认可的礼部所上事例,对开科时间、所设科目、奏举者身份、应举者身份、词业缴进、阁试条件、拟题范围、殿试要求、御试官设置、录取等第、出身授官等,都作了详细的规定,基本上奠定了南宋一代的制举程式。

　　自绍兴二年(1132)起,虽正式下诏举行制举,由于对制举考试的要求远远严于进士科,加之一般官员和布衣如果没有大臣奏举就不能自进,奏举者则"若举非其人者坐之",因而直到绍兴七年,仍然无人应举。此年二月,高宗再次下诏,要求"中外侍从之臣,其遵前后诏旨,各举直言极谏之士一人"。于是吏部侍郎吕祉举选人胡铨、龙图阁直学士汪藻举乡贡进士刘度应举。可能两人所进词业经两省官参考后,认为皆不符合要求,故并未进入阁试,高宗便直接授胡铨为枢密院编修官,而"度不果召"②,这次制举也就不了了之。此后三十余年,制举之诏屡下,但由于制举要求太高,皆无有应者。

　　孝宗乾道二年(1166)六月,有臣僚以为,根据南渡以来制举"犹未闻有一人应书者"的情况,建议"间岁下诏,权于经史诸子正文出题,其僻书注疏不得以为问目。追复天圣十科,开广荐扬之路"。孝宗命礼部集馆职、学官同议,然后奏闻。礼部侍郎周执羔等参议后认为:如果恢复"乾德自请之诏,则将启狂妄侥幸之心",因此要求继续"用侍从荐举,或守臣、监司解送"之法,除权罢注疏出题外,"其余悉依旧制"。③

　　乾道五年三月,用翰林学士汪应辰荐,眉州布衣李垕得以应贤良方正能直言极谏科。七年十一月,李垕通过御试,考入第四等,赐制科出身④,授官视进士第二三人。这是南宋第一位也是最后一位制举入等者。此后制举虽存而不废,却再无一人应举入等。

二、两宋制举应举者资格的变化

　　宋代自恢复制举以来,对应制举者的资格要求几经变化。北宋初年,为

---

① 《宋会要辑稿》选举一一之二一至二三。
② 《宋会要辑稿》选举一一之二四。
③ 《宋会要辑稿》选举一一之二八。
④ 《宋会要辑稿》选举一一之三〇。

招徕人才,对应举者的资格限制不严,不论内外职官、前任现资、黄衣草泽皆允许应举,亦许自举。真宗咸平四年(1001)二月,诏"令学士、两省、御史台五品以上,尚书省诸司四品以上,于内外京朝官、幕职州县官及草泽中,举贤良方正之士各一人",改变了国初允许黄衣草泽人自举的规定。同年三月,又诏"所举贤良方正,应已贴馆职及任转运使者,不在举限"①。这可能与有贴职者已入清要之列、任转运使者容易获得举荐有关。仁宗天圣七年(1029)闰二月,在下诏设置贤良方正能直言极谏等十科的同时,规定:"应内外京朝官不带台、省、馆阁职事,不曾犯赃及私罪轻者,许少卿、监已上上表奏举,或自进状乞应",而对于草泽及贡举人应高蹈丘园、沉沦草泽、茂才异等三科者,虽然允许"自于本贯投状,乞应上件科目",但需经"州县体量,实有行止,别无玷犯者"②才能应举。景祐元年(1034)二月,又应臣僚奏请,稍改前法:

> 贤良方正能直言极谏等六科,自今后应京朝官、幕职州县官,不曾犯赃罪,及私罪情轻者,并许应。内京朝官须是太常博士已下,不带省府推判官、馆阁职事,并发运、转运、提点刑狱差任者。其幕职州县官,须经三考已上。其见任及合该移入沿边不般家地分及川、广、福建等处者,候回日许应。高蹈丘园、沉沦草泽、茂才异等三科及武举,应进士、诸科取解不获者,不得应。③

综合上述应制举者的资格,大致可归纳为这样几个方面:一是应贤良方正能直言极谏等六科官员必须清廉及不犯较重之私罪;二是应举者限制在太常博士(正八品)以下、不带省府推判官、馆阁职事和身任监司者;三是幕职州县官的在任时间须及三考以上;四是现任或正候任川、广、福建等处的官员,任满方许应举;五是布衣只能应高蹈丘园、沉沦草泽、茂才异等三科,若曾经参加过发解试而没有取得发解资格者,不得应举。

----

① 《宋会要辑稿》选举一〇之七。
② 《宋会要辑稿》选举一〇之一六。
③ 《宋会要辑稿》选举一〇之二一。

从景祐元年所颁布的诏令看,应贤良方正能直言极谏等六科的资格,基本上限制于选人(幕职州县官)和不带馆职的京官,而且还有一定的考第要求。这样严格的规定,使被举荐者的范围变得十分狭小,从而出现"应书者不过数十人,中选者才一二"的状况。嘉祐二年(1057)六月,仁宗下诏放宽应举资格:"自今太常博士而下,充台、省、阁职及提点刑狱以上差使选人,不限有无考第,并草泽人,并听待制以上奏举,即不得自陈。内草泽人,并许本路转运使采察文行,保明奏举。如程文荒浅中选,才行不如所举,并坐举者"①。这道诏书,虽然取消了对考第的要求,稍稍扩大了应举面,却取消了草泽人"自陈"的权利。

哲宗元祐二年(1087)四月,复行制举,但只复贤良方正能直言极谏一科,允许士庶同试,"不拘已仕未仕,以学行俱优,堪备策问者充",改变了过去只有命官才能应贤良方正能直言极谏科的规定。翌年正月又诏:"幕职州县官虽未经考,听举贤良方正能直言极谏科。"②应试资格虽继续有所放宽,但因为应举者都需"奏举",加之考试要求太严,故问津者终归寥寥。

高宗初年,再置制举,基本上遵行元祐之制,仍只设贤良方正能直言极谏一科,"命尚书两省谏议大夫以上、御史中丞、学士、待制各举一人,不拘已仕未仕,命官不拘有无出身,仍以不曾犯赃私罪人充"③。此后一百余年,应举资格再没有发生大的变化。这里还须特别指出一点,北宋前期的制举,尚允许自举,但从天圣七年设九科始,出现两种情况,凡应贤良方正能直言极谏等六科的官员,符合应试资格者,允许自荐;凡应高蹈丘园等三科的布衣,"不得自陈",以防奔竞。因此,从选举制度的性质论,前者仍属科举,后者则类似于察举。

三、南宋制举的考试、等第和授官

宋代制举的考试和授官不仅复杂,而且变化多端,南宋在这方面的实施

---

① 《宋会要辑稿》选举一一之五。
② 《宋会要辑稿》选举一一之一五。
③ 《宋会要辑稿》选举一一之二一。

办法虽基本上承袭北宋而来,但亦有许多不同。

宋初制举的应举手续和考试过程循唐、五代旧制,尚较简单,无论布衣或命官,只要由本司解送上吏部,对御试策一道,以三千字以上、文理俱优者即可入等。咸平三年(1000)四月,林陶应制举,试学士院不及格,真宗"欲招来俊茂",特赐其为同进士出身,以作奖励①。说明至迟到咸平三年,应制举者在参加御试前,已增加了学士院试一项,但所试内容,史书阙载。景德二年(1005)七月,在增置六科的同时,下诏谓:"遵行典故,委中书门下先加程试。如器业可观,具名闻奏,朕将临轩亲试。"②又以中书门下试代替了学士院试,其所试内容为论六首。

仁宗天圣七年(1029)闰二月,在颁布九科的同时,下诏规定:"乞应上件科目,仍先进所业策、论五十首,诣阁门或附递投进,委两制看详。如词理优长,具名闻奏,当降朝旨,召赴阙。"上述"进所业",仅对应贤良方正能直言极谏等六科的有官人而言,如果应高蹈丘园等三科的布衣,则他们的"进所业"更要复杂得多:"令纳所业策、论五十首,本州看详,委实词理优长,即上转运使覆实。审访乡里名誉,选有文学,再行看详……委实文行可称者,即以文卷送尚书礼部,委判官看详。选择词理优长者,具名奏闻,当降朝旨,[召]赴阙。"③布衣应制举,其所进策、论,先后需经过本州、转运使、礼部判官三处官员的"看详",被认为"词理优长者",才得以召赴立阙参加考试。过程之繁、要求之严,非同一般,仅就这一步而言,应举者也就知难而退。

天圣七年诏书规定,举人赴阙后,由朝廷差官试论六首,以三千字以上为合格,入等者才可参加御试。与真宗朝相比,增加了"进所业策、论五十首"一项。不过此处尚有两点没有交代清楚:一是诏书言"仍先进所业",似乎在天圣七年前已有实行,但究竟始于何时,文献记载阙如;二是"差官试论六首"之官府,是学士院、中书门下,抑或其他官府? 也缺乏记载。不过据岳珂谓:"(天圣八年六月),命盛度、韩亿就秘阁考试贤良科何咏、茂才科富弼

---

① 《宋会要辑稿》选举一〇之七。
② 《宋会要辑稿》选举一〇之一一。
③ 《宋会要辑稿》选举一〇之一六至一七。

论各六首。"①可知试论六首乃在秘阁,且每首限五百字以上,方为合格。此实为阁试之始,并成后来有宋一代定制。

南宋初年,经高宗认可的礼部所上制举事例中,应举人所进策、论五十首,并非"委两制看详",而是"送两省侍从参考","看详"与"参考"虽是同一个意思,但参与其事的官员,范围却显著扩大。至于阁试程式,与天圣七年之制大致相同,不过阁试试官明确由两省、学士官为之,"御史监之"②。其余规定,本书前面已有提及,此处不赘言。

阁试难度极大,命题范围甚广,包括了《九经》、《十七史》、《七书》、《国语》、《荀子》、《扬子》、《管子》、《文中子》等典籍。时间短,只试一日。试题则有明数和暗数之分。所谓明数,基本上以典籍所载文句为题目,比较容易领会其意图。所谓暗数,则是"颠倒句读,窜伏首尾,乃类世之覆物谜言"③,这种截头去尾的题目,往往使人不知所云,而由注疏命题,难度就更大。阁试六论,三经、三史;三首由正文出题,三首由疏义出题。绍兴二年,高宗为招徕人才,同意"权罢疏义出题"。乾道二年(1166)六月,"孝宗以久无应诏者,乃诏权于经史、诸子正文出题"④。淳熙五年(1178)八月,有臣僚奏请:"国家设制举,必先试以六论,虽注疏悉皆命题,以观其博洽。今乃去注疏命题,谓宜复其旧。"⑤诏依所请,恢复自注疏命题。从该举起,与试进士一样,"始命糊名、誊录如故事"⑥。所谓"如故事"者,指北宋制举,即有此制,如嘉祐六年(1061),司马光为制举御试官时,所上《论制策等第状》题后有自注云:"既而执政以毡所试进呈,欲黜之。上曰:'其言切直,不可弃也。'乃降一等收之,即苏辙也。"⑦可知御试试卷与进士殿试一样,当时已实行封弥、誊录,只是进入南宋以后,一直不行,现在又开始恢复旧制。

① 《愧郯录》卷一一《制举科目》。
② 《朝野杂记》甲集卷一三《取士·制科》,第254页。
③ 叶绍翁:《四朝闻见录》丙集《贤良·第三则》条引李泰之言,中华书局1989年点校本,第121页。
④ 《朝野杂记》甲集卷一三《取士·制科》,第255页。
⑤ 《宋会要辑稿》选举一一之三五。
⑥ 《朝野杂记》甲集卷一三《取士·制科六题》,第258页。
⑦ 《司马光奏议》卷五《论制策等第状》,山西人民出版社1986年点校本,第47页。

　　淳熙十二年二月,起居舍人李巘针对应制举人数寥寥的现状,面奏孝宗,提出建议,他说:

　　　　汉自文帝以来,始有贤良之举,不过求其谠言,以裨阙政,未闻责以记诵之学也。后世崇其科目,遴其选取,乃始穷以所未知,强以所不能。要之举才之意,惟端正修洁是务,而区区记诵之末,则非所先也。近年以来,固尝举试数人,止用经子诸史正文为题,皆以记问不精,旋即罢遣,诚为疏矣。后乃兼用注疏,试者愈难。夫前者未用注疏而不能试,今复增之,而欲其应诏,宜乎累年于此而未有其人……然臣以为,国家取人之实,要不尽在于此。使其才行学识如晁、董之伦,虽注疏未能尽记,于治道何损哉?乞特加参酌,令依旧降指挥,免用注疏出题,则士之应诏者不无其人……

　　孝宗接受李巘建议,"乃复罢注疏命题"。①

　　阁试只一日,以四通为合格,自淳熙四年起增至五通为合格。分五等,第一二等虚而不取,入第三四等人,召赴御试,谓之过阁。

　　制举须经过御试,此为自唐以来之通制。宋代御试,皆试策一道,限三千字以上。由宰相或翰林学士拟题,内容多为事务。依进士殿试例,设初考、覆考、详定官等,差两制、侍从为之。御试亦只一日,届时,皇帝率群臣临观,以表重视。

　　御试成绩分为五等,上二等例不授人,国初以第三等为上等,第四等为中等,第五等为下等。第四等以上授制科出身;入第五等,授进士出身;不入等,与簿尉差遣。天圣七年故事,入第三等,比进士第一人,授大理评事、金判或知县,一任满与通判;入第四等,比进士第二、第三人,授两使职官,二任回磨勘改合入官;入第五等,比进士第四、第五人,授令、录,一任回,授两使职官。以上为白身人。"有官人应中取旨,比类推恩"。这种所谓"比类推恩",若按"天圣八年、景祐元年故事,有官人入第四等以上,并转一官,各升

————————

① 《宋会要辑稿》选举一一之三七;《朝野杂记》甲集卷一三《取士·制科六题》,第259页。

擢内外差遣"①。实际上,北宋御试虽说分五等,但第四等又有第四等和第四次等之别,如真宗咸平四年(1001),举贤良方正科人孙仅、丁逊入第四等,何亮、孙暨入第四次等②。哲宗元祐三年(1088)九月,谢愿亦入第四次等。③

进入南宋,御试成绩所设等第不变,第一、二等依然不授人,以第三等为上,恩数视御试第一人,第四等为中,视御试第三人,皆赐制科出身;第五等为下,视御试第四人,赐进士出身;不入等,与簿尉差遣。以上皆为平民,若有官人,"则进一官与升擢"。④

四、南宋制举评述

宋代科举制度虽然有了极大发展,但制举却越来越萎缩,到了南宋,终于彻底衰落,正如岳珂所谓:"或试而不合,或召而不试,或荐而不召,寥寥寂响,迄未复振。"⑤所取人数更是无几,据有关学者统计,有宋一代,制举之诏虽数下,而御试仅二十二次,入等者不过四十一人⑥,至南宋,制举入等者只有李垕一人而已。如果说唐代制举是多而杂,待遇既低,又名不符实,并未能选拔出真才实学之士,那么南宋制举表面上虽对它十分推崇,多称其为"大科",地位在进士科之上,如南宋初年人邵伯温云:"富韩公(弼)初游场屋,穆修伯长谓之曰:'进士不足以尽子之才,当以大科名世。'"⑦然而循名责实,南宋制举却似有若无,形同虚设,同样不可能为国家选拔出有用人才。

南宋制举的彻底衰落,也影响到了元、明、清三代。元代无制举,明代大臣虽时有复行制举之议,然终不果行。清代为收买汉人中的鸿儒硕学之士,于康熙、乾隆之世曾举行过几次类似于唐宋制举的博学鸿词科,后亦中止不行。

---

① 《宋会要辑稿》选举一一之二二。
② 《宋会要辑稿》选举一〇之一〇。
③ 《宋会要辑稿》选举一一之一七。
④ 《朝野杂记》甲集卷一三《取士·制科》,第254至255页。
⑤ 《愧郯录》卷一一《制举科目》。
⑥ 《宋史丛考·宋代制举考略》,第191至194页。
⑦ 邵伯温:《邵氏闻见录》卷九,中华书局1983年点校本,第89页。

南宋制举所以彻底衰落,其原因有多个方面。

第一,南宋以进士科取士已十分繁荣,每举所取,动辄数百名,而且还有几乎同等数量的特奏名一途。制举每举所取最多不过数名,有时甚至全部遭到黜落。因此,人们就热衷于进士科考试,而对制举反应冷淡。

第二,南宋制举程式繁复,先要上所业,又要赴阁试,最后还要经过御试,因为没有固定的录取名额,所以在每个环节里都有可能被淘汰,应举者很难把握自己的命运。作为一般士人,又必须由地方长吏的多次"看详"和推荐才能应举。地方长吏担心"看详"和推荐不实而遭到责任追究,也就不敢推荐,应举人数必然很少。

第三,考试难度大,特别是阁试一关,即使饱学之士,也难免会被黜落,对此本书在前面已有论及。有官人和士子对制举考试心存畏惧之心,当然不敢贸然一试。

第四,制科既称大科,取中者即被称为有"王佐之资",人们对应举之人在才德两个方面要求甚高,如淳熙四年(1177)八月,监察御史潘纬言:"制举以待非常之才……如富弼、张方平、苏轼与其弟辙,皆由此科进。既号大科,欲孚众望,必乡评共许,士行无瑕,无愧斯名,始可应此举。"①这使应举者有高处不胜寒之感,也是不敢贸然赴试的一个原因。

第五,受到政治斗争的严重干扰。南宋士大夫积极参与政治,敢于发表政见,敢于指斥朝政,本是一件好事,但是他们一旦卷入派系和政治斗争的漩涡,或为个人一己私利言事,则往往搅乱朝政,干扰政令的推行。以制举阁试是否可从注疏命题来看,南宋时候就屡经反复,究其原因,就与政治气候的变化有关。主张恢复注疏者,多系与应举者有矛盾或对他们心存嫉妒之人,这些人想借注疏命题将对方黜落。如淳熙四年,再行制举,李垕之弟整被举为应贤良方正直言极谏科,"南士颇嫉之,而近习贵珰又恐制策之或攻己也,共摇沮焉。会台守赵子直举宣教郎姜凯,信守唐与正举迪功郎郑建德,吏部侍郎赵粹中举亳州布衣马万顷应诏"。于是有人就借口"若罢注疏

命题，而复以四通为合格，则与应进士举一场试经义五篇者有何异"①，奏请复注疏，并改四通合格为五通合格，于是全遭黜落。此即为一例。

第六，南宋制举与唐代一样，也存在一个名实不副的问题，所以与进士科一样，最后也不过是以文字取人。在进士科取士众多、冗官冗吏已非常严重的情况下，朝廷也就不会急于以制举取人。所以存而不废，只不过是为了虚应故事，以表明最高统治者求贤若渴和礼贤下士罢了。

宋代制举因为取士少，应试极严，所以从未发现过一件科场弊案，这恐怕是包括南宋在内整个宋代制举中惟一值得称道的地方。

第二节　南宋的武举

一、两宋武举沿革

北宋初年，军事力量尚称强大，不仅依次削平了各个割据政权，基本上统一了全国，而且数度出兵伐辽，以收复被契丹占领的燕云十六州故地。但是，随着雍熙三年（986）北伐辽朝的惨败，军事力量不振已暴露无遗，以此为转折点，北宋对辽朝由进攻转入防守，而辽军却频频南下，一直深入到河北中南部，使北宋经常陷入被动挨打的境地。

真宗即位以后，辽朝加强了对北宋的侵扰。咸平二年（999）十月，辽军南下，进入河北地区大肆掳掠，攻破狼山镇石砦，北宋高阳关都部署康保裔率军抵抗，两军大战于河间（今属河北）。次年正月，保裔以兵尽、矢绝，救援不至被俘。面对这种危急的局面，国家急需尚武人才，以加强武备。当年十一月，真宗发布赦文，"欲兴行武举，令所司条奏以闻"②。朝廷开始讨论实行武举一事。咸平三年四月，真宗诏令"两制、馆阁详定武举、武选人入官资序

---

① 《朝野杂记》甲集卷一三《取士·制科六题》，第258页。
② 《长编》卷四六，咸平三年三月末条，第1002页。

故事"①。但最后皆议而未行。

进入仁宗朝,北宋"积弱"局面进一步加深,由于西北面党项人的强大和咄咄逼人的攻势,对北宋构成了新的威胁,朝廷再次将置武举提到了议事日程。天圣七年(1029)闰二月,仁宗在开设制举七科的诏书中,正式宣布设置武举,"以待方略智勇之士"②。天圣八年六月初一日,举行了第一次武举,命内侍右班都知杨守珍试武举人弓马于军器库。十二天后,又行御试,取武举人张建侯等十二人,分别补三班奉职(从九品)、三班借职(从九品)、三班差使(无品)、殿侍(无品)。此时武举刚刚恢复,有关条制尚未完备。景祐元年(1034)举行了第二次武举,该年御试进士、诸科的时间在三月,御试制科与武举则在六月③。自此以后,武举与进士、诸科都在同一年举行,如果该年行制举,则与制举同日或隔一二日举行;如果该年不行制举,则武举在进士、诸科御试后数月举行,并由兵部掌武举事,进行武艺比试和阁试,根据"以策论定去留,以弓马定高下"④的原则进行录取,再赴御试。这一做法,一度成为惯例。

皇祐元年(1049)九月,仁宗突然下诏罢武举,其谓:

> 国家采唐室之旧,建立武科,每随方闻之诏,并举勇略之士。条格之设,岁序已深,然而时各有宜,今异于古。今籍之众,既以拔力日奋于行伍之间,武弁之流,又用其韬钤自进于军旅之任,来应兹选,殆稀其人。如闻所隶习者,率逢掖诸生、编户年少,以至舍学业而事筹策,矫温淳而务粗猛,纷然相效,为之愈多。朕方恢隆文风,敦厚俗尚,一失其本,恐陷末流。宜罢试于兵谋,俾专由于儒术。尚虑积习具久,顿更为难。就其等伦,裁为规制。其将来科场,武举人曾经秘阁考试者,即许投下文字外,更不许新人取应。以后科场,令罢武举一科。⑤

---

① 《长编》卷四七,咸平三年四月乙丑条,第1013页。
② 《长编》卷一〇七,天圣七年闰二月壬子条,第2500页。
③ 参见《长编》卷一一四,景祐元年六月己酉记事条,第2679页。
④ 《群书考索》后集卷二九《士门》。
⑤ 《宋会要辑稿》选举一七之八至九。

归纳诏书所言罢去武举的原因有两条:一是应武举的人很少,即所谓"殆稀其人";二是应举者多是一些从事儒业的年轻书生,这样会与提倡文治的国策相违背,一旦形成"积习",就很难加以扭转。实际上这些理由皆站不住脚:若谓应举之人少,那是"取格太轻","若招士伍然"①,当然少有人问津。如果说儒生亦来应举,只要符合条件,考试合格,又有何不可? 实际上,最根本的原因是"庆历和议"以后,北宋与西夏的军事对抗已经缓和,宋、辽关系亦趋正常,边患一轻,统治者就将加强武备之事再度置之脑后。对此,嘉祐三年(1058)十二月眉州布衣臣苏洵在《上皇帝十事书》中揭露得非常清楚,其谓:

> 国家用兵之时,购方略、设武举,使天下屠沽健儿皆能徒手攫取陛下之官。而兵休之日,虽有超世之才,而惜斗升之禄,臣恐天下有以窥朝廷也。今之任为将帅,卒有急难而可使者,谁也? 陛下之老将,曩之所谓战胜而善守者,今亡矣。

为此,苏洵"以为可复武举,而为之新制,以革其旧弊"②。但是,暮年的仁宗一味因循守旧,听不进这个正确的建议。

英宗由于健康原因,在位时间只有四年,但在宋代诸帝中尚称得上是一个比较有所作为的君主。他即位不久,枢密院即奏道:"文武二选,所关治乱,不可阙一。与其任用不学无术之人,临时不知应变,以挠师律,不若素习韬略、颇娴义训之士,缓急驱策,可以折冲。况今朝廷所用武人,稍有声称者多由武举而得,则此举不可废罢明矣。"英宗命两制详议恢复武举事。治平元年(1064)八月,"两制议请(武举)随进士等科开设,许在京管军及正任横行使副使、知杂及三院御史、谏官、府界提点、朝臣、使臣,在外安抚、转运判官、提点刑狱、三路知军州及路分总管、钤辖,各奏举一人。试策及武艺优者,与殿直;次三班奉职、借职、殿侍、三班差使;策不中而武艺绝伦者取

---

① 《长编》卷一九一,嘉祐五年正月末条载:"监察御史里行王陶言:'今武举取格太轻,宜仿唐制设科,优待以官,无若招士伍然。'"第4612页。
② 苏洵:《嘉祐集》卷一○《上皇帝十事书》,文渊阁《四库全书》本。

旨"①。诏依所请。从中容易使人误会,似乎当时应武举之人,尚不能投牒自进,而需有关官员"奏举"。但是,从其他史料得知,应试武举人中也有一部分来自乡贡和武学,这里仅就"奏举"而言。此时,考取武举的进士,尚无及第、出身之类的分等,所授官职也很小,即使成绩最优者,不过殿直(政和易名为成忠郎),一个正九品的小使臣而已。

接着,英宗又同意学士贾黯奏请:武举如明经之制,试太公略韬、孙吴司马诸兵法,又以经史言兵事者设为问目,凡是能用己意或用前人注释,义理明畅,及根据所问,自陈方略可施行者为通。每开举,先由兵部于岁终将应举人名数向朝廷报告,翌年二月,命馆职二人与判兵部同试策一道,又命马军司试弓马,然后将所试等第籍送试策官参较。初试合格的武举人,于八月由朝廷命官与判兵部同试策于秘阁,命正任横行使一人与军头司试弓马武艺,以所试等第送秘阁试官,"参较合格,以名闻"②。其间以策略、武艺俱优者为优等,策优艺平者为次优,艺优策平者为次等,策、艺俱平者为末等。如策下艺平,或策平艺下者,为不合格。武举人只有经过两次策试,两次试弓马武艺合格后,才能解赴京城参加御试,考试过程比以往更加复杂。

神宗熙宁五年(1072),枢密院修订武举条令,提出不能答策者只答兵书墨义,但遭到宰相王安石的反对,他说:"今又置武举墨义一科,其所习墨义又少於学究,所取武艺又不难及,则向时为学究者乃更应武举。若收得如此人作武官,亦何补于事?"③神宗赞同王安石的意见,武举终于没有落入学究科的命运。六年,又应臣僚奏请,武举人阁试除试策以外,增加大义十道,谓之试"义策",武举的经学倾向得到加强。同时规定,每举合格人数,"毋过三十人"④,但这一限额不久即被突破。

熙宁八年(1075)三月,有乡贡进士王致尧上状言:根据条制,武举发解在进士科唱名后四五月间,"以此致进士两处投下文字,失解后旋看兵法,权

① 《长编》卷二〇二,治平元年九月丁卯条,第4902至4903页。
② 孙逢吉:《职官分纪》卷一〇《兵部尚书》条,文渊阁《四库全书》本。
③ 《长编》卷二三四,熙宁五年六月乙亥条,第5690页。
④ 《长编》二四六,熙宁六年八月壬辰条,第5997页。按:《宋史全文》卷一二下载:元丰八年五月丙辰,录取武举进士三十九人。即超过了原定三十人之数,第654页。

习弓兵，意务苟进。就试日多怀匿文字，饰以虚辞，弓马不甚精习，不惟有误朝廷缓急使用，兼使学者不专其业"。于是神宗下诏："自今武举与进士同时差官锁试。"①御试时间定在进士御试的次日，即与特奏名御试同日举行。至于阁试义策内容，下诏作了进一步规定：先试《孙》、《吴》、《六韬》大义共十道，为两场；次问时务边防策一道，与锁厅人同考试；马军司试弓马，差官监试。②

是年还对武举进行两项重大改革：一是在九月，颁布了《武举绝伦法》，凡武举人射两石，弓马射九斗，谓之绝伦，"虽程文不合格，并赐第"③，此法主要是为那些勇力之士而设，避免他们因"策论定去留"而遭到黜落；一是在十二月"诏武举人罢秘阁试，令止就贡院别试所考试"④。武举试格前后参错，至此始有所裁定。

元丰元年（1078）十月，神宗下诏兵部，要求"以贡举敕式内武举敕条，再于诸处索文字删类，成《武举敕式》以闻"⑤。至此，宋代武举大致走上正轨，终北宋之末，基本上没有大的变化。

靖康元年（1126）五月，眼看金兵第二次大规模南下已迫在眉睫，国势岌岌可危，钦宗下诏要求各地州郡长吏多多解送习武艺知兵书之人，并决定提前一年举行御试，诏书谓："诸路州府军监有习武艺知兵书人，仰通、知不限数保明解发赴阙，朕将亲策于廷，量才拔用。其筹策深远，艺能绝伦，当不次升擢……在京武学生，仰礼部择日考试，具等第以闻。不系在学人，亦许自陈收试。策义、弓马优异，与推恩。"稍后又经臣僚奏请，"诏中外武艺精强而

---

① 《长编》卷二六一，熙宁八年三月庚申条，第6367页。
② 《长编》卷二六六，熙宁八年七月丁亥条，第6536页。按：关于考试内容，当年八月别试所言："武举人试《孙》、《吴》、《六韬》大义。《六韬》本非完书，辞理讹舛，无所考据，欲止于《孙》、《吴》书出义题。"从之。参见《长编》卷二六七，熙宁八年八月丁酉条，第6546页。
③ 《玉海》卷一一六《咸平天圣武举》，江苏古籍出版社、上海书店1987年据浙江书局本影印本，第2147页。按：《玉海》虽将该法令记于乾道十年，但其后谓："徽宗时，如马广、马识远皆以武举擢用。"可见此法是借鉴了北宋时候的相关法令。
④ 《长编》卷二七一，熙宁八年十二月丙申条，第6638页。
⑤ 《长编》卷二九三，元丰元年十月乙巳条，第7147页。

不知兵书者,令付所在投状,州县阅试,别作一项解发"①。但是,不待各地武举人举送汴京,北宋已经灭亡。

进入南宋,随着国内外形势变化的需要,武举获得了进一步发展,并逐渐与文举接近,考试过程也有所简化,使文武两举都形成了系统的制度。

南宋建立之初,国事维艰,高宗驻跸扬州,急需军事人才。建炎二年(1128)二月,兵部奏称:

> 武举人自来州军即无解发额,止是赴兵部取解,依条以七十人赴省试。系军头引见司于内弓箭库试验弓马,及省试别试所附试程文。今行在扬州即无省试院,军头引见司亦无处试验。欲乞应就试得解及免解武举人,并依文士例,各召京朝官二员,结除名罪委保,赍所属给到公据,赴兵部呈验引保,于行在殿前司试弓马讫,就淮南转运司所在别场附试程文。②

诏依所请。绍兴元年,按规定应是武举之年,因为金兵威胁、游寇骚扰,时局动荡,所以与文举一起被推迟到次年举行。自绍兴五年起,武举与文举同月在临安府举行御试,终南宋之世没有变化。

绍兴十二年四月,高宗通过殿试赐武举正奏名进士五人、特奏名进士二人。③ 武举正奏名进士人数虽仅及文举的五十分之一左右,却开创了武举有特奏名之始。自绍兴二十九年起,应兵部奏请,武举人又有"依府监年数与免解"④的恩例。

孝宗为收复中原失地,采取了一系列措施以加强武备,因而对武举比较重视。首先是力图消除所取非所用、所用非所学的弊端。北宋时候,武举中选者或派往沿边出任军职,或赴经略司教押军队,授予准备差遣。可是在高宗朝,除第一人与巡检差遣外,"问其所职,则莞库而已",多与武事无关。乾道二年(1166)二月,中书舍人蒋芾奏请,"自今以武举登第者,悉授以军中之

---

① 《三朝北盟会编》卷四七,靖康元年五月二十五日条,第 356 页。
② 《宋会要辑稿》选举一七之二五。
③ 《系年要录》卷一四五,绍兴十二年四月辛未条,第 2321 页。
④ 《系年要录》卷一八二,绍兴二十九年五月庚午条,第 3022 页。

职"。孝宗与近臣议后,诏武举出身人待升至巡检,历一任,经监司、帅守荐举,"与将副差遣"①。淳熙七年(1180),初立《武举绝伦并从军法》,"凡愿从军者,殿试第一人与同正将,第二、第三名同副将,五名以上、省试第一名、六名以下并同准备将;从军以后,立军功及人才出众者,特旨擢用。"孝宗以为:"武举本求将帅之才,今前名皆从军,以七年为限,则久在军中,谙练军政,他日可备委任。"初步改变了武举进士前几名学非所用的状况。

其次,乾道四年,立武学国子额,收补武臣亲属。如是文臣亲属,愿赴武补者亦听。这样便扩大了武举人的来源。

第三,提高武举出身者的地位及授官品级。乾道五年御试,始依文举御试例给黄牒,其法与正奏名进士同。榜首赐武举及第,余赐武举出身。淳熙二年(1175),诏自今武举第一人授秉义郎(从八品),第二三人授保义郎(正九品),第四五人授承节郎(从九品),"皆仿进士甲科恩例"。②

第四,颁《四川武举试法》,已得解人仿文举例赴宣抚司类试。然后,令本司将合格省试人发赴行在,与兵部武举人混杂参加御试。

第五,为提高由武举出身官员的地位,乾道六年(1170)仿照文臣馆阁之制,增置阁门舍人十员,"以待武举之入官者"。办法是:"先召试而后命。又许转对如职事官。供职满二年与边郡,遂为戎帅、部刺史之选。"③从而为少数武举出身的官员开辟了一条升迁较为快速的道路。如淳熙二年(1175)武举出身的蒋介,于绍熙二年(1191)请试阁职,时丞相葛邲上奏光宗言:"介武举第一人,乞免试。"经光宗同意,当年九月,蒋介直接被授予阁门舍人之职,从而跻身"右列清选"。④

第六,宽武举保任之法,增加奏举人数。旧制,监察御史以上,许保任武举一人,后增为二人。淳熙七年,"诏通直郎、武翼大夫以上,皆得举二人"。

第七,淳熙十年,恢复北宋熙宁八年时所制订的《武举绝伦法》。⑤

---

①　《宋会要辑稿》选举一七之三〇。

②　《宋史》卷一五七《选举三》,第3685页。

③　《宋史》卷一六六《职官六》,第3938页;《朝野杂记》甲集卷一〇《阁门》,第211页。

④　《宋史全文》卷二八,绍熙二年九月丁卯条,第1962页。

⑤　《朝野杂记》甲集卷一三《武举》,第276页。

第八,禁止武举出身的官员通过锁应,换成文资。根据《绍兴令》,官在敦武郎(正八品)以下者,允许通过锁厅试以换试文资。南宋与北宋一样,由于武人受轻视,所以许多考中武举之人,特别是授秉义郎、保义郎的武官,通过锁厅应试,以换取"京秩恩数"。一些太学诸生久不第者,也去应武举,取中后得武官,再去应锁厅试换成文资。以上做法已成为普遍现象。淳熙十六年(1189)十月,知归州林颖秀言:

> 武举一科,均隶右选,悉谋锁换,以为捷径,然则是科殆可废也!乞明赐戒谕,或议条约。其间诚有学业优长,才兼文武者,乞令在内清望官、外台监司、帅臣考察,如委堪保举,方得缴奏所业引试。庶几其人一意戎事,稍重武科。

其言甚合孝宗心意,为此下诏;"自今武举人不许试换文资。"①

是年十二月,有臣僚奏请:

> 近得旨,武举人不得试换文资,恐捨其故习而失其所长,可谓当矣。既绝其文资之望,亦宜为开升进之路。虽有指挥,武举从军人职事勤恪,即从主帅具名保奏升差,累年未见引用是条升差一人,岂其果无堪用者乎?乞诏枢臣,明立升差格法,如武举出身人从军年满,有智勇、艺能精熟者,令主帅述其所长,保奏来上。

于是朝廷下诏:"武举从军人,今后年限已满,愿留军中者,仰主帅保奏,与依诸军体例格法升差;不愿从军者,照应淳熙八年闰三月十一日已降指挥施行。"②淳熙八年闰三月所降指挥的具体内容,今天虽已无考,但它至少表明,武举进士必须从军七年,才可以调离军中出任他职。

宁宗即位之初,武臣韩侂胄以"定策功"得宠,恢复武举得官者锁试换文资之制,使一批武臣涌入了文臣队伍。嘉定五年(1212)二月,应臣僚奏请,下诏对武举出身者出任州县官作出规定:"自今后武举人所官,须历巡尉,次

---

① 《宋会要辑稿》选举一八之七至八。
② 《宋会要辑稿》选举一八之八。

任须历诸州都监,又次任便历知县。无过犯,有举主,方可与郡。"①这一奏请,一方面反映了武举出身的官员难以胜任州县长官的事实,但另一方面也包含有文臣官员为了自身利益限制武举出身官员与他们争夺州县之阙的目的。嘉定十年十二月,又应兵部侍郎赵汝述奏请,下诏:"由武举进者,毋复应文举。"②又恢复了孝宗淳熙十六年之制,并成永制,这对消除武举出身者学非所用的弊端有一定意义。

时有臣僚提出,沿边州军多有来自北方的勇力之士,应加招徕。庆元五年(1199)八月,遂立《沿边诸州武举取士法》,诏两淮、京西、湖北诸郡,仿兵部及四川法,于本道安抚司试士,合格者赴行在解试,别立字号,分项考校,"拨十名为解额,五名省额"③,这是对有武力而缺乏文才的沿边之人的一种特殊照顾,类似文举中对陕西等三路的照顾一样,目的当然是为了替即将举行的北伐战争招徕将帅人才。

南宋后期,文举进士和武举进士在称谓、恩例和所授品级上,已逐渐趋于一致,对此,本书将在下面加以论述。

二、南宋武举的考试、等第和授官

南宋武举人有三个来源:一为自举,二为奏举,三为武学升贡。

自举者一部分来自于屡试进士不第的太学生,他们具有文化优势,考试义策比较容易,但弓马一项则多不精通。一部分来自于州郡士人,亦即所谓乡贡。

武举考试分为四个阶段:一是比试。即由本州长吏和武学对应举人"阅视人才、行止、弓马",进行义策和弓马考试。试弓马者谓之拍试,其成绩与义策成绩通同参考,总谓之比试,合格者取得参加发解的资格。

二是发解试。比试合格者及官员奏举者,于八月间与文举人同时参加发解试。但武举发解与文举发解不同,它并不在州郡进行,而需要直接赴兵

① 《宋会要辑稿》职官四七之五五。
② 《宋会要辑稿》选举一八之一七;《宋史全文》卷三〇,嘉定十年十二月乙卯条,第2109页。
③ 《宋史》卷一五七《选举三》,第3686页。

部取解,人数规定为七十人。① 由朝廷差官负责考校义策和弓马。孝宗朝以后,各地举送兵部参加发解试的人数增加到二百余人。淳熙七年(1180),因允许文武官员保奏二名应举之人,使武举参加发解试的人数增加到七百余人,②竞争稍趋激烈。

三是省试。凡获得发解的武举人,再参加由兵部主持的省试。由兵部侍郎出任监试。考试分两部分进行:先在礼部贡院别试所试"《七书》义五道,兵机策二首"③,再在殿前司试弓马,名义上依旧是以策定去留,实际上因为有"绝伦法"存在,义策虽不入等,只要武艺"绝伦",仍可获得奏名。武举人在省试中的录取人数"以三十名为额"④,但如果加上免省的武学上舍生和其他一些免省恩例,实际奏名人数就会显著超过此数。

四是殿试。包括策试和骑射两个部分,先在集英殿进行策试,一日或数日后,再在幄殿阅试弓马⑤,然后结合策试与弓马成绩,以四等取人。策题多与兵书内容、机谋策略、时务边防有关,现将乾道二年(1166)的御试策逐录于下,以见其例:

> 有阵必有名,有名必有数。吴之常山,郑之鱼丽,太公之五行,李靖之六花,即其名可以知其义,即其数可以知其法,固有不待考而明者。至于掘机之阵,其制出于黄帝,因丘井之法而开九方,因方隅之位而分奇正,虽后世有天智神略,莫能出其阃阈。今考其问对之辞,所谓数起于五,何以不起于四? 数终于八,何以不终于九? 四为正,不知何者为正? 四为奇,不知何者为奇? 阵间容阵,队间容队,所容者何地? 散而成八,复而为一,所别者何形? 其后又"有论风后八阵"者,谓衡抗于外,轴布于内,风云附其四维,所以备物;虎张翼以进,蛇向敌而蟠,飞龙翔鸟,上下其势,所以致用,不知又何以分乎? 子大夫讲此熟矣,其详(者)

---

① 《宋会要辑稿》选举一七之二五。
② 《宋会要辑稿》选举一八之五。
③ 《宋史》卷一五七《选举三》,第3682页。
④ 《宋会要辑稿》选举一八之七。
⑤ 幄殿,由帐幕临时搭建而成的宫殿,一般设于大教场或陵墓之前,供帝王检阅军队、文武进士比试武艺或举行丧仪之用。

〔著〕于篇,朕将亲览焉。①

问的皆为兵法,其难度不小。

所谓弓马,是指弓步射和马射两项,治平元年(1064)六月新复武举时所定下的贡举格法为:"弓步射一石一斗力,马射八斗力,各满,不破体,及使马精熟,策略武艺俱优者为优等";"弓步射一石一斗力,马射八斗力,各满,但一事破体,及使马生疏,策优艺平者为次等";"弓步射一石〔力〕,马射七斗力,各满,不破体,及使马精熟,艺优策平者为次等";"弓步射一石力,马射七斗力,各满,但一事破体,及使马生疏,策艺俱平者为末等"。但如果"弓射二石力,弩踏五石力,射得,策略虽下而武艺绝伦者,未得黜落,别候取旨"。"凡头偃为破体"②,即箭头仰面倒下,没有射入靶心称"破体"。南宋淳熙七年(1180)三月所颁布的《武举贡举格》为:"绝伦,弓两石兼马射九斗力,策入优等。三平等并依旧法:第一等,弓一石一斗力兼马射七斗;第二等,弓一石力兼马射七斗;第三等,弓九斗力兼马射七斗。"③以上两种格法相较,治平格显然要严于淳熙格,这在一定程度上反映了南宋武艺水平较北宋退步的事实。

武举省试和御试考官的设置,虽然比文举要简单得多,但对义策试卷也和文举一样,实行封弥和誊录。

武举奏名进士在御试中与文举奏名进士一样不加黜落,自孝宗朝起,录取人数虽有所增加,但远远不及文举进士之数。如淳熙八年(1181),取文举进士三百七十九人,武举进士四十四人;十一年,取文举进士三百九十五人,武举进士四十三人。武举进士只及文举进士的十分之一左右。④

武学升贡者,是指部分条件合格的武学生员可直接参加省、殿试或出官。绍兴十六年(1146)重建武学以后,按以往《武学考选升贡法》,仿太学制度,其武艺绝伦文又优秀者,用太学士上舍上等法,可以直接出官,中等者可

① 《宋会要辑稿》选举八之一一至一二。
② 《宋会要辑稿》选举一七之二一一。
③ 《宋会要辑稿》选举一八之四。
④ 参见《宋会要辑稿》选举一八之五至六;《宋史》卷三五《孝宗三》,第675、681页。

以参加武举殿试,下等者可以参加武举省试。

宁宗朝文武举进士录取人数对比表①

纪 年	公 历	文举进士	武举进士	比 例
庆元二年	1196	506	59	100∶11.7
五年	1199	412	45	100∶10.9
嘉泰二年	1202	439	42	100∶9.6
开禧元年	1205	433	46	100∶10.6
嘉定元年	1208	426	44	100∶10.3
四年	1211	465	40	100∶8.6
七年	1214	504	48	100∶9.5
十年	1217	523	45	100∶8.6
十三年	1220	475	44	100∶9.3
十六年	1223	549	58	100∶10.6

对武举出身者的授官,北宋仁宗朝甚轻,正如宝元二年(1039)十二月直史馆苏绅所言:"比年试武举,所得人不过授以三班官,使之监临,欲图其建功立事,何可得也?"②自神宗朝起,稍有提高,对此前面已经提到。南宋绍兴年间,授官尚与北宋后期一样,第一人只授保义郎(正九品)。孝宗垂意武科,乾道五年下诏:"自今第一人补秉义郎,堂除诸司计议官,序位在机宜之上;第二、第三人保义郎,诸路帅司准备将领,代还,转忠翊郎;第四、第五人承节郎,诸路兵马监押,代还,[转](将)保义郎,皆仿进士甲科恩例。"③按秉义郎为从八品武官,若换文资,可授承事郎,与文举进士第一人所授品级相等。保义郎为正九品武官,若换文资,可授修职郎,与文举进士第二三人所授相等。④ 这种授官品级,至南宋末年基本上没有变化。

---

① 本表史料来源,参见《宋会要辑稿》选举八之一七至二八。
② 《长编》卷一二五,宝元二年闰十二月末条,第2952页。
③ 《文献通考》卷三四《选举考七》,第323页。
④ 参见《宋史》卷一六九《职官九》,第4049页。

三、南宋武举功用不彰之原因

应当承认,由于受形势所迫,南宋政府对武举的重视程度远胜于北宋。这从应举和及第人数、授官品级、给予武举进士各种恩例中可以得到证实。但是一百多年里,文举进士彪炳史册者时有所闻,但武举进士却甚少,武功卓著者几无一人。换言之,百余年里,历经数十科,武举并未能为国家培养和选拔出较为有名的武将人才。

南宋武举功用所以不彰,最主要原因是"重文抑武"的国策抑制了武举人才的养成和武举进士的脱颖而出。宋代的这一国策,可以说已经渗透到人们的思想和社会生活的各个方面。例如,部分士兵面部或手腕上都得刺字,并将当兵成为终生职业。犯重罪而被发配者,不能从事其他职业,却可以去当兵,谓之"配军"或"决刺充军"①。即使颇具才能或战功的武人,也被视为"粗材"而受人轻视,尤其是士大夫,更是不愿与之比肩。如北宋仁宗景祐元年(1034)五月,知制诰宋庠在一个奏疏中为制科举人在殿试中待遇之差大鸣不平的同时,对一起参加殿试的武举人则大肆予以贬斥,用词十分不恭,他说:

> 窃见近者试制策举人并武举人于崇政殿,皇帝陛下亲眄,留神永昼,严门异席……然臣以为有司……苟从便易,乖戾旧章……甚不称求贤之意。伏睹贤良方正苏绅等就试之日,并与武举人杂坐庑下,泊摛辞写卷皆俯伏毡上,自晨至晡,讫无饮食,饥虚劳瘁,形于叹嗟,虽仅能成文,可谓薄其礼矣。又况武举人等,才术肤浅,流品混淆,挽弩试射,与兵卒无异;使天子制策之士,并日较能,此又国体之深讥者也……今后每试此科,即备陈条件,凡厥供拟关报所由。仍乞或有武举杂科,不令同日就试。②

对于这样的奏疏,仁宗竟然下诏从其所请。南宋理宗朝官员胡颖,其兄

---

① 《长编》卷二一四,熙宁三年八月戊寅条,第5212页。
② 宋庠:《元宪集》卷三《上贤良等科廷试设次札子》,文渊阁《四库全书》本。

显"有拳勇,以才武入官,数有战功",其舅家多为武将。赵颖"自幼风神秀异,机警不常,赵氏诸舅己以其类己,每加赏鉴","复从兄学弓马",并立有战功"以赏补官"。本来是一棵很好的武将苗子,可是其母不允他应武举从武业,说:"汝家世儒业,不可复尔也。"①遂于绍定五年(1232)登进士第。这反映了南宋一般家庭对武举的轻视态度。

在宋代,即使是武臣,甚至已官居执政行列的武将,也一样受到士大夫们的歧视。像仁宗朝抗击西夏的名将狄青,官至枢密使,可是在他生前,却屡遭文臣羞辱,最后终于郁郁而死。据南宋人王铚谓:

> 韩魏公(琦)帅定,狄青为总管。一日会客,妓有名白牡丹者,因酒酣劝青酒曰:"劝班儿一盏。"讥其面有涅文也。青来日遂笞白牡丹者。后青旧部曲焦用押兵过定州,青留用饮酒,而卒徒因诉请给不整,魏公命擒焦用,欲诛之。青闻而趋就客次救之。魏公不召,青出立于子阶之下,恳魏公曰:"焦用有军功,好儿。"魏公曰:"东华门外以状元唱出者乃好儿,此岂得为好儿耶!"立青而面诛之。青甚战灼,久之,或白:"总管立久。"青乃敢退,盖惧并诛也。其后,魏公还朝,青位枢密使,避水般家于相国寺殿。一日,袄衣衣浅黄袄子,坐殿上指挥士卒。盛传都下。及其家遗火,魏公谓救火人曰:"尔见狄枢密出来救火时,着黄袄子否?"青每语人曰:"韩枢密功业官职与我一般,我少一进士及第耳。"其后彗星出,言者皆指青跋扈可虑,出青知陈州。同日,以魏公代之。②

又王栐《野老纪闻》载:

> 狄青为枢密使,自恃有功,骄蹇不恭……时文潞公(彦博)当国,建言以两镇节度使出之。青自陈:"无功而受两镇节旄,无罪而出典外藩。"仁宗亦然之。及文公以对,上道此语,且言狄青忠臣。公曰:"太祖岂非周世宗忠臣,但得军情,所以有陈桥之变。"上默然。青未知,到中书,再以前语白文公,文公直视语之曰:"无他,朝廷疑尔。"青惊怖,却行

---

① 《宋史》卷四一六《胡颖传》,第12478页。
② 王铚:《默记》卷上,中华书局1981年点校本,第15至16页。

数步。青在镇,每月两遣中使抚问,青闻中使来,即惊疑终日,不半年疾
作而卒。皆文公之谋也。

狄青虽系行伍出身,但此时已位居枢密使之职,官位与韩琦、文彦博不
相上下。韩、文一般被人认为是宋代文臣中较有远识的政治家,可是两人对
狄青依然颐指气使,动生疑虑,毫无尊重可言,最后借口"跋扈",将他迫害致
死。狄青的遭遇如此,其他武臣的境况更是可想而知。

在军队中的将领,也会处处受到类似安抚使、制置使、宣抚使等文臣长
官的压制和忌妒。一遇战争,打了胜仗,战功归文臣长官;打了败仗,将领则
往往成为替罪羊。如建炎四年(1130)九月,南宋川陕京湖宣抚处置使张浚
在关陕地区组织了一次与金人的大规模战争,史称"富平之战"。由于张浚
指挥失误,使这次战争遭到惨败。恼羞成怒的张浚,竟将失败责任推到反对
其错误作战计划的关陕抗金名将、宣抚处置司都统制曲端身上,诬以作诗
"指斥乘舆"①,将其杀害。再如宁宗开禧二年(1206)夏,与南宋在东线举行
北伐的同时,四川宣抚副使吴曦在西线叛变,金封吴曦为蜀王,并乘机在川
陕地区对南宋展开进攻。在形势非常危急的时刻,南宋监兴州合江仓官杨
巨源联合兴州中军正将李好义等人,设计杀死吴曦,扭转了危急的局面。事
后,四川宣抚副使安丙为了窃取这次平定吴曦之乱的功劳,竟指使他人毒死
李好义,又诬陷杨巨源与其同伙谋乱,秘密将他杀害。时人莫不冤之,使军
情更加败坏。②

至于已经官至宣抚使、制置使等高官的大将,看似权力不小,但日子仍
然过得战战兢兢。因为他们不仅会受到文臣官员的诽谤,还要遭到帝王的
猜忌,民族英雄岳飞之死和抗金名将余玠的不得善终,就是两个典型例子。

实际上,宋代应武举之人多数亦为文士,否则在以义策定去留的原则下
就很难及第。可是因为他们习武事,今后的出身为武臣,所以地位也就变得

---

① 周密:《齐东野语》卷二《富平之战》,中华书局 1983 年点校本,第 23 页;《系年要录》卷四
三,绍兴元年四月丁亥条,第 791 页。

② 参见《南宋史稿》第一章《南宋的建立和抗金斗争》,杭州大学出版社 1999 年出版,第 42 至
44 页。

卑贱起来,甚至不能与应制科的举人同桌共坐,一起应试。在这种社会氛围下,有才能之人就耻为武人,故武举人人数与蜂拥而来的文举人相比,少得实在可怜。少数人即使由武举入仕,也千方百计希望换成文资;换文资不成,也不愿在军队长期任职,宁愿去做与武备毫不相干的莞库官和监当官。从以上原因看,南宋没有能通过武举培养出卓越的武将人才,也就可想而知。

此外,武举所存的弊病以及武举进士沾上"文气"以后,造成军队中的不合群,是造成南宋武举功用不彰的次要原因。

南宋武举弊病主要表现在两个方面:一是对武举人的义策要求过严。按照南宋武举省试规定,武举人须试《七书》义,所谓《七书》,是《武经七书》的简称,它包括《六韬》、《孙子》、《吴子》、《司马法》、《黄石公三略》、《尉缭子》、《李卫公问对》七部兵书。《七书》不仅文字繁芜古老,文义深奥,不易读懂,而且内容真伪难辨,又多有矛盾抵牾处。在南宋,不仅一般的武将读不懂,就是武学博士对它也难有深入了解,故考试难度实不亚于文举的经义。至于兵机策,主要涉及用兵谋略、武备边防等内容,本书上面已举过一个武举御试策题,可见难度也颇大。武举人既要习武,又要精通《七书》,能够对兵机策题,决非一件易事。加之义策决定去留,比之弓马更为重要,这样势必使一些有武艺之人对武举望而却步。实际上,军事谋略,主要依靠实战所得,即所谓从战争中学习战争,光读兵书无异于纸上谈兵。

二是武举与文举一样,场屋舞弊也十分严重,主要表现为拍试中的代名和义策试时通过封弥誊录加以舞弊。嘉泰四年(1204)十一月,右正言林行可言:"武举之弊,工文墨者或不习弓箭,试弓之日,多以善射者代名,是一试而两人共之。"此言拍试之弊。开禧元年(1205)正月十五日,礼、兵部言《武举发解王肃等状》:"伏睹国家设贡举科,立法严切,盖欲选真才实能,以副上用。每举多被势力用钱计嘱封弥所,通同(所)〔作〕弊,或拆卷头,或誊卷子,或第一场卷子已纳,次日别作破题冒头,密付封弥所人改抹,其弊不一。实由别试所差封弥人,皆是市井游手充役,不惧条法,恣行作弊。乞将别试所依大贡院例,差六曹寺监等处重禄正身公人,入院封弥,庶免弊幸。"①此言在封弥、誊录中的舞弊,其手法和严重程度与文举如出一辙。通过舞弊手段考取的武进士,今后当然很难成为才能卓著的武将。

　　武举进士必须通过文武两个方面的考试才能踏上仕途,他们一旦进入仕途,一方面,与文举进士相比,会觉得自惭形秽,低人一等;另一方面,与其他行伍出身、不懂文墨的将士相比,又会显得自己与众不同,高人一等。武举进士这种因沾上"文气"而自命清高,他们在军队中就会轻视其他行伍出身的同僚,造成不合群。作为一名将领,如果不愿与同僚和士卒同甘共苦,那么在军事上也就难有建树。淳熙九年(1182)五月,孝宗下诏说:"访闻武举从军之人,往往自高,不亲戎旅。如自今职事勤恪,从主帅具名保奏升差。其或懈惰不虔,亦许按劾以闻,当行黜责。"②就是针对这一弊端而言。

　　总之,南宋与北宋相比,统治者尽管对武举的重视程度有所加强,但与文举相比,武举对国家和社会所起的作用仍然很小,说明提倡尚武精神、适当提高武人地位,在社会上形成一种文武并重的氛围,十分重要。南宋武力之不振,主要是受"重文抑武"这一国策所致,并一直影响到后代,个中教训值得深思。

---

① 《宋会要辑稿》选举五之二八至二九。
② 《宋会要辑稿》选举一八之六。

第八章　科举舞弊与反舞弊
——一场永无休止的"战争"

考试成绩的好坏,会决定应试者名次的高低或黜落与否,因而历史上凡是有考试就免不了有舞弊发生。早在东汉时期,一些太学生甚至偷改兰台(东汉皇家图书馆)之经,让自己所作答案与兰台收藏的儒家经典暗合,这恐怕是汉代儒生考试作弊的一起典型案例。察举和九品中正制度下的考试,既不严格,也无黜落法,只要成绩合格,人人都能录取,所以当时考生对考试成绩的好坏,并非最为关心,他们没有必要挖空心思地去进行考试舞弊。到唐、五代,科举制度虽然已经产生,但受以往察举制的影响,成绩好坏仍然不是决定因素,还有成绩以外的许多东西,如出身门第、父兄官职大小、公荐者的背景、个人行卷能力乃至家庭财力等在科举中起着作用。何况,当时以门荫入仕的前程并不比以科举入仕为差,官僚、贵族子弟,纵然不能取胜场屋,仍然可以通过恩荫而飞黄腾达。因而,直到五代以前,史籍有关士人在考试中舞弊的记载,确实并不多见。

历史进入宋代,科举考试成了士人最主要的入仕途径,竞争之激烈一如前述。考试成绩的好坏,更成了士人能否及第的惟一标准。于是部分士人就心存侥幸,企图通过各种舞弊手段达到登第目的。特别是一些有钱有势者,千方百计地利用自己手中所拥有的权势和金钱,为子弟攫取科名。政治腐败,更成为科举舞弊的温床。但是,应当承认,南宋最高统治者对科举舞弊的危害性还是有着比较清醒的认识,如高宗在秦桧死后,就非常注意防止挟书、代笔、冒牒等弊端的产生,认识到只有革去科举舞弊,才能获得真才实学之人,他说:"寻常之见,往往以此为末事,不复留意。朕以此最为大事,人才所自出,士风之所系,皆本于此,岂可不留意耶。"①其继承者也采取了相应措施,以防止科举舞弊。于是一场科举舞弊与反舞弊的"战争",在整个宋朝,一直在场屋内外激烈展开。这场"战争"随着科场竞争的加激而加剧,因而南宋尤甚于北宋。

第一节　南宋的科举舞弊

一、场屋之外的科举舞弊

南宋士子的科举舞弊,可分场屋内外两个方面。在场屋外,主要表现为请托和寄籍冒贯。

请先言请托之弊。宋代由于在科举考试中废除了"公荐",实行了封弥、誊录和试官回避、锁宿等一系列措施,所以在一般情况下,像唐代那样对试官预先进行请托,几乎已不存在。遍检《宋史》、《宋会要辑稿》、《建炎以来系年要录》、《宋史全文》等重要典籍以及南宋人的有关奏议、笔记,并未发现有此类舞弊现象的存在。

但是,南宋科举却存在着另一种形式的请托,这就是一些路、州郡长吏(监司、守倅)受人请托,将一些与本人无关的士子,冒充为自己的子弟、亲属和门客,让他们参加解额颇优的牒试(即漕试、转运司试)。这种情况,各地虽普遍存在,但以天高皇帝远的四川地区为最严重。对此,李心传曾有所揭露,他说:

> 牒试者,旧制,以守、倅及考试官同异姓有服亲、大功以上婚姻之家与守、倅门客皆引嫌,赴本路转运司别试。若帅臣、部使者亲属、门客则赴邻路,率七人而取一人。绍兴后,牒试者猥多。至二十三年,成都一

---

① 陈智超整理:《宋会要辑稿补编》,全国图书馆文献缩微复制中心1988年出版,第485页。

路就试者三千五百人,而发解则五百人。议者以为滥。①

按《宋史·地理五》记载,成都府路共有十七个州郡,有避亲资格的路、州郡长吏,加上考试官,总人数不会超过百人,可是绍兴二十三年(1153)一年间,参加牒试的子弟、亲属、门客就达到三千五百人之多,平均每名官员牒送了三十五人以上,可以肯定地说,其中的大部分举子并非他们真正的子弟、亲属和门客,而是受请托而冒充之人。

次言寄籍冒贯之弊。宋代科举条制规定,士人应举必须在户籍所在地取解。但是,自北宋建立起,寄籍冒贯的现象就十分严重,当时京城开封府的解额特优,元丰二年(1079)前,曾有三百三十五名②,那里又是达官贵人充斥之地,所以在开封府获解的举人中,寄籍者可谓比比皆是。

南宋政府吸取了这一教训,对行在临安府的解额不再予以优待,长期以来只有十七名,以后虽一再增加,至其末年,也不过二十二名,因此寄籍临安府的现象基本上没有发生。但是,正如前述,由于各地区政治、经济、文化发展的不平衡,随着时间推移,应举士人增加多少相差甚远,因而各州郡自北宋后期确定下来的解额,到南宋时已越来越显得宽窄不一。其中福州、温州等东南沿海州郡的解额特窄,而内地和沿边州郡的解额却较为宽松。这种解额不均的现象,是造成南宋士人寄籍冒贯的主要原因。嘉定六年(1213)三月,有臣僚言:"乡贡土著,令甲非不严也。游手之士奔走远郡,或买同姓为宗族,或指丘垅为坟墓,百计营求,以觊一试,于是妄冒诞谩之风成矣。"③另一官员陈岘亦谓:"解额不均,士不安乡举,欺冒日众。"④当然,在寄籍冒贯的士子中,正如早年司马光所谓,"亦有身负过恶,或隐忧匿服,不敢于乡里取解者",亦有"远方举人,惮于往还,只于京师寄应者"。⑤

① 《朝野杂记》甲集卷一三《避亲牒试》,第266页。
② 《宋会要辑稿》选举一五之二二。
③ 《宋会要辑稿》选举六之一一。
④ 真德秀:《西山文集》卷四四《陈公墓志铭》,文渊阁《四库全书》本。
⑤ 《司马光奏议》卷一五《贡院乞逐路取人状》,第162页。

二、场屋之内的科举舞弊

南宋士子的科举舞弊,大量出现在场屋之内,其主要表现为以下几个方面。

一是怀挟之弊。宋代科举规定,士人应举,除允许携带《韵略》之类的韵书进入考场以外(那是由于各地方言不同,考诗赋时,供统一韵律之用),其他书籍和与考试有关的文字,一律不准携带进入考场,否则就是怀挟,一旦被搜检到,就会被扶出场屋,遭到殿二举的处分。绍兴二十八年二月,还重立法禁:"因怀挟殿举,令实殿举数,不以赦恩原免。如再犯,永不得应举。"①

尽管科举条制对怀挟的禁令甚严,但以此舞弊者仍不乏其人,他们一般采取四种手段进行怀挟:一种是用蝇头小字写成微型书籍,塞进考具或衣服内偷偷带入;一种是将文字写在衣服里子或考具暗处;一种是买通胥吏,由他们将书籍和有关文字先行帮助带入;再一种是少数胆大妄为的应试者,故意在贡院大门前制造事端,然后趁场面混乱之机,蜂拥进入贡院,以逃避搜检。秦桧擅权时,科举怀挟最为严重,待考试一结束,试场内就"掷册满前"②,一片狼藉。

二是传义之弊。南宋各州郡和礼部虽然基本上都有专门的贡院,但由于每场考试只需一天时间,因而与明清相比,场屋相对比较简单,不是一人一个号舍,而是多人共聚于一间廊屋进行考试。尽管应试者的席次固定,禁止移动,但他们仍然可用各种借口互相走动,这就为以口授或写字条进行传义创造了条件。还有一种被称为"内外通传"的作弊手段,绍兴二十一年(1151)二月,据殿中侍御史汤允恭言:"前次省闱就试之士,或有凭藉多赀,密相贿结,传义代笔,预为宴会期约。凡六七人共撰一名程文,立为高价,至数千缗。"③即应试者通过某种渠道,先将试题传出场屋,在外面由事先商定的若干人代为完成程文(即回答试题),然后再将程文传入场屋。大凡通过

---

① 《宋会要辑稿》选举四之三二。
② 《宋会要辑稿》选举六之三〇。
③ 《宋会要辑稿》选举四之二九。

这种手段作弊之人,皆为达官或富豪之家子弟,他们的传义,须买通胥吏才能得逞。传义的手法极端隐蔽,有"以线从地引入"者,有"饮食公然传入弹圆"者,有"随水注入"者,真是"机巧百出"①,可谓无所不用其极。

三是代名就试之弊。即雇佣枪手代考。这种舞弊行为,多数发生在发解试中。由一名或数名枪手与应试者一同负责程文,然后由枪手将自己所作的程文传给应试者。这实际上是一种代笔与传义相结合的舞弊行为,被称为"就院假手"。另有一种所谓"全身代名"者就更加直截了当,它纯粹由枪手一人完成考试的全过程,本人根本不需要进入场屋。正如庆元元年(1195)三月一位臣僚所言:"访闻代名就试之人,自入都门,已代其身,书铺、保官皆不知也。既中之后,帘试注拟,亦是代身。及他时之官,始是正身。至罢官到部,别移书铺,则其迹泯矣。"②故时人称这种舞弊为"全身代名"。总之,无论是"就院假手",或是"全身代名",最后的结果是舞弊者虽"身躐儒科,而不能动笔",让那些缺乏文墨者混入仕途。"至于孤寒之士,虽有真才实学,反不预选者多矣"。③

四是继烛之弊。继烛,又称"见烛",是燃烛夜试之意。南宋科举考试规定,无论发解试与省试,皆不许继烛,以防止因考试时间过长而产生弊端。但是,在许多州郡的发解试中,并不遵守该项规定,不仅允许继烛,而且"因继烛而每试一场辄歇一日。次日既午,纳卷未毕,视以为常"。由于继烛使考试时间大为延长,在环境昏暗的环境里,更容易作弊。特别是使应试者有充分时间多做程文,"于是人率备三五卷,或父代其子,兄挟其弟,而太半以货取"。从而出现"名预能书,而口尚乳臭;行偕计吏,而习则市廛"④的怪现象。

至于试官和负责封弥、誊录、试卷保管官员的徇私舞弊活动,也比较猖獗,其表现形式,大致可分这样二类。

---

① 《宋会要辑稿》选举六之三五。
② 《宋会要辑稿》选举二六之二〇。
③ 《宋会要辑稿》选举五之三〇。
④ 《宋会要辑稿》选举五之三三。

第一类是试官的舞弊。此类舞弊，大多发生于发解试和类省试中。如前面已经提到四川诸路假冒当地官员亲属、门客参加牒试的人数之多，问题主要出在发解官的身上。至于省试，按理说因为南宋政府对知贡举、同知贡举和其他考试官的选任甚严，"皆择禁从近臣，儒学时望，又以台谏参之"①，加上既需锁宿，也需回避子弟和姻亲应考，所以在一般情况下，省试试官的徇私舞弊要少得多，但对权相的子弟和姻亲而言，却另作别论。在秦桧擅权时期，其党羽遍布朝野，他们把持仕途和选举要津，百般媚事秦桧，凡秦桧子孙及其姻亲、党羽，攫取科名简直如拾芥一般容易。绍兴十一年，秦桧子秦熺以有官人参加漕试，桧之亲党密语官员萧燧曰："秋试必主文漕台。"萧燧诘其此消息从何而来？则曰："丞相有子就举，将以属公。"萧燧怒曰："某初任，敢欺心耶？"拒绝接受此项任命。秦桧遂改命一张姓教授主文，"秦熺果前列"②。绍兴二十四年（1154）科举，秦桧父子以心腹、御史中丞魏师逊知贡举，权礼部侍郎兼直学士院汤思退、右正言郑仲熊同知贡举，权太常少卿沈虚中等为参详官。魏师逊等人获悉桧孙埙也在考中，不禁弹冠相庆，以为"吾曹可以富贵矣"，遂定秦埙为第一人。榜未出，沈虚中派吏人从墙上爬出去向秦桧子秦熺报喜。不久，魏师逊、汤思退、郑仲熊等人，先后被秦桧除为参知政事，而沈虚中更是连擢为国子司业兼权直学士院、权兵部侍郎。是举除秦埙后来在殿试中以第三人登第外，秦桧的八个亲党个个被取中，"其间[有]乳臭小儿，至于素不知书，全未识字者"，"天下为之切齿"。③

秦桧集团瓦解后，朝廷对科举监督加严，沈虚中等人也因向秦熺通风报信而受到降黜，试官舞弊一度有所收敛。但到光、宁两朝之际，舞弊之风再度盛行。开禧元年（1205）正月，有臣僚言："进士一科，实为至公之选。比年以来，士大夫尽公者鲜，科举之弊日滋，或先与试题，或私为暗号，殊不知科第前列与中选之人，异时朝廷往往擢用，乃以计较得此，何理哉！"④其奏实有

---

① 《宋会要辑稿》选举六之三六。
② 周必大：《文忠集》卷六七《萧正肃公（燧）神道碑》，文渊阁《四库全书》本。
③ 《系年要录》卷一六六，绍兴二十四年三月辛酉条，第2712至2713页；卷一七四，绍兴二十六年八月戊寅条，第2865页。
④ 《宋会要辑稿》选举二二之一九。

所指:宁宗嘉泰二年(1202),宰相谢深甫令其二子同赴省试,在没有锁院前,"密招当差试官,预计会题目。又令朝士能文者代笔,付与试官",后来二子果获高第,时人言藉藉。"其后诸子忿争,交相诋讦,于是传播"。因为谢深甫当时尚在相位,故"无敢言者"。当年,深甫死,次年闰八月,朝廷才开始对舞弊事件采取措施,"诏谢采伯、棐伯并驳放"①。秦桧、谢深甫子弟在省试中徇私舞弊之事,因为后来受到揭露才大白于天下,而没有被揭露出来的肯定还有不少。

第二类是负责试卷封弥、誊录、保管的官吏,他们虽不从事试卷考校,但因厕身场屋,有机会接触试卷,所以也是造成科举舞弊的一大弊源。这些人的舞弊手段,主要有这样几种:一种是封弥官为"周旋亲故","或取他人文卷之佳者,改移入亲故卷内"②。一种是誊录官将真卷命誊录人员誊录时,故意要求他将优秀程文誊录到水平低劣者的草卷上,使水平低劣的举人在考校中获得好评。再一种是拆换卷子。孝宗淳熙五年(1178)二月,知贡举范成大等言:"比年试院多有计嘱拆换卷子之弊,谓如甲知乙之程文优长,即拆离乙文,换缀甲家状之后。其卷首虽有礼部压缝墨印,缘其印狭长,往往可以裁去重粘。"③按规定,举人纳卷毕,要将卷子与原来被截去的卷首根据字号接上,负责此项工作的封弥官和有关胥吏,为了舞弊,事先就在封印卷首时做了手脚,到此时便采取移花接木的办法,将程文优秀的卷子与舞弊举人的卷首相连接,使他获得取中,而程文优秀者反遭黜落。再一种是毁弃优秀程文,以消除竞争对手。一些封弥、誊录人,受豪强之贿赂以后,"预录才能之士姓名与之,虑其轧己,于无人处阴为之记,或复寻而焫者有之,或投于井者有之,或节其文词使读之无叙者有之。弥封、誊录官又徒备员而不觉察,故空号礼闱之严。有司以歌酒自适,殊不以考较为虑"④。封弥、誊录原本是为了防弊,但在政治腐败的大环境下,原来的防弊措施居然成了舞弊的手段。

---

① 《宋会要辑稿》选举五之三二。
② 《宋会要辑稿》选举一之二二。
③ 《宋会要辑稿》选举五之四。
④ 欧阳澈:《欧阳修撰集》卷三《上皇帝第三书》,文渊阁《四库全书》本。

封弥、誊录之弊最为严重的是四川类省试。嘉定九年（1216）六月，右谏议大夫应武言：

> 臣窃闻四川类省试……徇私之弊已久，朝廷不能尽知。盖监试一员、考试一员，系朝廷敕差外，自余考试、点检试卷官，并令制置司自行选差。近有势力者于差官之前，先事请托，或立暗号，或求题目，或私付文字，于考官、点检官内多所请嘱，虽封弥、誊录，而实知其姓名；虽文理疏谬，而曲为之扶拭。方其未揭榜之前，某人为某人所厚，某人为某人所主，士子相与指目。逮至揭榜，悉如所言。又闻敕差考官与制置司所差考官（各）〔名〕称、职事既同，势不相统。监试官虽许抽摘试卷详定，然一人之力，不能遍周，既不足以禁考官之私；且考试官或系本路知州，而本路监司乃为监试，则考官限于职守之相临，又不足以止监司之私，由是蜀士抑郁无诉。①

除封弥、誊录官舞弊以外，更多的发生在其手下的贴司（胥吏）身上。淳熙二年（1175）六月，有臣僚言："贡院封弥、誊录两处，须务谨密，乃免泄漏。所用贴司等人旧差省部、寺监、临安府诸县公吏，可所顾惜。近来皆是罢役游手人，每遇考试，占据代名，有至二十年者，内外结连作弊，乞严作禁戢。"②实际上，无论是罢役或现役胥吏，都可能是"内外结连作弊"之人。

以公平取士的科举制度，一旦遭到破坏，就失去了昔日选拔人才的作用。对国家而言，不仅有人才缺乏之叹，而且加速了吏治的腐败。对士子而言，那些十年寒窗凄苦读书的穷书生，尽管满腹经纶，仍难免名落孙山。绍兴年间有人曾不无叹息地说："前辈诗云：'惟有糊名公道在，孤寒宜向此中求。'今不然矣。"③多少反映了这种状况。

---

① 《宋会要辑稿》选举二二之二五。
② 《宋会要辑稿》职官一三之一三。
③ 熊克：《皇朝中兴纪事本末》卷五三，绍兴十年九月条末，引朱胜非《秀水闲居录》，北京图书馆出版社 2005 年据清抄本影印本。

第二节　南宋政府防范科举舞弊的措施

一、对应试士人籍贯的甄别

南宋以文立国,当然不会允许形形色色科举舞弊现象的存在,因此可以说,在其统治的一百五十余年间,一直在采取对策,与各种花样翻新的科举舞弊作斗争。作为防止科举舞弊的第一步,首先要严密防范士人的寄籍冒贯。为此,南宋政府除了加强"什伍相保",并多次下诏"申严冒贯请举法"①以外,还采取了别的一些措施。

一是通过行"乡饮酒礼",以行甄别。绍兴十七年(1147)正月,"以举人多冒贯,命州县每三岁行乡饮酒礼以贡士"②。按"乡饮酒礼"是西周以来地方政府送别本地士子计诣王庭的一种礼仪。参加"乡饮酒礼"的都是本乡本土的士人,他们相互间的情况,彼此都会有一定了解。故实行此礼,表面上是恢复了相沿已久的古仪,实际上可以借此察觉冒贯举人,起到甄别他们是否为本贯士人,以及有否违反应举条件的作用。

二是州县政府和学校,提前一年核实应举士人的身份和户籍状况。绍兴十九年(1149)十一月,礼部言:"臣僚奏:乞今后于未下科诏以前,令诸州军及属县长吏,籍定来岁合应举人数、姓名,关县学职事。限来〔年〕二月,令县官将家保状缴申本州,行下州学。遇行乡饮酒之礼,令州学职事前期核实申教授,预先引保一次。或有事故出在外州,或随侍他处,并具因依,申本州关送试院外,若有临时投状射保者,并不收试……其在诸路流寓举人,亦乞依此。"③诏依所请。《宋史全文》载:"先是,司农卿汤鹏举请对,论举人多冒贯求试,乞于未下科诏前,令州县籍定来岁当应举人名,预先引保,委无伪

①　《宋史》卷三一《高宗八》,第 577 页。
②　《宋史》卷三〇《高宗七》,第 566 页。
③　《宋会要辑稿》选举一六之八至九。

冒,然后许赴乡饮酒。若临时投状射保者,并不收试。事下礼部,至是乃颁行焉。"①以前地方政府和学校核实应举士人身份和户籍的工作,要到科诏下达、士人交纳家保状之后才进行,而根据此项规定,提前到了科诏下达的前一年,这样便使州县和学校事先有充分时间对明春投状射保者的情况加以"籍定"。

三是将原来实行于甄别宗子世系的"宗枝图",应用于一般士人的发解试中。士人在投家状前,必须同时画上"宗枝图",明确写明曾祖以下各代,并"结罪诣实"。这一措施始行于孝宗淳熙十三年(1186),时有臣僚奏称:"士人诈冒户贯,妄引宗枝,以规图就试者,乞行下应诸以伯叔兄等为户者,虽有条制施行外,仍各于家状前画宗枝图,须要与家状内同曾祖,结罪诣实,方许就试。如后来契勘得委是伪冒,将应人驳放,其同姓知情容纵,一例坐罪。"②诏应所请,从而在一定程度上增加了寄籍冒贯的难度。

二、对怀挟、代笔、传义、继烛等防范

对怀挟、代笔、传义、继烛的舞弊行为,南宋政府主要采取以下几种对应措施加以防范:

一是增加巡铺官人数,加强对应试士人的监督。正如嘉定十六年(1223)正月臣僚所言:"比年场屋多弊,前举增巡铺官,以防怀挟、传义。旋有败露,奸蠹非一。春官设棘,近在逾月,倘不申严警饬,则伪冒滋长。"③南宋前期,省试巡铺官只设二名,此时增加了几名,史籍无考,不过从宝祐四年(1256)巡铺官仍然只有二名和咸淳七年(1271)却有八名的情况看,巡铺官人数的多少,后来似乎仍有反复。

二是"比并笔迹,以革代笔之弊"④。孝宗朝时,周必大针对代笔之弊,曾提出过一种防止方法,他说:

---

① 《宋史全文》卷二一下,绍兴十九年十一月癸未条,第1443页。
② 《宋会要辑稿》选举一六之二四。
③ 《宋会要辑稿》选举六之四八。
④ 《宋会要辑稿》选举二六之二五。

臣闻科举之害，莫切于代笔，大约州郡数十人方解一名，亦有至一二百人者。其间富民，乃或捐厚利以假手，主司但知据文考校，往往叨预荐送，遂使实学之士返遭黜落。前后条令虽曰详备，然棘闱既辟，旅进动以千计，为巡捕者纵欲禁止，势不能也。臣愿诏诸州，就鹿鸣宴之前，委教官或有出身官二员，集得解举人就州厅，试论一首，如太学帘引、南省覆试之法。知、通躬亲监视，严为防闲，须文理不至纰谬，用字不至颠错，方给解牒。①

但是，周必大的这一建议后来似乎并未得到采纳。嘉泰二年（1202）九月，臣僚又提出对发解试中的可疑卷子，实行"比并笔迹"之法。虽然诏依所请，但此后执行情况如何，并无一丝记载，恐怕仍为一纸具文。

三是严禁继烛夜试，立定纳卷时限。开禧三年（1207）六月，时礼部、国子监鉴于当时士子在场屋中舞弊现象十分严重的现状，联合向宁宗上奏，以为："照得挟书、继烛、代笔、传义，禁防周密，务求实才。今州郡不行挟书、继烛之禁矣，此又有因继烛而每试一场，辄歇一日……欲革代笔，莫若去州郡继烛之弊，勿许以歇日。彼惮革弊者，则曰场屋幸帖息尔，禁戢太严，必至鼓噪，是则法令皆不可行。乞引试前期，条具法令，严示举人纳卷之限。其过限者，别立字号不考。彼优于应敌而切于自爱者，必无复犯，则庸琐营求代笔者，不足恤也。今看详挟书、继烛、代笔、传义，自有贡举条法，乞遵守施行。"②奏疏分析了一些人置法令于不顾，借口革去场屋弊端会引起士人闹闱而不去严格执法。为此他们建议在考前要向士子"条具法令"，严格按照贡举条法规定，不许继烛，凡是应试者没有按时纳卷，则试卷不再考校。这些建议，也获得了宁宗的首肯。但不知什么原因，度宗初年，州郡试院仍然出现"继烛达旦"的现象，于是再次下诏禁止，要求各地"一遵旧制，连试三日"。③

四是凡得解士人，由所司别给一历，详填举人身份及应试本末。考取后

---

① 周必大：《文忠集》卷一三六《论科举代笔》，文渊阁《四库全书》本。
② 《宋会要辑稿》选举五之三三。
③ 《宋史》卷一五六《选举二》，第3644页。

由御史台考察,出官时凭历换取印纸(官员上任后的磨勘纪录簿)。该项措施由监察御史陈大方于宝祐二年(1254)提出,其谓:

> 士风日薄,文场多弊。乞将发解士人初请举者,从所司给帖赴省,别给一历,如命官印纸之法,批书发解之年及本名年贯,保官姓名,执赴礼部。又批赴省之年,长贰印署。赴监试者同。如将来免解、免省、到殿,批书亦如之。如无历则不收试。候出官日赴吏部缴纳,换给印纸。应合免解、免省人,亦从先发解处照此给历。如省、殿中选,将元历发下御史台考察,以凭注阙给告。士子得历,可为据证;有司因历,可加稽验。日前伪冒之人,可不却而自遁。

此法详尽而细密,如果排除伪造历子不说,对怀挟、传义、代身之弊,寄籍冒贯之弊,假冒免解、免省恩例之弊,虚增举数之弊等等,皆可作有效防范。于是理宗下诏:"自明年始行之。"①

五是对州郡发解试合格者实施覆试。度宗朝时,有臣僚认为,科举冒滥之弊,主要发生在乡试中,"遂命漕臣及帅守于解试揭晓之前,点差有出身倅贰或幕官专充覆试。尽一日命题考校……但能行文不谬、说理优通、觉非假手即取,非才不通就与驳放"②。绍兴二十六年(1156)六月,增设对奏名进士中食禄子弟的覆试③,这次又增设发解试后的覆试,不管后来效果如何,其科举防弊措施,比之北宋确实大为加强。

六是惩处舞弊者,许人告捕。绍兴十八年(1148)二月,高宗对宰执说:"两浙运司举人发解,间有势力之家行赂假手,滥占解名,甚喧士论。今贡举锁院在迩,可令礼部重立赏格,明出文榜,许人告捕,务在必行,庶使士人心服。"④就在高宗下达对"行赂假手者"许人告捕诏令后的次日,礼部随即奏上省试舞弊情况和拟采取的措施:

---

① 《宋史》卷一五六《选举二》,第 3643 页。
② 《宋史》卷一五六《选举二》,第 3643 至 3645 页。
③ 《宋会要辑稿》选举四之三〇。
④ 《宋会要辑稿》选举一六之八。

省试系是遴选实才。访闻就试举人内,有势力之家,多输贿赂,计嘱应试人换卷,代笔起草,并书真卷,或冒名就试,或假手程文,自外传入,就纳卷处誊写。宜严行禁止,依条许人并就试举人告捉,委的实犯人,从贡院先送所司,申朝廷重作施行。告获人优与推赏。

高宗下诏,不仅同意所奏,而且要对告获士人"取旨补官,仍赐出身"。①

隆兴元年(1163),孝宗刚继位即下诏:"应令人代名及为人冒名赴省者,各计所受财依条外,并永不得应举。"②但是,因为南宋政治失之于宽,对士大夫尤甚,所以对场屋内外舞弊者的惩处,仍然不够严厉,起不到惩前毖后的作用。如宁宗庆元元年(1195)十一月,有臣僚言:

> 建康通判王万枢,以其二子王逢、王遂嘱试官刘大临,皆预荐书。虽未行根究,而众论决知其(是)事。臣今考遂家状,则万枢为见任建康通判;考王逢家状,则万枢为前任建康通判。若以为见任,则从来见任守、倅子弟例不敢于隶官处就试,盖避计嘱观望之嫌。若以为前任,则万枢实以今年八月七日受代,必未离建康,则计嘱观望之嫌犹在焉。同官监试,何所不可行其私?合驳放者一也。今逢、遂均为万枢之子,而户实异同:逢作江州,遂作真州,而万枢家状则江州。况遂方年十二,决未能文,代笔私取,其理甚明。合驳放者二也。乞下所属追逢、遂到部,取旨覆试。若其能文,与真卷不异,亦合照臣所言二事而与驳放。如见得委是代笔及有私嘱伪冒等事,乞送有司追人照勘,依法施行。③

与此同时,又有右谏议大夫李沐揭发"大临受王万枢请嘱科举出题,私祷考试官取其子"的严重舞弊行为。但最后只是对刘大临、王万枢"各降一官,放罢"④了事,处罚显然偏轻。

---

① 《宋会要辑稿》选举四之二八。
② 《文献通考》卷三二《选举考五》,第300页。
③ 《宋会要辑稿》五之一四至一五。
④ 《宋会要辑稿》职官七三之六四。

三、对封弥、誊录中舞弊现象的防范

南宋前期，封弥、誊录中的舞弊非常猖獗，成为当时科举舞弊的一个特点。为此，有关官员提出了种种对应措施以行防范，主要有以下几个方面。

第一，针对"试院多有计嘱拆换卷子之弊"，淳熙五年（1178）二月，根据范成大的建议，对封印卷首作了改进，"于卷首背缝添造长条朱印，以淳熙五年省试卷头，皆缝印为文，仍斜印之，使其印角横亘家状、程文两纸，易于觉察"①。这项措施给偷换卷首的舞弊行为增加了难度，比较有效地防止了此类弊端的发生。

第二，为防止封弥官"有周旋亲故之弊"，自绍熙元年以后，将封弥官由一员增到二员，"庶相牵制"。②

第三，自淳熙二年起，礼部贡院封弥、誊录两处所用贴司，"止许差省部、寺监及临安府诸县见役公吏正名，不得令递年代名人入院，（乃）〔仍〕不许两处私相往来"。③

第四，森严门禁，谨防非法卷子传入；切实监管试卷出入，改进封弥、誊录之法。门禁不严，传入非法卷子，不仅造成传义之弊，还可买通封弥、誊录之人，完成盖印卷首后，直接将它作为正式程文收入。试卷保管不善，或对试卷进出不加登录，或对吊卷时的试卷誊录缺乏监管，也是造成偷卷、换卷之弊的重要原因。为此，嘉定十六年（1223）正月，有臣僚向宁宗提出了一系列防止封弥、誊录中舞弊的建议：

> 臣绅绎诸弊为日久，如门钥当责胥吏收买牢固者，监门官点检不容灭裂。其引试日，引放既毕，每日辰酉请门官监开，传送饮食。如遇紧要文字，取覆监试，旋请匙钥，监视封闭，不至传送不绝，庶革它弊。引试纳卷，乞选职事官将本辖人吏，监封弥所。贴司交纳卷讫，点数、书姓名，入号封押，具申帘前，不许私录。已封卷子，发赴誊录对读讫，发回

---

① 《宋会要辑稿》选举五之四至五。
② 《宋会要辑稿》选举一之二二。
③ 《宋会要辑稿》职官一三之一三。

封弥,入柜封锁印押,严加关防。帘内吊卷,须经监试批出誊写,庶弗纷杂,仍许辰午两次。其所吊卷,请官开柜,监誊封锁。止许白日书写,来早续誊,庶免夜深作弊。封弥交纳卷子,监写吊卷,职事繁碎,官止两员,不足以辨。乞添两员,充封弥官,庶乎换卷稍革。

以上防弊建议,归纳起来有这样几个方面:一是森严门禁,启闭有时,监门官必须切实负责;二是试卷请纳有时,不准"传送不绝";三是所纳试卷,开具清单,具申帘内官,不许私自收录;四是对已经誊录的试卷,严加关防;五是帘内官至封弥所吊卷时,必须有人监督开柜;六是誊录在白天进行,"庶免夜深作弊";七是增加封弥官人数,以应付繁碎的职事。对于这些建议,宁宗十分重视,"诏令礼部疾速严切施行"①。自此以后,发生在封弥、誊录和试卷保管中的舞弊现象遂有所减少。

四、对试官徇私舞弊的防范

宋代科举,自北宋起,对试官可能出现徇私舞弊的行为防范甚严,有关措施几乎用尽,本书第一章"北宋的科举改革"一节中,已作了较为系统的论述。但试官厕身场屋,既负责出题,又担任考校,仍然有机会钻疏于防范的空子,或利用职权高下其手,遂至舞弊行为时有发生。为此,南宋政府主要采取两项措施加以防范:一是先后在国子监、州郡发解试、牒试、别头试中增设监试官,或以台谏官、或以通判、或以郎官为之。在四川类省试中,监试增设最早,先由转运使副出任,后为防止地方官相互勾结,又由朝廷派遣东南籍贯的官员充监试。省试设监司始于韩侂胄用事之时,于三知举外,别差同知举一员,以谏官为之,"专董试事,不复干预考校,参详官亦不差察官"。嘉泰二年(1202),"更名监试"②,场屋一时肃然。韩侂胄被杀后,"监试"之名被取消,恢复以前以一台谏官为知举,一御史为参详官的做法。到嘉定十三年(1220),又复"监试"之称。

---

① 《宋会要辑稿》选举六之四八至四九。
② 《宋史》卷一五六《选举二》,第3637页。

　　二是改进发解试选差试官之法。自绍兴以来,州郡试官,皆自转运司选差,率以本州通判任监试,本路现任或待阙官充考试官,他们之间不是同僚就是上下级,在发解试中易于相互串通,徇私请托。乾道六年(1170)四月,应礼部侍郎刘章之请,诏"命诸州试官皆隔一郡差,以绝请托之弊"。①

　　三是改进四川类省试选差试官之法。鉴于四川类省试中舞弊情况最为严重的事实,以往选差试官,尽管已由本路转运司选差为由制置司选差,试官之间仍存在着或官品相仿,"势不相统";或本路监司出任监试,所属知州出任试官,"限于职守之相临,又不足以止监司之私"的问题。嘉定九年六月,诏依应武之奏,四川类省试试官"尽从朝廷选差,或将所差考官一员别立名称,同监试遍阅诸房卷子,或差东南人充监试,或(监)〔差〕不系监试官所部知州充考官。其被差者,不必专取文词之人,惟以公心取士为主,严行戒饬。"②至此,四川类省试试官的舞弊行为才真正受到抑制。

　　四是对徇私舞弊的官员加以惩处。嘉定九年(1216)十一月,有士人赵甲诉荣州试院在发解时有"欺弊事"。经潼川提刑、权转运判官魏了翁上奏,知荣州杨叔兰"系举送官,关防不谨,以致官吏作弊",朝奉郎刘光"不能训其子,使抵冒法禁",二人分别受到"放罢"和"特降一官"的惩处。经过两年的深入调查,到嘉定十一年十一月,荣州科场弊案最终宣判,以发解监试官、承直郎、签判何周才,"受刘光赇赂,用杨元老之谋,约以策卷中三'有'字为暗号,取放光之子颐,改名宜孙,及其孙济二名。既为赵甲经漕司告试院孔窍之弊,下遂宁府,鞫得其实,具按来上,从大理拟断"。于是"何周才特贷命,追毁出身以来文字,除名勒停,免真决,不刺面,配忠州牢城,免籍没家财。考试官石伯酉、扈自中、冯黉仲各特降一资,并放罢。刘颐并徒二年,私罪,赎铜二十斤,仍照举人犯私罪,不得应举。杨元老徒二年,私罪,荫减外杖一百,赎铜十斤。刘济特送五百里外州军。刘颐、杨元老特分送三百里外州军,并编管"③。这可称是南宋乃至整个宋代官吏和士人在科举案件中受到

_____

① 《朝野杂记》甲集卷一三《诸路解试》,第263页。
② 《宋会要辑稿》选举二二之二五至二六。
③ 《宋会要辑稿》选举一六之三二。

最为严厉的一次惩处。

五、对权势子弟窃取科名的防范

南宋科举条制相当严密,对于一般平民乃至下级官员子弟而言,想通过舞弊窃取科名有很大困难。但对于宰执大臣、台谏、两制、侍从等握有权势的官员子弟而言,窃取科名却要容易得多,尤其是在各类发解试中,简直如同反掌。这种情况,不仅表现在秦桧子弟身上,也表现在其他许多权要子弟身上。为此,朝廷对权要子弟的防范,主要集中在省试和殿试中。南宋政府除了在省试中掺杂台谏官为试官,以加强监督和威慑外,主要采取了以下三项措施。

一是实行省试后覆试权要子弟的制度。绍兴二十六年(1156)六月,高宗吸取秦桧擅权时为自己子弟和姻亲攫取科名的教训,下诏谓:"遵依咸平三年三月诏旨,所试合格举人内,有权要亲族者具名以闻。"①但此时尚未提到覆试的问题。至宁宗庆元二年(1196)四月,诏依礼部奏请,规定:凡省试奏名之后,"有任两省、台谏、侍从以上有服亲,属权要亲族者",必须具名奏闻,以行"覆试"②,从而正式开始了覆试权要子弟的制度。

二是帝王"亲览"省试前二十名真卷,以亲行监督。隆兴元年(1163)二月,孝宗下诏,"令礼部将省试上十名策卷,编类缮写成册投进,以备亲览"③。淳熙八年(1181)二月,孝宗再下诏礼部贡院:"候省试开院日,将上二十人真卷先次进入。"④这次亲览的试卷,不仅由十人增加到二十人,由策文扩大到诗赋和经义,而且所看的是"真卷",并非以前的"草卷",其监督省试试官是否秉公取舍之意,可谓昭然若揭。

三是对有亲族参加殿试的官员,实施回避之制。自北宋以来,因殿试乃皇帝亲试,所以出任御试官可以不避亲嫌,从而为宰执大臣的徇私舞弊提供了机会。由鉴于此,嘉定元年(1208)三月,宁宗应礼部官员奏请:"在朝之官

---

① 《宋会要辑稿》选举四之三〇。
② 《宋会要辑稿》选举五之一八。
③ 《宋会要辑稿》职官一三之七。
④ 《宋会要辑稿》职官一三之一四。

有服亲族过省……赴廷对者,并与免差,庶几杜绝倖门,昭示公道。"①

从以上各个方面来看,南宋对科举舞弊防范之严,实远过于北宋。

六、南宋科举舞弊严重的原因及教训

南宋科举考试所以舞弊不断,从客观上来说,除了政治腐败、官吏徇私这一最根本的原因以外,尚与应试人数众多,巡铺官太少,监督不力有关。在南宋政府优待士人的政策下,场屋官员惟恐得罪士人,不敢严格执法,从而造成对士人的放纵,也是一个很重要的原因。清代学者赵翼认为,宋代科场处分太轻,过于"弛纵"②,一方面当然是与清代对科举舞弊的严酷处理相比较而言,另一方面事实也正是如此。此外,官吏因循、玩政,不认真执行科举条制,往往抓紧一时,旋即放松,也是科场舞弊顽疾革而不断的重要原因。正如宁宗朝官员杨炳在奏疏中所言:

> 臣观绍兴二十七年以来,申严挟书、代笔之法,士子入场,凡包裹、笔砚之属,皆用青纸,其畏惮至此。比年以来,宽纵太甚。每试,内侍与八厢巡案往往袖手,不敢谁何。玩法者得志,畏法者不能平。素空疏者得恣其剿窃,灯窗记问者无以见其所长。笔端稍敏者又有检阅,遂可兼人,而庸妄无能者率资假手。如此则文艺能否,又未易核其真。③

杨炳指出"宽纵太甚"不仅是出现场屋弊端不断的重要原因,而且还造成了科举考试中的不公平竞争,这是颇有见地的。

从应试士人方面来说,能否考取进士对其个人和家庭而言,几乎是生死攸关的大事:考取了便能出人头地,前途亨通,光宗耀祖,十年寒窗终于得到了回报;如果名落孙山,便只能过普通百姓的生活,甚至潦倒终生。既然考

---

① 《宋会要辑稿》选举八之二二。然而考《宝祐四年登科录》,是年奏名进士王应凤赴殿试考取进士一甲第九人,其兄王应麟同时出任是榜殿试覆考检点试卷官,从而违背了"并与免差"的规定。

② 参见赵翼《廿二史札记》卷二五《宋科场处分之轻》,凤凰出版社 2008 年点校本,第 362 至 363 页。

③ 《宋会要辑稿》选举五之二六。

取进士与否的反差犹如霄壤之别,一些投机取巧者,一些自认为钱能通神者,一些家庭有特殊背景者,为了弥补自己学问之不足,势必会铤而走险,采取各种舞弊手段以求一逞场屋。

科举舞弊败坏了士风,不利于人才的选拔和政治的清明,始终为南宋政府所不容。为此,一些正直的士大夫不断呼吁要严防科举舞弊,南宋政府也采取了一些相应措施加以防范和惩处,并收到了一定成效,这当无可否认。可是面对道高一尺,魔高一丈,花样不断翻新的舞弊手段,仍然防不胜防。

南宋的科举舞弊和反舞弊,给后人留下了深刻的经验和教训:一是场屋舞弊与反舞弊,堪称是一场永无休止的“战争”,因而对这场反舞弊的“战争”,必须长期坚持下去,决不能轻“敌”,也不能指望一蹴而就。二是政治腐败是场屋舞弊的温床,要反对场屋舞弊,首先必须坚决地反对政治腐败。三是政治不能失之于宽,对于舞弊者必须严肃处理,不能心慈手软。在这方面,南宋也给我们留下了深刻的教训:凡是研究南宋历史的人都知道,在整个南宋时期,宁宗一朝不是最为黑暗和腐败的时期,可是科举舞弊却最为严重。究其原因,就是皇帝暗弱,有法不依,政治失之于宽所至。正如宁宗朝后期知澧州曹彦约在一个奏疏中所言:

> 窃惟陛下嗣登大宝,十有五年,内无宫室苑囿之美,外无弋猎狗马之好,以此为治,宜将上咸五帝、下登三王……(然)自庆元改元之后,当宁恭默,大臣奏事不闻有所折衷,小臣奏事不闻有所训饬,士大夫绝念,谓陛下无意于政矣……新政之望,效者几事,长策急务,未见毫末,而簿书期会,益以弛缓……铨试之有代笔、太学生之有诡名、舍法之有异恩、铨法之有堂帖,是岂远方寒士之所得为哉? 今不必纯法上古,求过于祖宗之时,但只如绍兴、乾道、淳熙间,上下相维,亦足以致治。①

曹彦约之言,如实地反映了宁宗一朝的统治状况,统治者一旦放松了自己的职守,就会使法制流于形式,场屋之弊必然更加猖獗。

---

① 曹彦约:《昌谷集》卷五《应求言诏书上封事》,文渊阁《四库全书》本。

第九章　对科举官员的问责

　　科举作为抡才大典,向为朝野所瞩目。科举考试的程序十分复杂而繁琐,既有发解试、省试和殿试,在每级考试中又有出题、封弥、誊录、考校等一系列过程,其中的保密性都很强。在士人投牒自进之时,还须对他们进行资格、品德、举数、乡贯、免解恩例、亲族关系等的审查。可以说,在科举考试的每个环节,都需官员参与其间,认真细致地去工作。保证科举考试的顺利进行,保证取士的公平性,南宋政府对负责科举考试的官员,有着严格要求,他们即使主观上并不想徇私舞弊,但在工作中出现失误,也要受到问责,甚至还有因说了阿谀逢迎之语或言语不利科举而得罪者①,其严厉程度往往超过对舞弊举人的惩处。为此,高宗于绍兴二十六年(1156)三月曾专门下诏,对诸路发解官的"徇私及庸缪"提出警告:"诸路转运司所差发解试官务在尽公,精加选择。如所差徇私及庸缪不当,令提刑司按劾,御史台、礼部觉察闻奏。"②官员是行政的主体,是决定制度成败的关键,由于南宋政府对与科举有关官员的责任追究做得还比较认真,这就保证了科举制度在南宋一朝虽然时有徇私舞弊的现象发生,但就总体而言尚称正常。

---

① 《宋会要辑稿》职官七〇之三二载:绍兴十八年五月,权吏部侍郎边知白被贬谪提举江州太平兴国宫,以臣僚言:"知白中怀躁进,其知贡举,尝於稠人广众中曰'秀才得,我辈落',意谓落权也。于是黜之。"

② 《系年要录》卷一七二,绍兴二十六年三月丙辰条,第2824页。

第一节　对担保和举送失实的问责

一、担保失实的问责

早在北宋真宗景德四年(1007)由礼部贡院所颁布的《考校进士程式》中,除包括士人应举需相互间结保并受连带责任以外,对州县官担保失实的问责也作了原则性规定:

> 士不还乡里而窃户他州以应选者,严其法。每秋赋,自县令佐察行义保任之,上于州;州长贰复审察得实,然后上本道使者类试。已保任而有缺行,则州县皆坐罪;若省试而文理纰缪,坐元考官。①

人们对科举制度多有责难,其中之一是认为它只问艺业,不问德行。实际上,根据科举条制,士子在应试前,地方长吏对他们已作了基本的"政治审查",并负有担保责任,不可谓不问德行。此后,州县官对应试士子的担保内容,进一步具体和完善,到仁宗庆历四年(1044),遂有翰林学士宋祁等人所提出的七项内容。②

到南宋,又增加了甄别应试士子是否正身的内容。至于北宋"崇宁党禁"和在南宋"庆元党禁"期间,对士人是否为"党人"子弟的担保,只行之于一时,姑且可以不论。

所有获得发解试资格的举人,在本贯逐一保明后,再"申州、申监、申部"。另有一些如参加牒试之人,当地州县对他们无法保明者,则需另由二名官员担保,并规定每名官员只能给五人作保,在官员特别缺乏的州县,"特许七次,庶几保员稍宽,免有沮格"。③

---

① 《宋史》卷一五五《选举一》,第3610页。
② 参见《长编》卷一四七,庆历四年三月乙亥条,第3564至3565页。
③ 《宋会要辑稿》选举二六之二三。按:此处所言之官员作保次数,是对为荫补人帘试作保而言,笔者估计对其他内容的作保次数,应该近似或一样。

下面,请先言对参加发解试士人户贯、德行和家庭情况担保不实的问责。

北宋时候,对官员担保不实的处罚比较严厉,"若合解不解、不合解而解者,监试官为首罪,并停现任。举送长官,闻奏取旨"①。进入南宋,由于出现了类省试,寄籍冒贯的情形更易发生。为此,建炎二年(1128)二月,诏依礼部侍郎王绹奏请,"诸路类省试举人,除正解、免解人及前年秋运司得解人,所随亲见在本任者,就元得解路分类省试外,其有虽曾在运司牒试发解,而所随亲已替罢者,乞并许就见居本乡或寄居处,召文官二员结除名罪委保就试。如涉伪冒,试人虽合格亦行驳放,保官各依法施行"。② 可是,由于当时政局不稳,加之后来秦桧当政,政治黑暗,"保官之罚不行,故轻易与之为保"③,使一些寄籍冒贯者和不符合应举条件的士人,仍能应举。自孝宗朝起,经臣僚多次奏请,对保官的责任追究开始加严,故时有保官因担保不实而受到问责,使寄籍冒贯之人有所减少。

为防止武举士人的冒籍,也需相互结保和官员担保。宁宗庆元五年(1199)八月,应臣僚奏请,广泛招徕京西、湖北及两淮沿边州郡"土著士人,照兵部及四川试武举法,许令就试"。为防止有人假冒户贯,"召文武官保奏,须要选择人才,精于武艺"。并下诏:"其冒贯不实,许人陈告,定行真决,不以荫论。保官降三官资,同保人殿五举,余照见行条法。"④对保官的问责相当严厉。

在南宋科举考试中,牒试资格担保失实的问题最为严重。为此,南宋政府多次下诏,加强对保官的问责。绍兴六年(1136)六月,应四川制置大使席益奏请,下诏:"自今委保举人避亲牒试不实者,许人告,保官先降一官,然后取勘合负罪犯。"⑤

淳熙二年(1175)六月,朝廷再下指挥,如所保不实,"举人殿举,虽试中

①　《宋会要辑稿》选举一四之一三。
②　《宋会要辑稿》选举四之一九。
③　《宋会要辑稿》选举一之二二。
④　《宋会要辑稿》选举一八之一四。
⑤　《系年要录》卷一〇二,绍兴六年六月甲子条,第1677页。

亦行驳放。元牒官及保官,各降一官,仍取勘,不许自首"。①

淳熙七年(1180),被牒试者的条件由"随行缌麻以上亲",改为"随行本宗缌麻以上亲"后,"仍令召保官二员,结罪保明批书。如有委保不实,从贡举申明,保官先降一官,然后勘罪"。②

嘉熙二年(1238),有臣僚上奏:"国子牒试之弊,冒滥滋甚。在朝之士,有强认疏远之亲为近属者,有各私亲故换易而互牒者,有为权势所轧、人情所牵应命而泛及者,有自揆子弟非才、牒同姓之隽茂利其假手者,有文艺素乏,执格法以求牒转售同姓以谋利者。今后……冒牒之官,按劾镌秩;受牒之人,驳放殿举;保官亦与连坐。专令御史台觉察,都省勘会。"③诏依所奏。

此外,保官对举人举数不实也要受到问责,这种情况主要发生在为特奏名举数作担保时。前面已经提到,士人要想成为特奏名,必须具备两个条件:一是达到一定年龄;二是达到一定举数。为了防止在年龄和举数上的舞弊行为,有时不仅要审查历次应举的公文和解牒,也需有官员担保他们所填年龄和举数的真实性。保官如果担保失实,就要受到责任追究。如绍兴二年(1132)五月,士人董悯自言五十二岁,曾获得五举,已达到赴特奏名试的条件。但经礼部贡院审核其家状,发现董悯年已五十六岁,只实历二举。为此,不仅董悯受到惩罚,"特送五百里外州军编管,永不得应举",而且保官也受到"除名勒停"④的处分。

二、对发解举人超过定额和"成绩纰缪"的问责

各州郡解额有定数,至于对哪些人可以免解,哪些人可以获得特恩都有明文规定。合格人数的多少,兵火之后,"毁失公据",原定解额的多少,士人所获举数的多少等,皆须核实后由当职官及考试官"结除名罪委保",以防假冒。绍兴二十六年(1156)二月,诏:"若已后发解,就试人多,不得过绍兴二

---

① 《宋会要辑稿》选举一六之一七。
② 《宋会要辑稿》选举一六之二三。
③ 《宋史》卷一五六《选举二》,第3641至3642页。
④ 《宋会要辑稿》选举四之二四。

十六年所取之数。仍立为定制。若已用流寓户贯得解之人,许自陈,并入东南户贯。其已得举数,即合通理。如有违犯,并依贡举条法。若州军辄行大解,当职官吏并发解官依法徒二年科罪,举人即从下驳放。"①

早在北宋时候,就对发解试考校失实的官员作出问责规定。如真宗大中祥符五年(1012),诏令在省试中,"诸科三场内有十'不'、进士词理纰缪者各一人以上",发解试的监试和考试官,皆"从违制失论,幕职、州县官得代日殿一选,京朝官降监场务,尝监当则与远地"。有三人,"亦从违制失论,幕职、州县官冲替,京朝官远地监当"。有五人,"则监试以下皆停见任"。虽不参与考校但负责举送的守、倅,也要受到问责,其中"诸科五十人以上有一人十'不',即罚铜与免殿选监当,进士词理纰缪亦如之"。②

但是,上述问责比较笼统,且没有将监试、试官、州县官和路一级长官的责任分清楚。仁宗庆历四年(1044)八月,应礼部所请,具体规定有关官员在发解中的应负责任,分等定罪:"解送举人,有保明行实不如式者,知州以下坐罪,仍以州县长吏为首;解试日,有试院诸般情弊,止坐监试官;考校不精,妄有充荐,至省试日,拖白、纰缪、十否,止坐考试官;若所差试官非其人,考校不公,坐所差官司;若试官因缘受贿,有发觉者,其所差官司于不按察罪名之上更加严谴。其考试官坐罪,即不分首从。"③

嘉祐五年(1060)五月,朝廷对考校失误责任作了细化,下诏:"应明经诸科省试三场以前九'否'、十'否'者,(今)〔令〕贡院再考校本处解送试卷。若其间以'否'为'粗',以'粗'为'通',出义不依条制,致有妄荐者,以旧条坐之,不在末减。若考校通、粗及出义依条,别无差谬,省试三场以前有九'否'、十'否',即考试官与于元条下减一等定罪:旧条合殿选者,与免选;选人该冲替者,十殿一选;京朝官勒停者,与冲替;冲替者,与监当;监当者,与远处差遣。"④

---

① 《宋会要辑稿》选举一六之九。
② 《宋史》卷一五五《选举一》,第 3610 至 3611 页。
③ 《宋会要辑稿》选举一五之一二至一三。
④ 《宋会要辑稿》选举一五之一六。

自神宗朝废除明经诸科以后,因为不再考校墨义、帖经,所以已不存在"九否、十否"的问题,但发解举人在省试中如果"文理纰缪",同样也要"坐元考官"。

进入南宋,因举人在省试中"成绩纰缪"而追究发解官的规定继续得到执行。度宗时,鉴于乡试中代笔之弊越来越严重,"遂命漕臣及帅守于解试揭晓之前,点差有出身倅贰或幕官专充覆试,尽一日命题考校,解名多者,斟酌分日,但能行文不谬、说理优通,觉非假手即取,非才不通就与驳放"。为防止在覆试中再次出问题,又规定,如将来举人在省试中依然有"不通"的情况,就要"罪及元覆试漕守之臣及考校官"①。

第二节　对拟题及考校失误的问责

一、拟题失误的问责

拟题是科举考试的第一步,无论发解、省试或殿试,皆命有文学或经学的官员承担。发解试和牒试的命题,还得经过一名点检试卷官在众多题目中"点检"决定,方可用于考试。发解试毕,按规定要将命题上报礼部贡院备案,有时甚至须进呈皇帝。礼部接到命题后,还要对它进行"点检"。庆元五年(1199)正月,有臣僚在奏疏中对此程序曾作有详细说明,其谓:

> 诸郡与漕闱考官,必差一员为点检主文,凡命题与所取程文,皆经点检,以防谬误。比年以来,徒为具文。一时考官,各骋己意,异论纷然,甲可乙否,以致题目多有乖谬。去岁秋举,诸州所申义题,或失之牵强,文理间断而不相续,或失之卤莽,文理龃龉而不相类。赋题、论题,或失之破碎,文理捍格而不相贯。以至策问,专肆臆说,援引失当。皆由点检官不择才望之士,考官中有矜能挟气者,不同心商榷。故有题目

---

① 《宋史》卷一五六《选举二》,第3645页。

出于一人之见,其他官旁睨,不欲指其疵类。及有摘发其失,出题之官独被谴责,而无点检之名。乞今后漕臣若非由科第,即别委本路提刑、提举、总领有出身者,每举从朝廷专委一司选差试官,须择其素有文声名望、士论所推者充点检官,专以文柄责之。诸考官先供上题目,点检官斟酌审订,择其当理而不悖古训、兼通时务者,然后用之。及考官所取合格试卷,点检官仍加详校,公定去留。礼部俟其申到题目及程文,再行点检。如有乖谬,将点检官重行黜责。①

由于以往试卷拟题,多由试官一人决定,即使设立拟题点检官,要么水平甚低,要么徒具形式,使试题常出问题。为此,南宋对科举拟题的失误,问责也相当严厉。如建炎四年(1130)九月,利州试官宋愈、陈协,各被罚铜十斤。原因是有臣僚奏请:"愈出策题,谀宰相为得王佐。夏旱秋霖,而协以为'雨旸时若'。导谀如此,何以求切直言?""故有是罚"②。绍兴十三年(1143)四月,"诏吴镛考试刑法官,出题失当,特降一官"③。乾道七年(1171)十一月,"诏四川类省试院进题目,考试官何耆仲所撰第三场第三道策题,用事差错,特降一官放罢,今后不差充试官。"④庆元四年(1198),果州州学教授王莘,为昌州解试出题,"于《尚书》断章出问"⑤,次年正月也被尚书省奏罢。

科举考试的反复进行,题目几已出遍,使考官出题发生困难,尤其是经义题,稍不留意,就会与以前乡试或省试中曾经考过的试题重复。于是一些试官将内容不相连接而意思相近的几句话,拼凑在一起,以为试题,这种题目,时人称之为"关题"。淳熙十六年(1189)十一月,国子祭酒沈揆言:

《六经》自有大旨,坦明平正道,不容穿凿。关题既摘经语,必须大旨相近。今秋诸郡解试,有《书》义题用在"璇玑玉衡,以齐七政",关"舞

---

① 《宋会要辑稿》选举二二之一四至一五。
② 《宋会要辑稿》选举二〇之三。
③ 《宋会要辑稿》选举二〇之七。
④ 《宋会要辑稿》选举二〇之二一至二二。
⑤ 《朝野杂记》甲集卷一三《诸路解试》,第264页。

干羽于两阶,七旬有苗"格者。据此题目,判然二事,略不附近,岂可相关! 谬妄如斯,传者嗤笑。此则关题之弊。有《易》义题云:"时乘六龙,以御天也;云行雨施,天下平也。"至此当止矣,而试官复摘下文"君子以成德为行"相连为题。据此一句,其义自连下文,若止已上四句为题,有何不可? 此则命题好异之弊。

宰执将沈揆所言进呈,孝宗遂下诏:"自今岁试闱,《六经》义并不许出关题,亦不得摘取上下经文不相贯者为题。"①据此可知,今后若再出内容了不相关的经文句子搭配成关题,必将遭到责任追究。

二、考校失误的问责

考校失误,主要表现为两种情况,一是答卷内容有误,试官并未发觉;一种是对试卷所判成绩不正确,过高或过低。出现这些情况,可能是试官的一时疏忽,但大多数是因为试官没有认真考校,尤其是州郡发解试,由于卷子太多,于是"经义但看冒头,诗赋仅阅一二韵,论策全不过目。其尤无状者,只点检无杂犯,便置选中"②。嘉泰元年(1201)二月,诏依有关官员奏请:"若有司所取不当,他时上彻听闻,则考官降黜,所取驳放。"③此后,因考校失误而遭到责任追究的事屡有发生。如绍兴十五年(1145)殿试时,太学博士杨邦弼为对读官,对读"有所脱漏",结果被"罚铜十斤"④。庆元元年(1195)十一月武学博士蒋来叟被放罢,原因是"来叟叨掌殿庐点检试卷[官],拟陈亮试卷在首选,亮引《需卦》,轻侮君父"⑤,为殿中侍御史黄黼弹奏,故遭到弹劾。嘉定十五年(1222)正月,阁门舍人陈大纪因"为公试所考官,略不经意,工拙易位"⑥,被罢黜。

此外,试官如果在考校时没有发觉举子的舞弊行为,也要受到责任追

①《宋会要辑稿》选举一之二一。
②《宋会要辑稿》选举六之一七。
③《宋会要辑稿》选举五之二三。
④《宋会要辑稿》选举八之四三。
⑤《宋会要辑稿》职官七三之二一。
⑥《宋会要辑稿》职官七三之五六。

究。绍定时,针对"考官受赂,或授暗记,或与全篇,一家分传誊写",或"老儒卖文场屋,一人传十,十人传百,考官不暇参稽"的情况,"命礼部戒饬,前申号三日,监试会聚考官,将合取卷参验互考,稍涉雷同,即与黜落。或仍前弊,以致觉察,则考官、监试一例黜退"①。就是说,不仅舞弊的士人要遭到黜落,试官因没有觉察出雷同试卷也要被追究责任。这种责任追究,对试官多少形成了压力,使他们不得不在考校时集中精力,尽量减少错误的发生。

三、封弥、誊录失职的问责

在贡院中,除帘内官在拟题和考校中因失误而遭到问责以外,封弥、誊录等帘外官因工作失误也要受到问责。如嘉定十五年(1222)九月,监行在丰储仓门斯泽遭到监察御史李伯坚的弹劾,言其任临安府发解试封弥官时,不亲自参加封弥,而是"付之吏手",斯泽因此被罢黜。翌年二月,司农寺主簿江润祖和大理寺主簿黄庑,皆因"封弥卤莽"②而分别受到降一官和展一年磨勘的处罚。

第三节　对场屋监督不力和管理不严的问责

南宋政府对官员考试监督不力和场屋秩序管理不善的问责也相当严厉。

绍兴二十六年(1156)闰十月,因鄂州通判任贤臣监试不职,"容纵举人假手传义",诏令"特降一官"③。绍熙二年(1191)正月,诏国子司业楼钥降一官,原因是他在为铨试考试官时,"失觉察贾德言等代笔事故"④。再如前面已经提到,嘉定九年(1216),荣州发解试拆号后,士人赵甲诉试官有欺弊

① 《宋史》卷一五六《选举二》,第3637页。
② 《宋会要辑稿》职官七三之五七。
③ 《宋会要辑稿》选举二〇之一二。
④ 《宋会要辑稿》职官七三之四。

事,经权转运判官魏了翁劾奏,知州杨叔兰系举送官,以"关防不谨,以致官吏作弊"①而被罢官。上述三例都是对试官监督不力的责任追究。绍熙元年六月,诏权刑部侍郎吴博古、刑部郎中俞澂、大理少卿吕公进各降一官,大理评事史彰祖降两资。他们四人并非试官,而是负责审讯潘颖伯舞弊案的官员,只是因为"隐落省试代笔条法故也"②,这可视为是对包庇科场舞弊案的责任追究。

州郡发解试场屋秩序的管理主要由知州负责,如果出了问题,他便要受到追究。如庆元元年(1195)秋,南雄州举行发解试时,因知州廖侗"取解不奉诏条,沮抑进士,遂致场屋喧噪"③的原因,受人弹劾,被罢官与宫观。庆元四年十月,知婺州木待问被降两官,以臣僚言,本州发解士子中,有不逞之辈,"挟众凌辱试官,必欲换题"④,造成场屋混乱而受到责任追究。前面曾经提到,嘉定三年漳州乡试,曾经发生大规模的士人闹闱事件,"冒贯就试"的士人林应辰几乎被打死,科举一度停罢,兴起大狱。事后,知漳州钱蹫因"不能禁约"⑤,先被降一官,接着又受到撤职的处分。

地方官和试官因怀私利而没有尽职尽力,也要受到责任追究。如绍兴八年(1138)五月,楼玮为贡院对读官时,因"规避妻党牒试,托故出院",以便让妻党能参加解额较宽的大院考试,结果被追究责任,"特降一官"。⑥

南宋四川地区是牒试"冒滥"的重灾区,为此朝廷对该地区官员审核不实的问责也比较严厉。如绍兴十五年十一月,眉州通判李彦辅因"核实避亲举人失当,致有侥滥",受到"展二年磨勘"的处分,虽会赦,仍有是命。翌年五月,又有前任永康军通判郭印牒试避亲举人不当,"特降一官"⑦,亦会赦不原。

---

① 《宋会要辑稿》选举一六之三二。
② 《宋会要辑稿》职官七三之一。
③ 《宋会要辑稿》职官七三之六三。
④ 《宋会要辑稿》职官七四之四。
⑤ 《宋会要辑稿》职官七四之三九。
⑥ 《宋会要辑稿》选举二〇之五。
⑦ 《宋会要辑稿》选举一六之八。按:《朝野杂记》甲集卷一三《避亲牒试》将李彦辅、郭印受处分事,同系于绍兴二十三年,今不取。

第十章　科举制度与南宋社会

近代著名启蒙思想家严复曾经指出："古人好读前四史,亦以其文字耳。若研究人心政俗之变,则赵宋一代,最宜究心。中国所以成为今日现象者,为善为恶,姑不具论,而为宋人之所造就,什九可断言也。"①史学大师陈寅恪先生在二十世纪四十年代说："华夏民族之文化,历数千载之演进,造极于赵宋之世。"②他们所言,可以概括出这样两点:宋代政治对后世的影响十分巨大,宋代文化是中国古代文化的最高峰。对于这两点,在今天的学术界,可以说已经有了共识。

那么,为什么宋代对后世会有如此重大的影响?宋代文化为什么能够成为中国古代文化的最高峰?笔者认为,原因当有多个方面,而已经成熟、广泛开展的科举制度所起的推动作用,应该是其中一个十分重要的原因。

论及科举制度对宋代社会的影响,涉及政治、经济、文化、社会生活、风俗习惯等各个方面。以经济而言,虽然这方面的影响最不易为人所察觉,但也不是无证据可觅。如南宋政府考虑到四川士人赴行在参加省试因路途遥远,经济上会有困难,故允许他们免税携带一些物产运往临安地区销售牟利,以补贴费用的不足,这一举动,客观上对活跃商品经济和改变人们轻视商业的思想都起到一定的作用。再如每次发解试和省、殿试,都会集中数千名乃至数万名士子,或到州郡、转运司所在地,或赴行在应试,时间长达十数

---

① 严复:《严复集》第三册,中华书局 1986 年出版,第 668 页。
② 陈寅恪:《金明馆丛稿二编》,北京三联书店 1980 年出版,第 245 页。

天至数十天之久,从而形成了一个巨大的科举消费市场。南宋人以为:"此科举试,三年一次,到省士人不下万余人,骈集都城,铺席买卖如市。俗语云'赶试官生活',应一时之需耳。"①尤其在混补之年,诸路士人集于临安者"比之寻常十倍",达十万人之众。"每士到京,须带一仆;十万人试,则有十万人仆,计二十万人"②,从而形成了一个巨大的由科举造成的市场。依靠科举为生的人,包括书坊、书铺、旅舍、饭馆、酒楼、纸笔行业、日用百货、车船、瓦舍等从业人员以及各种苦力,何止成千上万。

究其大者,则表现为科举制度促进了社会的流动,促进了文化、学术的繁荣,促进了学校教育的发展,进而改变了人们的思想和生活习俗等。

因为科举制度对两宋社会的影响是一个割不断的整体,因而本书在论述这一问题时,虽以南宋为重点,但也不仅仅拘泥于南宋时期,对于这一点,相信一定能获得学界的认同。

第一节　科举制度促进南宋的社会流动

一、下层平民的社会流动

曾经左右中国政治四五百年的士族势力,至唐代"安史之乱"以后,终于走上了末路,接着又经历了唐末农民大起义的扫荡和五代战乱,使它最终退出了历史舞台。宋太祖赵匡胤出身军校,并无士族传统,他为了巩固皇权,需要扩大统治基础,既要防止武人擅权,也不允许再有势家大族操纵朝政的局面出现。加之,他深深懂得重用文人士大夫、"宰相须用读书人"的道理。因此,对唐以来带有严重察举制残余的科举制度,有必要也有可能进行改革。历经太宗、真宗两朝以后,北宋对科举制度的改革可以说基本上已经完成,从而形成两个最重要的特点:第一,彻底取消了门第限制,无论士、农、

---

① 《梦粱录》卷二《诸州府得解士人赴省闱》,第 10 页。
② 佚名:《西湖老人繁胜录》,收入《南宋古迹考》,浙江人民出版社 1983 年标点本,第 106 页。

工、商,只要被认为是稍具文墨的优秀子弟,皆允许应举入仕。正如南宋学者陈傅良所说:

> 自国初以行举诱致偏方之士,而聚之中都,向之为闽、蜀、唐、汉伪官者,往往慕化从顺,愿仕于本朝。由是家不尚谱牒,身不重乡贯,以此得人……①

第二,试卷实施封弥、誊录,录取与否,"一切以程文为去留",用今天的话来说,就是分数面前人人平等。士子一旦进入场屋,虽出身不同,贫富有别,但竞争时都处于同一个起跑线上。

以上两个重要特点,是中国古代选举制度中从未有过的新气象,它为宋代科举制度下的社会流动提供了基本保障。事实也正是如此,朱弁《曲洧旧闻》卷一〇载:

> 彭器资尚书汝砺、熊伯通舍人本,皆鄱阳人也。其父并为郡吏,而二公少相从为学。彭公既魁天下,闻报之日,太守即谕其父罢役,且以所乘马及导从,并命郡吏送之还家,乡间以为荣。其徒相与言曰:"彭孔目之子既已为状元矣,熊孔目之子当何如?"次举,伯通亦擢上第。时前守已替去,后守悉用前例,送熊之父还家。自是一郡歆艳,为学者益众,每科举常至数十人。

在唐代,郡吏之子受门第限制,根本无资格参加科举考试,更毋庸说考取进士第一人。可是入宋以后,情况就如此不同。到了南宋,任何人只要不冒贯匿服,不触犯刑律,不是残疾之人,皆可应举,甚至以屠牛为业的屠夫,也能发解赴省试。② 因此,在宋代著名大臣中,不乏出身于下层百姓和贫苦人家的子弟。如太宗朝的王禹偁,是一位政治上、文学上才能出众的人物,也是北宋政治改革的先驱,《宋史》本传说他"世为农家",本人还是一个替人磨面的"磨家儿"③,王禹偁出身贫苦农民之家当无疑义。仁宗朝号称贤相的

---

① 《陈傅良先生文集》卷三五《答林宗简》,第453页。
② 幔亭曾孙:《名公书判清明集》卷一四《屠牛者断罪拆屋》,中华书局1987年点校本,第535页。
③ 毕仲游:《西台集》卷一六《丞相文简公行状》,文渊阁《四库全书》本。

李迪、王曾、张知白、杜衍四人，皆出身贫苦，尤其杜衍，是一个遗腹子，"其母改适河阳钱氏"，"乃诣河阳归其母，继父不之容，往来孟、洛间，贫甚，佣书以自资"①，他年轻时生活之窘迫可以想见。以"先天下之忧而忧，后天下之乐而乐"的范仲淹，亦官至副宰相，他及第前的处境，与杜衍十分相似。累官至翰林学士、三司使（计相）的蔡襄，"天圣八年……年十八，以农家子举进士，为开封第一，名动京师"②。著名文学家欧阳修，其父虽然为绵州军事推官，但这只是一个九品幕职州县官，俸禄之低下，"曾糊口之不及"③。修"四岁而孤"，《宋史》本传言其"家贫，至以荻画地学书"。与欧阳修情况类似的还有著名政治家、历官宰相和翰林学士的宋庠、宋祁兄弟，他们的父亲虽然做过荆南节度推官，但幼年失怙，家境也相当贫困，故兄弟俩每日只能以"吃齑煮饭"（咸菜煮饭）度日。④

南宋的例子就更多。高宗朝名臣吴芾，他在《种德堂》诗中自云："我本农家世贱贫，一门相继亦簪绅。当知来处非今日，莫学诗人只为身。"在《送侄赴廷试》诗中又云："我是田家本业农，偶然两世到蟾宫。书生天幸有如此，岂复更忧吾道穷。"⑤说明吴芾出身于世代"贱贫"的农家，因为科举及第，才彻底改变了家庭面貌。著名政治家、诗人王十朋，于绍兴二十七年（1157）四十六岁时考取进士第一人。他登第前的贫穷，后来在民间广有传闻，甚至被编成戏剧演唱。王十朋在给朋友的一首和诗中曾自言："与子十年同把酒，贫贱未能离陇亩。"⑥在另一首诗中云："无功懒仕犹堪酒，故向东皋事田亩。自惭耕稼非老农，岁入何曾给糊口？"说明他早年也从事过农耕，至于贫困程度，还可从其所撰《题卓》一文中看出，他说："吾贫，好作文，苦于

---

① 司马光：《涑水记闻》卷一〇，中华书局 1989 年点校本，第 184 页。
② 《欧阳修全集》卷三五《端明殿学士蔡公墓志铭》，第 522 页。
③ 杨亿：《武夷新集》卷一六《次对奏状》，文渊阁《四库全书》本。宋代下级官吏俸禄之低，往往出今人想象，详见后述。
④ 参见王珪《华阳集》四八《宋宪公神道碑铭》，文渊阁《四库全书》本；钱惟《钱氏私志》，文渊阁《四库全书》本。
⑤ 吴芾：《湖山集》卷一〇，《仙居丛书》本。
⑥ 《王十朋全集·诗集》卷五《周仲翔和诗赠以前韵》、《陈元佐和诗赠以前韵》，上海古籍出版社 1998 年点校本，第 70 页。

无书可阅;好写字,苦于无纸可书。遂于贫中撰出一术,以卓为纸,以肺腑为书。净几无尘,日书数百字,吾之无尽藏纸也;心之精微,日出数百言,吾之无尽藏书也。"①著名政论家陈亮,于光宗绍熙四年(1193)考取进士第一人,他早年"贫不能自食",乡人徐某欲将己子托其教导,"而使食焉"。他始则推辞,"其后计穷,竟出此"②。理宗朝官至右丞相(未赴任)的崔与之,是一个被誉为"一生无玷处"的全德之臣,早年父亲病故,生活十分清贫,后来依靠亲友接济,才勉强凑足盘缠,得以自家乡增城(今属广东)赴临安读书,此后一举登第,至老仍不忘记自己早年的贫穷生活。绍兴间,还有一位"鬻曲于市,而挟书随之"③的小商人黄玙,也考取了进士,后来朱熹还为他撰写《墓志铭》,对他贫贱志不移的气节和入仕后的政绩大加赞赏。

　　考之《宋史》本传、陈思的《两宋名贤小集》等史籍,在南宋四十九榜进士第一人中,无一人为大臣之子,无一人为贵族之孙,由此可以看出宋代中下层平民向上社会流动之一斑。

　　这种向上的社会流动究竟占有多大比例?今天恐怕已无从作出正确的估计。诚然,官僚、地主的子弟因为有政治、经济和文化等各方面的优势,入仕人数肯定较下层百姓和贫寒之家的子弟为多。但在宋代,"朝为田舍郎,暮登天子堂"④的人,以总数而言,确实也不少,人们只要从南宋《宝祐四年登科录》所载六百零一名进士的履历中就可约略窥知大概。根据这份《登科录》的记载,在曾祖、祖、父三代仕履都完整的五百七十名进士中,若依其出身统计,三代皆未仕者达三百零七人,占总数的百分之五十三点九,父亲一代有官者(包括宗室)一百二十九人,只占总数的百分之二十二点六。应当指出,即使在这一百二十九人中,绝大部分亦只是选人和小使臣一类的初品官,其中从九品的迪功郎和承信郎又占了半数以上。虽然在未仕者中,地主、富裕农民和商人子弟当占有多数,但不可否认,下层平民——农民、手工

---

① 《王十朋全集·文集》卷一四《题卓》,第797页。
② 《陈亮集》卷三七《徐妇赵氏墓志铭》,中华书局1987年修订本,第494页。
③ 朱熹:《晦庵先生朱文公文集》卷九三《朝散黄公墓志铭》,《四部备要》本。
④ 郑文康:《平桥稿》卷九《送郭廷辉训导龙游序》,文渊阁《四库全书》本。

业者和城乡贫民之家的子弟也有相当比例。人们所以在这些人的履历中难以发现他们出身贫寒的记载，或是他们本人和后代为了掩盖其低下的出身，有意讳饰的结果，或是为了抬高自己的社会地位，强半高攀远附，以光乡族的结果。所以他们的行状、碑铭、宗谱、传记，凡涉及先世者大多不可靠。如范仲淹自言系唐宰相履冰之后，实际上是一种无根之辞，即使真是履冰之后，与范仲淹所处年代相差几达三个半世纪，又与他何涉！欧阳修之父，虽然做过一个小小幕职州县官，但很早就已过世，孤儿寡妇，穷困潦倒，寄人篱下达二十年之久，即使划一下欧阳修的成分，也不过是一个城市贫民，难道还能算是官宦人家子弟不成？

笔者上面列举的宋代一些出身下层平民、通过科举而跻身仕途、呈现向上社会流动之人，多为两宋士大夫中的佼佼者，而那些或被掩盖了下层平民出身的官员，或在历史上默默无闻、其低下出身不被后人所知的官员，在两宋四万三千名左右的进士中（尚不包括特奏名进士）①，何啻数千乃至近万！对于出现这种自下而上社会流动的原因，宋人也十分清楚，如吴芾谓："我自幼为田舍儿，偶因把卷，遂免扶犁。"②意谓自己本是农家子弟，科举才使他做上了官，得以摆脱农民身份。

另外还要指出一点：有不少下层平民出身的士人，自己虽多次应举不第，却可以"乡贡进士"的身份在地域社会中占有一席之地，应该说这也是一种具有向上倾向的社会流动。他们本人长期蓄积的文化知识，往往可为子孙后代参加科举考试奠定文化方面的基础，从而实现自己未能实现的夙愿。

二、下层平民社会流动之原因

两宋科举，虽为下层平民的社会流动创造了客观条件，但能否踏进科举大门，取胜场屋，实现社会流动，却必须具备两个互有关联的基本条件：一是经济能力，二是文化知识。对于绝大多数下层平民子弟来说，他们虽然整天

---

① 关于宋代进士人数，可参见拙著《宋史选举志补正》附录一《宋代科举一览表》，浙江古籍出版社 1992 年出版。

② 吴芾：《湖山集》补遗，《仙居丛书》本。

为生活辛勤操劳,仍然食不果腹,衣不蔽体,因此根本没有机会学习文化,这就势必被阻挡在科举大门之外,不可能实现这种社会流动。但是,他们中的另一部分人,不仅能够踏进科举大门,而且能够从中脱颖而出,跻身仕途,进入统治阶级的行列,实现社会流动。那么,这部分子弟获得上述两个基本条件的原因何在? 途径怎样? 非常值得作一番探讨。

首先,经济地位的变化。众所周知,自唐中叶起,随着均田制的彻底瓦解和商品经济的发展,使土地所有权的转换加速。到了宋代,社会上普遍出现"富儿更替做"①,"庄田置后频移主"②的现象。那些占田不足百亩的农家,唐时不过是普通的自耕农或半自耕农,生活既难以得到温饱,又加上社会地位低下,"科举"对他们而言根本无从问津。可是到了宋代,由于农业生产的发展,粮食产量有了提高,大批荒地得到开垦,如果遇到风调雨顺的年份,收获会有所增加。宋代不立田制,两极分化比以前更加激烈,部分贫苦农民经过多年积蓄以后,有可能陆续买进土地,成为自耕农甚至富裕农民。经济地位的改变,使他们有余力送子弟进入乡塾村校读书,并逐渐萌生读书做官、光宗耀祖的念头。蔡襄等农家子弟由科举入仕,走的就是这样一条道路。在整个宋代,这样出身的进士应该并不罕见。

其次,朝廷的资助。士人参加科举考试,经济上的负担确实很重,学习期间的费用姑且不论,就是赴京的路费、食宿费、试卷费,以及录取以后的各种应酬,要是没有数百贯钱绝不可以了事。为此,南宋政府模仿北宋时期对远方士子赴开封府应试"往来给券"的做法,于绍兴二十七年(1157)五月也下过类似指挥,规定陕西州军和西川举人凡赴省试者,"仍给口券"③。南宋政府的财政状况较北宋为困难,但对远方举人的这种优待仍然保持下来,实属不易。故在唐代偶尔能看到赴京应试不第者,因穷困潦倒而客死他乡的记载,南宋举人尽管比唐代多了许多倍,却未曾听到有此类惨剧发生。

第三,地方政府和州县学的资助。地方政府和州县学为鼓励本地士人

---

① 袁采:《袁氏世范》卷下《兼并用术非悠久计》,天津古籍出版社 1995 年注释本,第 165 页。
② 刘克庄:《后村先生大全集》卷一《故宅》,《四部丛刊》本。
③ 《宋会要辑稿》选举五之一五。

参加科举考试,在经济上也给予了很多资助。以建康府(江苏南京)为例,建康本府在贡院揭名后一月,以"劝驾"为名,于府厅设"鹿鸣宴"饯行,得解举人"每员送十七界会子三十贯文,折绿襕过省见钱一十贯文七十八陌,酒四瓶,兔毫笔一十支,试卷札纸四十幅,点心折十七界会子一十贯、酒一瓶。特送十七界会子一千贯文"。建康府学则以"本郡士子率多清贫,每当宾兴上南宫者,以装赍为苦",因而"创置房缗,专充赆送"。其资助额为:"乡举发解,各五十千,免解者半。监、漕、国子发解,各二十千,免解者半。宗子应举发解、宗学发解,各二十千。锁应十五千,取应减半。过省各二百千,自太学过省及舍法免省者半。武举过省,各一百千。自武学过省及舍法免省者半。宗子应举过省、宗学过省、舍法免省,各四十千。锁应三十千,取应减半。补入太学,各一百千,入武学者半,入宗学者又半。"府学专门订有"赆送规约",为了表明至公,贡士于"劝驾后一日,就公堂设醴而致赆金,庶无减尅之弊"。而对那些"因事不能成行,或至中途而旋者,并将元钱回纳"①。如果我们将本府和府学"赆送"之钱加以合计,每名得解者,除实物外,可以获得会子一千零九十千的资助。如果在省试中考取奏名进士,还可获得二百十千的资助。这可是相当大的一笔资助,足以让士子支付从省试到殿试的各项费用。建康府是如此,其他州郡也都多少有所资助,如庆元(浙江宁波)士子,考取发解试后,本府就给每人送钱三百贯,"以助犒赏之费"②,庆元府学估计也有"赆送",只是史籍没有记载而已。在昌国(浙江定海),咸淳年间(1265—1274)地方政府利用罚没邑民张氏家产业的五分之一,创建了"贡士庄","专为贡选士人计偕之费"。其资助额为:"乡举一百二十贯。漕、胄、宗室举八十贯。宗室取应举四十贯。乡举过省二百贯,漕、胄、宗室过省一百五十贯,宗室取应过省一百贯。乡举廷对三百贯,漕、胄、宗室廷对二百贯,宗室取应廷对一百贯。乡举四十贯(按:原文如此,疑有脱文),漕、胄、宗室补三十贯。

---

① 马光祖等:《景定建康志》卷三二《儒学志五》,中华书局 1990 年《宋元方志丛刊》本,第 1877 至 1878 页。

② 吴潜等:《开庆四明续志》卷一《科举》,中华书局 1990 年《宋元方志丛刊》本,第 5939 页。

升上庠释褐照过省例,一百五十贯。升宗庠释褐照过省例,一百贯"①。在吉州(江西吉安),每县皆设有贡士庄,其中吉水县的贡士庄,至咸淳三年(1267)尚可收年租四百石。一百多年前,著名诗人杨万里就是因这个贡士庄的资助而考取进士,在当地一直被传为佳话。②

第四,办义庄、兴义学,鼓励地方和本族子弟应举。宋代的义庄有两种:一种是地方政府利用无主荒地或罚没土地设立的"贡士庄",多由学校代为管理,对此前面已有所述。另一种是宗族义庄。宋代家族制度盛行,宗族中一旦有人出仕显宦,他就会兴办各种形式的义庄和义学,鼓励本族子弟应举。如范仲淹生前就在平江府(江苏苏州)兴置义庄,赒给宗族,此后其子范纯仁兄弟继续资助义庄,并订下各项规矩以供执行。其中对宗族子弟应举和教学的资助,元丰六年(1083)七月修定如下:

　　一诸位子弟得大比试者,每人支钱一十贯(七十七陌,下皆准此)。再贡者减半。并须实赴大比试乃给,即已给而无故不试者,追纳。

　　一诸位子弟内选曾得解或预贡有士行者二人,充诸位教授,月给糙米五石(若遇米价每石及一贯以上,即每石[即]支钱一贯文),虽不曾得解预贡,而文行为众所知者,亦听选,仍诸位共议(本位无子弟入学者,不得与议)。若生徒不及六人,止给三石;及八人,给四石;及十人,全给(诸房量力出钱,以助束修者听)。③

进入南宋,许多富人和官员,纷纷效法范仲淹,兴办义庄、义学。高宗朝抗战派大臣向子諲,"友爱诸弟,置义庄,赡宗族贫者"。理宗朝官至参知政事的余天锡,"兄弟友爱,方贫时,率更衣以出,终岁同衾。从子晦……尝置义庄,以赡宗族"④。另一大臣赵葵,于族内设义学,辟四斋,"子弟六岁以上

---

①　冯福京等:《大德昌国州图志》卷二《学校》,中华书局 1990 年《宋元方志丛刊》本,第 6071 页。

②　参见欧阳守道《巽斋文集》卷一三《吉州吉水县贡士庄记》,文渊阁《四库全书》本。

③　周鸿度等编著:《范仲淹史料新编》,沈阳出版社 1989 年出版,第 118 页。

④　《宋史》卷三七七《向子諲传》,第 11642 页;卷四一九《余天锡传》,第 12553 页。

入小学,十二岁以上入大学",学规如岳麓、石鼓。① 如此等等,并不少见。在这些义庄中,基本皆有资助宗族子弟应举的内容。

第五,订立乡规民约,实行科举互助。宋代乡规民约众多,性质各不相同,其中有一些是专为解决贫困士人赴京参加省试时经济困难结成的组织。其办法是参加者订立规约,每一个与约成员须交纳一定基金,供参加省试的人使用。获取功名者出于感激,要给予该组织一定的经济回报。南宋理宗朝大儒真德秀在《万桂社规约序》中,对此有较为详细的记载,其谓:

> 余初贡于乡,家甚贫,辛苦经营,才得钱万。囊衣笈书,疾走不敢停,至都则已惫矣。比再举,乡人乃有为所谓"过省会"者(人入钱十百八十,故云),偶与名其间,获钱凡数万,益以亲友之赆,始舍徒而车,得以全其力于三日之试,遂中选焉。故自转输江左,以迄于今,每举辄助钱二十万,示不忘本也。

真德秀所在乡的"过省会"人数甚众,据称"与约者几千人",而"万桂社"与约者也"三百有奇"②,互助的力度估计一定较大。这种为科举而设的会社,也多少解决了一些贫困士人赴京赶考时的燃眉之急。

第六,意外地获得有力者的资助。如上引王禹偁,他就是因为一次偶然的机会来到时任济州团练推官毕士安的公廨,士安问他:"孺子识字乎? 曰:'识。'尝读书乎? 曰:'尝从市中学读书。'"士安又问:"能舍而磨家事,从我游乎?"答曰:"幸甚。"于是"遂留禹偁于推官廨中,使治书,学为文"③,从此禹偁学业大进,不久考取了进士。仁宗朝宰相王随,举进士前为一游民,"甚贫,游于翼城",在那里因为欠饭钱而被人抓入县衙。一石姓县吏"为偿钱,又饭之,馆之于其家"④。次年,王随竟一举登第。杜衍的情况与前面两人稍异,正当他"贫甚,佣书以自资"之时,被富民相里氏看中,"妻以女,由是资用

① 刘克庄:《后村先生大全集》卷九二《记赵氏义学庄》,《四部丛刊》本。
② 真德秀:《西山文集》卷二七《万桂社规约序》,文渊阁《四库全书》本。
③ 毕仲游:《西台集》卷一六《丞相文简公行状》,文渊阁《四库全书》本。
④ 范镇:《东斋记事》卷三,中华书局 1980 年点校本,第 28 页。

稍给"①,才有条件走上应举的道路。

第七,乡塾村校的普及,为下层平民学习文化知识提供了最基本的条件。尤其是遍布城乡各地的乡塾村校,尽管规模小,校舍简陋,师资水平一般不高,但因为收费低廉,可以就近入学,学习时间可长可短,农忙又能放假,故深受广大贫苦子弟的欢迎。这种学校,除了进行一般性的文化知识传授外(如识字、练字、对课,背诵《千字文》、《百家姓》、《神童诗》之类),最终仍为适应科举考试的需要而设(继习诗赋、对策、《四书》、《五经》)。入学一二年后,大部分学生因家庭经济困难等原因,稍获初识,即告辍学。但也有一些学生因为在学习中显示出了过人的天赋,在家长或其他方面的支持下,决心继续走读书——科举——入仕之路。如北宋的王禹偁"总角之岁,就学于乡先生"②,学问由此发轫。再如南宋的张孝祥,自谓年十八,居建康,从乡先生蔡清宇为学。清宇弟子多达百数人,有豫章(江西南昌)人汪胶者,年方十六,其祖父携之以俱,"昼夜督课,与胶上下卧,起居无何,胶崭然有声场屋,连取乡荐,号名进士",而孝祥本人,亦于高宗绍兴二十四年(1154)考取进士第一。仅以真、仁两朝名臣论,其中吕蒙正、张齐贤、王随、钱若水、刘烨、范仲淹、杜衍、欧阳修等人,尽管贫富不同,未第时皆受益于乡先生的教学。此外,个别地方政府也兴办小学,招收贫困子弟入学。如宝庆二年(1226),明州鄞县(今属浙江)建立小学,"选里之未成童、父兄贫而不能教者,十三岁以上为一等,十二岁以下为一等,岁养二十员。命郡学职二员,各以所业训之"③。这种私人和政府兴办的小学及乡塾村校,成了大多数平民子弟由科举入仕的摇篮。

第八,通过自己坚韧不拔的刻苦攻读,加上天赋比较聪颖,遂得以敲开科举大门。贫寒子弟一旦从事举业,迫切希望以此改变自己的命运,光宗耀祖,出人头地,因而无不攻苦食淡、发愤学习。从上述范仲淹、欧阳修等十余人考取进士前勤学苦读的经历来看,皆超过常人。如崔与之在获得友人资

---

① 《涑水记闻》卷一〇,第184页。
② 王禹偁:《小蓄集》卷二〇《孟水部诗集序》,文渊阁《四库全书》本。
③ 《宝庆四明志》卷一二《学校》,第5144页。

助以后,自增城出发,跋涉四千里,行程三月余,前往临安补试,路途的辛劳自不待言,而其他人"率惮远不行"。他考取太学后,整日在斋室苦读,不为行在灯红酒绿的繁华生活所吸引,也没有受到西湖美景的引诱,"足迹未尝至廛市",并立下"必期三年成名而归"①的誓言,正因为有这样坚毅的意志和决心,才使他三年后考取进士。当然,苦读只是贫寒子弟敲开科举大门的必要条件之一,如果缺乏一定的天赋,也很难取胜场屋。从有宋一代历史看,凡是贫寒子弟能登高科者,几乎无一不是非常聪颖之人,如绍兴五年(1135)考取进士第一名的汪应辰,史言其:

> 幼凝重异常童,五岁知读书,属对应声语惊人,多识奇字。家贫无膏油,每拾薪苏以继晷。从人借书,一经目不忘。十岁能诗,游乡校,郡博士戏之曰:"韩愈十三而能文,今子奚若?"应辰答曰:"仲尼三千而论道,惟公其然?"②

又,宁宗嘉定十六年(1223)考取进士第一人的蒋重珍,世代穷苦,"诸父七人,或夭或贫"。重珍幼孤,"诸父给以饘粥,母治丝枲,取毫末之赢以衣之"。"年十七,为人授小学,有襦鹑结,忍敝以待束修之入"③。塾师多为年长者所为,十七岁的少年能教群童,重珍的聪明由此亦可见一斑。

在参加科举考试的士人中,虽然官僚、地主和富商子弟占了多数,贫民出身者只是少数,但是考试的最终结果,并非与参选人数的多少成正比。打一个比喻,如果前者九十人参加省试,后者只十人参加省试④,每十人取一名。那么他们的录取比例决不会是九比一,而往往是八比二或七比三,甚至更高。原因十分简单,前者多不学无术的纨袴子弟,后者则多真才实学的有志之士,两者在科场竞争中的胜负如何,可谓不言而喻。这里有一个统计材

---

① 李昴英:《文溪存稿》卷一一《崔清献公行状》,第113页;卷四《跋菊坡太学生时书稿》,暨南大学出版社1994年点校本,第49页。
② 《宋史》卷三八七《汪应辰传》,第11876页。
③ 魏了翁:《鹤山先生大全集》卷三七《顾夫人墓志铭》,文渊阁《四库全书》本。
④ 此处所以以省试为例,因为从北宋后期起,省试录取的奏名进士,在殿试中再不被黜落,只是名次有高下而已。

料,似乎足以证明上述观点:北宋自神宗熙宁三年(1070)起到徽宗末年止的近六十年间,历十九榜,共有进士第一人叶祖洽、余中、徐铎、时彦、黄裳、焦蹈、李常宁、马涓、毕渐、何昌言、李釜、霍端友、蔡嶷、贾安宅、莫俦、何㮚、王昂、何涣、沈晦等十九人,如果按照家学渊源、子传父业的传统和经济条件,这些人的儿子考取进士的概率应该很高,事实上,考之史籍,竟"无一家有子登科者"①。因此,我们在研究宋代下层平民的社会流动时,不应该仅着眼于他们参加科举考试人数的多少,还应该看到他们在科举考试中的录取率如何。

三、官僚阶层的社会流动及原因

与宋代平民子弟通过科举实现向上社会流动的同时,官僚阶层的子孙也在进行着社会流动。不过,从大多数情况看,这是一种向下的社会流动。如太宗末年有着"吕端大事不糊涂"之称的宰相吕端,因为他力拥真宗为帝,真宗继位后对他一直照顾有加。就是这样一位元老重臣,咸平三年(1000)去世后,至景德二年(1005),仅五年时间,家道就迅速中落,负债累累,其子孙、兄弟,"又迫婚嫁,因质其居第"。真宗为此出内府钱帮助他的子弟将房子赎回,"又别赐金帛,俾偿宿负"②。另一位真宗朝宰相毕士安,出任显仕多年,他去世后,"四方无田园、居第,没未终丧,家用已屈"③。这种情况不仅北宋大量存在,南宋也不少见。因此,当时一些头脑比较清醒的士大夫,已经深感世代保持家业的不易,曾与吕端并相的李沆,治第封丘门内,厅事前仅容旋马,有人向他提出,以为太隘。李沆回答道:"居第当传子孙,此为宰相厅事诚隘,为太祝、奉礼厅事已宽矣。"④这类情况的普遍出现,致使宋人有"盛衰之变,何其速也"⑤之叹。

论者或问,宋代官员俸禄优厚,恩荫盛行,官僚阶层的沉沦,当不至于如

---

①　朱翌:《猗觉寮杂记》卷下,文渊阁《四库全书》本。
②　《宋史》卷二八一《吕端传》,第 9517 页。
③　《宋史》卷二八一《毕士安传》,第 9522 页。
④　《宋史》卷二八二《李沆传》,第 9541 页。
⑤　《曾巩集》卷四四《徐君墓志铭》,中华书局 1984 年点校本,第 597 页。

此迅速。对于这种看法,笔者认为有必要作些分析和评述。

首先,所谓宋代官员俸禄优厚的观点,这多少受到清代学者赵翼的影响,他在言及宋代俸禄时说:"恩逮于百官者,惟恐其不足;财取于万民者,不留其有余,此宋制之不可为法者也。"①实际上,宋代官员俸禄的高低,不能一概而论,而必须作具体分析。从大量的文献资料记载来看,"除了少数高级官员的俸禄确实非常优厚以外,占官员总数绝大部分的低级官员的俸禄并不高,他们往往不足以养廉"②。嘉祐三年(1058),王安石在《上仁宗皇帝言事书》中说:

> 方今制禄,大抵皆薄……其下州县之吏,一月所得,多者钱八九千,少者四五千。以守选、待除、守阙通之,盖六七年而后得三年之禄,计一月所得,乃实不能四五千,少者乃实不能及三四千而已。虽厮养之给,亦窘于此矣。而其养生、丧死、婚姻、葬送之事,皆当出于此。③

南宋孝宗朝官员杨万里在《千虑策》中也说:

> 士之贫者,扶老携幼,千里而就一官。禄既薄矣……其或州县之匮乏者,上官之私怒而不悦者,有终岁而不得一金。且夫假责以往也,而饥寒以居也,狼狈以归也。非大贤君子,谁能忍此? 而曰:"尔无贪,吾有法!"岂理也哉?④

看了上引奏议,人们对赵翼的所谓"宋制禄之厚",当不会完全苟同。在这种俸禄状况下,广大下级官员一旦致仕或物故,家境的窘迫便可想而知。

这里还应该指出宋代官员和唐代官员在待遇上的一个不同点:唐代官员不仅享有俸禄,还可以按官品高下获得六十顷至二顷不等的永业田。宋代官员则只有俸禄而无永业田,如果他原来不是地主,又较清廉,此后就很难拥有土地。南宋人周煇谓:

---

① 赵翼:《廿二史札记》卷二五《宋制禄之厚》,凤凰出版社 2008 年点校本,第 356 页。
② 参见拙文《宋代官吏的俸禄》,载《历史研究》1994 年第 3 期。
③ 《王安石全集》卷三九《上仁宗皇帝言事书》,吉林人民出版社 1996 年点校本,第 405 页。
④ 《杨万里集》卷八八《驭吏中》,第 3501 页。

辉顷侍巨公,语及常产,公云:"人生不可无田,有则仕宦出处自如,可以行志。不仕则仰事俯育,粗了伏腊,不至丧失气节。有田方为福,盖福字从田、从衣。"虽得此说,三十年竟无尺土归耕,老而衣食不足。福基浅薄,不亦宜乎!①

周辉生于靖康元年(1126)十二月,巨公者周辉之父邦,他以恩荫得官,入仕三十年,始终是一个幕职官,俸禄之薄,终老不能获得"尺土"。可见,在宋代,官僚并非一定是地主,特别是选人、小京官,俸禄少,待次、候缺时间长,更不易成为地主。像周辉之父周邦这样的情况,在当时可谓比比皆是。

论者又会问,宋代恩荫盛行,官员是否可以通过恩荫,让子孙世代做官,以保证门第之不堕? 笔者以为,这一点实在也难以做到。

原来,在唐、宋恩荫制度中,存在着两个显著差别:一是唐代恩荫范围比较狭小,一般只能荫及子孙,基本上限于五品以上的中高级官员才能享受这种特权。宋代恩荫甚滥,上自一品大臣,下至从七品员外郎,都可荫及子孙,中等官员可荫至小功以下亲,大者可并及于门客、医士。二是唐代任子授官高,升迁快,以恩荫入仕累官至宰相者,不下六七十人。父子、祖孙、兄弟先后居相位者也有数十家之多。反之,寒门出身的进士,仕途升迁就大有难处。可是,宋代恩荫不仅授官低,而且升迁也远较进士出身者缓慢②,即使位极人臣的宰相之子,亦只能授从八品的将作监丞,多数官员的余亲,只能授试衔、斋郎之类长期不得放选又无具体差遣的小官。他们年轻从政,白首归家,大多数人终生在"选海"中翻滚,进不了较高的京官行列。恩荫出身者即使侥幸改为京官,升迁起来也是困难重重,障碍颇多,不像进士出身的官员,可以作跳跃式的升迁。如陆佃之舅边珣,自仁宗朝前期以父荫入仕,历官数十年,致仕前仍然只是一个选人资序的两使职官。③ 又如著名政治家、科学

① 周辉:《清波杂志》卷一一《常产》,中华书局 1994 年校注本,第 469 至 470 页。
② 关于宋代恩荫得官之人与进士出身者在仕途上升迁快慢的不同,请参见《宋史》卷一五八《选举四》,第 3694 页;《群书考索》后集卷四《元丰新官制》。
③ 陆佃:《陶山集》卷一四《通直郎边公墓志铭》,文渊阁《四库全书》本。

家沈括,仁宗至和元年(1054),以荫补为官,虽政绩卓著,结果仍然只是一名县的主簿(从九品)。后来他在回忆这段经历时说:"一纪从师,讫无一业之仅就;十年试吏,邻于三黜而偶全。"①不仅改官遥遥无期,就是芝麻小官亦几乎不保。然而,自嘉祐八年(1063)登进士第以后,沈括的仕途生涯从此就一帆风顺,若除去丁母忧三年,只用了十年时间,就从选人而一跃为翰林学士(正三品)、权三司使,成为权势煊赫的大臣,其升迁之快,与"十年试吏"时期相比,简直判若两人!正因为如此,在有宋一百三十四名宰相中,只有三人是靠恩荫起家(皆在北宋,南宋则绝无一人),其余几乎全是进士出身。

由此可见,宋代官员要使其子孙保持家业不堕,延续门第和富贵,只有走科举入仕之路,这就是为什么一些以恩荫得官者,也要千方百计地去参加科举考试的原因。如果考不取进士,那么在他们身后,鲜有不出现家道衰落、子孙鬻卖田产、第宅的情况。这就是宋代科举制度下的另一种社会流动,即由官僚阶层向普通平民乃至贫民的流动。

综上所述,在官僚政治已经代替了门阀政治的宋代,由于商品经济的发展,贫富分化加剧,无论官僚、地主、富商或是贫民的子孙后代,都面临着社会地位升降的可能。在科举制度已经向全民开放的形势下,即使处于社会下层的人士,也有不少人凭借自己的勤奋好学,自强不息,聪明智慧和出色的成绩,凭借国家、社会、宗族的资助和偶然的机遇,走上科举入仕之路,并取得成功,进入统治者的行列。反之,部分富贵家庭的子孙,一旦考不取进士,就会丧失权力的保护和俸禄的支持,随着时间的推移,家境便会逐渐走向衰落,甚至沦入社会下层。宋人所说:"贫富无定势。"即此之谓也。

考察以上两种社会流动,客观上可以将它们看作是封建社会本身的一种自我调整。凡属于向上的社会流动,有利于扩大统治基础,为封建统治注入新鲜血液。来自社会下层的官员,他们比较体察民情,较少腐朽性,虽然这种社会流动并不会改变封建社会的性质,却有利于改善社会政治,缓和社会矛盾,这已为无数事实所证明。向下的社会流动,则可起到防止世家大族

① 沈括:《长兴集》卷一三《除翰林学士谢宣召表》,文渊阁《四库全书》本。

的形成和吐故纳新的作用。科举制度下出现的这两种相反方向的社会流动,应该说相当广泛,并具有一定的积极意义。

第二节 科举制度推动了南宋文化的普及

孔子弟子子夏有一句名言:"仕而优则学,学而优则仕。"①意为做官之人如有余暇,应去学习,以弥补做官的不足;求学之人在读完书之后,就去做官,以检验平时的学养。春秋战国之际的仕进之路主要靠献策和军功,而不是靠读书,读书做官的思想也不符合这位孔门弟子的本意。以往人们将这句话作为"读书做官论"的滥觞,其实并不正确。只有从西汉武帝起,国家创建太学,成绩优秀的博士弟子可以入仕,另由秀孝、明经等察举科目入仕的人也须考试合格才能入仕,读书才与做官有了直接联系,从此便出现了"遗子黄金满籯,不如一经"②的说法。但是,作为一个最高统治者,率先赤裸裸地将利禄作为劝学手段的人,则是北宋真宗皇帝赵恒,他曾公开地向士人鼓吹道:"富家不用买良田,书中自有千钟粟。安居不用架高堂,书中自有黄金屋。出门莫恨无人随,书中车马多如簇。娶妻莫恨无良媒,书中有女颜如玉。男女欲遂平生志,六经勤向窗前读。"③至此,科举已成为封建社会里对士人影响最大和最具吸引力的事业,由此直接推动了两宋文化的大普及。

一、读书人数剧增

入宋,读书与科举已结下了不解之缘,科举制度越发展,读书之人就越多。北宋真宗在位的第一次贡举(998),参加省试的举人"将近二万"④,几

---

① 《论语·子张篇》。
② 《汉书》卷七三《韦贤传》,第 3107 页。
③ 《古文真宝》前集卷首《真宗皇帝劝学文》。
④ 《宋会要辑稿》选举一四之一七。

乎为唐代科举全盛时期各色举人的三倍左右。① 若按"每进士一百人,只解二十人;'九经'已下诸科共及一百人,只解二十人赴阙"②的规定推算,当时全国仅参加发解试的士子就有十万人左右。

到仁宗朝时,宋兴已有百年,长期的安定局面和统治者的竭力倡导,终于迎来了北宋科举取士的黄金时代。英宗治平元年(1064),据参知政事欧阳修奏称:东南州军取解比例"是百人取一",西北州军取解比例"是十人取一人"③。两宋之际的文学家汪藻,在言及熙宁间(1068—1077)饶州发解数时,也有"应举常数千人,所取裁百一"④之说,足证欧阳修所言之不诬。考《宋史·地理志》所载,当时东南州军人口约为西北州军的二倍多,故按全国平均计,最少也得六十名应试者中举送一名。如果当时参加省试的举人是七千人,那么全国仅参加发解试的士子就有四十二万人左右。

南宋初年,金兵屡屡南下,州县残破,道路阻梗,赴举人数一度锐减。不久,随着偏安局面的形成,社会经济的发展,应举者又迅猛增加。利州路所属之兴州(后改称沔州,陕西略阳),昔日是抗金前线,绍兴初年因参加发解试的士人少于五人,后来每次皆合并于兴元府(陕西汉中)试院收试,但到宁宗嘉泰三年(1203),该州系籍士人已增加到三百六十三人,遂"诏兴州自置贡院"⑤,反映出沿边州郡读书的盛况。岭南各州郡,北宋时原是十分贫瘠、荒凉的地区,向被士大夫视为畏途,那里的文化落后不难想见。史载:在仁宗嘉祐三年(1058)、五年、七年的三次贡举中,尽管国家每次都给广南东路以八十名左右的解额,但三次贡举及第人数共才五人;与此同时,广南西路每举解额有六十名左右,但三次贡举及第人数只有一人,仅仅做到"破天荒"⑥而已。然而,到二百年以后的南宋理宗宝祐四年(1256),上述两路登

---

① 据《文献通考》卷二九《选举考二》载:唐代科举以德宗时为最盛,贞元十九年(803),韩愈上状中谓:"都计举者,不过五七千人。"
② 《宋会要辑稿》选举一四之一六。
③ 《欧阳修全集·奏议集》卷一一三《论逐路取人札子》,第 1716 页。
④ 汪藻:《浮溪集》卷二四《张公行状》,文渊阁《四库全书》本。
⑤ 《宋会要辑稿》选举五之二七。
⑥ 《司马光奏议集》卷一五《贡院乞逐路取人状》,第 161 至 162 页。

第人数分别达到了三十二人和三十三人①，考取人数之多，与往昔已不可同日而语。至于东南沿海州郡，应举士人更是成倍增长，宁宗嘉定三年（1210），权礼部尚书章颖在奏疏中指出，当时参加发解试的士人，"大郡至万余人，小郡亦不下数千人"②，使许多州府出现"或五六百人解送一人"③的现象。如果平均以二百人解送一人计，解额三千人，全国应举之人即达六十万。若加上准备应举之人，人数可能接近百万。至于受科举之风影响而去读书的人，还要多得多。南宋人口较北宋为少，但应举人数却比北宋为多，足见科举对南宋文化普及的推动作用。

二、书籍大量流布

中国的雕版印刷术大约发明于隋唐之际，但唐代的雕版印刷物除少量佛教经卷外，竟然没有一部传世。究其原因，年代久远，容易湮没，固然是一个方面，更主要的还是由于雕版印刷物本来就很少，流布不广所至。

雕版印刷业到宋代有了突飞猛进的发展，官私刻本都很盛行。所刻之书，除儒家经典外，还遍及史书、子书、类书、诗文集、医书、算书、政书、小学等各个方面，传世的也相当可观。

中央刻书的机关有国子监、崇文院、秘书监和司天监，刻得最多的则是国子监。五代国子监本尚十分稀少，进入宋代，情况为之大变。景德二年（1005）五月戊辰，宋真宗参观国子监阅书库时，问祭酒邢昺书版几何，昺答道："国初不及四千，今十余万，经史正义皆具。臣少时业儒，观学徒能具经疏者百无一二，盖传写不给。今板本大备，士庶家皆有之，斯乃儒者逢时之幸也。"④时宋有天下尚不过四十五年，以后的发展规模更是可以想见。

国子监雕版的书籍，起初以儒家经典和前代正史为主，尔后为适应发解试、太学国子监公试、省试及刑法试的需要，又印造朝廷颁降的韵略、刑统、

---

① 参见《宝祐四年登科录》。
② 《宋会要辑稿》选举六之七。
③ 《朱子语类》卷一〇九《论取士》，第 2703 页。
④ 《长编》卷六〇，景德二年五月戊申条，第 1333 页。

律文之类。① 监本发行量虽大,但"所鬻书,其值甚轻",有人上疏要求提高书价,但宋真宗说:"此固非为利也,政欲文字流布耳。"②不予同意。

南宋国子监所刊布之书,又大大多于北宋。据元泰定元年(1324)九月陈袤所作《西湖书院重整书目记》称:"西湖精舍因故宋国子监为之,凡经史子集无虑二十万余片,皆存焉。"③如果除去少量为元初所刻,至少有二十万片以上,几乎是北宋真宗朝国子监藏本的二倍。那些进入国子监读书的士人,不论出身贵贱,系籍与否,目的都是为了应举,他们与乡贡进士一起,是监本最主要的购买者,一俟考试结束,成千上万的监本将随着士人的返乡而流布全国各地。

宋代地方机关的刻本也不少,若依其官署名称,有茶盐司本、转运司本、安抚司本、提刑司本及各府州军监县学本等。这些刻本,就其内容而言,基本上也是为满足地方士人应举所需之书籍,皆可称得上是对中央机构尤其是国子监本的补充。

私刻本可分家刻与坊刻两种。家刻本多为士大夫家雇人雕刻的诗文集或笔记,重于纪念意义和欣赏价值,与科举的关系不是很密切。书坊所刻的本子称坊刻本,它既然以牟利为目的,刻书的种类和数量当完全依据社会的需求而定。

由于宋代进士科考校的内容相当广泛,经义、诗、赋、策、论都不可偏废,所以,从《千字文》、《百家姓》之类的启蒙读物到事关朝代兴替、政治得失、制度沿革、军事成败乃至国计民生方面内容的书籍,皆属士人关心之列。书坊窥知此中讯息,凡有助于士人应举用书,无不趁机刊行。其中影响最大、流传最广的除了儒家经典以外,要推类书和当代史。

我国最早的一部类书是编纂于曹魏时期的《皇览》,此后七百余年间,新的类书并不多见。到了宋代,因类书能使人"博学",备受士人重视而获得迅速发展。据《宋会要辑稿》选举五之一九记载,早在北宋,已有一些"备场屋

① 《宋会要辑稿》选举四之二九。
② 《长编》卷九○,天禧元年九月癸亥条,第 2082 页。
③ 阮元:《两浙金石志》卷一五,浙江书局本。

之用"①的类书刊行。进入南宋，私人修撰的类书更多，比较著名的有高承的《事物纪原》、孙逢吉的《职官分纪》、吕祖谦的《历代制度详说》、潘自牧的《记纂渊海》、章如愚的《山堂考索》、谢维新的《古今合璧事类备要》、林駧、黄履翁的《古今源流至论》、无名氏的《群书会元截江网》等十余种，没有流传下来的类书一定还不少。

《四库全书总目提要》卷一三五《类书类一·源流至论》谓："宋自神宗罢诗赋，用策论取士，以博综古今，参考典制相尚。而又苦其浩瀚，不可猝穷。于是类事之家，往往排比联贯，荟萃成书，以供场屋采掇之用。其时麻沙书坊，刊本最多，大抵出自乡塾陋儒，剿袭陈因，多无足取，惟章俊卿《山堂群书考索》最为精博。"在这里，四库馆臣对大多数类书贬之太甚，评价不无偏颇，但认为许多类书是为科举而编撰的看法，则完全正确。

类事之书，内容十分丰富，上自帝王世系，下至花草虫鱼，几乎无所不包，这种百科全书式类书的广泛传播，对普及文化知识具有相当功用。

私人修撰当代史的风气，自北宋后期起开始盛行，到南宋更是有了惊人的发展，流传至今的有熊克《中兴小纪》、徐梦莘《三朝北盟会编》、李焘《续资治通鉴长编》、王称《东都事略》、李心传《建炎以来系年要录》和《建炎以来朝野杂记》、留正(?)《中兴两朝圣政》、佚名《两朝纲目备要》、杨仲良《续资治通鉴长编纪事本末》、彭百川《太平治迹统类》、陈均《九朝编年备要》、李垕《皇宋十朝纲要》、刘时举《续宋编年资治通鉴》等，有近三十种之多。

南宋不仅类书和当代史修得多，兵书之多也超越前代。仅《玉海》所载，南宋一朝所著兵书就有《皇朝兵筹类要》、《李垂兵制书》、《建炎军制二十一条》、《建炎纂集祖宗兵制》、《绍兴玉垒忠书》、《隆兴武经龟鉴》、《乾道筹边图志》、《嘉定中兴经武要略》、《宝祐七朝经武要略》、《汉兵本末》、《南北筹边》、《百将传》、《渭南秘诀》、《阴符元机》、《建炎五车队》、《隆兴车阵图》、

---

① 《宋会要辑稿》选举五之一九载：庆元四年四月二十九日，右正言刘三杰言："曩者以科举之文虚浮迂僻，典贡举者摘其辞而显黜之，一洗异时之弊矣。然而四方士子传闻不审，但见主司命题，欲求实学，率皆采取传注，编摭故实，或搜求陈腐之类书，以备场屋之用。"

《乾道三阵》等多部。①

南宋私人修撰的当代史所以如此之多，一方面固然与封建帝王遵行右文传统，政治崇尚宽厚，使士大夫们能够畅所欲言有关；另一方面，要使这些篇帙浩繁，内容枯燥，相互间不乏重复、雷同的史籍，由书坊不惜工本，一一予以刊印，却另有一番原因，这就是当代史作为场屋用书深受广大士人青睐之故。只要我们读一下翰林学士、知制诰洪迈等人于孝宗淳熙十四年（1187）二月的上言，就可以了解其中缘由，其谓："仰惟祖宗事实，载在国史，稽诸法令，不许私自传习。而举子左掠右取，不过采诸传记、杂说，以为场屋之备。牵强引用，类多讹舛，不择重轻，虽非所当言，亦无忌避。"②宁宗嘉泰元年（1201）十二月，有臣僚上省闱利害四事，其四曰："国朝正史，与凡实录、会要等书，崇护惟谨，人间私藏，具有法禁。惟公卿子弟，或因父兄得以窃窥，而有力之家冒禁传写，至于寒远士子，何缘得知？而近时乃取本朝故事，藏匿本末，发为策问，是责寒远之士以素所不见之书，欲其通习，无乃不近人情！"③从这两道奏疏可以看出，宋自熙宁变法以来，在礼闱到殿前的策试中，常以国史内容发为问目，少数公卿子弟和有力之家犹可依恃权势，得到正史、实录等抄本，对于成千上万平民出身的士子来说，除抄掠传记、杂说以作应付外，就显得一筹莫展。这说明，南宋所以有如此之多私人编撰的当代史，在很大程度上是为了适应当时科举考试的需要，编纂和印刷这类书籍，也成了一桩有利可图的事业。

至于兵书之多，除了为宋金战争之需以外，在很大程度上是为了适应武举和武学的需要。

除了儒家经典、诗赋、类书、国史、兵书以外，其他凡与场屋有关的用书，如律令、医学、书画、历算等刊本也有很多，兹不赘举。

两宋科举制度促进了雕版印刷业的大发展，作为传播文化知识重要工具的书籍的大量问世和流布，反过来又有力地推动了文化知识的普及。

---

① 《玉海》卷一四一《兵制·兵法》，第 2628 至 2629 页；卷一四三《兵制·阵法》，第 2653 页。
② 《宋会要辑稿》选举五之一〇。
③ 《宋会要辑稿》选举五之二五。

总之,随着应举人数的激增和书籍的广泛流布,各地文化发展水平已日趋接近。四川地区在五代和北宋时期尚明显落后于中原地区,南宋时已经迎头赶上。东南州郡更是取代了中原地区,成为全国文化的中心。岭南地区的文化,也日益获得普及。咸淳七年(1271)科举,进士第一人张镇孙竟是广州南海人,这种情况如果发生在北宋,简直使人难以想象。

第三节 科举制度促进南宋学校的发达

宋代是中国古代学校教育空前发达的时期,南宋尤盛于北宋。而各类学校的兴起和发达,都与科举制度密切相关。

宋代学校大致有四种类型:一为中央官学;二为地方官学;三为各地书院;四为乡塾村校。

一、中央官学

南宋中央官学名目繁多,大都继承北宋而来,主要有国子学、太学、宗学、小学、武学、律学、算学、书学、画学、医学等等,但各学校的发展并不平衡。

国子学,太宗端拱二年(989)改称国子监,是培养中高级官员子弟的学校。隋唐以前,门阀势力左右朝政,国子学曾兴旺一时。入宋,随着官僚政治代替门阀政治,国学已不受重视,特别是北宋庆历四年(1044)建立太学,并扩大招生范围以后,国子监招生人数依然很少,加之国子监还是主管中央官学的政府机构,两者之名容易混淆,因而作为国子学,其名遂不显,使人看似太学的附属学校。进入南宋,建炎初年,虽在"行在置国子监,立博士二员,以随幸之士三十六人为监生"①,但只是虚应故事而已。绍兴三年(1133)六月,下诏"置国子监及博士弟子员"②,但仍为一纸空文。绍兴十三

---

① 《宋史》卷一五七《选举三》,第3669页。
② 《宋史》卷二七《高宗四》,第506页。

年,始置国子监及太学于行在。南宋国子生与太学生不仅同居一舍,而且他们之间的地位,随着父兄的出入朝廷而可以互换,加上太学生极多,国子生甚少,国子监作为一种国学似乎已进一步萎缩,实际上随着国子生的平民化,却促进了太学的发展。

太学在唐代前期曾兴极一时,自安史之乱以后,干戈不息,国是日非,生徒流散,学校废坏无余。宋初太学,尚依附于国子监中,无独立的黉舍,包括国子生在内的全部生员,仅七十人。这种沉寂状况,到庆历兴学运动中才出现重大变化。庆历四年四月,诏应判国子监王拱辰等所奏,以锡庆院为太学,置内舍生二百人,是为有宋一代太学与国子学相分离自行成立校舍之始。神宗熙宁四年(1071)十月,王安石创太学三舍法,把生员分成三等,以次差升舍:初入学为外舍,不限员;外舍升内舍,员二百人;内舍升上舍,员一百人①。元丰二年(1079),颁《学令》,"太学置八十斋,斋各五楹,容三十人。外舍生二千人,内舍生三百人,上舍生百人"②。徽宗即位,倡言绍述,太学又获新的发展。崇宁元年(1102),命将作少监李诫,在城南门外相地营建外学,称为"辟雍"。辟雍有"四讲堂,百斋,斋列五楹,一斋可容三十人"。辟雍成,"增太学上舍至二百人,内舍六百人,外舍三千人"③,是为有宋一代太学的鼎盛时期。

宋室播迁以后,太学随之南移。绍兴十二年(1142)四月,应起居舍人杨愿之请,以临安府学建为太学④。次年正月,"诏以钱塘县西岳飞宅为国子监太学"⑤。初,太学生徒仅以三百人为额,后续有增加,到咸淳四年(1268)已达到一千七百十六人⑥。南宋太学生人数虽然没有北宋后期多,但参加太学补试(待补或混补)的人数却远远多于北宋,如嘉泰二年(1202),参加太学混补的士人达到三万七千余人,是北宋熙宁元年(1068)补试人数的近二百五

---

① 《玉海》卷一一二《庆历太学》,第 2071 页。
② 《宋史》卷一五七《选举三》,第 3660 页。
③ 《宋史》卷一五七《选举三》,第 3663 页。
④ 《系年要录》卷一四五,绍兴十二年四月甲申条,第 2322 页。
⑤ 《系年要录》卷一四八,绍兴十三年正月癸卯条,第 2376 页。
⑥ 《咸淳临安志》卷一一《学校·太学》,第 3453 页。

十倍。①

　　士人所以要竞相进入太学，主要原因有二：一是太学课程与科举考试的要求完全吻合。加之，学校地处京畿，既有名师授业，又可获得考试的最新信息，是游士寄应的最好场所。二是太学的解额大大优于州郡②。这对士人更具吸引力。光宗绍熙三年(1192)，朱熹在《学校贡举私议》中也说：

> 所谓太学者，但为声利之场，而掌其教事者，不过取其善为科举之文而尝得隽于场屋者耳。士之有志于义理者，既无所求于学，其奔竞辐凑而来者，不过为解额之滥，舍选之私而已。③

　　对此，近有学者也指出两点：一是认为南宋太学"实质上是典型的科举预备机关"；二是南宋太学招生实行的"待补"之法，也就是从发解试终场被黜落者中，百人取六人赴太学参加补试，"说明科举解试已是太学招生的预备考试或前奏"④。因此，可以这样说，科举的刺激才是南宋士子争相参加太学补试的根本原因。

　　南宋人将太学、武学、宗学合称为"三学"，是最主要的三所中央官学。武学自北宋庆历三年(1043)创立不久，旋遭罢废。熙宁五年(1072)重建于武成王庙，生员以百人为额，"在学三年，具艺业考试等第推恩，未及格者，逾年再试"⑤。当时，尚未将其纳入武举范围。三舍法行，武学生员也实行升贡之法，并允许参加武举，于是武学与武举始相结合。高宗绍兴十六年(1146)三月，南宋于临安府修建武学。孝宗淳熙五年(1178)五月，"始立武学国子额，收补武臣亲属；其文臣亲属，愿附补者亦听"。⑥

---

① 《宋会要辑稿》崇儒一之三○、一之三九。
② 关于南宋太学的解额，有三种记载，一为周必大《上庠录》以为"六人取一人"，一为《朱子语类》卷一〇九《论取士》以为"七人取二人"，一为前面已经引述的《朝野杂记》以为"率四人而取一"。无论何种说法为是，太学解额皆远远高于州郡解额。
③ 《晦庵先生朱文公文集》卷六九《学校贡举私议》，《四部丛刊》本。
④ 苗春德等：《南宋教育史》第一章《南宋教育的基本特征》，上海古籍出版社 2008 年出版，第29 页。
⑤ 《宋史》卷一五七《选举三》，第 3679 页。
⑥ 《宋史》卷一五七《选举三》，第 3685 页。

宗学又称宗子学,它与专门为培养诸王子而设立的诸王宫大、小学不同,是北宋后期为培养宗室袒免亲读书识字、进而参加各类科举考试而设立的学校。靖康之变以后,徽宗、钦宗的大多数近支宗子被俘虏北去,剩下的宗子全部南迁。管理宗室的机构大宗司迁到了临安,又分别移南外宗正司、西外宗正司于泉州(今属福建)和福州。上述三地,都设有宗学,其中设在临安府的宗学规模最大,学生一百名,职事各五人①。宗学分设大、小两学,宗子年十岁以上入小学,二十岁以上入大学。随着时间的推移,宗子屡来屡多,他们仕进无他途,于是便大批地涌向应举者行列。以《宝祐四年登科录》所载看,是榜录取宗子七十五人,占该榜六百零一名进士中的百分之十二点五。与之相比,绍兴十八榜取宗子十五名,只占该榜三百三十七进士中的百分之四点五。在不足一百十年的时间里,宗子考取进士的比例,增加了二倍。此外,还有以量试、取应而踏上仕途者。宗子的大批登第,反过来又推动了南宋宗学的发展。

南宋中央官学除太、武、宗三学外,还有律学、医学、算学等,它们的规模虽不大,但都与科举有着密切的关系。

请先言律学。宋代自太祖朝起,历代帝王比较重视法制建设,早在建国之初,就在国子监置律学博士,教授法律。神宗熙宁四年(1069)二月罢废明经、诸科后,设新科明法,"以待诸科之不能改试进士者,试以律令、刑统、大义、断案,中格即取。惟尝应明经、诸科试在熙宁五年前者得试"②。熙宁六年,始在国子监设律学,置教授四员,"凡命官、举人皆得入学,各处一斋。举人须得命官二人保任先入学听读而后补试"。在学"用太学规矩"③。凡科举年,生员试断案、大义合格者,授刑法官,从而将律学与科举结合起来。徽宗崇宁初,虽废新法明科,但律学依旧存在。南宋建炎二年(1128)正月,有臣僚言,法官缺人,请复新科明法,"许进士尝得解贡人就试"。诏应所请。自绍兴十一年(1141)起,应新科明法举人,"每五人解一名,省试七人取一

----

① 参见《宋史》卷一五七《选举三》,第 3677 页。
② 《文献通考》卷三一《选举考四》,第 293 页。
③ 《宋史》卷一五七《选举三》,第 3673 页。

名,皆不兼经义"。经殿试后,分二等录取;"第一等本科及第,第二等本科出身"。该科行至绍兴十六年二月,"遂罢之"。①

早从北宋太宗朝起,为培养通法人才,就允许京官和选人参加刑法考试,试中即送刑部或大理寺出任刑法官,或转官。绍兴三年,南宋恢复了刑法考试,成绩优秀者,选人改京官,京官升秩。因此,尽管新科明法后来被废除,但国子监仍置律学博士以教授国子生和太学生,使他们入仕后能通过刑法考试以获得升迁。

次言医学。医学初隶太常寺,北宋元丰间(1078—1085)置太医局,始不隶太常寺。置教授一员,以翰林医官以下医生及在外良医为学生,设方脉科、针科、疡科三科以教诸生。以《素问》、《难经》、《脉经》为大经,以《巢氏病源》、《龙树论》、《千金翼方》为小经。崇宁二年(1103),医学改隶国子监,立上舍四十人,内舍六十人,外舍二百人。分三场考试,"中格高等,为尚药局医师以下职,余各以等补官,为本学博士、正、录及外州医学教授"②。南宋绍兴间复置医学,属太医局。乾道三年(1167),罢局而不再试补生员。七年,因宰相虞允文等奏请,"依旧存留医学科,可令逐举附试",由太常寺掌试补事,附省试别试所解发。绍熙二年(1191)七月,复置太医局,局生由原来的三百人裁减为一百三十一人,庆元四年(1198)"以六十人立为定额"③。局生先经礼部贡院别试所附试(相当于发解试),试脉义一场,合格者于次年赴省试,试经义三场十二道,以五通为合格,五取其一,补医生。待再赴省试,"八通翰林医学,六通祗候"。④

再言算学。算学建于北宋崇宁三年(1104),生员以二百一十人为额,许命官及平民子弟为之。主要学习历算和天文。"公私试、三舍法略如太学,上舍三等推恩,以通仕、登仕、将仕郎为次"。大观四年(1110)以算学生归之太史局。南宋绍兴初年,恢复太史局及算学,"并募草泽人"为生员。生员又

① 《朝野杂记》甲集卷一三《新科明法》,第269页。按:《宋史》卷一五七《选举三》将南宋复明法科时间系于建炎三年,误。
② 《文献通考》卷四二《学校考三》,第398页;《宋史》卷一五七《选举三》,第3689页。
③ 《宋会要辑稿》职官二二之四一至四二。
④ 《宋史》卷一五七《选举三》,第3689页。

称"局生",由太史局补试,补及二年以上者,"并许就试",一年试历算,一年试天文、三式两科,每科取一人①,补翰林天文官等。

上述由医学、算学考试合格而获得的出身,宋人谓之"杂出身",所授官职皆为技术官,时人并不看重,与进士科出身者相比,地位高低相差颇为悬殊。尽管如此,这些人毕竟有一技之长,并具备了良好的从业条件,这对于推动南宋医药学、数学和天文学的发展都起到了重要的作用。

二、地方官学

所谓地方官学,是指由府、州、军、监及县设立的学校。州县有官学,起自西汉武帝之世,历代虽屡次下诏重建,但它与仕进无直接联系,不为地方士人所重视,又缺乏如国子学、太学那样一套完整的机构,故只有少数州县建立学校。入宋,历经战乱之余,唐时的州县学皆废而不存。真宗乾兴元年(1022),诏依翰林侍讲学士孙奭之请,在兖州建学,并赐职田十顷,是为宋有州县学之始。

仁宗初年,累诏州县立学、赐田、给书,学校始及于一些大的州郡。宝元以后,小郡亦相继建学。然当时州县各学多数不设学官,生徒尚处于自流状态,因而所谓建学仍为文具而已。"庆历新政"时期,在范仲淹等人的建议下,朝廷又下诏令各州郡立学。"学者二百人以上,许更置县学,于是州郡不置学者鲜矣"②。话虽如此说,但多数学校既无专门教官,又无学田等经费来源,实际上仍处于自生自灭的状态。

神宗熙宁间,为了纠正"自庆历以来,天下诸州虽皆立学校,大抵多取丁忧及停闲官员以为师长,藉其供给,以展私惠,聚在事官员及井市豪民子弟十数人,游戏其间,坐耗粮食,未尝讲习"③之弊,"始命诸州置学官,率给田十顷赡士"④。使地方官学有了师资和经济上的保障,逐步走上正规化的道路。

---

① 《宋史》卷一五七《选举三》,第3686页。按:"三式"指《遁甲》、《太乙》、《六壬》三书。参见《群书考索》别集卷一六《历门·遁甲》。
② 《宋会要辑稿》崇儒二之三。
③ 《司马光奏议》卷二四《议学校贡举状》,第273页。
④ 《宋史》卷一五七《选举三》,第3660页。

南宋建立不久,州县旧学纷纷修复和创建。史载:绍兴六年(1136),陈某为休宁尉时,度地于县南建学,自是弟子"常过八百人,拔第于廷者踵相蹑"①。乾道四年(1168),提刑龚茂良改建广州之学,即番山之址以为堂阁,"东西十一筵,南北九之,庭之下什百其初。增辟两庑,倍其旧,六斋对峙……置番禺、南海二县学于后……藻饰焕然,侈于他所"②。其他州郡所建立的学校,大致也皆有规模。从数量上来看,南宋的州县学也大大多于北宋,如北宋江西路只有三十二所州县学,到南宋时增加到六十九所。③叶适以为:"今州县有学,宫室廪饩,无所不备,置官立师,其过于汉、唐甚远。"④其言可以相信。

宋朝大力发展地方官学的目的,本为改变社会风气,替统治阶级培养所需人才,然而从实际情况看,无论是从朝野对州县学的评价标准,或是从学官的授课内容和生徒入学目的看,无不因科举而奖,而设,而学,与封建政府的兴学本意并不完全一致。

首先,朝廷衡量州县学好坏与对学官的奖励标准,主要依据学校在科举考试中的成绩而定。如庆历四年三月的《兴学诏》中,明确宣布:各地州学教授内,"有因本学应举及第人多处,亦予等第酬赏"⑤。大观元年(1107),"诸路宾兴会试辟雍,独常州中选者多,州守若教授俱迁一官"⑥。刘立之在表彰程颢出任晋城令的政绩时言:"其俗朴陋,民不知学,中间几百年无登科者。先生择其秀异,为置学舍粮具,聚而教之……熙宁、元丰间,应书者至数百,登科者十余人。"⑦说明即使在只讲"义理",不言"功利"的道学家看来,州县学生登第之多少,仍是评价办学好坏的重要标准,足见朝野舆论之所向。

其次,州县学的授课内容也与科举考试的要求相一致。神宗熙宁三年

---

① 洪适:《盘洲文集》卷三三《休宁县校官碑》,文渊阁《四库全书》本。
② 《王十朋全集·文集》卷二二《广州重建学记》,第959页。
③ (光绪)《江西通志》卷七〇至七二《建置略三·学校》。
④ 《水心别集》卷一三《学校》,第800页。
⑤ 《宋会要辑稿》崇儒二之四。
⑥ 《宋史》卷一五七《选举三》,第3668页。
⑦ 朱熹:《伊洛渊源录》卷二《明道先生·门人朋友叙述》,文渊阁《四库全书》本。

（1070）以前,科举以诗赋、策论取士,故司马光以为:"(州县学师长)自谓能
立教者,不过谨其出入,节其游戏,教以抄节经史,剽窃时文,以夜继昼,习
赋、诗、论、策,以取科名而已。"①北宋后期至南宋,经义在科举考试中占了重
要地位,于是各级官学的授课内容,"皆以经义为主,而兼习论、策"②,诗、赋
的重要性则不如以前。

有人说,宋代以"科举支配学校"是一种消极现象,它"实际上限制了宋
代地方官学的发展"③。笔者的看法恰恰相反,认为:在封建社会里,惟有科
举才会引起朝野对学校的重视,激发广大士人的求学热情,"科举支配学校"
看来似乎是一种弊病,实际上却是推动地方官学发展的强大动力。

三、各地书院

书院之设,肇始于唐,推行于五代,至宋而大盛。唐代书院有两种类型:
一种是作为官方收藏、校勘和整理书籍的机构,最早见于史籍记载的有唐玄
宗时期的丽正书院和集贤书院。另一种是私人创建的书院,它们多系士大
夫及其子弟读书治学之所。五代干戈相寻,然科举始终未废,为适应这种形
势,地方士绅每择名胜之区或僻静之所,建学舍,授举业,私人书院逐渐增
多。不过,在兵荒马乱的岁月,不少书院仍不免毁于兵燹之中。

宋有天下后,统治者对学校教育一时尚无暇顾及,在庆历兴学前,尽管
科举已经大盛,但许多地方的州县学迟迟未置,太学则远在京师,且规模狭
小,远远不能满足地方士人求学之需,为适应科举的需要,于是各类书院首
先获得恢复和发展。

北宋早期的白鹿洞、岳麓、嵩阳、石鼓、应天府、茅山等著名书院,原先皆
为地方长吏个人倡导或私人兴办,后来才由朝廷通过赐额、赐书、赐田和任
命教授等措施加以控制,从而有了半官方的性质。如真宗朝时,"应天府民
曹诚,以赀募工,就戚同文所居造舍百五十间,聚书千余卷,博延生徒,讲习

①　《司马光奏议》卷二四《议学校贡举状》,第273页。
②　《系年要录》卷一四八,绍兴十三年二月己卯条,第2381页。
③　黄书光:《宋代地方官学发达的原因和意义》,载《浙江学刊》1989年第4期。

甚盛。府奏其事,上嘉之,诏赐额曰应天府书院,命奉礼郎戚舜宾主之,乃令本府幕职官提举,又署诚府助教"①,即为一例。较小的书院,则基本上仍由私人经营。

庆历以后,朝廷将办学重点放到兴建地方州县学上,对于书院很少过问。熙宁七年(1074),又应国子监之请,下诏将书院旧有钱、粮,拨入"州学已差教授处"②,于是大批读书人纷纷涌向师资、禀给都较为优越的州学就读。众多的书院或因失去经济资助而倒闭,或因士人散走而衰落。

自南宋孝宗朝起,沉寂百余年的书院重又蓬勃发展起来。仅东阳(今属浙江)一地,就有郭钦止所辟之石洞书院,钦止从兄良臣所辟之西园书院,侄溥所辟之南湖书院。与郭氏同里之吴葵亦辟安田书院,弟子达百余人。③ 建阳(福建南平)则有朱熹所辟之同文书院、考亭书院、云谷书院,蔡沈所辟之芦峰书院,黄榦所辟之环峰书院,刘应李所辟之化龙书院等④。据近人最新统计,南宋书院共有四百七十三所,而整个北宋不过三十八所⑤,尚不及南宋的十二分之一,足见南宋确为我国书院最为繁荣的时期。

如果我们仔细分析一下两宋书院从发展——衰落——再繁荣的历史进程,就不难发现它与科举制度的密切联系。

北宋前期,书院所以获得恢复和发展,主要不在于统治者的倡导,而在于士人对举业的需要。如上文提到的应天府书院,其前身即为宋初学者戚同文聚徒讲学之所,据《宋史》本传载,同文因擅长场屋之文,故四方士子竞相拜投于门下,"登第者五六十人,宗度、许骧、陈象舆、高象先、郭成范、王砺、滕涉皆践台阁"。后来应天府书院的声名大噪,实与此有关。

南宋孝宗朝以后,书院之所以由长期衰落重新走向发达,固然与地方官学因财政困难,学校腐败而丧失士心,以及理学的兴盛有关,但主要原因仍

---

① 《长编》卷七一,大中祥符二年二月庚戌条,第1597页。
② 《长编》卷二五二,熙宁七年四月己巳条,第6148页。
③ 黄宗羲等:《宋元学案》卷六〇《主簿吴先生葵》,中华书局1986年点校本,第1963页。
④ 参见《福建通志》总卷二四《学校志》卷六。
⑤ 参见苗春德等《南宋教育史》第四章《南宋的书院教育》(上),上海古籍出版社2008年出版,第172页;张廷藩:《中国书院制度考略》,台北中华书局1984年出版,第15页。

在于当时的书院由于管理有方,教学质量较高,更能满足士人读书应举的愿望所致。众所周知,理学最终形成于南宋前期,而理学内部的派别很多,理学家们为占领学术阵地,扩大自己学派的影响,多以书院为基地,广泛收徒讲学。如朱熹兴复白鹿洞书院并一度出任主讲;张栻在岳麓书院执教;陆九渊在应天精舍和白鹿洞、象山书院讲学;吕祖谦尝为丽泽书院山长;杨简讲学于杜洲书院等等。理学家的仕履虽大都不显,但弟子甚众,讲友、学侣、同调和私淑颇不少。他们往往同气相求,互相标榜,在朝廷内外结成一股巨大的势力。于是,每当科举之际,从发解到省、殿试的各级考官多被这些人所把持。

宁宗庆元二年(1196)三月,吏部尚书叶翥等言:"二十年来,士子狃于伪学,泪丧良心。以《六经》、子史为不足观,以刑名、度数为不足考,专习语录诡诞之说,以盖其空疏不学之陋,杂以禅语,遂可欺人。三岁大比,上庠校定,为其徒者专用怪语、暗号,私相识认,辄置前列,遂使真才实能反摈不取。"①四年三月,臣僚又言:"……比年以来,伪学相师,败乱风俗……科场主文之官,实司进退予夺之柄,倘或不知所择,使伪学之徒复得肆其险诐之说,则利禄所在,人谁不从? 必致疑误学者。"②叶翥等人指道学为"伪学",并加以种种罪名,虽怀有政治上的险恶用心,但从中却告诉我们一个信息:当时场屋主文之官,多系理学信徒,他们或囿于师传,或陷于宗派,取舍之际有可能产生所谓"用怪语、暗号私相识认,辄置前列"的情形。既然理学家的说教可以成为猎取科名的工具,那么,由他们主持的书院,必然就门庭若市。庆元党禁起,场屋一度禁止引用朱熹学说,但前后不过十年左右,随着韩侂胄被杀,史弥远专权,以朱学为代表的理学思想重新风靡场屋,基本上皆由理学家所把持的书院就更为繁荣。

四、乡塾村校

乡塾村校,宋人常称之为蒙学或小学,也属于私人讲学的一种。其规模

---

① 《宋会要辑稿》选举五之一七。
② 《宋会要辑稿》选举二二之一四。

虽较书院为小,但因为或纯属义务教育,或收费低廉,学生可以就近入学,有时还有季节性的冬学,所以更受贫寒子弟的欢迎。

北宋时,乡塾村校已较普及,但主要还是集中在经济比较发达的京畿和两浙、江东南等地区。进入南宋,此类学校更是遍及全国城乡各地。以首善之地的临安府来说,这里除集中了全国所有的中央官学以外,"其余乡校、家塾、舍馆、书会,每一里巷须一二所。弦诵之声,往往相闻。遇大比之岁,间有登第补中舍选者"。①

原来文化教育比较落后的地区,也大踏步赶了上来。以福建而言,如兴化军莆田县已有所谓"三家两书堂"和"十室九书堂"②之说。南剑州(福建南平)也是"家乐教子,五步一塾,十步一庠,朝诵暮弦,洋洋盈耳"③。新安(安徽歙县)虽地处山区,"自南迁后,人物之多,文学之盛,称于天下。当其时,自井邑田野,以至于远山深谷,民居之处,莫不有学"④。由此可见,南宋的学校教育,通过遍布各地的乡塾村校,已由城镇推进到了穷乡僻壤。这些最初级的学校,除了进行一般性的文化知识传授以外,也为适应科举考试的需要而进行教学,故学生中的佼佼者,有的后来考入了地方官学,进而甚至考取了进士,对此本书前面已有不少举例。

总之,在科举的刺激下,宋代读书人数急剧增加,书籍广泛流布,促进了文化的普及和发展;为适应举业的需要,从中央官学到乡塾村校也普遍兴起,有力地推动了学校教育的发达。科举制度与两宋文化的这种关系,我们不仅应该给予足够的重视,而且还可以从中获得一些有益的启示。

①　耐得翁:《都城纪胜·三教外地》,浙江人民出版社 1983 年《杭州掌故丛编》本,第 93 页。
②　《莆阳比事》卷一;王象之:《舆地纪胜》卷一三五《兴化军》,中华书局 1992 年《中国古代地理总志丛刊》本,第 3854 至 3855 页。
③　《舆地纪胜》卷一三三《南剑州》,第 3809 页。
④　赵汸:《东山存稿》卷四《商山书院学田记》,文渊阁《四库全书》本。

第四节　科举制度造就南宋前期学术的繁荣

一、宋学的产生和勃兴

自北宋中期起,儒学领域逐渐出现了新的气象,主要表现为汉唐学者专事经学笺注的传统遭到废弃,对以贞观年间钦定的《五经正义》为代表的经学旧说产生怀疑,群儒奋起,开始了以己意解经的新时代。这种学术思想的变化,经过一个多世纪的积累和嬗变,到了南宋前期,最终形成了带有两宋鲜明时代特征的新儒学——以理学为主的宋学。

实际上,这种以己意解经的新儒学,早在唐朝中期已经露出了端倪。如唐代宗大历年间(766—779),由学者啖助、赵匡、陆淳师友三人合撰的《春秋集传纂例》一书问世,大胆地向"疏不破注"的旧传统挑战,开创了"舍传求经"①的新学风。可是,此种萌芽迟迟不能破土而出,甚至到政治上已完全具备产生新儒学条件的北宋真宗年间,尚命邢昺、孙奭等重新校定《周礼》、《仪礼》、《公羊》、《谷梁》、《孝经》、《论语》、《尔雅》等七经疏义;后又命邢昺撰《论语正义》、《尔雅义疏》、《孝经正义》,孙奭撰《孟子正义》,合唐代的《五经正义》,共十三经正义,颁行学官,成为法定读本。士人应举,不得违背正义,否则必然黜落无疑。史载:李迪与贾边皆有声场屋,景德二年(1005)三月,"及礼部奏名,而两人皆不与,考官取其文观之,迪赋落韵,边论'当仁不让于师',以师为众,与注疏异,特奏令就御试。参知政事王旦议落韵者,失于不详审耳;捨注疏而立异论,辄不可许,恐士子从今放荡无所准的。遂取迪而黜边"②,反映出当时的学风与唐时并无两样。

但是,到仁宗朝以后,情况却有了很大变化,继庆历、皇祐年间的所谓

---

① 《四库提要》卷二六《春秋类一》,《春秋集传纂例》条。按:四库馆臣以为,是书系陆淳所撰,然考本书内容,实陆淳释其师啖助、友赵匡之《春秋》说而成。似作三人合撰为当。
② 《长编》卷五九,景德二年三月甲寅条,第1322页。

"宋初三先生"孙复、石介、胡瑗之后，欧阳修、刘敞、王安石父子、苏洵父子、周敦颐、张载、二程兄弟、邵雍等儒家学者纷纷登场，他们抛弃家法，疑古惑经，直至以己意解经、改经，出现了以王安石为代表的新学、以周敦颐和二程为代表的洛学、以苏轼兄弟为代表的蜀学。他们的学术思想虽与传统儒学有很大的不同，且能够广泛传播，并深入到各级学校中去。

到南宋绍兴后期至孝宗朝，不仅正式形成了宋学中最主要的派别——理学，而且以吕祖谦、唐仲友为代表的金华学派、以陈亮为代表的永康学派、以叶适为代表的永嘉学派也大行其时。即使在理学内部，也出现了以胡安国胡宏父子和张栻为代表的湖湘学、以朱熹及其门人为代表的闽学（朱子学）、以陆九渊及其弟子为代表的心学（陆学）、以谯定、李焘、魏了翁等人为代表的蜀学。各学派相互责难，相互辩论，使作为新儒学的宋学呈现一派繁荣景象。朱熹、陈亮的"王霸、义利之辨"、朱熹、陆九渊的"鹅湖之会"出现于这一时期，也就不属偶然。当时学者对儒家学说的态度，普遍以为："不专主一说，不务为苟同。隐之于心，稽之于圣人，合者取之，疑者阙之。"①

面对宋学的蓬勃发展和人们对儒家经典的不同理解，使朱熹大为震惊，他道：

> 今人为经义者，全不顾经文，务自立说，心粗胆大，敢为新奇诡异之论。方试官命此题，已欲其立奇说矣……遂使后生辈违背经旨，争为新奇，迎合主司之意，长浮竞薄，终将若何，可虑！可虑！王介甫《三经义》固非圣人意，然犹使学者知所统一。不过专念本经，及看注疏，而以其本注之说为文辞，主司考其工拙，而定去留耳。岂若今之违经背义，恣为奇说，而无所底止哉！②

朱熹俨然以儒学正统自居，凡与其思想相左的学派，皆被他指摘为"违背经旨，争为新奇"，忘记自己的学说在汉唐人看来，恐怕也难于逃脱这种"罪名"。

---

① 黄宗羲编：《明文海》卷二三四《说斋先生文粹序》，文渊阁《四库全书》本。
② 《朱子语类》卷一〇九《论取士》，第 2693 至 2694 页。

可以这样说,在整个中国古代社会,除了春秋战国之际,由于特殊的政治环境,在学术思想上曾经产生过"百家争鸣"以外,只有北宋后期至南宋前期,才再次出现这种近似于"百家争鸣"的景象,实属难得。

二、南宋前期学术繁荣的原因

宋学的正式形成,是南宋前期学术繁荣的标志。有关宋学产生的原因,著名史学家邓广铭先生从经学本身的演变和佛学研究对儒学的影响这两个方面谈了自己的看法,他说:"(宋代)儒家学者之所以要抛弃汉唐学者的章句训诂之学而趋重于阐发经典中的义理内涵,其内在原因固在于对汉儒烦琐哲学的厌弃而要转移方向,而其外部原因则也是在于看到佛教的那些学问僧都在讲说心性之学,便也想在这一方面能与之一较高低之故。"①《宋明理学史》一书的作者则从学术思想条件和政治条件两方面解释了宋学产生的原因。所谓学术思想条件是:"经学笺注的没落;佛学与道教思想的渗透;科学技术的发展。"所谓政治条件是:"在封建社会后期,地主阶级势力的递嬗,庶族地主取代身份性地主的统治地位;农民战争对财富平均的新要求;民族矛盾的尖锐。"②

以上这些论述,如果从学术思想的发展趋向和历史背景的角度来分析宋学产生的原因,当然正确,但人们不禁要问:汉学到了唐朝前期实际上已经完全僵化,为什么尚能保持数百年之久而仍不能抛弃? 佛学与道教思想从南北朝到隋唐早已大盛,因何至宋代才被渗透到儒学中去?

笔者认为,除了两宋统治者"重文教"这一大背景以外,科举制度当是造就南宋前期学术繁荣最为重要的原因。

(1)科举考试内容的变化,为宋学的产生和发展提供了学术空间。

唐代科举制度,主要以明经、进士两科取士。明经考试,只试帖经、墨义。帖经类似今天的填空题,墨义是要求将某处经文连同注疏默写出来。两者都以背诵为工,无须通晓经文义理。故唐代学者、士大夫对经学的研究

---

① 邓广铭:《谈谈有关宋史研究的几个问题》,载《社会科学战线》1986 年第 2 期。
② 侯外庐等主编:《宋明理学史》,上卷《绪论》,人民出版社 1984 年出版,第 7 至 8 页。

仅局限于训诂章句,很少有言义理者,更不敢对儒家经典作丝毫怀疑。科举中式后授官、升迁皆不优,才能之士不屑就试。进士科初唐仅试策,后来迭加帖经、杂文等内容。自盛唐起,杂文文体固定为诗赋,并主要以此取士,策与帖经仅"礼试"而已,考校时成了可有可无的东西。诗赋之作,贵在创新,非聪明博学之士难成佳作,故进士科最受人推重,非他途出身者可比。但诗赋的流弊也很多,它务求词藻华丽而新奇,既无补于政事,亦助长了浮华浇薄的文风,是以中唐后屡为人所诟病。

北宋前期,承唐旧制,设《九经》、《五经》、《开元礼》、《三史》、学究等科目,通称诸科。其对考试的要求,与唐代没有两样。如仁宗朝宰相吕夷简于真宗咸平年间(998—1003)应进士举时,其中一道墨义为:"子谓'子产有君子之道四焉',所谓四者何也?"回答则曰:"对:'其行己也恭,其事上也敬,其养民也惠,其使民也义。'谨对。"①全部答案出自《论语》卷三《子产章要旨》,不允许有一字之改动,否则就会遭到黜落的下场。

但是,自仁宗朝起,经义在科举考试中的地位得到加强,天圣三年(1025)三月,仁宗下诏贡院,在诸科考试中,"只于经义内考较。如对策纰缪,及对答不得者,并特免退落"②。稍后,又对经义考试的优劣定出标准:"能以本经注疏对而加以文辞润色发明之者为上,或不指明义理,但引注疏备者次之,并为通明;若引注疏及六分者为粗;其不识本义,或连引他经而文意乖戾、章句断绝者为否。并以四通为合格。"③换言之,士子要在经义考试中取得好成绩,必须"以文辞润色发明",也就是讲出自己的新意,若仅以前人注疏回答,成绩最多只能得"粗",必遭黜落无疑。仁宗嘉祐二年(1057),于诸科之外,又增设了专门试大义(经义)的明经科。

与此同时,在经义考试的影响下,经义策在策题中也占了一定比例,并且开始跳出前人窠臼,表现出疑古、疑经,要求士子自由阐发经义的倾向。如嘉祐二年,欧阳修在《南省试进士策问三首》中,对《周礼》的真伪和能否施

---

① 《燕翼诒谋录》卷二,第11页。
② 《宋会要辑稿》选举一二之二九。
③ 《宋会要辑稿》选举一二之三一。

行提出了一系列疑问①。司马光在英宗治平四年(1067)出任权知贡举时所出的策问中,要求士子对《孟子》的"尽信书不如无书"说及《礼记·曲礼》中所谓"礼不下庶人,刑不上大夫"说的正确性进行评述,各抒己见②。这一方面反映了自仁宗朝以后,经义策在科举考试中的重要性有所加强。另一方面也反映了士子在对策时,如果能熟习经文,润色发明其义理,有一番新的见解,就容易被取中。熙宁变法改革科举制度以后,经义终于成了科举考试的主要内容。

北宋后期,虽然由于政局的变化,出现了经义与诗赋之争,但在经义考试中"许引用古今诸儒之论及己见"③的规定,却一直延续至南宋前期。

宋室南渡,朝廷中主张以诗赋取士的议论又有抬头,但遭到宋高宗的反对,他说:"文学、政事,自是两科。诗赋止是文词,策、论则须通(之)[知]古今,所贵于学者,修身、齐家、治国以治天下。专取文词,亦复何用?"乃诏省闱,"其程文并须三场参考,若诗赋虽平,而策、论精博,亦不可遗"④。后来虽然分设经义、诗赋两科,但即使是诗赋进士,其中的论、策也日益经义化,这就迫使应举之人去认真钻研经义,阐发其内涵,以取胜场屋。科举重视经义,使读书人摆脱了以往传注的束缚,专心研究儒家经典的内涵,为宋学的产生和发展提供了广泛的学术空间。

(2)科举制度为宋学的产生和发展培养了专门人才。

学术思想需要人去研究,如果仅有学术空间,而没有人在这个学术空间的活动,也就是进行锲而不舍的研究,学术当然也谈不上有发展和创新。而宋代的科举制度恰恰就为宋学的产生和发展培养了这方面的人才。

两宋儒家学者众多,不管他们的家庭出身如何不同、学术思想怎样迥异,但是有一点却基本相同,这就是他们中的绝大多数人都曾经与科举结下不解之缘。正如朱熹所谓:"今之世,父所以诏其子,兄所以勉其弟,师所以

---

① 《欧阳文忠公集》卷四八,第677至678页。
② 司马光:《传家集》卷七五《进士策问十五首》,文渊阁《四库全书》本。
③ 《长编》卷四〇八,元祐三年二月癸巳条小注,第9939页。
④ 《系年要录》卷一一三,绍兴七年八月戊申条,第1832页。

教其弟子,弟子之所以学,舍科举之业,则无为也。"①翻开《宋史·道学传》,那里记载了自周敦颐以下二十四位著名道学家的经历,其中进士出身者占了半数,其余人在年轻时亦全部从事过举业。又《宋元学案》虽将胡瑗列居宋代学者的首位,而《宋史·儒林传》则将另外二先生孙复、石介列居胡瑗之前,自孙复以下的五十八名学者中,由进士或制科出身者达四十二人,占百分之七十二点四,其余人在早年亦大都是乡贡进士。至于没有列入《道学传》或《儒林传》的两宋著名儒家学者,如司马光、王安石、陆佃、任伯雨、张九成、留正、周必大、楼钥等人,也皆系进士出身。因而,宋代儒家学者的学问,实际上皆由举业发轫,进而对经义有所研究,最后才自成一家之言或具有深厚的学术造诣。

在这方面,两宋之交的大儒胡安国,可以说是一个典型。他一生以治《春秋》见长,撰有《春秋传》三十卷,为元、明两朝科举取士的教科书。胡安国十余岁即入太学读书,"昼夜刻励",以程颐之友朱长文及靳裁之为师②,虽二次见黜于礼部,终于在哲宗绍圣四年(1097)以进士第三人及第,是岁殿试策题,即与《春秋》之义理有关。③ 后来他在讲述自己的治学历程时说:

> 某之初学也,用功十年,遍览诸家,欲多求博取,以会要妙然,但得其糟粕耳。又十年,时有省发,遂集众传,附以己说,犹未敢以为得也。又五年,去者或取,取者或去,己说之不可于心者尚多有之。又五年,书向成,旧说之得存者寡矣。及此二年,所习似益察,所造似益深,乃知圣人之旨益无穷,信非言论所能尽也。④

尽管胡安国在这里只字不提早年从事举业对自己学术思想所产生的影响,但是,如果不是为了应举,他不可能去"遍览诸家"之说,也不可能在此后三十余年间,对《春秋》有一步步的深入研究,乃至所著《春秋传》成了场屋

---

① 《晦庵先生朱文公文集》卷七四《同安县谕学者》。
② 朱熹:《伊洛渊源录》卷一三《胡文定公行状略》;《宋史》卷四三五《儒林·胡安国传》,第12908 页。
③ 《宋会要辑稿》选举七之二九至三〇。
④ 胡寅:《斐然集》卷二五《先公行状》,中华书局 1993 年点校本,第 553 页。

用书。

另一位较胡安国稍晚的大儒林光朝,年轻时"再试礼部不第,闻吴中陆子正尝从尹焞学,因往从之游。自是专心圣贤践履之学,通《六经》,贯百氏,言动必以礼,四方来学者亡虑数百人。南渡后,以伊、洛之学倡东南者,自光朝始"①。孝宗隆兴元年(1163),林光朝已是知天命之年,仍然应举并考取了进士。由此不难看出,他早年跟随陆景端(子正)学习伊、洛之学和后来自己向弟子传授《六经》,无非都是举业而已,否则就不能理解他为何到五十岁时还能登进士第?至于元代史臣言其"自是专心圣贤践履之学"云云,不过是引自弟子门人之口的一种缘饰之辞而已,不足深信。

朱熹弟子陈淳,也是一位大儒,一生著述甚多,但也屡试场屋不第,直到六十五岁才以特奏名登第。由此可见,宋代理学家对功名的热衷程度,与普通士人并无两样。

还有一些儒家学者,在几经科举不第后,为了谋生,被迫去开馆授业或出任各类学校的教职。尔后,由于弟子登第者日众,自己的声名亦随之鹊起,从此就不再应举,这样不仅可以免除日后落第的耻辱,而且进而有可能被荐举入仕,退而尚可自命清高,真所谓左右逢源。被清人全祖望誉为开宋学先河的大儒胡瑗及与陈襄、郑穆、周烈合起来有"闽中四先生"之称的周希孟等人,皆有此种经历。

此外,还值得一提的是,两宋的儒家学者大都出身贫寒,是当时"一切以程文为去留"的原则吸引着他们走上科举之路,从而为开创并发展宋学奠定了扎实的文化基础和经术修养。由于出身贫寒,他们对社会的了解就更为深切,对国家和民族就更具责任感,希望从儒家经典中找到一种济世救民的良方;由于出身贫寒,缺少旧经学传统的束缚,也易于使他们去建立新的儒学体系。这应该说都是宋代科举对当时的学术思想所带来的积极影响。

但是,正所谓"成也萧何,败也萧何",南宋后期科举考试内容的再变,反过来阻碍了南宋学术的发展。原来,进入理宗朝以后,由于最高统治者的提

---

① 《宋史》卷四三三《儒林·林光朝传》,第 12862 页。

倡、表彰,道学在宋学中开始处于"独尊"地位,朱熹所撰之《四书集注》,逐渐成了科举考试的标准答案,不允许士人再作自由发挥、"恣为奇说"。至此,宋代儒学的其他各派遭到了严重的排挤和打击,繁荣的宋代学术因此走向衰落。

第五节 科举迷信对士人的影响

一、科举迷信的各种表现

中国科举制度自唐代开始形成以后,入宋始大盛,各种科举迷信也随之出现,根据宋人的一些笔记、文集特别是颇能反映社会现实的著名志怪小说《夷坚志》记载,可以将宋人的科举迷信主要归纳为以下四大类:

第一,祈梦。又称祷梦、求梦、乞梦。即士人在应试前,向自己所信奉的神祇祈祷祝福,请求以托梦的形式告诉是举吉凶。北宋开封府的二相公庙,南宋临安府的上天竺、吴山等地庙宇,都是祈梦的主要场所。特别是二相公庙,传说"灵验"异常,举子问得失,"尤应答如响"①。因为一般祈梦者须预宿其中,故那里的寺院专门建有"祈梦馆",以满足士人祈梦的需要。②

从有关记载来看,宋代士人应试前的祈梦活动非常普遍,传说得佳梦者往往能获取科第,得恶梦者则多半不第,有人甚至将此类故事,汇辑成《梦录》③以传世。兹就有关史籍记载,录数例于下:

(1)绍兴二年(1132),两浙进士类试于临安湖州(今属浙江),士人谈谊与乡友七人,谒上天竺观音庙祈梦。谈谊等"梦人以二椁贮六茄为馈,恶之。盖杭人以茄为落苏,而应试者以落苏为下第也。惟徐扬梦食巨蟹甚美……

---

① 费衮:《梁溪漫志》卷一〇《二相公庙乞梦》,山西人民出版社 1986 年标点本,第 126 页。
② 参见谢旻《江西通志》卷八《山川二·台峰》,文渊阁《四库全书》本。又,士子祈梦,在明代也很盛行,今杭州三台山有建于明孝宗弘治年间的于谦祠,祠内有祈梦馆,馆内设有石床,供士子睡在上面祈梦。
③ 刘埙:《隐居通议》卷三〇《大乾梦录》,文渊阁《四库全书》本。

扬窃喜。乃以梦告人,以为必中黄甲之兆"。待榜出,六人皆不利,"徐扬独登科"。①

(2)潭州士人龚舆,乾道四年(1168)冬与乡里六七人赴省试,过宜春(今属江西),在仰山庙祈梦。龚舆梦至官府,见柱上有揭纸一片,书"龚舆不得"四字,而"不"字上下稍不连接。既觉,殊不乐,自认为必下第。"及春榜至,舆中选,余人尽黜"。龚舆认为梦并不灵验。有人则解释为:"'不'字断续如此,乃一个也,神言龚舆一个得耳,岂不昭然。"②

(3)淳熙十一年(1184),长沙人汤璹经过袁州(江西宜春)仰山,那里有一座二王神祠,据说极其灵验,"士大夫往来者多祈梦于祠下",汤璹亦宿于山下祈梦。"是夜,梦一贵人姓萧者召与之谈……明日伏谒祠庭,见庑间有碑记,读之,始知王萧姓也。璹遂再祷,乃梦被旨使高丽,璹挟矢负弩,跃马而行。方十余步,忽闻后有叹声,回顾视之,见二士:一王氏,一欧阳氏。璹复前行,道险,偶一矢堕地,璹亟下取之,矢已随流水过前矣。须臾,见故仰山寺主僧本然,揖璹少憩。僧拥炉而坐,旁一侍者欲撞钟而复止,璹问:'何为而不声钟?'答曰:'未遇顺风,击之声只闻一方,待遇顺风声可闻四方。'璹因谓僧曰:'是钟未用耶?'僧曰:'炉亦未用。'璹曰:'洪钟之用在足下尔。'僧笑而止。翼日,且复得梦,读省闱前列文卷,殊莫晓其意。淳熙十三年,璹预荐名,在第三,其上则王与欧阳也。次年,试礼部,知贡举乃洪迈景卢。璹遂为首选"。③

(4)"李知几少时,祈梦于梓潼神。是夕,梦至成都天宁观,有道士指织女支机石曰:'以是为名字,则及第矣!'李遂改名石,字知几。是举过省"。④

(5)真德秀会试于行都,祈梦于吴山梓潼庙,题其鼓曰:"大扣则大应,小扣则小鸣。我来一扣动,五湖四海闻其声。"⑤是夜得吉梦,其年果及第。

(6)福州人黄左之与池阳士人王生,于淳熙七年(1180)同赴省试。黄祷

① 潜说友等:《咸淳临安志》卷九二《纪事》,中华书局 1990 年《宋元方志丛刊》本,第 4203 页。
② 《夷坚志》支甲卷五《龚舆梦》,中华书局 2006 年点校本,第 746 页。
③ 张淏:《云谷杂纪》卷三,武英殿聚珍版书本。
④ 《老学庵笔记》卷二,第 18 页。
⑤ 《西湖游览志余》卷二二《委巷丛谈》,第 397 至 398 页。

梦,神告曰:"君来春必及第,指一女子示之曰:此君之妇也……"王与黄游处颇久,相得益欢,遂约曰:"君若登科,当以息女奉箕帚。"明年,黄果中选,遂为王婿,得奁具五百万。①

第二,看相、算命、卜问。在宋代,有一批被称为卜者、日者或术者之人,专门以看相、算命和占卜为生,他们中有一部分人周游四方行业,有一部分人在称作卜肆的固定场所行业②,北宋开封的大相国寺、南宋临安的吴山一带,都是卜者集中之地。北宋时候,据王安石估计,当时全国"訾相人仪状色理,逆斥人祸福"的卜者有几万人,"举汴而籍之,盖亦以万计"③,南宋卜者当不会少于此数。每当乡试或省试前夕,多数士人会向他们询问前程。卜者语言圆滑,往往模棱两可,但也有被完全说中者。兹略举数例于下:

(1)南宋前期大臣郑刚中谓:绍兴元年(1131),卜者张允持相书到婺州(浙江金华)营生,"是年朝廷类试礼部进士于临安,吾乡中选者七人,多居士之所预言,而余之名次高下言之皆验"。④

(2)士人王垂,绍兴十五年(1145)赴省试,闻一史姓术士颇有名声,往谒以问科名。告之曰:"毋讳吾言说,君非但今兹不利,后举亦不得乡荐,岁在庚午当再举,辛未必成也。"⑤王不乐而退,后果与所言。

(3)处州(浙江丽水)士人华延年,入太学久不第。一日斋仆报陈官人来访,华大喜,众扣问原因,答道:"往岁过三衢,诣老刘卦肆求占,得诗曰:'……希点若来参学时,同年从此不须疑。'今陈君者正名希点……吾三试南宫皆不利,而陈亦阻忧患,不得到省,兹其有同年之兆乎?"⑥后两人果以淳熙八年(1181)同登第。

第三,神灵怪异示兆。士子在应试前,据说有时会遇到神灵怪异给予的

---

① 《夷坚志》支甲卷七《黄左之》,第767页。
② 《夷坚志》支甲卷第一〇《蒋坚食牛》载:"日者蒋坚,金陵人。乾道元年,游术江左,至鄱阳,就邸舍起卜肆,其学精于六壬,为士大夫所称道。遂留之不去。"第788页。
③ 王安石:《王安石全集》卷七〇《汴说》,吉林人民出版社1996年点校本,第752页。
④ 郑刚中:《北山集》卷五《送相士张允序》,文渊阁《四库全书》本。
⑤ 《夷坚志》丁志卷一九《史言命术》,第693至694页。
⑥ 《夷坚志》支甲卷四《华延年》,第739页。

各种信息或暗示,预示他是举将能得逞场屋或遭黜落。这方面的例子也很多,兹略举数例于下:

(1)建康(江苏南京)士人郭九德,梦已死同舍生陈尧道,陈告以明年必及第。"郭果以明年第进士"。①

(2)明州(浙江宁波)士人王壁,赴楚州(江苏淮安)参加发解试,寓龙兴寺,见寺大门内有人题曰:"东壁之光,下照斗牛,今年王壁当魁荐。"是举"王果为解头"。②

(3)士人詹林宗于绍兴三十二年(1162)读书时,晨起,巾栉有小蛇,移时方去,次年秋试获第五名发解。乾道元年(1165)科举,读书时,默自祷曰:"前三年灵瑞已得第五,今举或魁选,当感大蛇为兆。"明日,有蛇不知从何来,"及揭榜,果第一人"。③

(4)临川(今属江西)州学门庭边,有一深而不广的小池,即使遇到大旱,池水也不会枯竭,世传以为是王羲之的墨池。"每当贡士之岁,或见墨汁点滴如泼出于水面,则次春郡人必有登第者。"④

第四,积德、修德,因果报应。宋人以为,祖上若行善事,也就是积德,自己若行善事,也就是修德,在冥冥之中就可以获得神灵保佑,考取科第。反之,则要落第。这种所谓积德和修德表现在各个方面,如救人性命,解人窘急,不贪钱财,不近女色,安葬亡者等。兹举数例于下:

(1)士人袁仲诚,绍兴十五年(1145)省试毕,还丹阳(今属江苏),夜梦一黄衣人来报榜,见自己的姓名列于第二,其余间三四名,或五六名,辄缺其一。仲诚怀疑其非全榜,报榜人回答道:"不然,君知士人中第,非细事否,要须有阴德,然后得之。大抵祖先所积为上,己有德次之,此所缺姓名,盖往东岳会阴德司未圆故尔。"⑤既觉,历历记其语,大行善事,后来果然考取第

① 《夷坚志》乙志卷二〇《城隍门客》,第358页。
② 《夷坚志》甲志卷二〇《王壁魁荐》,第178页。
③ 《夷坚志》乙志卷八《詹林宗》,第252页。按:此条所载科举年份及第一人姓名,核之有关史籍,皆误。
④ 吴曾:《能改斋漫录》卷一一《临川王右军墨池》,上海古籍出版社1960年标点本,第314页。
⑤ 《夷坚志》补志卷三《袁仲诚》,第1566页。

二名。

（2）士人杨希仲未第时为成都某氏馆客，一日正色拒绝主人家小妇引诱。其妻在乡间梦人告曰："汝夫独处他乡，能自操持，不欺暗室，当令魁多士以为报。"①次年，杨希仲果然考取四川类省试第一人。

（3）福州名士张楠，在太学为学录，省试屡不利。一日，张诣土地祠祷问原因。当天晚上，梦神来谒，对他说："君当登科，缘以比者受无名之钱四百三十几贯几百几十文，为此遭黜。"楠谓自己身为寒士，不应有此举动。后来，他逐一计算诸生助己赴省试钱，恰为此数，才恍然大悟，知道非己之财，不可妄得，并遍以告人，"续以上舍赐第"。②

（4）濰州人傅敞过吴江（江苏苏州），住僧房，见东室有殡宫。是夜，梦一儒冠人来见，自言三山（福建福州）陆苍，为前任知县，死后无力安葬，"旅魂栖泊无依，君其念我"。次日，敞以告当地官员，遂迁葬陆某于官地上。至七月，敞赴转运司试，住西湖小刹，夜梦陆某谢，并告以三场试题。傅应试，"尽如其素，于是高擢荐名"。③

（5）福州士人高南寿赴省试，道中遇一男子欲自尽，南寿救之。该男子自称为开化弓手，因办公事，欠人钱三万，计无所出，宁以身死，庶不贻家祸。高遂倾囊三十千相助，"是岁登科"。④

除了上述四大类科举迷信以外，士人在科举前还有许多禁忌和讨吉利的言语、举动、事物等，限于篇幅，不一一赘述。这些科举迷信，同样也见之于元、明、清三代参加科举考试的士人中。

二、科举迷信成因浅析

宋代出现如此众多的科举迷信，除了由于人们对一些社会现象和自然现象缺乏科学知识而造成的愚昧无知以外，主要原因恐怕有以下三个方面：

---

① 《夷坚志》丙志卷三《杨希仲》，第 384 至 385 页。
② 《夷坚志》乙志卷八《张元干梦》，第 858 至 859 页。
③ 《夷坚志》景志卷三《三山陆苍》，第 901 至 902 页。
④ 《夷坚志》补志卷三《高南寿捕盗》，第 1570 页。

　　第一,科场竞争空前激烈,给士人带来了巨大的精神压力。众所周知,科举制度虽然形成于唐代,但当时科举并非士大夫子弟的主要出路,并存在着严重的历史局限性。一是每举取士人数,包括进士和明经,一般不到五十人,姑以五十人为率,则三岁所放不过一百五十人。二是即使及第,不能便解褐入仕,尚有试吏部一关,情况不容乐观。三是侥幸试中吏部铨试,授官也不优,进士得甲第者,初授官为从九品上,得乙第者为从九品下,而一品子能荫正七品上,以下依次类推,至从五品子尚能荫从八品下的官。① 四是以进士入仕者若无特殊背景,其升迁速度不仅没有优待,而且往往要慢于以恩荫得官者。据近人统计,有唐一代共有宰相五百二十四人,以进士出身者为二百三十二人,占百分之四十四,以明经、恩荫等出身者为二百九十二人,达百分之五十六②,就是一个明显的证据。五是唐代门阀势力尚盛,参加科举考试的士人,绝大部分为官宦子弟,加之察举制残余大量存在,举人若无人公荐,乏人揄扬,即便才学出众,也很难取得科第。以上这一切,都使唐代科举只是少数士人的事业,他们中的竞争虽然也较激烈,但科举能否被取中,场屋以外的人为因素占了主流,各人的注意力更集中于"行卷"、"温卷"、"公荐"、"识知己"等方面,对鬼神的依赖、讲究命运的好坏,相对而言就显得淡薄。

　　入宋,在重文抑武国策的指导下,科举制度经过自宋太祖到宋真宗时期的一系列改革后,制度之严密,取士之公道,已经臻于完善。对进士出身之人的重用,也达到了无以复加的地步,如在北宋的七十一名宰相中,有六十四名是进士或制科出身,除赵普等四名开国元老外,由恩荫出身的只有贾昌朝、陈执中和吴敏三人。在南宋的六十三名宰相中,除韩侂胄一人以外戚和"定策功"得之以外,全是进士出身者。

　　在这种情势之下,极大地吸引了读书人走科举入仕之路,正如朱熹所谓:"居今之世,使孔子复生,也不免应举。"③陆九渊也说:"科举取士久矣,

<hr>

① 《旧唐书》卷四二《职官一》,第 1805 页。
② 卓遵宏:《唐代进士与政治》,台北国立编译馆 1987 年出版,第 3 页。
③ 《朱子语类》卷一三《力行》,第 246 页。

名儒巨公,皆由此出。今为士者,固不能免此。"①至南宋中期,应试者更众,往往在数百名参加发解试的士人中,只有一人能脱颖而出,获取参加省试的资格。举人在省试中,要想录取为奏名进士,也只有十四至十七分之一的机会。由此可见,士人要考取进士,其难度之大,竞争之激烈,简直不可想象。对每一位应试者而言,即使学问再好,也无疑会产生巨大的精神压力。他们在皓首穷经、攻苦食淡的同时,实在无法把握自己在科场上的命运,只有寄托于神灵的保佑,以达到一举成名、荣华富贵之目的,科举迷信也就在这种情况下应运而生。

第二,科举考试中的许多不确定因素助长了命运说的流行。在士人方面来说,由于考试条式不胜其烦,即使是才华出众的士人,只要在答卷时稍有不慎,如犯讳、脱韵、错别字、脱漏题目等"不考式",以及所试策、论是否符合统治者政策的需要等,都关系到他们在科举中的得失成败。至于考试时士人的身体状况如何,家庭和近亲中有无丧服,考试中的临场发挥怎样,考前的猜题和宿构在考试中是否起到作用,同样会影响到他的被录取与否。从考官方面来说,即使秉公考校,他们对试卷的评分也有一个见仁见智的问题,同一份试卷落在不同考官手中,成绩很可能会有出入。甚至誊录试卷的书法好坏、字迹清楚与否,以及文字有否被随意增减等,都会直接关系到士人的科举命运。这些偶然因素,也就是宋人所谓"幸与不幸"②的问题,使应试者一时无法解释而产生迷惘,最后只能归结为是命运的安排,或是鬼神在作祟,从而更加助长了科举迷信的流行。

第三,有人借助科举迷信宣扬因果报应,以劝世人积德行善。在宋代社会,本来就充斥着各种迷信思想,科举得失对士人而言是一件头等大事,人们当然很容易将它与因果报应等迷信思想联系起来。特别应该指出的是,在当时有条件参加科举考试的士人,除少数人出身贫寒以外,多数人是官僚、地主、富商子弟,不仅他们的父兄有可能做出有损"阴德"之事,本人也可能会依仗权势和钱财,危害乡里。社会上就有人牵强附会地借助这种科举

---

①　《陆象山全集》卷二三《白鹿书院论语讲义》,第 175 页。

②　苏颂:《苏魏公文集》卷一五《议贡举法》,中华书局 1988 年点校本,第 213 页。

迷信,以达到宣扬积德行善、惩戒为富不仁者的目的。参加科举考试的士人,则企图利用积德行善来求得鬼神的保佑。这种因果报应的思想,对科举迷信也起到了推波助澜的作用。

三、科举迷信对士人的影响

今人用科学思想对科举中发生的各种现象加以考察,都不难得出合理的解释,故科举迷信根本不值一驳。

所谓祈梦之类,都是士人思想高度紧张,日有所思,夜有所梦的结果,偶有巧合,便被视为灵验,广为传播,以为异闻。多数与梦境不合者,史籍便忽略不载,笔者在《夷坚志》中也仅见一条记载:乐平姜氏,淳熙十六年(1189)秋当赴乡试,祷梦于神。见三神人命小童赐以文书,及门外启视,但见一"强"字,"于是更名'梦强'以应之"。绍熙三年(1192),其弟景和,闻同舍生陈仲礼"梦其为金甲数人所执,束以稿荐,两头燃火焚之",遂改名"梦炎",以为此后一定能获取科第。后来两人乡试虽合格,但在省试中"皆未登第"①。事实上,这种与梦境不合的事例,可谓比比皆是,只是史书以为没有必要记载而已。

至于算命、卜筮之类,不是胡诌便是一语多解的伎俩,偶或猜中,并不稀罕。部分宋人对此也有很清醒的认识,如沈括曾谓:"京师卖卜者,唯利举场时举人占得失,取之各有术。有求目下之利者,凡有人问,皆曰:'必得。'士人乐得所欲,竞往问之。有邀以后之利者,凡有人问,悉曰:'不得。'下第者常过十分之七,皆以谓术精而言直。后举倍获,有因此著名,终身飨利者。"②南宋初年,官至吏部侍郎的徐度更是一针见血地指出:"世所谓命术者类不可信,其有合者皆偶中也。"③

总之,科举迷信并不可信,有些是偶然的巧合,有些是张冠李戴和以讹

---

① 《夷坚三志》己卷六《二姜梦更名》,第 1349 页。
② 沈括:《梦溪笔谈》卷二二《谬误》,大象出版社 2008 年点校本,第 169 至 171 页。
③ 徐度:《却扫编》卷下,文渊阁《四库全书》本。

传讹,有些则是"假托神奇以自欺者"。①

言虽如此,科举迷信对士人在科举考试中的发挥,确实会产生一定影响,主要表现在对应试者起到了增强或破坏自信心的作用。

前面说到,两宋科场的竞争异常激烈,士人要从成千上万名参加乡试的人中被取中,接着又要在省试中与几乎人人"身怀绝技"的数千名举人较量,成为奏名进士,无一人有必胜的把握。他们在应试前吃不好饭,睡不好觉也在情理之中,这就严重影响到考试时水平的发挥。因此,通过祈梦或卜筮,如果获得好梦和吉言,便有利于安定他们的情绪,增强他们的必胜信心,这种心理上的暗示,对考试的正常发挥有时确实能够起到一定的作用。为此,有人甚至装神弄鬼,暗设玄机,以鼓舞士气。前文提到王璧赴楚州(今江苏淮安)参加发解试,在龙兴寺大门内见到的"王璧当魁荐"等几行文字,实际上如果不是其家人所为,就是其师友所作,目的是通过神道设教来增强王璧在参加发解试中的信心。

当然,科举迷信所显示的吉兆是否奏效,归根结底还得以本人的实力作后盾,如赣州士人管城,祈梦于郁孤台神祠,夜有呼其名姓者,曰:"两举赣州,官至刺史。"自岁获得发解,次年参加省试,自以为必高选,并认为能做到郡守(刺史)亦足矣。不料下第,并酿成心病,"十年后因登厕而死"。这一梦示便不灵验,于是有人不无调侃地说:"所谓刺史者,盖厕死。"②

科举迷信既有增强士人在考试中的必胜信心,起到鼓舞士气的作用,但一旦所获得的是恶梦或凶兆,则会挫伤士气,在心理上产生挥之不去的阴影,严重地影响他们在场屋中的正常发挥。如建安士人胡原仲,因在梦中得诗有"终此若鸟闲"一句,使自信心受到挫伤,不想应举,后来虽然诸友强劝赴试,"竟不第"③。又如温州士人胡克己,梦乡试第一人入场,自以为"今兹必首选",一时信心大增。其妻却告之曰:"不然。君不忆《论语》乎?先进者,第十一也。"时温州之解额仅十名,胡闻妻言,心理大受打击,是举果以第

---

① 《夷坚志》支庚卷二《浮梁二士》,第 1149 页。
② 《夷坚三志》壬卷一《管城刺史》,第 1469 页。
③ 《夷坚三志》壬卷二《胡原仲白鹇诗》,第 1480 页。

十一名被黜。① 这种例子,无论在南宋或是后代,都并非个别,他们皆因相信科举迷信而增加了不必要的思想负担,或者是产生了盲目的依赖性,最终尝到恶果。

总结宋代以来科举考试中形形色色的考试迷信,对士人的影响而言,消极面远远大于积极面,因而必须加以破除。在公平竞争的前提下,要取得优异的成绩在于实力加上良好的心理素质,其他都可以不屑一顾。实力是取得考试成功的基础,良好的心理素质则是使实力得到充分体现的保证。光有实力,但考试时心理素质差,临场发挥便会大打折扣;反之,缺乏实力,企图依靠神灵的保佑或相信命运之说而增加自信心,这是一种侥幸心理和自欺欺人,当然不可能获得成功。

第六节　对南宋科举制度的历史评价

一、南宋科举的积极意义

南宋科举,自其立国之初国祚不绝如丝的危难时刻起,到蒙元军队步步入侵,国土日朘月削,直至最后灭亡前夕的一个半世纪中,始终不废,对南宋的意义可谓重大。南宋文化的高度繁荣,学术思想的欣欣向荣,与科举制度的存在有着密不可分的关系,对此本书在前面已经有所论述。但是,科举制度的重要意义,主要的不是表现在思想和文化上,而是表现在对人才的选拔和官员的素质上,并由此对南宋的政治、思想和文化产生了重大影响。

首先,南宋政府通过科举,不断为国家培养和选拔人才,"大者为栋梁,小者为榱桷"②,从而保证了国家机器比较正常和健康的运转。

南宋通过历次科举选拔到的人才,不仅人数众多,而且涉及面广,他们中既有杰出的政治家、思想家,也有著名的文学家、史学家、科学家乃至军事

---

① 《夷坚志》甲志卷四《胡克己梦》,第34页。
② 《宋史》卷二六七《张宏传》,第9194页。

家。明代大臣徐有贞曾说："宋有天下三百载,视汉唐之广不及,而人才之盛过之,此宋之所以为宋者也。"①学者郎瑛亦谓:"人才之盛,莫[过于]三国与宋也。"②他们所说的宋,当然也包括了南宋。

南宋一朝所取进士,据笔者统计,总数达到约二万三千三百人③,此外,还有几乎相同数字的特奏名进士。在这二万余名进士中,除少数宗室子弟在应举中获得较多照顾,个别人运用徇私舞弊的手段得以滥竽充数以外,绝大多数人是依靠自己的聪明才智所得,是成百上千的士人中才能产生一名的精英人士。尤其是那些出身于普通民众甚至社会下层的士人,他们往往才识卓著,体察民情,精于治道,富于政治远见和革新精神,对南宋政权有更大的认同感。这些人通过科举踏上仕途,成为中央和地方的行政官僚以后,其行政能力、个人品质和对赵宋政权的忠心,一般来说,都要胜过以恩荫得官者,亦非以往以察举和门第得官者可比。

在南宋以进士出身获得宰相的人中,虽有黄潜善、汪伯彦、秦桧、万俟卨、陈自强、史弥远、贾似道等权奸或依附权奸的坏人,但大部分都确实是有一定才能和政绩的政治家,他们的事迹在《宋史》本传中皆有记载。

至于一般进士出身的官员,他们的表现也多有可观。如前面提到的张九成,他在绍兴二年(1132)的殿试策中,不顾个人得失,敢于揭露时弊,念念不忘恢复中原,表现了一个读书人以国家和民族利益为重的崇高品质。他以进士第一人踏上仕途后,历官左宣教郎(从八品)、镇东军签判、著作郎(从七品)、宗正少卿(从五品)、权礼部侍郎兼侍讲兼权刑部侍郎(从四品),最后以知温州致仕。张九成性格刚强,清正爱民。他一上任,就因反对抓捕数十名贩卖私盐的百姓而与浙西提点刑狱张宗臣发生争执,张宗臣以宰相之命加以逼迫,张九成怒斥道:"主上屡下恤刑之诏,公不体圣意而观望宰相耶?"

---

① 　陈昉编:《吴中金石新编》卷五《重建范文正公祠堂记》,文渊阁《四库全书》本。
② 　郎瑛:《七修类稿》卷一六《三国与宋用人不同》,上海书店出版社 2001 年《历代笔记丛刊》本,第 160 页。
③ 　参见附录一《南宋进士科取士一览表》。

"宗臣大惭",九成"因投檄归"①。在任著作郎时,他对高宗说:"我宋家法,曰仁而已。仁之发见,尤在于刑。陛下以省刑为急,而理官不以恤刑为念。"在他的建议下,高宗下诏:"理官,活几人者,与减磨勘。"在任权刑部侍郎时,"法寺以大辟成案上,九成阅始末得其情,因请覆实,囚果诬服者"。朝论以九成平反冤狱有功,应该受到奖赏。九成道:"职在详刑,可邀赏乎?"加以拒绝。高宗向他询问和议事,九成以为"敌情多诈,不可不察",以此得罪秦桧,被谪守邵州(湖南邵阳)。后再受秦桧诬陷而谪居南安军(江西大庾),张九成在南安十四年,益勤问学,"每执书就明,倚立庭砖,岁久双趺隐然。广帅致籯金,九成曰:'吾何敢苟取。'悉归之"②。绍兴二十五年(1155),秦桧死,张九成重新得到任用,出知温州,四年后病逝。考究九成一生,虽无惊天动地的伟举,但他一不为名,二不为利,苟利百姓之事必争之、为之。此外,九成在入仕后的数十年间,一直没有放松对经学的研究,成绩斐然,自号横浦居士。他的学生继承了他的学说与思想,形成横浦学派。

再如前面提到的崔与之,他于光宗绍熙四年(1193)考取进士后,历仕光、宁、理三朝四十七年。晚年,召为礼部尚书(从二品)、吏部尚书(从二品),不就;又除参知政事(正二品)、拜右丞相兼枢密使(从一品),皆恳辞。后以观文殿大学士致仕。崔与之是南宋杰出的政治家,他的勤政爱民、清正廉洁、淡泊名利和知人善任,在南宋历史上留下了浓重的一笔。他在知扬州和帅成都的任上提出的军事思想与战略战术,为巩固国防、防御金兵入侵等方面所作出的贡献也十分巨大。此外,崔与之自奉甚俭,可以称得上是当时所有士大夫的楷模。他中年丧妻,未再娶,官至贵显,也不爱声妓。他不肯多置产业,甚至儿子娶妇得苗田六百石为嫁奁,亦命归还。买旧宅一区,未尝增设园地台榭。守蜀时,"省费薄敛,公私裕如。将去,举羡余三十万缗归之有司,以佐边用",自己一无所取。为广帅时,得月廪钱一万一千余缗,米二千八百余石,"悉归于官,一无所受"。晚年,所得祠禄衣赐,亦皆不受。有

---

① 《宋史》卷三七四《张九成传》,第 11578 页;《系年要录》卷六九,绍兴三年十月戊子条,第 1165 页。
② 《宋史》卷三七四《张九成传》,第 11578 至 11579 页。

人不解,问其故,与之答曰:"仕而食禄,犹惧素餐,今既佚我以老,而贪君之赐可乎?"与之持家有法,对子弟亲属管教极严。他叮嘱其弟曰:"须是闭门守常,不得干预外事。"其姐尝为子求恩荫,在当时亦属正常,但与之拒之不予,道:"官之贤否,系民休戚,非可私相为赐。"①时理学思想已弥漫朝野,不遵奉者往往被视为异类,受到排斥,与之深感其弊,乃作座右铭云:"无以嗜欲杀身,无以货财杀子孙,无以政事杀民,无以学术杀天下后世。"②崔与之这种崇高的道德境界和深邃的思想见解,即使在今天恐怕也少有人超越。

南宋后期,科举制度虽然较前期为腐败,但选拔出来的人才仍不在少数。以理宗宝祐四年(1256)一榜所取进士为例,其中一甲第一人就是后来成为著名民族英雄的文天祥,他所留给后人"人生自古谁无死,留取丹心照汗青"的诗句,一直成为中华民族自立于世界民族之林的巨大精神财富。二甲第二十七人陆秀夫,面对强元,毫不屈服,屡仆屡起,最后不惜以身殉国。二甲第一人谢枋得和五甲第一百二十一人胡三省,也都是南宋末年具有崇高民族气节的士大夫,前者不顾敌人的威胁利诱,坚决拒绝仕元,最后绝食而死;后者则是一位著名的史学家,他在十分困难的环境下,归隐著述,所撰《资治通鉴音注》一书,不仅具有很高的学术价值,而且多寓故国之情。

南宋著名的思想家和儒家学者,如朱熹、张栻、吕祖谦、陆九渊、杨简、陈亮、唐仲友、黄榦、陈傅良、叶适、真德秀、魏了翁、黄震、马端临等人③,无一不是进士出身。南宋著名的文学家,也大都出身进士,如有"中兴四大家"之称的范成大、陆游、杨万里、尤袤,除陆游几次应试不第,后由孝宗赐以进士出身以外,其余三人皆考取进士。

在南宋史学家中,以进士出身者居多,熊克、李焘、徐梦莘、陈傅良、袁枢、黄震、胡三省、王应麟、马端临等人是其中的杰出代表。他们所著史籍都极富学术价值,特别是《续资治通鉴长编》等著作,更是研究宋代史的基本

---

① 李肖龙:《崔清献公言行录》卷一,《岭南遗书》本。
② 《崔清献公言行录》卷二。
③ 按:马端临为咸淳九年(1273)漕试第一名,次年省试却不见其考取进士的记载,此处姑以进士视之。

典籍。

因为考取进士者多为聪颖之人,所以他们在入仕前虽然读的是《四书》、《五经》,学习的是如何撰写经义和诗赋、策论,但后来在军事上和科技上有建树的人也不少。如高宗朝的宗泽,孝宗朝的虞允文,宁宗朝的崔与之,理宗朝的曹友闻、李庭芝,或在领导抗击金、蒙的战争中,或在军事谋略上,都有可观的业绩。至于在科技上,南宋进士出身的科技人才,可以周必大、王执中、宋慈、程大昌等人为代表。周必大用泥活字印刷自己的著作《玉堂杂记》,可以称得上是北宋布衣毕昇发明活字印刷术以后最早的实践者之一。王执中在入仕后利用业余时间潜心研究针灸技术,所撰《针灸资生经》一书,"堪称南宋针灸的代表作,在针灸史上首次全面总结了南宋以前针灸理论和临床实践"①。宋慈在长期担任主管司法刑狱官的任内,积累了大量的法医学经验,所著《洗冤集录》,不仅奠定了我国古代法医学的基础,而且对世界法医学产生了广泛影响。程大昌博学多才,"于古今事靡不考究",有《禹贡论》、《易原》、《雍录》、《易老通言》、《考古编》、《演繁露》、《北边备对》等书传世。在上述诸书中,对地理、文物考古和科学技术多有记载,尤其是《演繁露》一书,包含有不少珍贵的科技资料,其中对光学的观察和研究,贡献尤大。

其次,培养了进士出身者勤政爱民的思想品质和报效国家、民族的责任感。

南宋科举,考之以义理,发明以本心,对培养读书人具有"正心、修身、齐家、治国、平天下"的高尚情操起到一定作用;南宋科举,赐第于帝王,升迁于朝廷,其命运和利益与国家休戚与共。正是这种儒家学说的长期薰陶和朝廷的各种赐予,使科举出身的官员容易树立以天下为己任的思想,体现了君主与士大夫"共治天下"的局面。其主要表现在两个方面:一是不顾个人得失,敢于直言谏铮;二是不顾个人安危,敢于挺身挽救时局。

为了纠正最高统治者决策的失误或防止腐朽性的滋长,直言敢谏,是许

---

① 参见管成学《南宋科技史》第四章《南宋的医药学》,人民出版社 2009 年出版,第 171 页。

多南宋进士出身官员的突出表现之一,兹略举数例于下。

例一,光宗即位后,对外戚和近习不断施以滥恩,时任给事中的尤袤,凡遇此类情况,或"封驳不书黄",或"一再缴奏",并上疏光宗说:"天下者祖宗之天下,爵禄者祖宗之爵禄,寿皇以祖宗之天下传陛下,安可私用祖宗爵禄而加于公议不允之人哉?"疏入,光宗大为震怒,甚至将奏疏撕裂,但尤袤不顾个人得失,仍坚持不奉诏,"命遂不行"。后来,光宗心疾加重,李皇后干政,"国事多舛,袤积忧成疾,请告,不报。疾笃乞致仕,又不报,遂卒"。①

例二,端平元年(1234)正月,时权相史弥远已于二个月前去世,理宗亲政,下诏求直言,进士出身的太常少卿徐侨应召入对。理宗见他衣帽褴褛,动情地说:"卿可谓清贫。"徐侨说:"臣不贫,陛下乃贫耳。"理宗反问他:"朕何为贫?"徐侨回答道:"陛下国本未建,疆宇日蹙;权幸用事,将帅非才;旱蝗相仍,盗贼并起;经用无艺,帑藏空虚;民困于横敛,军怨于掊克;群臣养交而天子孤立,国势阽危而陛下不悟。臣不贫,陛下乃贫耳。"徐侨又针对贵妃阎氏有宠,宦官董宋臣用事,挥霍无度的腐败局面,指出国家已经病入膏肓,"世有扁鹊,将望见而却走矣"②。这样的重话,如果不是出于对国家的高度责任感,他岂敢在帝王面前说出? 正因为理宗听了徐侨等人的话,才有后来"端平更化"和革新政治的一系列举措。

例三,朱熹的再传弟子牟子才,是嘉定十六年(1223)的进士,他秉承儒家"致君尧舜"的传统,在南宋也以敢于谏诤闻名。理宗晚期,政治日趋腐败,子才一再上疏,揭露朝政之失,指出:"今日有徽、钦时十证。""今日纳私谒,溺近习,劳土木,庇小人,失人心,五者皆蹈宣和之失。"③"但闻今日醮内庭,明日祷新宫。今日封神祠,明日迎佛像。倚靠于衲子(和尚),听命于黄冠(道士),是皆无益之举。所谓咸平、明道、熙宁、绍兴、淳熙求言之故事,迄不复讲,而专袭靖康不举行之失,以遏天下敢言之口。此臣所以愤闷不平,

---

① 《宋史》卷三八九《尤袤传》,第 11928 至 11929 页。
② 《宋史》卷四二二《徐侨传》,第 12614 页。
③ 《宋史》卷四一一《牟子才传》,第 12355 页。

激而为今日之疏也。"①他在知太平州时，建李白祠，自为记，隐约间将理宗比之于重用宦官的唐玄宗，指出宦官势力壮大后所造成的严重后果，"虽天子且不得奴隶之矣"②。子才所言，矛头皆直指理宗本人，言辞之切直，非一般臣子的奏疏可比。

在国家、民族危难时刻，力挽狂澜，宁为玉碎，不作瓦全，是南宋进士出身官员的又一突出表现。

南宋灭亡时，一些进士出身的官员，或奋起抗元，以身殉国，或隐居不出，拒绝仕元，表现出了崇高的民族气节。他们所以能够做到这一点，主要是深受儒家学说薰陶，并加以身体力行的结果。如文天祥被俘后，在敌人的百般威胁、利诱面前，始终坚贞不屈，大义凛然，究其原因，人们不难从他临死前所写的赞语中找到答案："孔曰成仁，孟曰取义，惟其义尽，所以仁至。读圣贤书，所学何事，而今而后，庶几无愧。"《论语》曰："志士仁人，无求生以害仁，有杀身以成仁。"《孟子》曰："生，亦我所欲也；义，亦我所欲也，二者不可得兼，舍生而取义者也。"文天祥的言论和行动，是对孔孟教导的真正实践。

中国历史上的知识分子，由于受到儒家学说的教育，向有"士为知己者死"的传统，文天祥等官员所以不忘故国，甚至能够英勇赴难，也在于要报答朝廷的知遇之恩。当元朝军队渡过长江、直扑江南的危急时刻，南宋朝廷数次下诏"勤王"，作为文臣的文天祥，率先起兵响应，有人劝他说："君以乌合万余赴之，是何异驱群羊而搏猛虎？"文天祥回答道："吾亦知其然也。第国家养育臣庶三百余年，一旦有急，征天下兵，无一人一骑入关者，吾深恨于此。故不自量力，而以身徇之，庶天下忠臣义士将有闻风而起者。"③文天祥兵败被俘、解押北京后，元世祖忽必烈派人向他诱降，说："汝在此久，如能改心易虑，以事亡宋者事我，当令汝中书省一处坐者。"天祥对曰："天祥受宋朝三帝厚恩，号称状元宰相，今事二姓，非所愿也。"元世祖问他有什么愿望？

①《历代名臣奏议》卷三一一，牟子才奏议，第4025页。
②《宋史》卷四一一《牟子才传》，第12359页。
③《宋史》卷四一八《文天祥传》，第12534页。

文天祥回答道"愿与一死足矣。"①正因为"状元"是出于国家而非个人所赐，所以文天祥可以为之舍生忘死。至于进士出身的普通官员，在抗击蒙元侵略的战争中，也不乏可歌可泣者，对此，本书在前面讲到四川考取类省试的进士中，有多达十余人被收入《宋史·忠义传》，就是最好的例证。

虽然，像文天祥那样在国家、民族危难时刻，力挽狂涛，宁为玉碎，不作瓦全的进士出身者，在南宋末年并不多见，而贪生怕死，甚至为虎作伥的进士出身者也不是个别。但是，应该实事求是地说，南宋灭亡以后，上自宰相，下至太学生，誓不降元，为国殉难，或弃官归隐，不仕元朝者确实要多于其他出身的官员②，特别是多于武人。他们这种气节的养成，与科举取士当有一定的关系。

宁宗朝大臣卫泾说："人主建功立事，兴治保民，必以人才为急。"③南宋军事力量不强，但国祚却不短，这与科举官员在各方面的努力分不开。

第三，通过科举，笼络了士心，有利于政权的稳定。

由于宋代科举取士就总体而言尚比较公平，对边缘士子和归正人多有照顾，加上政府对举人和落第士人的种种优待，所以在激烈的科场竞争面前，尽管绝大部分士人到头来仍为一领白衣，但他们除了责怪自己命运多舛，老天爷没有帮忙以外，很少有人会迁怒于朝廷。当时有一位署名"逸民"的士人，在屡试不第后决定放弃科举时，赋《江城子·中秋忆举场》一阕以抒发心中情怀，颇能反映当时落第士子的心态，其云：

> 秀才落得甚乾忙。冗中秋，闹重阳。百年三万，消得几科场。吟配十年灯火梦，新米粥，紫苏汤。如今且说世平康。收战场，息檛枪。路断邯郸，无复梦黄粱。浪说为农今决矣，新酒熟，菊花香。④

①　《文天祥全集》卷一七《纪年录》，北京中国书店 1985 年据世界书局版影印本，第 466 页。
②　如曾任左丞相的江万里，在饶州城破以后，投水自尽（见《宋史》卷四一八《江万里传》，第 12525 页）；太学生徐应镳，"宋亡义不降敌，与其二子琦、崧，女元娘，俱赴井死"（见《西湖游览志余》卷六，第 61 页）。类似例子，在宋元人的记载中不绝于书。
③　《历代名臣奏议》卷一五三，卫泾奏议，第 2001 页。
④　转引自唐圭璋编：《全宋词》，中华书局 1979 年重印本，第 3587 页。

如果人们将这首词与前面所引唐代诗人孟郊、杜荀鹤等人的落第诗相对照,就会发现,孟、杜等人的诗,是一种哀鸣,是发泄对朝廷的不满;而这位苦读十年、最后决定放弃科举的南宋士子,字里行间虽然不免有对落第的失望和酸楚,但并无丝毫责怪朝廷之意,因为在他们看来,"失意"乃是"常理"①,不能怨天尤人。由此可见,南宋科举对笼络士心是成功的,南宋的落第士子比唐代多得多,却没有出现像唐代王仙芝、黄巢那样起来反叛的落第者,这对于稳定南宋政权来说确实具有积极意义。

第四,南宋科举为后代的培养和选拔人才,提供了有益的借鉴。

南宋科举虽然承袭北宋而来,但也作了不少改进,并收到一定成效,主要表现在从中央到地方,普遍设立贡院;对包括封弥和誊录在内的有关考试环节,采取了一系列防止舞弊的措施;为适应形势发展的需要,设置了流寓试和类省试;针对避亲牒试中出现的冒牒行为,大大缩小了牒试者的范围;重视并改革武举,优待武举进士,以培养武将人才等。

在北宋,反对在科举中实行殿试,反对在考试中推行封弥、誊录的议论尚相当强烈,部分官员一再宣扬三代的所谓"乡举里选"之法,不断上疏要求恢复察举制以代替科举制。元祐年间,还创立"经明行修科"和"八行科",前者"主德行而略辞业",后者"往往设为形迹,求与名格相应。于是两科相望几数十年,乃无一人卓然能自著见者"②。进入南宋,却再也没有出现此类情况,反映了科举制度到南宋以后,已经完全成熟,再也不可能出现历史的倒退。南宋的科举制度,从内容到形式基本上为元明清三代所承袭,它对今天人才的培养和选拔,也有一定的借鉴意义。

二、南宋科举的弊病

综观中国封建社会里的一切选举制度,虽以科举制度最为公正,最具积极意义,但也不可避免地存在着一定的弊病和局限性。南宋科举的弊病和局限性,一种是由历史原因和偶然因素所造成,一种是由政治腐败所造成。

---

① 刘弇:《龙云先生文集》卷七《伤蔡文仲秋闱失意四十韵》,文渊阁《四库全书》本。
② 《宋史》卷一五七《选举三》,第 3667 页。

所谓历史原因和偶然因素所造成的弊病,无论在南宋或其他朝代的科举考试中都会存在,主要表现在以下三个方面:

其一,考试内容为诗赋、经义和策论,内容偏狭,用处不大,不足以尽人才。

北宋前期,进士科主要以诗赋取士,当时人以为:"盖诗赋以声病杂犯,易为去留,若专取策论,必难升黜"①。至仁宗庆历年间(1041—1048),人们对以诗赋取士的弊病啧有烦言,因而有人提出要以策论取士,但部分朝士以"诗赋声病易考,而策论汗漫难知;祖宗以来,莫之有改,且得人尝多矣"为由,反对以策论取士。后来苏轼进一步指出:"自文章言之,则策论为有用,诗赋为无益;自政事言之,则诗赋、论策均为无用。然自祖宗以来莫之废者,以为设法取士,不过如此也。"②北宋熙宁年间(1068—1077),经王安石的提议,废诗赋而改试经义,同时保持策论考试。王安石提出这一主张的目的纯粹是为了他"一道德",也就是统一变法思想服务,对经义所起的作用,则过分理想化。赋诗固然于政事无补,但经义只是在几部儒家经典中打转,要么人云亦云,毫无新意;要么自行发挥,难有准的,它对政事同样无大的用处。即使从学问而言,经义与诗赋一样,都存在着"偶俪破碎",即学问不成系统的弊病。故到元祐时(1086—1093),就已有人指出其弊,谓:"自嘉祐以来,天下之士常患乎科举之累,而尤以诗赋为无用,故废去偶俪破碎之乱,而进以通经义理之学,庶几乎有用。而十数年之间,缀文之士号为通经者,偶俪破碎反甚于诗赋。"③

南宋将进士科分为诗赋和经义两科,是对以前诗赋、经义之争的一种平衡,比单纯以经义或诗赋取士为优。应当实事求是地说,科举以诗赋、策论、经义取士,如果从衡量一个人的文学水平、思辨能力、识见多少而言,不能说一点无用,以此选拔出来的人,至少比较聪颖多识,今后踏上仕途,比那些不学无术的纨绔子弟要能干一些。当然,由于所学非所用,他们确实缺乏实际

---

① 《长编》卷一六四,庆历八年四月丙子条,第 3945 页。
② 《宋史》卷一五五《选举一》,第 3613 至 3617 页。
③ 毕仲游:《西台集》卷六《召试馆职策》,文渊阁《四库全书》本。

的从政能力。明清取翰林院庶吉士,设观政进士,恐怕就是为了弥补这一缺点。

其二,由于科举是以文词见长,广大贫苦子弟,必然被拒之于科场之外。

本书在前文虽然说到,科举为部分南宋贫苦士人开辟了一条读书做官的道路,也就是可能性。但在南宋社会,这条道路毕竟十分崎岖,也十分狭小,真正能通过科举入仕的贫苦子弟仍然很少。究其原因,可谓人人皆知:因为科举是以文词好坏为录取标准,对于一般温饱问题都尚未解决的贫苦之家的子弟而言,能获得读书识字的条件已经非常不易,要娴熟于经书,擅长于诗赋、策论,更是难上加难。因此,不仅能考取进士的贫苦子弟很少,就是能问津科举的人也不会多,这就造成了实际上的不公平。

其三,士人考试成绩的评定,原则上虽有一定标准,但与试官的个人因素也有密切关系;士人考得如何,虽然主要取决于他平时的学养,但有时也会出现意外,从而有幸与不幸之弊。

就试官方面而言,一是他们本人的学术水平和对试卷的评判能力(这里姑且不论政治原因)各不相同,试卷落入谁手,往往会对成绩的评判产生影响。宁宗嘉泰元年(1201)三月,有臣僚言:"士子程文,不过三场,而其定去留者,多在经义、诗赋。然此二者,罕能兼通。今之学官,即向时之生员。今之考官,即向时之举子。未有以经义登科之后复习诗赋,未有以诗赋进身之后复习经义。昨来太学补试,有取魁赋而重叠用韵及落官韵者,此考官不习诗赋之病。前举诸州解试,有出经题而本文不相连属者,有不应作题目而出为题者,此试官不习经义之病。且以今日学官言之,监学官十余员,而习诗赋者终一二人。"①在这种情况下,如果让以诗赋进士出身的试官评判经义进士的试卷,或让以经义进士出身的试官评判诗赋进士的试卷,由于他们的知识结构不同,就难免会出现偏差。二是文词好坏不像数理化那样有固定的标准,试官在评判时多凭个人好恶。"其他如挟专门之学者,自是所见,取舍不合于公论;喜穿凿之论者,不顾经意,权衡莫当于人心"。这样判卷的结

---

① 《宋会要辑稿》选举二二之一七。

果,容易出现偏颇,使"辛勤实学者,有不遇之叹"。①

就应试士子而言,虽然学问好坏与成绩高低一般来说成正比,但由于考试时每个人的心理素质不同,健康状况可能发生变化,特别是备考和猜题的准确性带有某种偶然性(士子在考前往往对试题作多方猜测,并进行针对性的准备,即所谓宿构),因而一些成绩平平者有可能被侥幸取中,有真才实学者有可能遭黜落。

由于试卷量大,使试官和封弥、誊录人员应接不暇,极度疲劳,有可能造成判卷或誊录的失误。理宗朝士大夫俞文豹言:"今进士岁数百人,咸多为文词,道古今,角夸丽,务富厚。有司一朝而受者,不知几千万言,读不能十一,即偃仰疲耗,目眩而不欲视,心废而不欲营。余见贡院誊录人说,每日各抛下卷子若干,限以时刻,迟则刑责随之,日夜不得休息。饥困交攻,眼目赤涩,见试卷有文省、字大、涂注少,则心开目明,自觉笔健,乐为好写。又尝见时文册子,遇太学公、私试,一题辄印三二十篇,读至五十篇,加至十数,便已困倦,为考官者可知已。"②

对于科举中这类幸与不幸之弊,南宋人也屡有谈及,如理宗朝大臣马廷鸾在出任知贡举日,上疏论科举之弊云:

> 国家三岁取士,非不多矣,上之人犹有乏才之叹,下之人犹有遗才之恨者,何也?士一日之长,不能究其终身之抱负;有司一时之见,又不能罄士之底蕴。是新进小生,有以词艺偶合而获选;醇儒硕学,有以意见稍拂而见遗。岂不重可惜哉!③

其四,科举的最大弊病,莫不以只问学问,不问德行为甚。

科场实行封弥、誊录以后,只凭成绩取士,至于士子的品德和能力,基本上予以忽略。这就使那些考试成绩虽然略差,但品德、能力甚佳之士不能被取中,而那些文词虽好,品德和能力低下之士却得以取胜场屋。对此,北宋

---

① 《宋会要辑稿》选举六之二八。
② 《吹剑录》外集。按:本段引文前半部分,可参见柳开《柳河东集》卷二三《送韦七秀才序》。
③ 盛如梓:《庶斋老学丛谈》卷下,《知不足斋丛书》本。

哲宗朝著名大臣苏颂已经指出其弊,他说:

> 国家取士,行实为先。今既弥封、誊录,考官但校文词,何由知其行实? 故虽有瑰异之士,所试小戾程式,或致退落;平时尝负玷累,苟一日之长可取,便预收采。士之贤否,而进退之间系乎幸与不幸,往往是矣。是岂朝廷之本意耶?①

故孝宗以为,科场以"文格高下"取士,虽是不得已之举,但在任用之时必须考其才用,不能再以原来的成绩为依据。对此,他在《科举论》中说:

> 近世取士,莫若科场,及至用人,岂当拘此? 诗赋、经义,学者皆能为之,又何足分轻重乎? 夫科场之弊,于文格高下,但以分数取之,真幸与不幸耳。至于廷试,未尝有黜落者,尽以官赀命之,才与不才者混矣。是科场取士之弊也……宰相不能择人,每差一官,则曰:"此人中高第,真佳士也,然不考其才行如何。"②

两宋君臣所指出的这一科举弊病,可以说带有普遍性,并非南宋一代所独有,这也是科举制度常为某些人所诟病的一个重要原因。公平取士与选拔真才实学,两者往往难以兼顾,我们今天所以充分肯定科举,并非说它没有弊病,而是在迄今为止的所有选举制度中,这种选举制度的弊病最少、优点最多而已。

南宋科举因政治腐败而造成的弊病,主要表现在场屋内外舞弊和取士不公上。

关于科场舞弊,可分试官(包括与科举有关的官员和胥吏)舞弊和士子舞弊两个方面,对此本书在前面已经分别作了论述。笔者认为尚有两点需要申述:一是科举成败与政治清明与否可谓息息相关,所以一个社会选举制度的腐败程度如何,可以成为检验这个社会政治腐败与否的试金石。二是对南宋科场舞弊的严重性要有正确的估计,既不可估计不足,也不要过分渲

---

① 苏颂:《苏魏公文集》卷一五《议贡举法》,中华书局 1988 年点校本,第 213 页。
② 《癸辛杂识》前集《科举论》,第 21 至 22 页。

染。有学者以为："到了北宋后期特别是南渡之后,由于宋王朝的腐朽,科场舞弊层出不穷,糊名、誊录也就流于形式了。"①这多少有些夸大其事。众所周知,只要有考试,就会有舞弊,任何朝代皆无例外,有关史籍对这方面内容虽有大量记载,但就整个南宋科举而言,毕竟是少数,否则不能解释因何会有如此众多的精英人士由科举进身。南宋有关官员所以不时对科场弊端进行揭露,正说明舞弊现象已引起了统治集团的重视,并正在设法加以防止。以今天而言,新闻媒体常常有关于高考作弊的报导,其作弊手段,不仅有传统的偷窃试题,替身代考,也有以往很少见到的任课教师参与作弊的现象;其作弊工具,从早年的传呼机,发展到今天的电子笔、手机、无线耳塞、微型扫描仪、无线传送等现代化工具。如果将近年来全国所有高考舞弊行为集中加以记载,也着实惊人。而防止高考舞弊的措施,也从以往单纯依靠监考教师,发展到利用视频监控、无线电屏障和追踪等一些高科技手段。有人甚至认为,利用高科技工具作弊所以屡禁不止,是地方保护主义在作怪,是为了提高本地的升学率所至。② 乍听起来,似乎今天高考的作弊现象已经达到非常严重的地步。但是,实际上以全国论,高考作弊者仍属极少数,有上述地方保护主义的教育部门,更是少之又少。以此类推,对我们考察南宋的科场舞弊,恐怕也不无借鉴意义。

关于取士不公,则主要表现在对宗室子弟录取名额的放纵上。本书前面提到的宋代科举特点也是优点之一,就是"一切以程文为去留"。实际上,这只是对一般士子而言,对宗室子弟就不是如此。他们不仅解额远较一般士子为优,而且在省试中录取比例也较其他举人高出许多,并且还享有升甲恩例。因此,宗子人数在南宋总人口中虽然所占比例甚低,但每举录取的进士却越来越多。明、清两代,虽然宗室之弊甚多,却无宗子科举之弊。对此,本书前面对南宋宗子在科举中的弊端作过详细论述,此处就不赘言。

此外,许多学者认为,宋代冗官问题所以严重,与科举取士过多有很大

---

① 王道成:《科举史话》,中华书局 1988 年出版,第 19 页。

② 《利用高科技工具作弊屡禁不止——地方"小算盘"助长产业链》,《河南商报》2009 年 4 月 30 日。

关系,在南宋也不例外。笔者认为,此说过于笼统,尚有探讨的必要。按南宋与北宋一样,官员的主要来源是科举和恩荫两途:科举三年一次,以进士科论,平均每年取士约二百名左右。恩荫种类甚多,若再包括各种滥恩,总计入仕人数,远远超过以科举入仕之数。据宁宗朝官员统计,嘉定六年(1213)全国共有各类官员三万八千八百六十四人,武臣姑且不论,文臣选人和京朝官合计有一万九千三百九十七人。就其出身论,科举出身者为五千二百九十六人,约占全部文臣的百分之二十七点三;恩荫等各类杂出身者为一万四千一百零一人,约占全部文臣的百分之七十二点七。① 科举出身者本来就应该是文臣的主体,可是只占了全部文臣的四分之一强,因而将南宋官员冗滥归结为科举取士之故,并不正确。恰恰相反,科举出身者在文臣中所占比例尚嫌不足,从而影响了官僚队伍素质的提高,这才是一种弊端。

论者或谓,在这么多杂出身中,特奏名占了相当比例,也应是造成官吏冗滥的一个原因。此言当然不错。但是,诚如本书在前面所作论述,特奏名虽然增加了官员的数量,能够出仕的人数毕竟有限,授官也不优,如前面提到的温州士人张忠甫,后来虽以特奏名入仕,但终身不得一任差遣,最后只能"忍穷以死"②。所以,特奏名取士对造成南宋冗官冗吏的实际危害性并不大。③ 正如理宗朝大臣姚勉在上疏中谓:

> 方今冗官之弊,全在任子之多。三岁取士,仅数百人,而任子每岁一铨以百余计,积至三岁,亦数百人矣。从观州县之仕,为进士者不十之三,为任子者常十之七。岂进士能冗陛下之官哉?亦曰任子之众耳。阀阅鼎盛,亲故复多,挟厚赀而得美除,结奥援而图见次。考第未满,举削已盈,寒畯之流,亦安能及? 使任子其人,皆能才识如吕端,问学如张栻,岂不足以为天下之用,独斯人之不多得耳! 身燠锦绮,岂知陛下之民之寒;口饫膏粱,岂知陛下之民之馁。庸者受成,胥吏虐者,擅作福

---

① 《朝野杂记》甲集卷一二《天圣至嘉泰四选人数》,第 249 页。
② 《陈傅良先生文集》卷四七《张忠甫志铭》,第 596 页。
③ 参见拙文《北宋扩大科举取士的原因及与冗官冗吏的关系》,收入《科举与宋代社会》,商务印书馆 2006 年出版。

威。寒畯生长诗书,明习义理,决不至有是也。①

　　姚勉之言,对"寒畯"之士与"任子"之士的优劣虽说得有点绝对,但就总体而言,有一定道理,值得言科举造成官吏冗滥者深思。

---

① 《雪坡集》卷七《癸丑廷对》,文渊阁《四库全书》本。

附　　录

一、南宋进士科取士一览表

朝代	纪年	公历	省元	第一人榜首状元	取士人数		史　料　来　源
					进士	特奏名	
高宗	建炎二年	1128		李易	554①	张鸿举等	《宋会要辑稿》选举八之二、《十朝纲要》卷二〇
	绍兴二年	1132		张九成	379	158	《宋会要辑稿》选举八之三、《系年要录》卷五二
	五年	1135	樊光远	汪应辰	357	272	《宋会要辑稿》选举八之三至四、《系年要录》卷九三
	八年	1138	黄公度	黄公度	395②	林恪等	《宋史》卷二九、《宋史全文》卷二〇中、《二朝圣政》卷二二
	十二年	1142	何溥	陈诚之	398③	514	《文献通考·选举考五》、《宋会要辑稿》选举八之五

---

① 《系年要录》卷一七,建炎二年九月庚寅条载,是年录取正奏名进士五百五十五人,《文献通考·选举考五》作五百三十八人,今皆不从。

② 《系年要录》卷一二〇,绍兴八年六月壬申条载,是年录取正奏名进士三百五十九人,《文献通考·选举考五》作二百九十三人,《宋会要辑稿》选举八之五作二百九十五人,今正奏名进士从《宋史》等。

③ 《系年要录》卷一四五,绍兴十二年四月庚午条载,是年录取正奏名进士作二百四十八人,《宋会要辑稿》选举八之五作二百五十三人,《宋史·高宗七》作二百五十四人,它们皆没有将四川类省试进士计算入内,今正奏名进士从《文献通考》,特奏名进士因他处多无记载,皆从《宋会要辑稿》。

续表

朝代	纪年	公历	省元	第一人榜首状元	取士人数		史 料 来 源
					进士	特奏名	
	十五年	1145	林机	刘章	373	247	《宋会要辑稿》选举八之六、《十朝纲要》卷二〇
	十八年	1148	徐履	王佐	353①	457	《宋会要辑稿》选举八之六、《文献通考·选举考五》
	二十一年	1151	郑闻	赵逵	422②	531	《宋会要辑稿》选举八之七、《文献通考·选举考五》
	二十四年	1154	秦埙	张孝祥	411③	434	《文献通考·选举考五》、《宋会要辑稿》选举八之八
	二十七年	1157	张宋卿	王十朋	426	392	《宋会要辑稿》选举八之八至九、《系年要录》卷一七六
	三十年	1160	刘朔	梁克家	428④	513	《文献通考·选举考五》、《宋会要辑稿》选举八之一〇
孝宗	隆兴元年	1163	木待问	木待问	541⑤	277	《文献通考·选举考五》、《宋会要辑稿》选举八之一〇
	乾道二年	1166	何澹	萧国梁	493⑥	295	《宋史·孝宗一》、《宋会要辑稿》选举八之一一
	五年	1169	方恬	郑侨	391⑦	291	《宋会要辑稿》选举八之一三

① 《系年要录》卷一五七、《宋史·高宗七》、《绍兴十八年同年小录》载,是年录取正奏名进士三百三十人,《文献通考》卷三二《选举考五》载,包括四川类省试进士在内,共取三百五十三人。今从《文献通考》。

② 《宋会要辑稿》选举八之一〇、《系年要录》卷一六二,绍兴二十一年闰四月丙子条、《宋史·高宗七》载,是年录取正奏名进士四百四人,它们都没有将四川类省试进士统计在内,今从《文献通考》。

③ 《系年要录》卷一六六,绍兴二十四年三月辛酉条、《宋会要辑稿》选举八之八载,是年录取正奏名进士作三百五十六人,但它们都没有将四川类省试进士统计在内,今从《文献通考》。

④ 《宋会要辑稿》选举八之一〇、《系年要录》卷一八四,绍兴三十年三月戊子条、《宋史·高宗八》载,是年录取正奏名进士四百十二人,它们都没有将四川类省试进士统计在内,今从《文献通考》。

⑤ 《宋会要辑稿》选举八之一〇载,是年录取正奏名进士五百三十七人,《宋史·孝宗一》作五百三十八人,今正奏名进士从《文献通考》。

⑥ 《宋史·孝宗一》载,是年录取正奏名进士四百九十三人,《文献通考·选举考五》作四百九十二人,《宋会要辑稿》选举八之一一作四百九十四人,同书选举一之一七作省试合格奏名进士四百九十二人。综合以上诸种记载,当以《宋史·孝宗一》所载为是。

⑦ 《文献通考·选举考五》载,是年录取正奏名进士五百九十二人,《宋史·孝宗二》作三百九十二人,考之《宋会要辑稿》选举一之一七载,是年省试合格奏名进士为三百九十人,则当以《宋会要辑稿》选举八之一三所载为是。

续表

朝代	纪年	公历	省元	第一人榜首状元	取士人数		史 料 来 源
					进士	特奏名	
	八年	1172	蔡幼学	黄定	389	481	《宋会要辑稿》选举八之一四、《文献通考·选举考五》
	淳熙二年	1175	章颖	詹骙	426	587	《文献通考·选举考五》、《宋史·孝宗二》
	五年	1178	黄涣	姚颖	417	缺	《文献通考·选举考五》、《宋史·孝宗三》
	八年	1181	俞烈	黄由	379	481	《文献通考·选举考五》、《宋史·孝宗三》
	十一年	1184	邵康	卫泾	395	699	《文献通考·选举考五》
	十四年	1187	汤琦	王容	435	714	《文献通考·选举考五》、《宋史·孝宗三》
光宗	绍熙元年	1190	钱易直	余复	557	750	《宋会要辑稿》选举一之二二、《文献通考·选举考五》
	四年	1193	徐邦宪	陈亮	396	473	《宋会要辑稿》选举一之二三、《续编两朝纲目备要》卷二
宁宗	庆元二年	1196	莫之纯	邹应龙	506	578	《宋会要辑稿》选举八之一七、《文献通考·选举考五》
	五年	1199	苏大璋	曾从龙	412	789	《宋会要辑稿》选举八之一八、《文献通考·选举考五》
	嘉泰二年	1202	傅行简	傅行简	439①	497	《宋会要辑稿》选举八之一九
	开禧元年	1205	林执善	毛自知	433	611	《宋会要辑稿》选举八之一九、《宋史·宁宗二》
	嘉定元年	1208	朱倬	郑自诚	425	641	《文献通考·选举考五》、《宋会要辑稿》选举八之二二
	四年	1211	周端朝	赵建大②	465③	679	《文献通考·选举五》、《宋史·宁宗三》、《宋会要辑稿》选举八之二二、《续编两朝纲目备要》卷一三

① 《文献通考·选举考五》作四百三十五，《宋史·宁宗二》作四百九十七，皆不取。
② 《宋会要辑稿》选举二之三一及八之二二、《宋绍兴府进士题名碑》、《宋史·宁宗三》、《南宋馆阁续录》、《咸淳临安志》卷一二《贡院》、朱召希《宋历科状元录》等皆作赵建大，惟《文献通考·选举考五》作赵建夫，《文献通考》疑误不取。
③ 《宋会要辑稿》选举八之二二载，是年正奏名进士录取四百六十一人，疑脱四川类省试进士四名，今从《文献通考》。

续表

朝代	纪年	公历	省元	第一人榜首状元	取士人数		史 料 来 源
					进士	特奏名	
	七年	1214	姚宏中	袁甫	504①	669	《宋会要辑稿》选举八之二三、《续编两朝纲目备要》卷一四
	十年	1217	陈埙	吴潜	523	663	《宋会要辑稿》选举八之二五、《续编两朝纲目备要》卷一五
	十三年	1220	邱大发	刘渭	475	647	《宋会要辑稿》选举八之二六、《续编两朝纲目备要》卷一六
	十六年	1223	王胄	蒋重珍	549	679	《宋会要辑稿》选举八之二八、《续编两朝纲目备要》卷一六
理宗	宝庆二年	1226	王会龙	王会龙	989②	缺	《宋史全文》卷三一、《宋史·理宗一》
	绍定二年	1229	陈松龙	黄朴	557	1121	《宋史全文》卷三一、《宋史·理宗一》
	五年	1232	叶大有	徐元杰	493	592	《宋史全文》卷三二、《宋史·理宗一》
	端平二年	1235	杨茂子	吴叔告	466	657	《文献通考·选举考五》、《宋史全文》卷三二
	嘉熙二年	1238	缪烈	周坦	422	640	《宋史全文》卷三三、《文献通考·选举考五》
	淳祐元年	1241	刘自	徐俨夫	367	627	《宋史全文》卷三三、《宋史·理宗二》
	四年	1244	徐霖	留梦炎	424	621	《宋史全文》卷三三、《宋史·理宗三》
	七年	1247	马廷鸾	张渊微	527	750	《宋史全文》卷三四、《宋史·理宗三》
	十年	1250	陈应雷	方逢辰	513	615	《宋史全文》卷三四、《宋史·理宗三》
	宝祐元年	1253	丁应奎	姚勉	500	缺	姚勉《雪坡舍人集》卷二七《陈实年甲申省状》
	四年	1256	彭方迥	文天祥	601	660	《宋史全文》卷三五、《宝祐四年进士登科录》

① 《文献通考·选举考五》载,是年录取正奏名进士五百二人,疑误,不取。
② 《文献通考·选举考五》载,是年录取正奏名进士九百八十七人,疑误,不取。

朝代	纪年	公历	省元	第一人榜首状元	取士人数		史料来源
					进士	特奏名	
	开庆元年	1259	李雷奋	周震炎	442	309	《宋史全文》卷三六、《宋史·理宗四》
	景定三年	1262	李珏	方山京	637	743	《宋史全文》卷三六、《宋史·理宗五》
度宗	咸淳元年	1265	阮登炳	阮登炳	635	缺	《宋历科状元录》卷八
	四年	1268	胡跃龙	陈文龙	664	缺	《文献通考·选举考五》
	七年	1271	刘梦荐	张镇孙	502	缺	《隐居通议》卷三一《前朝科诏》、《宋史·度宗纪》
	十年	1274	李大同	王龙泽	506	缺	《宋历科状元录》卷八

二、南宋知贡举、同知贡举及监试一览表

纪　年	榜　名	知贡举	同知贡举	监　试	史　料　来　源
建炎二年	李易	无	无		
绍兴二年	张九成	无	无①		
五年	汪应辰	孙近	廖刚、刘大中		《宋会要辑稿》选举一之一五
八年	黄公度	朱震	张致远、勾龙如渊		《宋会要辑稿》选举一之一五
十二年	陈诚之	程克俊	王铢、罗汝楫		《宋会要辑稿》选举一之一五至一六
十五年	刘章	何若	陈康伯、游操		《宋会要辑稿》选举一之一五至一六
十八年	王佐	边知白	周执羔、巫伋		《宋会要辑稿》选举一之一六
二十一年	赵逵	陈诚之	汤允恭、章夏		《宋会要辑稿》选举一之一六
二十四年	张孝祥	魏师逊	汤思退、郑仲熊		《宋会要辑稿》选举一之一六
二十七年	王十朋	汤鹏举	王纶、赵逵		《宋会要辑稿》选举一之一六
三十年	梁克家	朱倬	何溥、黄中		《宋会要辑稿》选举一之一六
隆兴元年	木待问	洪遵	周葵、张震		《宋会要辑稿》选举一之一六
乾道二年	萧国梁	蒋芾	林安宅、梁克家		《宋会要辑稿》选举一之一六之一七
五年	郑侨	汪应辰	梁克家、陈良祐		《宋会要辑稿》选举一之一七
八年	黄定	王曦	赵雄、李衡		《宋会要辑稿》选举一之一七
淳熙二年	詹骙	王淮	胡元质、范仲芑		《宋会要辑稿》选举一之一八

① 建炎二年(1128)、绍兴二年(1132)因实行类省试,行在不定,故无省试试官。

纪 年	榜 名	知贡举	同知贡举	监 试	史 料 来 源
五年	姚颖	范成大	程大昌、萧燧		《宋会要辑稿》选举一之一八
八年	黄由	王希昌	郑丙、黄洽		《宋会要辑稿》选举一之一九
十一年	卫泾	王佐	王蔺、蒋继周		《宋会要辑稿》选举一之一九
十四年	王容	洪迈	葛邲、陈贾		《宋会要辑稿》选举一之二〇
绍熙元年	余复	郑侨	何澹、陈骙		《宋会要辑稿》选举一之二一
四年	陈亮	赵汝愚	黄裳、胡琢		《宋会要辑稿》选举一之二四
庆元二年	邹应龙	叶翥	倪思、刘德秀		《宋会要辑稿》选举一之二五
五年	曾从龙	黄由	胡纮、刘三杰		《宋会要辑稿》选举一之二五
嘉泰二年	傅行简	木待问	王容、施康年	施康年	《宋会要辑稿》选举一之二六
开禧元年	毛自知	萧逵	陆峻、李大异、李壁	李大异	《宋会要辑稿》选举一之二六
嘉定元年	郑自诚	楼钥	倪思、蔡幼学、叶时		《宋会要辑稿》选举一之二七
四年	赵建大	汪逵	刘榘、曾从龙、范之柔		《宋会要辑稿》选举一之二七
七年	袁甫	曾从龙	范之柔、郑昭先、刘爚		《宋会要辑稿》选举一之二八
十年	吴潜	黄畴若	任希夷、黄序、袁燮		《宋会要辑稿》选举一之二八
十三年	刘渭	宣缯	杨汝明、李安行	俞应符	《宋会要辑稿》选举一之二九
十六年	蒋重珍	程珌	朱着、郑自诚	朱端常	《宋会要辑稿》选举一之二九
宝庆二年	王会龙	程珌	邹应龙、朱端常、陈贵谊		《宋史全文》卷三一
绍定二年	黄朴	王暨	莫泽、李知孝		《宋史全文》卷三一
五年	徐元杰	陈贵谊	钟震、汪刚中		《宋史全文》卷三二
端平二年	吴叔告	真德秀	洪咨夔、蒋重珍		《宋史全文》卷三二

纪 年	榜 名	知贡举	同知贡举	监 试	史 料 来 源
嘉熙二年	周坦	游似	许应龙、范钟		《宋史全文》卷三三
淳祐元年	徐俨夫	杜范	钱相、曹豳	彭方	《宋史全文》卷三三
四年	留梦炎	金渊	濮斗南、郑起潜	刘晋之	《宋史全文》卷三三
七年	张渊微	吴潜	应繇、黄自然	周坦	《宋史全文》卷三四
十年	方逢辰	董槐	张磻、史叶大	史叶大	《宋史全文》卷三四
宝祐元年	姚勉	陆得舆	郑发、牟子才	程元凤	《宋史全文》卷三四
四年	文天祥	陈显伯	姚希得、戚士逊	缺	《宋史全文》卷三五
开庆元年	周震炎	张镇	吴衍、王景齐	沈炎	《宋史全文》卷三六
景定三年	方山京	杨栋	叶梦鼎、孙附凤	孙附凤	《宋史全文》卷三六
咸淳元年	阮登炳	马廷鸾	缺	缺	《宋史》卷四三八《王应麟传》
四年	陈文龙	雷宜中	缺	缺	《咸淳临安志》卷一二《贡院》
七年	张镇孙	方逢辰、陈宜中	陈存、文及翁	曾渊子	《隐居通议》卷三一《前朝科诏》
十年	王龙泽	缺	缺	缺	

三、日本栗棘庵藏《舆地图》南宋"诸路州府解额"表

路	府、州、军	县数	解额
淮南东路	扬州	2	7
	亳州		
	宿州		
	楚州	4	5
	海州		
	泰州	4	11
	泗州		
	滁州	3	3
	真州	2	6
	通州	2	1
	高邮军	2	3
	盱眙军	3	3
	宝应州		

路	府、州、军	县数	解额
淮南西路	寿春府寿州		
	庐州	3	3
	蕲州	5	5
	和州	3	3
	安庆府舒州	5	9
	濠州	2	2
	光州	4	3
	黄州	3	3
	无为军	3	9
	安丰军	4	

路	府、州、军	县数	解额
潼川府路	潼川府梓州	9	17
	遂宁府遂州	5	12
	顺庆府果州	3	9
	资州	4	9
	普州	3	22
	昌州	3	7
	叙州戎州	2	7
	泸州	3	9
	合州	5	16
	荣州	4	9
	渠州	3	9
	怀安军	2	7
	广安军	3	11
	长宁军	1	1
	富顺监	2	5

路	府、州、军	县数	解额
成都府路	成都府	9	34
	眉州	4	34
	崇庆府蜀州	4	19
	彭州	3	8
	绵州	5	6
	汉州	4	13
	嘉定府嘉州	5	20
	邛州	6	15
	黎州		
	雅州	4	4
	茂州	2	4
	简州	2	5
	威州	2	5
	棋州		
	亨州		
	隆州陵井监	2	
	永康军	2	4

路	府、州、军	县数	解额
利州路	兴元府	4	5
	利州	4	
	洋州	3	3
	阆州	7	13
	隆庆府剑州	6	6
	巴州	5	9
	文州	1	5
	沔州兴州	2	3
	蓬州	4	5
	龙州政州	3	4
	大安军	2	4
	天水军	1	
	剑门关		

路	府、州、军	县数	解额
夔州路	夔州	8	10
	绍庆府黔州	2	5
	达州	5	
	施州	2	5
	咸淳府忠州	5	5
	万州	2	5
	开州	2	5
	涪州	3	5
	重庆府渝州、恭州	3	17
	承州		
	溱州		
	思州	2	3
	珍州	1	
	南平军	2	5
	遵义军		
	云安军	1	
	梁山军	1	5
	大宁监	1	4

路	府、州、军	县数	解额
广南东路	广州	8	13
	韶州	5	13
	循州	3	5
	潮州	3	22
	连州	3	11
	封州	2	7
	肇庆府端州	2	8
	新州	1	7
	德庆府康州	2	
	南恩州	2	9
	梅州	1	5
	南雄州	2	13
	英德府英州	2	7
	惠州	4	9

路	府、州、军	县数	解额
福建路	福州	12	62＋38
	建宁府	7	83
	泉州	7	40
	南剑州	5	37
	汀州	5	12
	漳州	4	21
	邵武军	4	26
	兴化军	3	44

路	府、州、军	县数	解额
广南西路	静江府桂州	4	10
	容州	3	8
	邕州	2	7
	融州	1	5
	象州	3	5
	贺州	3	
	昭州	4	11
	梧州	1	5
	藤州	2	8
	龚州	(1)	
	浔州	2	14
	贵州	1	4
	郁林州	3	18
	柳州	3	9
	宾州	3	10
	横州	1	5
	化州	3	7
	高州	3	14
	雷州	3	5
	钦州	2	6
	廉州	2	5
	琼州	5	13
	昌化军	3	
	万安军	2	4
	吉阳军	1	5

路	府、州、军	县数	解额
两浙东路	绍兴府越州	5	18
	庆元府明州	6	24→28
	台州	5	16＋29
	瑞安府温州	4	8→50
	婺州	7	17
	处州	6	2?
	衢州	5	32

路	府、州、军	县数	解额
两浙西路	临安府杭州	9	17
	安吉州	⑥	?
	平江府苏州	5	10
	镇江府	③	?
	嘉兴府秀州	④	40
	建德府	⑥	?
	常州	5	24
	江阴军	①	?

路	府、州、军	县数	解额
江南东路	建康府昇州	5	16
	宁国府宣州	6	10
	徽州歙州	6	12
	太平州	3	10
	池州	6	24
	饶州	7	55
	信州	6	24
	广德军	2	5
	南康军	3	14

路	府、州、军	县数	解额
江南西路	隆兴府洪州	8	32
	赣州虔州	10	32
	吉州	8	68
	江州	5	10
	袁州	4	9
	抚州	5	39
	瑞州筠州	3	8
	兴国军	3	5
	南安军	3	8
	临江军	3	32
	建昌军	4	30

路	府、州、军	县数	解额
荆湖南路	潭州	12	30
	衡州	5	16
	道州	3	29
	永州	3	8
	郴州	4	6
	宝庆府邵州		
	全州	3	5
	武冈军	2	1
	桂阳军	2	
	茶陵军		

路	府、州、军	县数	解额
荆湖北路	江陵府	8	11
	鄂州	8	7
	德安府安州	5	7
	常德府鼎州	3	
	澧州	4	5
	复州	3	7
	峡州		
	岳州	4	7
	归州		
	辰州	4	3
	沅州	3	5
	靖州诚州		
	汉阳军	2	5
	荆门军	2	5
	寿昌军原系鄂州武昌		
	信阳军	2	

四、绍兴十八年同年小录（摘录）

绍兴十八年二月十二日，锁院

敕差

知贡举

左朝奉郎、权尚书吏部侍郎兼权直学士院边知白

同知贡举

左朝奉郎、权尚书礼部侍郎兼权吏部侍郎周执羔

左奉议郎、守右正言兼崇政殿说书巫伋

参详官

左朝奉大夫郑鬲

左朝散郎、行司农寺丞周庄仲

左朝散郎、行国子监丞兼权尚书吏部员外郎沈虚中

左朝散郎周林

左承议郎、行秘书省正字兼提举秘书省编定书籍官兼权尚书礼部员外郎葛立方

左承奉郎、充御史台主簿陈夔

左奉议郎、行太常寺主簿兼权秘书省校勘书籍官林大鼐

左承议郎、行宗正寺主簿王葆

点检试卷官

左朝请大夫、监尚书六部门兼权尚书兵部员外郎张颉

左朝请大夫、监登闻检院余仔（仟？）

左朝奉郎、行太常博士蔡宰

左从事郎、充详定一司敕令所删定官丁娄明

左承议郎、新行国子监丞、权监都进奏院李啉

左宣教郎、诸王宫大小学教授兼权秘书省校勘书籍官叶緄

左宣教郎、皇太后宅教授秦从周

左迪功郎、守大理评事蔡埙

左朝奉郎、行太府寺主簿余宾兴

左承议郎、干办诸司审计司汤允恭

左承议郎郭彦参

左承议郎黄汝能

左奉议郎、主管官告院章夏（夏?）

左宣教郎祝闵

左宣教郎钱密

左宣教郎元益

左宣义郎王悦

左迪功郎、临安府府学教授何溥

左从事郎、知临安府仁和县事方升之

左迪功郎、权临安府北郭红亭税场孙良辅

二月十八日、十九日、二十日，引试诗赋、论、策三场

二月二十二日、二十三日、二十四日，引试经义、论、策三场

别试

考试官

左朝请郎、殿中侍御史兼崇政殿说书余尧弼

点检试卷官

左承奉郎、枢密院编修官林机

左承议郎、干办行在诸司粮料院谢邦彦

左奉议郎、就差监行在左藏东库锺世明

左从事郎、监行在杂卖场鲍同

二月二十三日，引试

御试

敕差

初考官

左朝议大夫、权尚书礼部侍郎兼直学士院沈该

左朝散大夫、尚书右司员外郎兼玉牒所检讨官吴栗

左奉议郎、守尚书祠部员外郎陈诚之

覆考官

左朝散郎、权尚书户部侍郎李朝正

左宣教郎、守尚书司封员外郎汤思退

左奉议郎、守尚书司勋员外郎沈介

详定官

左朝奉郎、试工部尚书詹大方

左朝奉郎、监察御史张杞

左宣教郎、太学博士王之望

编排官

左中大夫、新除尚书户部侍郎兼权兵部侍郎李椿年

左朝请郎、殿中侍御史兼崇政殿说书余尧弼

初考点检试卷官

左从事郎、详定一司敕令所删定官吴武陵

覆考点检试卷官

左文林郎、秘书省正字兼提举秘书省编定书籍官孙仲鳌

续承指挥,添差到对读毕充初、覆考,同共考校

左朝散郎、通判临安军府事黄衮

左宣议郎、诸王宫大小学教授曹筠

左承议郎、干办行在诸司粮料院谢邦彦

左奉议郎、监行在左藏东库锺世明

左从事郎、监行在杂卖场鲍同

左从政郎、主管尚书刑工部架阁文字詹承家

四月十七日

皇帝御集英殿唱名,赐状元王佐以下及第、出身、同出身,共三百三十
人释褐

当月十八日赴期集所

纠弹

　江宾王、钟离松、葛邰

笺表

　俞处约、陈丰、陆升之、俞光凝、莫汲

主管题名小录

　何腾、何钦承、刘安世、程千里、田兴宗、叶谦亨、柴卫、韩彦直、张宗元

掌仪

　万介、徐履

典客

　余彦广、朱登

掌计

　萧肃

掌器

　潘观国

掌膳

　张颖

掌酒果

　王允功

监门

　方颜、袁富文

四月二十六日,依令赐钱一千七百贯

四月二十九日,朝谢

五月初二日,就法慧寺拜黄甲、叙同年

五月初五日,赴国子监谒谢先圣、先师、邹国公

五月　日立题名石刻于礼部贡院

　　赐状元王佐等闻喜宴于礼部贡院

第一甲第一人王佐,字宣子,小名千里,小字骥儿。年二十,九月初一日

‌‌‍‌‍‌‌‍‌‍

生。外氏叶。具庆下。第五十八。兄弟五人。一举。娶高氏。曾祖仁,故,不仕。祖忠,故,不仕。父俊彦,现任左迪功郎、镇江府教授。本贯绍兴府,山阴县,禹会乡,广陵里。父为户。

第一甲第二人董德元(右迪功郎),字体仁,小名丙哥,小字长寿。年五十三,十月初五日生。外氏曾。永感下。第七十七。兄弟二人。六举。娶曾氏。曾祖倚,故,都官员外郎,累至太子太保。祖蒙休,故,延赏都官,赠太子太傅。父奖,累赠少卿。本贯吉州,永丰县,云盖乡,善和里。曾祖为户。

第一甲第三人陈孺,字汉卿,小名叔祯,小字石老。年三十一,十一月初十日生。外氏汤。具庆下。第四十。兄弟二人。一举。娶饶氏。曾祖德明,故,不仕。祖世京,故,不仕。父策,未仕。本贯抚州,临川县,西团乡,文公坊。父为户。

第一甲,十人(略)

第二甲,十九人(略)

第三甲,三十七人(略)

第四甲,一百二十二人(略)

第五甲,一百四十二人(略)

特奏名第一人俞舜凯(略)

五、宝祐四年登科录（摘录）

宝祐四年五月八日御试策题（略）

御试敕差

　详定官

　　朝奉大夫、新除权吏部侍郎,暂兼权中书舍人兼国史院编修官、实录院检讨官兼侍讲陈大方

　　朝散郎、新除起居舍人兼权直学士院,时暂兼直舍人院兼国史院编修官、实录院检讨官兼侍讲林存

　　中大夫、新太府卿兼检正诸房公事饶虎臣

　编排官

　　中顺大夫、行大理少卿高衡孙

　　朝散郎、尚书吏部员外郎兼资善堂赞读皮龙荣

　初考官

　　奉议郎、干办行在司审计司鲍成祖

　　朝奉郎、行在左藏东西库封椿下库安边库陈寝炎

　　文林郎、行国子正陈合

　添差初考官

　　承议郎、差充尚书省提领市舶所主管文字吴湜

　　奉议郎、行在左藏西库徐梦发

　　承直郎、主管尚书吏部架阁文字徐彬

　覆考官

　　朝请大夫、尚书工部郎中赵逢龙

　　朝奉大夫、行宗正丞兼权尚书左郎官胡大神

　　朝奉大夫、行秘书省著作郎兼司封郎官张渊微

　添差覆考官

朝奉郎、新除太府寺丞余鳌

朝奉郎、行国子监主簿徐

承直郎、秘书省正字

从政郎、行在丰储西仓斛面官兼机密郑

初考检点试卷官

文林郎、特差充临安观察推官方熙孙

覆考检点试卷官

从事郎、改添差两浙西路安抚司干办公事王应麟

对读官

承直郎、差充提领户部犒赏酒库所干办公事陈应星

从政郎、添差两浙路转运司干办公事陈问

从政郎、监行在省仓下界斛面官唐再炳

从政郎、监行在车路院门余孟成

文林郎、差充两浙西路转运司准备差遣魏正子

封弥官

朝请大夫、新除大理寺主簿张菜

朝散郎、干办行在诸司粮料院张蕴

巡捕官

朝奉郎、将作监主簿吴溥

宣教郎、行藉田令史椿卿

五月二十四日,皇帝御集英殿唱名,赐进士文天祥以下及第、出身、同出身,
共六百一人。当日赴期集所。

六月一日,准敕,依格赐进士期集钱一千二百贯文、小录钱五百贯文

六月七日,谢阙

六月十三日,谒谢先圣先师、兖国公、邹国公

六月二十九日,赐闻喜宴。同日,降赐御诗于礼部贡院

七月一日,准省札,为期集所支用不敷,再给降题名小录钱一千七百贯文

七月四日,拜黄甲。同日,叙同年于礼部贡院

七月二十五日,立题名碑石于礼部贡院

第一甲:二十一人

　　第一人文天祥,字宋瑞,小名云孙,小字从龙。第千一。偏侍下。年二
　　　　十,五月二日丑时生。外氏曾。治赋,一举。弟璧,同奏名,天麟。
　　　　娶。曾祖安世、祖时用、父仪。本贯吉州庐陵县,父为户

　　第二人陈赏(上舍),年三十八,三月五日寅时生。外氏丁。治赋,一举。
　　　　兄弟。娶何氏。曾祖仰之、祖擢夫、父大迪功郎。本贯福州怀安
　　　　县。祖为户

　　第三人杨起莘(迪功郎),字莘老,小名崇哥,小字(阙)。第三。永感下。
　　　　年五十六,十月四日寅时生。外氏高。治《春秋》,三举。兄弟二
　　　　人。娶连继黄。曾祖勋、祖潜中、父津,文林郎。本贯鄂州通城县。
　　　　父为户

　　第四人陈俞(上舍学录),字舜卿,小名子公,小字复卿。第五七。重庆
　　　　下。年二十九,十一月十一日辰时生。外氏萧。治赋,二举。兄弟
　　　　二人。娶。曾祖宋举、祖焕童、父溶。本贯福州长乐县,高祖县丞
　　　　为户

　　第五人郑君荐,字瑞国,小名章公,小字宗卫。第九十九。慈侍下。年
　　　　三十四,十月二十四日子时生。外氏高。治赋,二举。兄弟。娶。
　　　　曾祖德麟、祖用、父(阙)。本贯(阙)

　　第九人王应凤(迪功郎),字仲仪,小名若凤,小字(阙)。第二十三。慈
　　　　侍下。年二十七,七月二十九日寅时生。外氏陈。治赋,一举。兄
　　　　应麟,从事郎。娶罗氏。曾祖安道,观察使。祖晞亮,武经郎。父
　　　　撝,直秘阁。本贯开封府,祥符县。寄居庆元府,鄞县。祖为户

　　　　(其余十五人略)

第二甲:四十人

　　第一人谢枋得,字君直,小名锺,小字君和。第万四十。慈侍下。年三
　　　　十一,二月二十四日亥时生。外氏桂。治赋兼《易》,一举。兄弟四

　　人。镇越学生。娶李氏。曾祖彦安、祖一颚。父应琇,从政郎、浔
　　州签判。本贯信州贵溪县,见居弋阳新政乡儒林里。父为户

　　(其余三十九人略)

第三甲:七十九人(略)

第四甲:二百四十八人(略)

第五甲:二百一十三人(略)

文天祥《廷对策》(略)

　　理宗《御制诗》,赐状元文天祥以下:

　　道久于心化未成,乐闻尒士对延英。诚惟不息斯文著,治岂多端在力
行。华国以文由造理,事君务实勿沽名。得贤功用真无敌,能为皇家立太
平。

　　文天祥《恭谢诗》,谢赐进士及第:

　　于皇天子自乘龙,三十三年此道中。悠远直参天地化,升平奚羡帝王
功。但坚圣志持常久,须使生民见泰通。第一胪传新渥重,报恩惟有厉清
忠。

　　文天祥《门谢表》(略)

六、咸淳七年科举史料

1. 科诏——咸淳六年二月一日诏书

敕门下：朕闻为国之道，得士则重。隆周以乡里举，盛汉以州郡荐，莫不由此其选。唐众科之目，进士为尤贵，本朝因之，斯道寖昌，名臣辈出，盖其效可睹矣。朕自践祚，嘉与海内俊茂，臻于斯路。永为天地之间，惟理最大，先皇帝实表章之，以幸斯文。济济多士，文王以宁信乎，其以宁也，前年辈试礼部，深诏执事，务索诸理，以观其学，庶几成风，以章先帝诒谋之仁思。昔仁祖尝下诏书，以古道饬天下士，天下士皆自濯摩，亦翕然丕变，一归于正。若时得人，号称最盛，至元祐而裕于所用，汔至隆平。今天下方闻之士，素所蕴抱，有志当世，而弗壹新美之真才，何由见朕。今有诏令，中外各举进士，勿以具文应。诸路转运使者，其为朕精择。有司越庶伯君子，尚既乃心，以考其艺渊，原正大之学，忠实剀切之言，朕所欲闻也。追琢其章，金玉其相，凡尔选造，其为时奋兴，式丕化于人文，称朕意焉。故兹诏示，想宜知悉。

2. 省试戒饬考试官御札

我朝取士之途，惟进士一科得宾兴遗意，事莫重焉。出为世用者，台莱杞李之才相望也。近年士风盛而古意衰，习竞浮华，辞昧体要，真才不足以胜，谀闻雷同，反得以敝帚倖出，朕甚非之。尝于秋赋澂其原，且令覆引汰其谬，能者伸矣。比复豫戒春闱，以论策定去取，经赋定高下，此则苏轼所谓"以文章言，论、策为有用"意也。兹简儒彦，参典文衡，其既乃心，其详乃视。毋苟且，毋偏执，所置先后，惟其当，不必以不自己出为嫌。为国得人，益绵丰芑之泽，则予一人以怿。付方逢辰以下。

3. 省试时间、考官、分场情况

咸淳七年正月二十五日锁院

敕差

知贡举

中奉大夫权尚书吏部侍郎兼侍读严陵方逢辰君锡

朝散郎权尚书礼部侍郎兼权中书舍人兼侍读东嘉陈宜中与权

同知贡举

朝散大夫、起居郎兼权兵部侍郎括苍陈存体仁

朝散大夫、起居舍人兼权直学士院兼国子司业兼侍讲古涪文及翁时学

监试

朝散郎、殿中侍御史南丰曾渊子广微

参详官一十二员、点检试卷官三十员、主管牒试避亲官一员、监大门官一员、监中门官一员、中诸司官二员、封弥官六员、誊录官三员、对读官二十四员、巡铺官八员、弹压受卷官一员、总辖诸司官一员、同主管官一员、外诸司官一员（各有衔位，不尽录。是年省元吉州刘梦荐）

贡院排场日分

二月初一日、初二日、初三日，引试太学、诸州军正解免解，诗赋、论、策三场

二月初六日、初七日、初八日，引试太学、诸州军正解免解经义、论、策三场

二月十二日、十三日、十四日，引试博学宏词三场并宗子取应二场

二月十四日、十五日，引试大学公试经义、诗赋、论、策二场

二月十五日、十六日、十七日，引试武学公试《七书》义、论、策三场

二月十八日，引试三学泛免一场

二月十九日，引试京学频申一场

二月二十日，引试京学零分一场

别院试

敕差

监试官

朝散郎、监察御史古括张志立泽民。癸丑姚榜

主文官

朝奉郎、新除将作监兼崇政殿说书长沙丁应奎圭叟。癸丑姚榜

承议郎、守秘书丞兼权度支郎官兼庄文府教授三山许自资道。丙辰文榜

考试官二员,点检试卷官七员,监门官共二员,封弥、誊录、对读、巡铺等官共八员(今不尽录)

别院排场日分

二月初一日、初二日、初三日,引试避亲并诸路漕举、监举进士诗赋、论、策三场(初四日、初五日歇)

二月初六日、初七日、初八日,经义、论、策三场

二月初九日、初十日、十一日、十二日,引试太学避[亲诗]、赋、论、策二场

同日,引试武举内地平等正请正免人《七书》义、兵机,第二场又引试太医局习医生局生三场,又引试两淮正请正免武举并绝伦人及安东州、江陵府进士《七书》义、兵机策二场

二月十二日,引试宗学公试经、赋、论、策二场

四川类省试

举送

大中大夫、权兵部尚书、四川安抚制置使兼总领四川财赋军马钱粮、专一报发御前军马文字兼提领、措置屯田兼夔州路计度转运使、兼本路劝农使兼知重庆军府事、兼管内劝农使,南部县开国子,食邑五百户,赐紫金鱼袋阆中朱禩孙千载。甲辰留榜

监试官

朝议大夫、直宝章阁、潼川府路提点刑狱公事兼本路劝农提举河渠公事、提

举弓手寨兵兼本路转运判官四川制置使司(中阙)邓益季谦。乙未吴榜

主文、考试、点检、监门、封弥、誊录、对读等官皆不录。以上皆省试事

4. 殿试时间、考官、策题

咸淳七年五月四日,御试集英殿

敕差

详定官

中顺大夫、试尚书吏部侍郎、兼权吏部尚书、兼给事中、兼侍读章鉴

朝散大夫、权尚书工部侍郎、兼中书舍人、兼直学士院、兼祭酒、侍读卢 钺

奉议郎、守右正言兼侍讲陈伯大

编排官

朝议大夫、新除太府少卿邓益

朝请郎、尚书吏部员外郎右司陈纬

初考、覆考、点检、对读、封弥、巡铺等官共二十六员,皆不录

御试策题

问:厥初颢穹,实生兆民,孰总其群,乃作之君? 孰牖其迷,乃作之师? 君治之,师教之,礼、乐、刑、政之所由生,与其天下国家者壹是。以元元为命脉,凡议论所讲明,政事所设施,罔非为邦本计。夷考载籍,率与天并言之,明威视听,皆自我民,其不可轻者固如此欤? 三圣传心之要,不越执中数语,斯盖万世君师之大纲领,究其指归,则曰:"非后何戴,非众罔守。"然则一中妙用,固所以为维持固结之道欤? 道之出有原,道之传有统,前圣后圣,同一揆欤? 我国家诞受天命,以奄有九,有列圣代光,绍明大宝,人斯无疆;我先帝迪畏天显,怀保小民,四十一年。跻敬、履仁、用能,延洪基绪,式克至于今日。盖其精神、心术之妙,融会于《六经》之奥,《要语》一书,口传面命,其示轨范者在是。朕祗遹猷训,行其所知,召故老,求贤才,以尚贤也。然召未能至,求未尽获,何以致信顺之助? 训守牧,戒贪残,以布治也。然训未必孚,戒未必革,何以新治象之观? 求牧与刍,当谨也,既不用姻戚,每选用贤良,宜有厚生之政,而未见田里之无愁叹;竭泽而渔,弗忍也,既力却贡举,且禁献羡余,宜有益下之说,而尚闻郡邑之有征敛。义廪之发,恃以赈饥,而侵牟

或不免;田租之蠲,本以宽赋,而苛取或如故。至若豁诸州之积负,损版曹之故额,俾纾急绝之扰,深寓省忧之实,而民未有惬志。势若中隔,泽不下流,历思之汔,不得其说,意奉宪者导之未明欤?岂吏罕廉平?则治道衰欤?将治生乎?积非可速成欤?抑习锢于玩,未易遽革欤?朕寅念先帝诒谋,常恐羞之,重为之惕然也。子大夫博古通今,夙抱经济之蕴,其据经以对,毋有所隐,朕将亲览焉。

5.期集和同年小录

五月二十一日

皇帝御集英殿唱名,赐进士张镇孙以下及第、出身、同出身五百二人。

当日赴期集所

六月一日准

敕,依格赐进士期集钱及小录钱,一科计一千七百贯文,十八界

六月初五日

朝谢

六月十七日,谒谢

先圣

先师

七月初十日,赐闻喜。同日降赐御诗于礼部

七月十八日,拜黄甲。同日,叙同年于礼部贡院

七月(阙)日,准

敕,依格赐进士期集钱及小录钱,第二次、第三次共三千四百贯文,十八界。

立题名碑于礼部贡院

期集所职事官

纠弹、笺表、主管题明小录、掌仪、掌计、典客、掌酒果、掌膳、掌器、司门(诸职并于五百名内选差)

谒殿职事

初献张镇孙,亚献杜文甫,终献陈钺。纠弹、掌仪、赞礼、读祝、奉币、酌酒、诏礼、分献、直罇、直盥洗、举鼎、直爵(诸职依上选)

第一甲

共十七人,不能备载,姑录三魁,可例其余

字鼎卿,小名鼎,小字金。第鼎一。具庆下

第一名:年三十三,七月五日寅时生。治《易》,一举

张镇孙,外氏何,娶蔡,兄弟。曾祖元贵、祖机、父南仲

本贯广州南海县城南厢,高祖朝请大夫为户

字实翁,小名文举,小字用之。第八十。永感下

第二名:年三十九,八月二十二日生。治赋(乡请初免举)

杜文甫,外氏姚,娶陆(继郑),兄奇,缙云主学。曾祖优、祖苣、父一桂,故通直。本贯台州临海县

字宜,小名方中,小字锺真。第正十二。具庆下

第三名:年二十七,九月日时生。治赋。一举

陈钺,外氏戴(继汤),娶计,兄某,贡成均。弟某。曾祖思济、祖纪、父应奎,贡成均。本贯太平州当涂县慈湖乡化龙里

第二甲共三十九人

第三甲共七十七人

第四甲共一百九十八人

第五甲共一百七十一人

特奏名第一名吴清伯附第五甲(建宁府政和县人)

登科五百二人,不能尽录,姑载三魁姓名于前,则五百名可以类推,盖亦存古之意云尔。

(摘自刘埙:《隐居通议》卷三一《前朝科诏》)

七、《淳熙重修文书式》、《绍熙重修文书令》

《淳熙重修文书式》：

聖祖名

　　玄：懸、縣、駊、玹、縣、頌、伭、昀、羿、泫、訇、胘、眩、閔、誽、蚿、狷、妶、狨、猨

　　朗：俍、崀、㮿、㝗、腨、悢、誏、眼、烺、裉、䣫、㮯、䐹、硠、狼、筤、㝗、誾、浪、埌

　　廟諱

太祖

　　匡：筐、邼、眶、恇、劻、洭、髺、距、蚚、茞、軭、頤、眶、框、匱、胜、廷、軒

　　胤：酳、靷、鼉、引、朎、釖、䢇、酳、歔、㳠、演、䢇、戴、孕、构、螾、挮

太宗

　　昇：潁、炯、餉、㷋、泂、穎、耿、骨、曻、蝹、頴、吞、鎣、扃、憬、晶

真宗

　　恒：峘、姮、佷、搄

仁宗

　　禎：楨、貞、偵、郙、媜、徵、㱐、癥、湞、隕、寊、搷、禎

英宗

　　曙：署、杼、睹、藷、藉、薯、澍、曙

　　樹：尌、髮、竪、梪、澍、豎、尌、㒉、住、躕、𤏳、㲩、禂、澍、贖、屬、曘

神宗

　　頊：旭、勗、朐、顧、髓、珛、帠

哲宗

　　煦：昫、朐、酗、酌、姁、呴、欨、休、咻、詘、蚼、雸、達

徽宗

佶：姞、郅、趌、狤、鮚、凊、佶、芞、趌、吉、咭

钦宗

桓：梡、瓛、捖、完、丸、峘、烷、貆、貆、院、峘、峴、皖、洹、汍、絙、紈、綄、垸、芄、
萑、莞、荒、萱、䔾、萑、萑、鸛、鳱、莞、羦、垸、貆、獂、狟、脘、欦、麆、鴅、
狟、梡、狟、嫙、查、皖、垣、軈、窀、睆、萰

高宗

構：遘、媾、覯、購、嘴、溝、礐、傋、傋、篝、韝、韝、窬、姤、詬、逅、骺、賯、
呴、鴝、句、鞠、怐、佝、雊、煦、鉤、詗、衻、峋、觚、姁、穀、彀、㲉、觳、縠、
搆、榖、瞉、㲉、彝、豰、穀、惚、鷜、瞂、夠、㲉、頋、㝱、霿

孝宗

昚：慎、脊、蜃、𧉰、孖、蜄、釰、欣、�083

光宗

惇：敦、𧀟、饔、墩、镦、蘋、藪、憝、驐、鬅、埶、鼕、淳、黾、邨、褺、鶉、蟓、墩、
鐜、鐏、憝、擎

今上皇帝(宁宗)御名

擴：廓、郭、廱、崞、霩、鞹、鞟、彉、彍、劇、翻、搦、籗、篗、篗、啴、潭

旧讳

光義、匡义、德昌、元休、元侃、受益、宗實、仲鍼、傭、琰、瑋

濮安懿王諱讓

秀安僖王諱偁

按：到宁宗朝，南宋科举因各种避讳而不能入文者，约有三百三十字。如果加上后来理宗、度宗两朝御名，当避讳之字有四百字左右。而这一数字，还不包括外戚、亲王、皇太子等一时须避之讳。

《绍熙重修文书令》

诸犯

圣祖名

庙讳

旧讳（旧讳内二字者连用为犯，若文虽连而意不相属者，非）

御名改避余字（谓式所有者）。有佗音（谓如角、徵之类）及经传子史有两音者许通用（谓如金作赎刑，其赎字一作石欲切之类）正字皆避之。若书籍及传录旧事者，为字不成

御名易以佗字

诸犯

濮安懿王讳者，改避，若书籍及传录旧事者，皆为字不成，其在真宗皇帝谥号内者，不避。应奏者，以黄纸覆之

诸文书不得指斥援引黄帝名，经史旧文则不避（如用从车、从干，冠以帝字，或继以后字，合行回避。自余如轩冕、轩轾、镮辕、车辕之类，即不合回避）

（摘自丁度等：《贡举条式》）

八、元代科举史料

乡试、会试,许将《礼部韵略》外,余并不许怀挟文字。差搜检怀挟官一员,每举人一名,差军一名看守,无军人处,差巡军。

提点搜掠试院,差廉干官一员,度地安置席舍,务令隔远,仍自试官入院后,常川妨职,监押外门。

乡试、会试,弥封、誊录、对读官下吏人,于各衙门从便差设。

试卷不考格,犯御名庙讳及文理纰缪、涂注乙五十字以上者,不考。誊录所承受试卷,并用朱书誊录正文,实计涂注乙字数,标写对读无差,将朱卷逐旋送考试所。如朱卷有涂注乙字,亦皆标写字数,誊录官书押。候考校合格,中选人数已定,抄录字号,索上元卷,请监试官、知贡举官、同试官,对号开拆。

举人试卷,各人自备三场文卷并草卷,各一十二幅,于卷首书三代、籍贯、年甲,前期半月于印卷所投纳。置簿收附,用印钤缝讫,各还举人。

凡就试之日,日未出入场,黄昏纳卷。受卷官送弥封所,撰字号,封弥讫,送誊录所。

科举既行之后,若有各路岁贡及保举儒人等文字到官,并令还赴本乡应试。

倡优之家及患废疾、若犯十恶奸盗之人,不许应试。

举人于试场内,毋得喧哗,违者治罪,仍殿二举。

举人与考试官有五服内亲者,自须回避,仍令同试官考卷。若应避而不自陈者,殿一举。

乡试、会试,若有怀挟及令人代作者,汉人、南人有居父母丧服应举者,并殿二举。

国子监学岁贡生员及伴读出身,并依旧制,愿试者听。中选者,于监学合得资品上从优铨注。

别路附籍蒙古、色目、汉人，大都、上都有恒产、住经年深者，从两都官司，依上例推举就试，其余去处冒贯者，治罪。

知贡举以下官会集至公堂，议拟合行事目云：

诸辄于弥封所取问举人试卷封号姓名及漏泄者，治罪。诸试题未出而漏泄者，许人告首。诸对读试卷官不躬亲而辄令人吏对读，其对读讫而差误有碍考校者，有罚。诸誊录人书写不慎及错误有碍考校者，重事责罚。诸官司故纵举人私将试卷出院，及祗应人知而为传送者，许人告首。诸监试官掌试院事，不得干预考校。诸试院官在廉内者，不许与廉外官交语。诸色人无故不得入试厅。诸举人谤毁主司，率众喧竞，不服止约者，治罪。诸举人就试，无故不冠及擅移坐次者，或偶与亲姻邻坐而不自陈者，怀挟、代笔、传义者，并扶出。诸折毁试卷首家状者，推治。诸举人于试卷书他语者，驳放；涉谤讪者，推治。诸试日，为举人传送文书，及因而受财者，并许人告。诸举人于别纸上起草者，出榜退落。诸科文内不得自叙苦辛门第，委誊录所点检得，如有违犯，更不誊录，移文考试院出榜退落。诸冒名就试，别立姓名，及受财为人怀挟、代笔、传义者，并许人告。诸被黜而妄诉者，治罪。诸监门官讥察出入，其物应入者，拆封点检。诸巡铺官及兵级，不得喧扰，及辄视试文，并容纵举人无故往来，非因公事，不得与举人私语。诸试卷弥封用印讫，以三不成字为号标写，仍于涂注乙处用印。

每举人一名，给祗应巡军一人，隔夜入院，分宿席房。试日，击钟为节。一次，院官以下皆盥漱。二次，监门官启钥，举人入院，搜检讫，就将解据呈纳。礼生赞曰"举人再拜"，知贡举官隔帘受一拜，跪答一拜，试官受一拜，答一拜。钟三次，颁题，就次。日午，赐膳。其纳卷（首）[者]，赴受卷所揖而退，不得交语。受卷官书举人姓名于历，举人揖而退，取解据出院，巡军亦出。至晚，鸣钟一次，锁院门。第二场，举人入院，依前搜检，每十人一甲，序立至公堂下，作揖毕，颁题就次。第三场，如前仪。

其受卷官具受到试卷，逐旋关发弥封官，将家状草卷，腰封用印，蒙古、色目、汉人、南人分卷，以三不成字撰号。每名累场同用一号，于卷上亲书，及于历内标附讫，牒送誊录官置历，分给吏人，并用朱书誊录正文，仍具元卷涂注乙及誊录涂注乙字数,卷末书誊录人姓名,誊录官具衔书押,用印钤缝,牒送对读所。翰林掾史具誊录讫试卷总数,呈报监察御史。对读官以元卷与朱卷躬亲对读无差,具衔书押,呈解贡院,元卷发还弥封所。各所行移,并用朱书,试卷照依元号附簿。

试官考卷,知贡举居中,试官相对向坐,公同考校,分作三等,逐等又分上中下,用墨笔批点。考校既定,收掌试卷官于号簿内标写分数,知贡举官、同试官、监察御史、弥封官,公同取上元卷对号开拆,知贡举于试卷家状上亲书省试第几名。拆号既毕,应有试卷并付礼部架阁,贡举诸官出院。中书省以中选举人分为二榜,揭于省门之左右。

三月初四日,中书省奏准,以初七日御试举人于翰林国史院,定委监试官及诸执事。初五日,各官入院。初六日,譔策问进呈,俟上采取。初七日,执事者望阙设案于堂前,置策题于上。举人入院,搜检讫,蒙古人作一甲,序立,礼生导引至于堂前,望阙两拜,赐策题,又两拜,各就次。色目人作一甲,汉人、南人作一甲,如前仪。每进士一人,差蒙古宿卫士一人监视。日午,赐膳。进士纳卷毕,出院。监试官同读卷官,以所对策第其高下,分为三甲进奏。作二榜,用敕黄纸书,揭于内前红门之左右。

前一日,礼部告谕中选进士,以次日诣阙前,所司具香案,侍仪舍人唱名,谢恩,放榜。择日赐恩荣宴于翰林国史院,押宴以中书省官,凡预试官并与宴。预宴官及进士并簪华至所居。择日恭诣殿廷。上谢恩表。次日,诣中书省参见。又择日,诸进士诣先圣庙行舍菜礼,第一人具祝文行事,刻石题名于国子监。

（摘自《元史》卷八一《选举一》,第 2022 至 2026 页）

按:元代科举,与南宋相比,主要增加了蒙古人、色目人参加科举考试的内容,及与之相关的民族歧视政策。此外,也有少量改革,如改省试为会试(因元代无尚书省),改御试在翰林国史院考试而不在殿庭,改五甲为三甲,改发解试为乡试("乡试"之名,在南宋已有,但不普遍),以及规定"每举人一名,差军一名看守"等。士子应试条件、封弥誊录之制,场屋禁令、考官回避

之法、乡试会试、殿试等一系列科举程式,基本上沿袭南宋后期的取士之法
而来。今摘录《元史·选举一·科目》的部分内容,以供研究南宋后期科举
制度史者参考。

后 记

　　《礼记·中庸》载:鲁哀公向孔子问政,子曰:"文武之政,布在方策,其人存,则其政举;其人亡,则其政息……故为政在人。"说明早在二千多年前,人们就已经充分认识到官员对政治好坏有着决定性的作用。

　　秦汉以降,历代封建统治者为了国祚绵长,长治久安,也在不断地摸索着这方面的经验,创立了一项又一项的选举制度。到了唐代,创立以科举取士的制度,这一制度经过北宋一代的改革以后,开始完善,并成为南宋乃至元、明、清各代选拔官员的成法,延续时间长达近一千三百年。在中国封建社会的一切政治制度中,科举制度的存在时间最长,究其原因,足以发人深省。

　　科举制度在实施过程中,尽管表现出了种种历史局限性,但它延续数千年的"强盛生命力",绝非历史上任何选举制度可以比拟。科举制度在今天虽然已经退出了历史舞台,但对中外选拔人才制度所产生的影响是不容低估的。如"投牒自进"、以成绩高低作为选拔人才的标准、分科取人等基本原则,被今天的公务员考试、高考和研究生的入学考试所沿袭。

　　在本书行将付印之前,尚有两点需要向读者作一交代:一是南宋科举是对唐、北宋科举的直接继承和发展,因此要研究南宋科举,必须对唐、北宋科举作一简单的回顾和阐述,否则不仅不能将南宋科举认识得清楚,研究得深入,甚至对一些科举术语理解起来也会有些困难。为此本书在论述南宋科举前,专门设置了"唐代和北宋的科举"一章,看似不属于南宋科举史的范围,实际上却是对南宋科举史基本内容的溯源,两者有着密不可分的关系,决非多余和重复。二是南宋统治者十分重视科举,采取种种措施以改进这项制度,可是南宋政治的腐败,总是妨碍科举制度的正常实施;科举制度在其可能范围内选拔出了大批优秀人才,并推动了政治和文化的发展,但在当时的历史条件下,这些人才往往有着一定的历史局限性。对于这样两种看似矛盾的现象,笔者认为必须在肯定中指出其不足,在否定中分析其原因,力求对这项制度作出公正而客观的评价,从中吸取历史的经验和教训。

由于本人水平有限,时间仓促,书中难免有错误之处,谨请读者不吝指正。

本书在撰写和出版过程中,获得了省社联有关领导、杭州市社会科学院院长史及伟研究员等人的大力支持,人民出版社张秀平主任对本书的出版也非常关心,并为此付出了大量劳动。爱人向幼琴女士在默默无闻地承担着全部家务劳动的同时,还抽出时间帮助我核对史料、统计数字、精心校对,并提出了许多宝贵意见。对于他们的各种鼓励和帮助,在此谨一并致以深切的谢意。

何忠礼
2009 年 5 月 26 日于杭州市凤起苑寓所

编　后　语

　　历史并不意味着永远消失,从某种意义上说,它总会以独有的形式存在并作用于当前乃至未来。历史学"述往事"以"思来者","阐旧邦"以"辅新命",似乎也可作如是观。历史的意义通过历史学的研究被体现和放大,历史因此获得生命,并成为我们今天的财富。

　　宋朝立国三百二十年(960—1279),是中国封建社会里国祚最长的一个朝代,也是封建文化发展最为辉煌的时期,对后世影响极大。其中立国一百五十三年(1127—1279)的南宋,向来被认为是一个国力弱小、对外以妥协屈辱贯穿始终的偏安王朝,但就是这一"偏安"王朝,在经济、文化、科技等方面却取得了辉煌成就,对金及蒙元入侵也作出过顽强的抵抗。如果我们仍囿于历史的成见,轻视南宋在中国历史上的地位和作用,就不会对这段历史作出更为深刻的反思,其中所蕴涵的价值也不会被认识。退一步说,如果没有南宋的建立,整个中国完全为女真奴隶主贵族所统治,那么唐、(北)宋以来的先进文化如何在后世获得更好的继承和发展,这可能也是人们不得不考虑的一个问题。南宋王朝建立的历史意义,于此更加不容忽视。

　　杭州曾是南宋王朝的都城。作为当时全国的政治、经济和文化的中心,近一个半世纪的建都史给杭州的城市建设、宗教信仰、衣食住行、风俗习惯,乃至性格、语言等方面都打下了深刻的烙印。南宋历史既是全国人民的宝贵财富,更是杭州人民的宝贵财富。深入研究南宋史,是我们吸取历史经验和教训的需要,是批判地继承优秀文化遗产的需要,也是今天杭州大力建设文化名城的需要。还原一个真实的南宋,挖掘沉淀在这段历史之河中的丰富遗产,杭州人责无旁贷。

2005 年初,在杭州市委、市政府的大力支持和指导下,杭州市社会科学院将南宋史研究列为重大课题,并开始策划五十卷《南宋史研究丛书》的编纂工作,初步决定该丛书由五大部分组成,即《南宋史研究论丛》两卷、《南宋专门史》二十卷、《南宋人物》十一卷、《南宋与杭州》十卷、《南宋全史》八卷。同年 8 月,编纂工作正式启动。同时,杭州市社会科学院成立南宋史研究中心,聘请浙江大学何忠礼教授、方建新教授和浙江省社会科学院徐吉军研究员为中心主任和副主任,具体负责《南宋史研究丛书》的编纂工作。为保证圆满完成这项任务,杭州市社会科学院诚邀国内四十余位南宋史研究方面的一流学者担任中心的兼职研究员,负责《丛书》的撰写。同时,为了保证书稿质量,还成立了学术委员会,负责审稿工作,对于一些专业性较强的书稿,我们还邀请国内该方面的权威专家参与审稿,所有书稿皆实行"二审制"。2005 年 11 月,《南宋史研究丛书》被新闻出版总署列为国家"十一五"重点图书出版规划项目。2006 年 3 月,南宋史研究中心高票入选浙江省哲学社会科学首批重点研究基地,南宋史研究项目被列为省重大课题,获得省市两级政府的大力支持。

以一地之力整合全国学术力量,从事如此大规模的丛书编纂工作在全国为数不多,任务不仅重要,也十分艰巨。为了很好地完成编纂任务,2005、2006 两年,杭州市社会科学院邀请《丛书》各卷作者和学术委员召开了两次编纂工作会议,确定编纂体例,统一编纂认识。尔后,各位专家学者努力工作,对各自承担的课题进行了认真、刻苦的研究和撰写。南宋史研究中心的尹晓宁、魏峰、李辉等同志也为《丛书》的编纂付出了辛勤的劳动,大家通力合作,搞好组稿、审校、出版等各个环节的协调工作,使各卷陆续得以付梓。如今果挂枝头,来之不易,让人感慨良多。在此,我们向参与《丛书》编纂工作的各位专家学者表示由衷的感谢!

鉴于《丛书》比较庞大,参加撰写的专家众多,各专题的内容多互有联系,加之时间比较匆促,各部专著在体例上难免有些不同,内容上也不免有些重复或舛误之处,祈请读者予以指正。

　　《南宋史研究丛书》是"浙江文化研究工程成果文库"中的一项内容,为该文库作总序的是原中共浙江省委书记,现中共中央政治局常委、中央书记处书记习近平同志,为《南宋史研究丛书》作序的是中共浙江省委常委、杭州市委书记、杭州市人大常委会主任王国平同志和浙江大学终身教授、博士生导师徐规先生。在此谨深表谢意!

　　希望这部《丛书》能够作为一部学术精品,传诸后世,有鉴于来者。

杭州市社会科学院院长　史及伟

2007 年 12 月

图书在版编目 (CIP) 数据

南宋科举制度史 / 王国平主编；何忠礼著.
-北京：人民出版社，2009
（南宋史研究丛书）
ISBN 978-7-01-008123-6

Ⅰ.南…　Ⅱ.①王…②何…　Ⅲ.①科举制度—研究—中国—宋代
Ⅳ.D691.344

中国版本图书馆 CIP 数据核字 (2009) 第 138230 号

南宋科举制度史
NANSONG KEJU ZHIDUSHI

作　　者：何忠礼
责任编辑：张秀平　任文正
封面设计：祁睿一
装帧设计：山之韵

人民出版社　出版发行

地　　址：北京朝阳门内大街 166 号
邮政编码：100706　www.peoplepress.net
经　　销：全国新华书店
印刷装订：北京昌平百善印刷厂
出版日期：2009 年 11 月第 1 版　2009 年 11 月第 1 次印刷
开　　本：787 毫米×1092 毫米　1/16
印　　张：26.25
字　　数：400 千字
书　　号：ISBN 978-7-01-008123-6
定　　价：65.00 元